Barbara Claesges
Claudia Rutschmann

Lissabon

& Umgebung

IWANOWSKI'S REISEBUCHVERLAG

Im Internet:

www.iwanowski.de

Hier finden Sie aktuelle Infos zu allen Titeln, interessante Links – und vieles mehr!

Einfach anklicken!

Schreiben Sie uns, wenn sich etwas verändert hat. Wir sind bei der Aktualisierung unserer Bücher auf Ihre Mithilfe angewiesen: **info@iwanowski.de**

Lissabon & Umgebung

2. Auflage 2013

Salm-Reifferscheidt-Allee 37 • 41540 Dormagen
Telefon 0 21 33/26 03 11 • Fax 0 21 33/26 03 33
info@iwanowski.de
www.iwanowski.de

Titelfoto: Miradouro de Santa Luzia: Bildagentur Huber / Gräfenhain
Alle anderen Farbabbildungen: siehe Bildnachweis Seite 328
Redaktionelles Copyright, Konzeption und deren ständige Überarbeitung: Michael Iwanowski
Titelgestaltung: Point of Media, www.pom-online.de
Lektorat & Layout: derschönstesatz (Susanne Schleußer, Lucía Rojas)
Karten: Thomas Buri, Bielefeld

Gesamtherstellung: Grafisches Centrum Cuno, Calbe
Printed in Germany

ISBN: 978-3-86197-071-2

A GINJINHA

Reiserouten

Reiserouten

Weiterführende Informationen zu folgenden Themen

Interessantes

Legende

Information	Markt	Post/Briefkasten
Sehenswürdigkeit	Aussicht	Taxistand
Kirche	Strand	Hafen
Kathedrale/Dom	Leuchtturm	Flughafen
Kloster	Museum	
Burg	Theater	Unterkünfte
Krankenhaus	Apotheke	Essen und Trinken
Turm	Schiffsanleger	Einkaufen
Statue/Denkmal	wichtiges Gebäude	
Ausgrabungsstätte	Bahnhof	Metro
	Busbahnhof	Straßenbahn

Einleitung

Lissabon ist reich an Geschichte und Geschichten. Kein Wunder, blickt die Stadt am Tejo doch auf mehr als 3000 Jahre zurück. Und Lissabon vereint viele Gegensätze: Im Westen, am Ufer des Tejo, zeugen im Stadtteil Belém die Bauwerke der Manuelinik vom Goldenen Zeitalter, als sich das kleine Portugal aufmachte, die Welt zu erobern. Am anderen Ende der Stadt, ebenfalls am Tejo gelegen, erprobt Lissabon mit dem auf dem Gelände der Expo'98 geschaffenen Stadtviertel Parque das Nações in zum Teil spektakulärer Architektur das 21. Jh.

Zwischen diesen Extremen erstreckt sich die Stadt, mittendrin die Geburtsstätte Lissabons: der Burgberg. Auf ihm thront das Castelo São Jorge über der Alfama mit ihrem mittelalterlichen Gassenlabyrinth, der nach dem Erdbeben 1755 in gradliniger Symmetrie wieder aufgebauten Baixa und der Avenida da Liberdade, der Prachtstraße des 19. Jh. Der Burg gegenüber liegt auf einem weiteren Hügel das quirlige Ausgehviertel Bairro Alto.

Seit dem Ende der langen Diktatur des Estado Novo 1974 und dem Beitritt Portugals zur Europäischen Gemeinschaft 1986 hat sich das Land stark verändert. Das gilt besonders für die Hauptstadt Lissabon. Sie ist moderner geworden. Dennoch gibt es weiterhin auch viel altes Lissabon zu entdecken: Die Hügel mit ihren herrlichen Aussichtspunkten, das riesige Mündungsbecken des Tejo, das Licht, die Stein gewordene Geschichte, die Azulejos, den Fado, die historischen Straßenbahnen. Dazu die Mischung der Kulturen, der maurische Einfluss und der Einfluss aus den ehemaligen Kolonien in Afrika, Indien, China und Brasilien.

„Allein schon das Wissen der Jahrhunderte und die Zeichen der vielen Welten, die Lissabon ausmachen, bieten viele Lesarten an", schreibt der Schriftsteller *José Cardoso Pires* im „Lissabonner Logbuch": „Deshalb hat, wie man so häufig sagen hört, jeder Besucher sein eigenes Lissabon."

Wir wünschen Ihnen viel Spaß beim Lesen sowie beim Entdecken „Ihres Lissabon".

Lissabon und Köln, im März 2013

I. STADT UND LEUTE

Vor der „Ginjinha“

Lissabon auf einen Blick

Fakten

Bedeutung:	Hauptstadt und wichtigstes wirtschaftliches und kulturelles Zentrum Portugals
Geografische Lage:	am Mündungsbecken des Tejo in Atlantiknähe
Stadtwappen:	
Administration:	Im Rahmen einer Stadtteil-Reform soll 2013 die Zahl der momentan 53 Gemeinden (*freguesias*) auf 24 reduziert werden.
Einwohner:	Knapp 550 000 im Stadtbereich, in der Region Lissabon leben 2,8 Mio. Menschen, mehr als ein Viertel der Einwohner Portugals (10,6 Mio.).
Religion:	rund 90 % römisch-katholisch
Sprache:	Portugiesisch
Nationalfeiertage:	25. April *Dia da Liberdade* (Nelkenrevolution 1974), 10. Juni *Dia de Portugal* (Todestag des Nationaldichters *Luís de Camões*)
Stadtfest:	zum Gedenktag des inoffziellen Stadtheiligen *Santo António* am 13. Juni Feste und Umzüge in den traditionellen Stadtvierteln, den Juni über bei den *Festas de Lisboa* zahlreiche Kulturveranstaltungen in der ganzen Stadt
Klima:	ganzjährig mild, Durchschnittstemperatur 17 °C
Wirtschaft:	In der Region Lissabon werden mehr als 36 % des Bruttoinlandsprodukts Portugals erwirtschaftet.
Nahverkehr:	überschaubares, aber sehr gut funktionierendes U-Bahn-Netz, einige Straßenbahnlinien, umfangreiches Bus-Netz, Nahverkehrszüge und Fähren zu größeren Orten im Umland
Besucher:	rund 4 Mio. Besucher pro Jahr, die durchschnittlich 1000 € pro Besuch ausgeben
Höchstes Gebäude:	Vasco-da-Gama-Turm (145 m) auf dem ehemaligen Expo-Gelände im Nationenpark
Berühmte Portugiesen:	*Vasco da Gama* (Entdecker des Seewegs nach Indien), *Heinrich der Seefahrer* (bedeutender Auftraggeber von Entdeckungsreisen im 15. Jh.), *Fernando Pessoa* (Schriftsteller des 20. Jh.), *José Saramago* (Literaturnobelpreis 1998), *Amália Rodrigues* (Ikone des Fado), *José Manuel Durão Barroso* (seit 2004 Präsident der Europäischen Kommission), *Eusébio* (Europäischer Fußballer des Jahres 1965), *Cristiano Ronaldo* (Weltfußballer 2008)
UNESCO-Weltkulturerbe:	Jerónimos-Kloster und Turm in Belém, Kulturlandschaft Sintra und Fado; im Bewerbungsverfahren das Stadtviertel Baixa

Orientierung: Die interessantesten Stadtteile kurz und knapp

Sé & Castelo (S. 126 ff.)
Die Geburtsstätte Lissabons, viel Geschichte – von den Römern bis heute. Mit der Kathedrale Sé das älteste Bauwerk der Stadt (s. S. 129), herrliche Aussichtspunkte, z. B. von der Burg (s. S. 131).

Alfama (S. 136 ff.)
Ältestes erhaltenes Viertel Lissabons mit engen Gässchen, Treppen und ganz eigenem Flair. Nationalpantheon (s. S. 145), Igreja São Vicente de Fora (s. S. 144), Fado-Museum (s. S. 142). Zu den Heiligenfesten rund um *Santo António*, das unbestrittene Zentrum der Stadt (s. S. 141). Einige Fado-Lokale.

Graça & Mouraria (S. 150 ff.)
Ehemalige Arbeitersiedlungen in der Graça, ethnischer Schmelztiegel im alten Maurenviertel Mouraria. Keine Museen oder Prachtdenkmäler, dafür zwei der schönsten Aussichtspunkte der Stadt und Einblicke in den Lissabonner Alltag.

Baixa (S. 159 ff.)
Die „Unterstadt" ist das alte Einkaufs- und Geschäftsviertel der Stadt, mit Straßencafés und vielen barocken Kirchen. Sie ist das Hauptwerk von *Marquês de Pombal* und Zeichen für den Neuaufbau nach dem großen Erdbeben von 1755. Berühmter Aufzug Santa Justa (s. S. 165).

Chiado (S. 174 ff.)
Seit Mitte des 19. Jh. Treffpunkt von Künstlern und Intellektuellen, mit edlen Läden, traditionsreichen Buchhandlungen, mondänen Cafés sowie dem ersten Kaufhaus der Stadt. Moderne Kunst gibt es im Museu do Chiado zu sehen (s. S. 179), frischen Fisch am angrenzenden Cais do Sodré und Gemüse im Mercado da Ribeira. (s. S. 180).

Bairro Alto & **Príncipe Real** (S. 183 ff.)
Tagsüber Wohnviertel mit kleinen Geschäften und Werkstätten, abends und nachts das Ausgehviertel der Stadt. Aussichtspunkte mit anderen Perspektiven auf Stadt und Fluss. Zwei historische Aufzüge (s. S. 191). Mit der Igreja de São Roque eine der prachtvollsten Kirchen der Stadt (s. S. 184).

Belém (S. 218 ff.)
Lissabon der Seefahrer und Entdecker, mit dem Jerónimos-Kloster (s. S. 224) und dem Turm von Belém (s. S. 231) wichtigste Manuelinik-Bauwerke der Stadt, Viertel am Flussufer, viele Museen (s. S. 220 ff.), die leckeren *Pastéis de Belém* (s. S. 223).

Parque das Nações (S. 253 ff.)
Kontrastprogramm zu den historischen Vierteln des Zentrums, postmoderne Architektur am ehemaligen Expo-Gelände, vollkommen neu geschaffener Stadtteil direkt am Flussufer. Sehenswertes Ozeanarium (s. S. 257) sowie Wissenschaftsmuseum (s. S. 257), beliebtes Ausflugs- und Shoppingziel.

Historischer Überblick

Geschichte Portugals im Überblick

Von den Anfängen bis zur maurischen Herrschaft

ca. 18 000 v. Chr Die Felsenzeichnungen von *Foz Côa* in Nordportugal gelten als älteste Zeugnisse menschlicher Besiedlung.

ab ca. 2000 v. Chr. Iberer wandern auf die später nach ihnen benannte Iberische Halbinsel ein.

ab 1200 v. Chr. Phönizier und später Griechen gründen Siedlungen.

„Felicitas Julia" – unter Caesar erhält Lissabon 47 n. Chr. die Stadtrechte

218–202 v. Chr. Im zweiten Punischen Krieg verliert Karthago die Iberische Halbinsel an Rom.

ab 409 Während der Völkerwanderung zerstört der Einfall von Alanen, Vandalen, Sueben und Westgoten die römische Provinz.

ab 711 Beginn der maurischen Invasion. In nur wenigen Jahren fällt Portugal bis in die Höhe von Braga unter maurische Herrschaft. Das Land erlebt eine wirtschaftliche und kulturelle Blüte. Handel, Handwerk, Wissenschaft werden gefördert. Die Stadt Lissabon wird mit der *Cerca Moura* befestigt, die Burg ausgebaut.

Reconquista, Konsolidierung und Aufstieg zur Weltmacht

ab 8. Jh. Christliche Ritter bilden erste Bünde für eine Rückeroberung (*Reconquista*) der maurisch beherrschten Gebiete. König *Afonso III.* erobert 868 *Portucale* zurück, das spätere Porto, das dem Land seinen Namen geben wird.

1139 *Afonso Henriques*, seit 1112 Graf von Portugal, wird zum ersten König Portugals, Beginn der Dynastie Burgund.

1147 Mit Hilfe eines Kreuzritterheers Rückeroberung Lissabons unter *Afonso Henriques*.

1179 Nach erheblichen politischen Zugeständnissen erkennt Papst *Alexander III.* Portugal als eigenständiges Königreich an und *Afonso Henriques* als König.

1249 Mit der Eroberung der Algarve gilt die *Reconquista* als abgeschlossen.

1257 Lissabon wird Hauptstadt.

1288 Die erste Universität Portugals wird gegründet.

1317 Gründung des Christusritterordens, ihm werden alle Besitztümer des Templerordens übertragen.

1334 Beginn der überseeischen Expansion mit einer ersten Expedition zu den Kanarischen Inseln.

1373 Nach dem Handelsabkommen 1353 folgt 1373 eine umfassende Allianz mit England. Diese verbindet die Länder über mehrere Jahrhunderte, hilft Portugal einerseits gegen die immer wieder drohende Invasion aus Kastilien/Spanien, führt andererseits zur Abhängigkeit von England.

1383–1385 Thronfolgestreitigkeiten, Bürgerkrieg und Invasion durch Kastilien und Belagerung Lissabons. Entscheidender portugiesischer Sieg in der Schlacht von Aljubarrota. *João I.* wird zum König gewählt, Beginn der Dynastie Avis.

ab 1415 Gefördert von Infante *Dom Henrique* (Heinrich dem Seefahrer) Intensivierung der Expansion. 1415 wird Ceuta (Marokko) erobert, 1419–1456 Expeditionen nach Madeira und zu den Azoren, Fahrten entlang der Küste Westafrikas, Entdeckung der Kapverden.

ab 1441 Goldeinfuhren aus Afrika, erste Sklaven erreichen Portugal.

ab 1488 Umschiffung des Kaps der Guten Hoffnung durch *Bartolomeu Dias*.

Manuel I. – Manuel der Glückliche

1492 Im Auftrag der spanischen Krone erreicht *Kolumbus* Amerika auf der Suche nach dem Seeweg nach Indien.

1494 Der Vertrag von Tordesillas teilt die Welt in eine spanische und eine portugiesische Hälfte ein, um Konflikte zwischen den beiden größten Seemächten zu verhindern.

1495–1521 Unter der Regentschaft *Manuel I.* erlebt Portugal seine glorreichste Zeit: 1498 erreicht *Vasco da Gama* Indien auf dem Seeweg, 1500 offizielle Entdeckung Brasiliens, ab 1502 Fahrten entlang der gesamten asiatischen Küstenwelt, 1510 und 1511 Eroberung Goas und Malakkas, 1519–1521 Weltumsegelung durch *Fernão de Magalhães* und *Sebastian de Elcano*. Die neuen Handelswege und Kolonien spülen ungeahnten Reichtum ins Land. Die Einnahmen aus dem überseeischen Handel füllen die

	Staatskassen, 1518 machen sie 68 % aller staatlichen Einkünfte Portugals aus.
1496/1497	Viele der 1492 aus Spanien vertriebenen Juden lassen sich in Portugal nieder. 1496 wird auch hier ein Gesetz zur Zwangskonvertierung erlassen, ein Jahr später werden die nicht konvertierten Juden des Landes verwiesen.
1506	Pogrom, bei dem in Lissabon um die 2000 Juden ermordet werden.
1536	Einführung der Inquisition.
1540	König *João III.* holt die Jesuiten ins Land, die u. a. für die Konvertierung der Heiden in den Kolonien sowie für weite Teile der Bildung im Mutterland zuständig sind.
1572	Veröffentlichung von „Os Lusíadas" von *Luís de Camões*.

info

Wie wurde Portugal zur Entdeckernation?

Chronischer Mangel an Gold, Lehensland, Getreide und Arbeitskraft veranlassen die Portugiesen Anfang des 15. Jh. bekannte Gebiete in Nordafrika zu erobern. Die Interessenslage ändert sich, als mit dem Fall Konstantinopels 1453 auch der einträgliche Gewürzhandel in die Hände der Ottomanen fällt. Die Einfuhr der Gewürze über den Landweg ist nun abgeschnitten, die westlichen Mächte sind nicht gewillt, Handel mit den nicht-christlichen Herrschern zu treiben. Die Entwicklung hochseetauglicher Karavellen sowie Fortschritte in der Kartografie ermöglichen den Portugiesen als Erste den Seeweg nach Asien für den Gewürzhandel zu finden. Finanziert werden die Reisen unter anderem von der Krone, Adeligen und reichen Händlern z. B. aus Italien. Die Kirche ist andererseits daran interessiert, die sogenannte Heidenmissionierung voranzutreiben.

Spanische Herrschaft und Restauration

1578	Invasion in Marokko und vernichtende Niederlage bei Alcácer Quibir; nicht nur das gesamte 18 000 Mann starke portugiesische Heer wird aufgerieben, auch König *Sebastião I.* kommt bei der Schlacht um. Der gefallene König, gerade erst 23 Jahre alt, wird zu einer mystischen Figur der portugiesischen Geschichte verklärt, es entsteht der Sebastianismus. Kardinal *Dom Henrique* wird Nachfolger des kinderlosen König *Sebastião*.
1580	Der ebenfalls kinderlose *Dom Henrique* stirbt 1580 ohne eine offizielle Regelung für seine Nachfolge zu hinterlassen. Nächster legitimer Verwandter des portugiesischen Königshauses ist der spanische König *Philipp II.*
1580–1640	60 Jahre dauernde Fremdherrschaft in Portugal durch Spanien.
1640	Wiederherstellung der Unabhängigkeit von Spanien; der Herzog von Bragança wird zum König gekrönt, als *João IV.* begründet er die Dynastie Bragança.
1641–1668	Kriege gegen Spanien, bis die Spanier schließlich Portugals **Unabhängigkeit** anerkennen.

ab 1700	Goldfunde in Brasilien verschaffen Portugal schnell steigende Einnahmen. 1699 sind es 514 kg, 1720 sind es 25 000 kg.
1750	*José I.* wird König, sein wichtigster Minister wird der spätere *Marquês de Pombal.*

Das große Erdbeben und Wiederaufbau

1755	Ein schweres Erdbeben zerstört große Teile Lissabons. Mit dem Wiederaufbau der Stadt festigt Minister *Pombal* seine Macht.
1759	Vertreibung der Jesuiten und Beginn umfangreicher Reformen im Bildungswesen, in der überseeischen Verwaltung und in anderen Bereichen; Schwächung der Vormachtstellung des Adels.
1769	Umgestaltung der Inquisition.
1777	*Maria I.* wird Königin und setzt den *Marquês de Pombal* ab.

Französisch-britische Besatzung und liberale Revolution

1807	Portugal weigert sich, der französischen Kontinentalblockade gegen seinen Bündnispartner England beizutreten; Invasion der Truppen Napoleons unter General *Junot*, Flucht der Königsfamilie samt Hofstaat nach Brasilien. Rio de Janeiro wird Hauptstadt des portugiesischen Reichs.
1808	Volksaufstände gegen die französische Herrschaft, unterstützt von den Truppen des britischen Bündnispartners unter dem späteren Lord *Wellington*; Abzug der Franzosen im September. Der englische General *Beresford* wird mit dem Ausbau der Armee beauftragt und erhält weitreichende Vollmachten, die ihn faktisch zum Herrscher Portugals machen. 1811 folgt die zweite Invasion Frankreichs.
1815	Erhebung Brasiliens zum Königreich. Das portugiesische Reich trägt nun den Namen „Vereinigte Königreiche von Portugal, Brasilien und Algarve“.
1820/1821	Liberale Revolution. Die Jahre der Abwesenheit des Hofes, die französischen Invasionen und die englische Besatzung haben das Land in einem desaströsen Zustand hinterlassen. Die Wirtschaft liegt am Boden, durch Hungersnöte sterben mehr Menschen als durch die Invasionskriege.
1821	Zusammentreten des Parlaments; Rückkehr König *João VI.* aus Brasilien, sein Sohn *Pedro IV.* bleibt als König von Brasilien in Rio de Janeiro.
1822	Erste Liberale Verfassung in Portugal; Unabhängigkeit Brasiliens.
1826	Restauration und Absolutismus.
1832–1834	Bürgerkrieg; 1834 Sieg der Liberalen; Abschaffung der religiösen Orden.
1837	*Fernando II.* wird König, Beginn der Dynastie Sachsen-Coburg-Gotha.

Hier trafen sich republikanische Kräfte vor der Revolution

1875 Beginn der aktiven republikanischen Bewegung *Geração de 70*.

1889/1890 Englisches Ultimatum gegenüber Portugal, das den Plan hegt, sein Herrschaftsgebiet in Afrika zwischen den bestehenden Kolonien Mosambik und Angola auszudehnen (*Mapa Cor de Rosa*).

Untergang des Königshauses, erste Republik

1908 Ermordung König *Carlos I.* und des Kronprinzen; *Manuel II.* wird König.

1910 Republikanische Revolution (5. Okt.) und Sturz der Monarchie; *Manuel II.* geht ins Exil; Übergangsregierung.

1910/1911 Zahlreiche Reformen: z. B. Trennung von Staat und Kirche, Verabschiedung der republikanischen Verfassung; *Teófilo Braga* wird zum ersten Präsidenten der Übergangsregierung.

bis 1926 Phase gesellschaftlicher und wirtschaftlicher Umbrüche sowie politischer Instabilität: Bis 1926 regieren zehn Präsidenten und über 40 Regierungen. 1916 wird Portugal durch die Kriegserklärung Deutschlands in den ersten Weltkrieg gezogen.

Militärdiktatur und Salazar-Regime (Estado Novo)

ab 1926 Militärdiktatur, wechselnde Regierungen der Militärverwaltung.

ab 1928 Der spätere Diktator *António de Oliveira Salazar* wird Finanzminister und gewinnt zunehmend an Macht.

1932 *Salazar* wird am 5. Juli Ministerpräsident und herrscht bis zu seiner Erkrankung 1968, der er 1970 erliegt.

António Salazar als Student

1933–1974 Verabschiedung einer neuen Verfassung, die den *Estado Novo* (Neuen Staat) begründet, einen autoritären Ständestaat mit faschistischen Zügen. Alle Parteien bis auf die Einheitspartei *União Nacional* werden verboten, die Presse zensiert. Als wichtigstes Organ des Regimes zur Kontrolle, Einschüchterung und Überwachung auch der Zivilbevölkerung wird die politische Geheimpolizei PIDE gegründet. Durch Unterordnung von Polizei und Justiz wird zudem ein effektives Repressionssystem geschaffen. Der ideologische Slogan des Staates lautet: „Gott, **Vaterland, Familie".**

1939 Portugal erklärt seine Neutralität im Zweiten Weltkrieg. Das Land wird zu einer wichtigen Zwischenstation vieler Flüchtlinge auf dem Weg in die USA. Portugal exportiert das für die Kriegsindustrie wichtige Wolfram nach Deutschland. Lissabon wird Umschlagsplatz von Geheimdienstinformationen vieler am Krieg beteiligter Länder. Den Alliierten werden 1943 Stützpunkte auf den Azoren überlassen.

1949 Beitritt Portugals zur NATO.

1955 Beitritt Portugals zur UNO.

1959 Der liberale General *Humberto Delgado* wird als gemeinsamer Kandidat der Opposition für die Präsidentenwahl aufgestellt. Trotz massiven Wahlbetrugs erhält er über 25 % der Stimmen. 1965 wird er ermordet, vermutlich von der Staatsschutzpolizei PIDE.

1961–1974 Beginn der Unabhängigkeitsbewegungen in den Kolonien und der Kolonialkriege.

1968 *Salazar* erleidet einen Schlaganfall, sein Nachfolger wird *Marcello Caetano*.

Nelkenrevolution und Rückkehr zur Demokratie, zweite Republik

1974	Nelkenrevolution (25. April): Eine Militärrevolte, getragen von der breiten Zustimmung der Bevölkerung, beendet die Diktatur. Als wichtigster Auslöser für den Aufstand gelten die andauernden, verlustreichen und teuren Kolonialkriege.
1974–1976	Mehrere kurzlebige Regierungen; Unabhängigkeit der Kolonien in Afrika (1974–1975). 1 Mio. Portugiesen verlassen die ehemaligen Kolonien und kehren nach Portugal zurück.
1976	Verabschiedung der neuen Verfassung zum Jahrestag der Nelkenrevolution. Diese enthält neben der Verpflichtung zur Demokratie als Staatsziel auch den Übergang zum Sozialismus, welches in den Verfassungsreformen der 1980er-Jahre wieder gestrichen wird.
1976–1985	Konsolidierung der jungen Demokratie; acht Regierungen wechseln sich in neun Jahren ab.
1985	Beschluss zum Beitritt in die Europäische Gemeinschaft (EG) zum 1. Januar 1986.
1985–1995	„Cavaquismo“: Unter der Regierung von *Aníbal Cavaco da Silva* (PSD) und mit Hilfe von Fördermitteln der EG werden Wirtschaft und Infrastruktur modernisiert und ausgebaut, die Finanzsysteme saniert; relative wirtschaftliche Blüte.
1994	Lissabon ist Kulturhauptstadt Europas.
1995	Linksruck: Bei den Präsidentenwahlen gewinnt *Jorge Sampaio* (PS). Auch bei den Parlamentswahlen setzt sich die PS durch, *António Guterres* wird Premierminister.
1998	Weltausstellung in Lissabon, Einweihung der Vasco-da-Gama-Brücke; *José Saramago* erhält den Literaturnobelpreis.
1999	Portugal gibt Macau, die letzte überseeische Besitzung, an China zurück.
2004	Portugal ist Austragungsort der Fußball–Europameisterschaft.
2005	Die *Partido Socialista* gewinnt bei den Parlamentswahlen die absolute Mehrheit der Sitze, *José Socrates* wird Premierminister.
2006	Der ehemalige Premierminister *Cavaco Silva* von der PSD wird zum Präsidenten gewählt. Wiederwahl 2011.
2007	Portugal hat nach 1999 und 2000 die EU-Ratspräsidentschaft zum dritten Mal inne (Juli bis Dezember).
2010	Schlimmste Wirtschaftskrise seit 1974, größter Generalstreik seit mehr als 20 Jahren als Protest gegen den Sparkurs der sozialdemokratischen Minderheitsregierung.
2011	Vorgezogene Parlamentswahlen nach vorzeitigem Rücktritt *Sócrates'*. Neuer Ministerpräsident wird *Pedro Passos Coelho* von der PSD. Fortsetzung der Sparpolitik. Zusicherung eines EU-Hilfspakets in Höhe von 78 Mrd. € über drei Jahre hinweg.
2012	Weitere Sparmaßnahmen und Steuererhöhungen. Regelmäßige Proteste, wiederholt Generalstreik.
2013	Kommunalwahlen für Herbst geplant.

Stadt- und Architekturgeschichte

Die Gründung einer Stadt

Sanfte Hügel, fruchtbare Böden, mildes Klima, ein natürliches Hafenbecken und über dem ruhigen Tejo eine direkte Verbindung zum stürmischen Atlantik: der ideale Ort, eine Stadt zu gründen. Und so blickt Lissabon auf über 3000 Jahre Geschichte zurück. Auf dem Burghügel gründen die Phönizier ca. 1200 v. Chr. eine Ansiedlung, den Hafen am Tejo nennen sie *Alis Ubbo*, die „liebliche Bucht“. Hier machen sie Zwischenstopp auf der Handelsroute vom Mittelmeer nach Nordeuropa. Die wachsende Siedlung wird dann unter dem Namen *Olisippo* bekannt.

Odysseus und die Stadt der sieben Hügel

info

Möchte man der Legende Glauben schenken, wurde Lissabon von **Odysseus** gegründet und, wie Rom, auf sieben Hügeln erbaut. Bekannt wird dieser Gründungsmythos erst im 16. Jh., als der Name **Odysseus** – in seiner lateinischen Variante *Ulysses* – im Nationalepos „Os Lusíadas“ von *Camões* auftaucht. Dieser beruft sich auf griechisch-römische Quellen. Ebenso zitiert er die literarische Tradition *Homers* und *Virgils*. Im 19. Jh. wird dieses Bild wieder aufgegriffen, griechische Geschichte vermischt sich mit römischer und der Seefahrer **Odysseus** etabliert sich als Gründer der Hauptstadt der Entdeckernation Portugal.
Ähnlich verhält es sich mit den **sieben Hügeln Lissabons.** Diese werden im „Livro das Grandezas de Lisboa“ („Buch der Sehenswürdigkeiten Lissabons“) von *Frei Nicolau de Oliveira* 1620 das erste Mal aufgezählt: São Vicente, Santo André (Graça), Castelo, Santana (heute Mártires da Pátria), São Roque (Bairro Alto), Chagas (Largo do Carmo) und Santa Catarina. Im Lauf der Jahrhunderte vergrößert sich das Stadtgebiet und damit auch die Anzahl der Hügel. In den 1920er-Jahren greift eine Tourismusagentur den Slogan wieder auf. Auch *Ercília Costa* besingt im Fado de Lisboa das portugiesische Rom: *„Sete colinas são teu colo de cetim“* – “Sieben Hügel sind dein Samtschoß“. Wer möchte, kann sich von einem der vielen Aussichtspunkte der Stadt auf die Suche nach den sieben Hügeln begeben.

Römische und maurische Spuren

Ab 219 v. Chr. übernehmen die Römer die Herrschaft über das spätere Lusitanien. Als die Ansiedlung am Tejo die römischen Stadtrechte erteilt bekommt, wird ihr der Name *Felicitas Julia* gegeben, zu Ehren von *Julius Caesar*. Die nach Mérida (heute Spanien) zweitwichtigste Stadt der **Provinz Lusitanien** erstreckt sich immer noch rund um den Burgberg, den strategisch wichtigsten Punkt der Stadt. Prunkvolle Gebäude, Tempel und Thermen, das Forum und Hafenanlagen werden gebaut. Zu dieser Zeit schlängelt sich zwischen Burgberg und Chiado noch ein Seitenarm des Tejo. *Stadtrechte*
Aus der Römerzeit lassen sich noch vereinzelte Spuren finden, die erst nach dem großen Erdbeben von 1755 und eher zufällig wieder zum Vorschein kamen. Das römische Theater, Ruinen eines Tempels der Göttin Cibele, in der Baixa Reste von

Lissabons Kathedrale Sé

Fischeinsalzungsanlagen und Stützpfeiler eines großen Baus, vermutlich des Forums. Unter den Alanen, Vandalen und Westgoten, die die Region ab dem 5. Jh. beherrschen, wird die Stadt in *Ulixbona* umbenannt. Spuren hinterlassen die „Barbaren“ in drei Jahrhunderten kaum. Im 8. Jh. erobern die Mauren, muslimische Araber und Berber die iberische Halbinsel. Unter ihnen wird aus **Ulixbona** das arabische **Al-Usbuna**. Die Stadt erlebt eine kulturelle Blüte. Lediglich die Ausgrabungen am Kastell sowie in der Alfama einige Überreste der *Cerca Moura* (arabische Stadtmauer) samt ihren labyrinthischen Gassen sind architektonische Zeitzeugen. Größer ist ihr Erbe in der portugiesischen Sprache, hier sind heute noch viele Ausdrücke dem Arabischen entlehnt. Gegen **Ende der maurischen Herrschaft** wird *Al-Usbuna* umgangssprachlich bereits **Lisboa** genannt, also Lissabon.

Die mittelalterliche Stadt – Das christliche Lissabon

Neue Hauptstadt

Im Jahr 1147 gelingt dem bald darauf vom Papst als König von Portugal anerkannten *Afonso Henriques* die **Rückeroberung Lissabons**. Die in der Stadt verbliebenen Mauren werden in einem Viertel angesiedelt, das bis heute nach ihnen benannt ist: die Mouraria, das Maurenviertel. Auch die Juden werden in eigene Viertel, die **Judiarias** in der Baixa und Alfama, verbannt. Das einzig erhaltene romanische Bauwerk ist die Kathedrale Lissabons, die *Sé*, welche auf den Grundmauern der arabischen Moschee aufgebaut wurde. Lissabon löst 1256 Coimbra als Hauptstadt Portugals ab. Im gleichen Jahrhundert siedeln sich mehrere Kirchenorden an: Augustiner (São Vicente de Fora), Franziskaner (Igreja dos Mártires) und Dominikaner (Igreja São Domingos). Die erste Universität des Landes wird 1288 gegründet. Die unaufhaltsam wachsende Stadt wird unter König *Fernando* 1373 mit einer neuen Stadtmauer befestigt. Die sogenannte *Cerca Fernandina* umfasst nicht mehr nur die Viertel direkt am

Jerónimos-Kloster – Prachtbau der Manuelinik

Burgberg. Sie schließt die Gebiete zwischen der Graça und der Igreja São Roque ein, die westliche Grenze runter zum Tejo bildet die Rua do Alecrim. Die Igreja do Carmo, das einzige heute noch erhaltene gotische Bauwerk der Stadt, wird gebaut.

Lissabon zur Zeit der Entdeckungen

Zu Beginn des 16. Jh. ändert sich die Stadtstruktur komplett. König *Manuel I.* verlässt das alte Kastell am Berg und zieht in den neuen Palast am Tejo, außerhalb der Stadtmauer. Durch den Nachzug des Adels verwandelt sich die Baixa in das **neue Zentrum der Stadt**. Der neue Platz, der Terreiro do Paço (heute Praça do Comércio), bietet einen Gegenpol zum bereits bestehenden Platz, dem Rossio. Durch die Zwangskonvertierung 1496 werden die obsoleten „Ghettos", die *Mouraria* und die *Judiarias*, von der Unterstadt aufgesogen. Die überseeischen Entdeckungen, die Gründung von Handelsniederlassungen und Kolonien, der wachsende Geldfluss durch den Gewürzhandel und die Kunstliebhaberei des Königs lösen einen regelrechten Bauboom aus. Im Stil der Manuelinik werden das Jerónimos-Kloster, der Torre de Belém und die Kirche Madre de Deus gebaut. Die wachsende Bevölkerung wird in einem neuen Viertel untergebracht, der Vila Nova de Andrade, dem heutigen Bairro Alto. Diese erste von Grund auf geplante Bebauung eines kompletten Stadtteils markiert den Übergang vom 16. zum 17. Jh.

Bauboom

Spanischer Einfluss – Restaurationskriege und Stagnation

Der spanische Einfluss des *Siglo de Oro* (Portugal ist 1580–1640 durch Personalunion mit Spanien verbunden) gibt den bis jetzt eher schlichten Bauten pompösen Glanz und eine barocke Sprache: z. B. Fassaden und Kirchen oder die glanzvolle Dekoration der *Talha Dourada*. Der Königspalast wird erweitert, die Igreja São Vicente de Fora neu erbaut, so wie sie heute noch zu sehen ist. Viele Stadtpaläste werden errichtet: so z. B. der Palácio dos Marqueses da Fronteira mit seinen wunderschönen Azulejos und der Palácio dos Alvores, dessen grüne Fensterläden der Straße Janelas Verdes ihren Namen geben („grüne Fenster") und in dem heute das Museum für alte Kunst untergebracht ist.

Königspalast am Terreiro do Paço als Azulejo

Nach den sehr **kostspieligen Restaurationskriegen** zur Erlangung und Erhaltung der Unabhängigkeit von Spanien finden kaum größere Bauvorhaben statt. Lissabon ist immer noch eine mittelalterliche, aus Gassengewirr bestehende Stadt. Die einzigen Lichtungen, die der erste Stadtplan Lissabons von 1650 aufweist, sind der Terreiro do Paço und der Rossio.

18. Jh. – Neue Blüte und ein fatales Ereignis

Der scheinbar nicht abreißende Goldstrom aus Brasilien ermöglicht es König *João V.* das prunkvolle Kloster in Mafra sowie andere repräsentative Bauten zu errichten. Für die Bevölkerung ist jedoch ein anderes Bauwerk maßgeblich: der **Aqueduto das Águas Livres**, der Aquädukt und die unzähligen Brunnen, die die Wasserversorgung der Stadt gewährleisten sollen. Die Stadt platzt mit ca. 250 000 Einwohnern förmlich aus allen Nähten. Dieses Lissabon mit seinem wild bebauten Stadtufer von Xabregas bis Alcântara ist eindrucksvoll veranschaulicht auf einer Stadtansicht im Azulejo-Museum. Dunkel, schmutzig, gefährlich und chaotisch wirkt Lissabon. Ein französischer Zeitzeuge fühlt sich an eine „afrikanische Stadt" erinnert.

Zerstörung und Neuaufbau

Der 1. November **1755** setzt diesem Chaos ein jähes, desaströses Ende. Das bis dahin stärkste **Erdbeben** der westlichen Hemisphäre und die folgende Brandkatastrophe zerstören zwei Drittel der Stadt und töten nach heutigen Schätzungen etwa ein Zehntel der Bevölkerung. Die dicht besiedelte Baixa wird vollkommen in Schutt und Asche verwandelt, einzig Belém und Alfama bleiben vom Schlimmsten verschont. Der Wiederaufbau der Baixa unter der Leitung von *Marquês de Pombal* und nach Plänen von *Eugénio dos Santos* und *Carlos Mardel* ist etwa 40 Jahre später abgeschlossen.

In den folgenden Jahrzehnten werden die Viertel Cais do Sodré und Chiado nach klassizistischem Vorbild rekonstruiert. Mit dem Bau der Oper São Carlos wird der Grundstein für die Entwicklung des Chiado zum kulturellen und intellektuellen Zentrum der Stadt gelegt. Das neue politische Zentrum soll der Stadtteil Ajuda werden, wo mit dem Bau des neuen Königspalastes begonnen wird. Die ersten städtischen Friedhöfe (z. B. Cemitério dos Prazeres) werden angelegt. Dem mittelalterlichen Lissabon wird durch die verheerende Katastrophe der Weg zu einer modernen Stadt geebnet.

19. Jh. – Kriegswirren, liberale Revolution und das romantische Lissabon

Napoleonische Besetzung und Plünderung, die Flucht des Königshauses und der Oberschicht nach Brasilien sowie die Befreiung Portugals durch die englischen Truppen und deren Übergangsherrschaft kennzeichnen die Wirren der ersten Hälfte des 19. Jh. Die **liberale Revolution** bringt die **Säkularisierung** mit sich, die Auflösung der Klöster: 65 Ordenshäuser werden verkauft und profanen, zivilen und militärischen Zwecken zugeführt. In den 1840er-Jahren wird die Straßenbeleuchtung mit Olivenöl eingeführt, 20 Jahre später mit dem Bau der längst überfälligen Kanalisation der Stadt begonnen. Der Rossio erhält 1849 sein typisches Pflaster, das Nationaltheater Maria II. wird im neoklassischen Stil gebaut. Die Bahnstrecke Lissabon– Porto wird eröffnet, der Bahnhof Santa Apolónia wird gebaut und etwas später der Bahnhof am Rossio.

Bahnhof am Rossio – neomanuelinische Pracht

Die portugiesische Romantik drückt eine große Sehnsucht nach längst vergangenen Zeiten aus; im Gedenken an das Goldene Zeitalter der Entdeckungen hält die Neo-Manuelinik Einzug in die Architektur. Der Adel sowie die reiche Bürgerschicht lassen ihre Sommerresidenzen im Umland von Sintra und Cascais in historisierendem Stil errichten. Inspiriert von den Helden der Geschichte erlebt die Bildhauerei einen Aufschwung: Die Statuen für den Nationaldichter *Camões* (Chiado) und König *Pedro IV.* am Rossio werden aufgestellt, der Triumphbogen am Praça do Comércio fertig gestellt. Den Höhepunkt der Romantik stellen die neu angelegten Parks und Aussichtspunkte dar: São Pedro de Alcântara, Jardim da Estrela und Príncipe Real.

Industrialisierung – Jahrhundertwende

Die Industrialisierung führt zu einem Bevölkerungswachstum, dem die Stadt nicht gewachsen ist. Die neu entstandene Arbeiterschicht bewohnt verlassene Paläste und

Hinterhöfe. Fabrikbesitzer beginnen mit dem Bau der *villas operárias*, der Arbeitersiedlungen.
Gleichzeitig wächst Lissabon mit dem Bebauungsplan der Avenida da Liberdade und den Avenidas Novas nach dem Vorbild des Haussmannschen Paris gen Norden und wendet dem Fluss buchstäblich den Rücken zu. **Moderne Transportmittel** wie die *eléctricos* (heute noch Straßenbahn 25 und 28), Standseilbahnen (*elevadores*) und der Aufzug Santa Justa prägen von nun an das Stadtbild. Mit Beginn des 20. Jh. bekommen die schlichten, sich ähnelnden Fassaden der Baixa ein neues, prunkvolles und verschwenderisches Antlitz. Der Eklektizismus hält Einzug in die Architektur. Reiche Bankhäuser lassen sich hier nieder und mit den *Armazéns do Chiado* und *Grandella* bekommt die Stadt ihre ersten Kaufhäuser im heutigen Sinne.

Eklektizismus

Die Moderne – Später Eintritt ins 20. Jh.

Erst unter Diktator *Salazar* und durch die Konsolidierung des *Estado Novo* 1933 kommt Lissabon im 20. Jh. an: Es wird in moderne Infrastruktur und städteplanerische Veränderungen investiert. Unter Bürgermeister *Duarte Pacheco* entsteht das „**Lissabon des Estado Novo**". Alles ist modern und innovativ, mit gradlinigen Fassaden und Art-déco-Kacheln. Die neuen Viertel rund um die Avenidas Novas, das westlich von Belém gelegene Viertel Restelo und die „grüne Lunge" Lissabons, der Monsanto-Park, entstehen. Mit Beginn des 2. Weltkriegs schottet sich Portugal von der Außenwelt ab. Der aufsteigende Nationalismus spiegelt sich architektonisch in einer nationalen Form der Moderne wider: neo-klassische und neo-barocke Fassaden sowie Erker und Türmchen, die an ländliche Idylle erinnern sollen. Die Armillarsphäre, das Sinnbild des fast verlorenen gegangenen Weltreichs, wird als Gestaltungselement wieder belebt. Dieser Stil wird in der Architektur das *Português Suave* – das Weiche Portugiesisch genannt. Nach außen zeigt Portugal mit seiner Weltausstellung ein völlig anderes Bild: Das Gelände in Belém wird modernisiert, das Seefahrerdenkmal bildet den Höhepunkt der Ausstellung. Ab den 1950er-Jahren findet langsam eine politische Öffnung statt, die Modernisierungspläne werden wieder aufgenommen. Bereits in den 1930er-Jahren geplant, entsteht zwischen 1955 und 1960 im Viertel Campo Grande die Cidade Universitária, der größte Universitätskomplex der Stadt. Dem Problem der **stetig anwachsenden Einwohnerzahlen**, zwischen 1930 und 1960 hat sich Lissabons Bevölkerung auf 600 000 fast verdoppelt, versucht man mit dem Bau von Sozialwohnungen in Olivais entgegenzuwirken. Ab 1966 wird der Fährverkehr über den Tejo Richtung Süden durch den Bau der Brücke Ponte 25 de Abril etwas entlastet.

Feigenverkäuferin am Cais do Sodré 1912

Lissabon nach der Nelkenrevolution

Mit der **Nelkenrevolution** und dem **Ende der Diktatur** verliert Portugal seine letzten Kolonien in Afrika, die Staatskasse ist durch den Krieg in Übersee vollkommen überstrapaziert. Die auf eine Million geschätzten portugiesischen Rückkehrer (*retornados*) sowie Einwanderer aus den ehemaligen Kolonien überschwemmen Lissabon. Vor allem am Stadtrand entstehen Slums (*bairros de lata*) und illegale Viertel. Es wird fast 30 Jahre dauern bis die Stadt mit Hilfe von Sozialbaumaßnahmen die letzten Elendsviertel auflöst. Im Zentrum Lissabons machen sich die Nachwehen der sozialen Mietpreispolitik der Vergangenheit bemerkbar.

Mietpreisgesetze und Renovierungsbedarf

info

Renovierungsbedarf

Als sozialpolitische Errungenschaft wurden unter Diktator *Salazar* in den 1930er-Jahren die Mieten eingefroren. Dadurch sollte Grundstücksspekulationen entgegengewirkt werden. Diese für die Bewohner zunächst durchaus positive Gesetzgebung hatte eine Schattenseite, insbesondere seit eine steigende Inflation die realen Mieten auf symbolische Werte schrumpfen ließ. Viele Hauseigentümer hatten bei Mieteinnahmen von einem Gegenwert von 5 € weder Interesse noch Mittel, die Häuser und Wohnungen zu modernisieren. Erst in den 1980er-Jahren, als ein neues Mietgesetz eine schrittweise Erhöhung der Mieten bei bestehenden Verträgen erlaubte, begann langsam die Sanierung der Häuser. Hilfreich war dabei auch, dass seit Mitte der 1980er-Jahre viele Bewohner in die komfortableren Neubausiedlungen am Stadtrand abwanderten. Durch den Leerstand und die geänderten Mietpreisgesetze ist in den vergangenen Jahren eine regelrechte Bauwut ausgebrochen. Gebildete und wirtschaftlich stärkere Bevölkerungsschichten entdecken Viertel wie die Alfama. Aber auch das hat seine Kehrseite: Viele der jetzigen Bewohner werden sich irgendwann hier die Mieten nicht mehr leisten können.

Viele Gebäude sind nicht mehr bewohnbar und stehen kurz vor dem Einsturz. Hatte man bisher die alte Bausubstanz mit der Abrissbirne bekämpft, entwickelt sich in den

Moderne Architektur im Parque das Nações

1980er-Jahren ein zunehmendes Bewusstsein für das kulturelle und architektonische Erbe.

Die 1980er-Jahre sind aber auch von einem schrecklichen Ereignis gekennzeichnet: Im August 1988 fallen einem Großbrand über 20 Gebäude des Viertels Chiado zum Opfer. Die Wiederaufbauarbeiten unter dem Star-Architekten *Álvaro Siza Vieira* ziehen sich über zehn Jahre hin. Heute sieht man dem Viertel die Katastrophe nicht mehr an.

1992 wird von der Stadt ein Plan zum Erhalt der historischen Bausubstanz verabschiedet. Überhaupt stehen die 1990er-Jahre ganz im Zeichen der Kultur. 1994 ist Lissabon **Kulturhauptstadt Europas**, vier Jahre später wird die **EXPO'98** unter dem Motto „Ozeane" im Parque das Nações ausgerichtet. Das alte Industriegebiet im Osten Lissabons wird in einen modernen Stadtteil verwandelt, der über eine neue Metrolinie ans Zentrum angeschlossen wird. Gleichzeitig entsteht mit der Estação Oriente der modernste Bahnhof des Landes und mit der Brücke Vasco da Gama die (noch) längste Brücke Europas. Im Jahr 2004 wird Portugal Austragungsort der **Fußball-Europameisterschaft** und die beiden großen Lissabonner Fußballvereine erhalten neue Stadien.

Bevölkerungsrückgang

Gleichzeitig ist vor allem das Stadtzentrum seit den 1980er-Jahren von massivem Bevölkerungsrückgang geprägt. Können 1981 noch 810 000 Einwohner verzeichnet werden, leben 2011 nur noch knapp 550 000 Menschen hier. Vor allem die Mittel- und Oberschicht zieht es in die angrenzenden Vororte. Hier gibt es großzügigere Wohnungen mit modernen Sanitäranlagen zu vergleichsweise günstigen Preisen.

Trotz eines gut ausgebauten öffentlichen Transportsystems ist Lissabon **von stän-**

digen Verkehrsproblemen geplagt. Insbesondere zur Hauptverkehrszeit quälen sich die Autokolonnen im stop-and-go durch die Stadt; die Parkplatzsuche ist zeitaufwendig und nervenaufreibend. Seit 2002 sind deshalb Teile der Altstadtviertel Alfama und Bairro Alto für den Durchgangsverkehr gesperrt – sehr zur Freude der entlasteten Anwohner, aber zum bitteren Leidwesen des Einzelhandels. Um das Stauaufkommen am Kreisverkehr Marquês de Pombal zu verringern, wird bereits im Sommer 2003 mit dem Bau eines Tunnels begonnen, der den neuralgischen Verkehrsknotenpunkt mit dem Büroviertel Amoeiras verbinden soll. Das Projekt beherrscht lange Zeit die Schlagzeilen der Nachrichten: Zum einen verschlimmert sich das Verkehrsproblem während der Bauarbeiten gravierend, zum anderen kann das 4-Millionen-Projekt erst mit 18-monatiger Verspätung im April 2007 abgeschlossen werden. Man hatte schlichtweg das gesetzlich vorgeschriebene Umweltgutachten vergessen.

Verkehrsprobleme

Lösungsvorschläge der Stadtverwaltung für die stark befahrene Gegend rund um den Kreisverkehr Marquês de Pombal und die Avenida da Liberdade sorgen im Herbst 2012 abermals für Schlagzeilen. Um den Verkehr zu beruhigen und vor allem um die von der EU vorgegebenen Umweltauflagen einzuhalten, wird die Verkehrsführung am Kreisverkehr verändert und zwei der vier Spuren der Avenida werden in Zone 30 umgewandelt. Das Projekt, dessen endgültige Umsetzung Anfang 2013 verabschiedet wird, hat allerdings das Verkehrschaos in der Stadt vergrößert. Zumindest zeitweilig werden aber die vorgegebenen Höchstwerte für Luftverschmutzung nicht mehr überschritten. Wurde Portugal wegen Nichteinhaltung der Werte doch bereits zu einer Strafe von knapp 1,9 Mio. € verurteilt. Jeder weitere Verstoß würde mit 630 000 € pro Tag geahndet werden.

Andere, durchaus **kostspieligere Projekte**, die in Planung waren, sind aufgrund der Wirtschaftskrise bis auf Weiteres eingestellt worden. Dazu zählen der Bau eines neuen Flughafens, einer dritten Tejo-Brücke und einer Hochgeschwindigkeitstrasse für die Zugverbindung Lissabon–Madrid.

Lissabon – Geplante Tourismusprojekte

Viele der geplanten Projekte sollen Lissabon vor allem als Tourismus-Standort attraktiver machen. Dabei entdeckt die Stadt ihren Fluss als Anziehungspunkt wieder. So soll das Tejo-Ufer aufgewertet und zwischen Praça do Comércio und Cais do Sodré in einen **Stadtstrand** mit dazugehöriger Parkanlage verwandelt werden. Ebenso soll ein neuer Yachthafen gebaut, sowie die bereits 2009 begonnene Erweiterung der **Kreuzfahrtschiff-Anlegestelle** am Jardim do Tabacco Ende 2013 fertiggestellt werden. Das 45-Millionen-Euro-Projekt soll das gleichzeitige Anlegen von fünf Schiffen erlauben und so der steigenden Beliebtheit von Kreuzfahrten Rechnung tragen. Im Jahr 2011 kamen mehr als 500 000 Besucher auf dem Seeweg nach Lissabon, 12 % mehr als im Vorjahr.

Weitere Millionenprojekte

Belém soll in DAS **Kultur- und Museumsviertel** verwandelt werden. Schlüsselprojekt ist das neue Kutschenmuseum, dessen Neubau teilweise über die Gewinne des Lissabonner Casinos finanziert wird. Außerdem ist ein neues Kongress-Zentrum in Planung, das bis zu 8000 Besuchern Platz bieten soll.

Ein weiteres Projekt, vor allem für die Baixa und das Ausgehviertel Bairro Alto, steht ganz im Zeichen verbesserter Sicherheit. In Zusammenarbeit mit der Polizei sollen 2013 über 50 Kameras zur Videoüberwachung installiert werden.

Landschaftlicher Überblick

Lage und Klima

Portugal ist mit einer Fläche von 92 000 km² etwas größer als Österreich. Lissabon liegt am rechten Ufer des Tejo, ist die westlichste Hauptstadt des europäischen Festlandes und nach Athen auch die südlichste. Die hügelige Landschaft prägt stark das Stadtbild, die höchste Erhebung ist mit 227 m der Monsanto-Park.

Der Cais das Colunas in der Baixa

Lissabon ist bekannt für sein ganzjährig mildes Klima. Die direkte Nähe zu Atlantik und Golfstrom sorgen für **milde Winter**, in denen die Tiefsttemperaturen selten unter dem Gefrierpunkt liegen, und für **warme, trockene Sommer**. Obwohl in den heißesten Monaten Juli und August am Tag die durchschnittliche Höchsttemperatur bei 27 °C liegt und das Thermometer auch mal auf die 40 °C klettert, weht abends eine angenehm kühle Atlantikbrise. Die meisten Sonnenstunden gibt es zwischen März und Oktober, den meisten Regen von November bis Februar.

Der Tejo

Das ganz besondere Flair der Stadt Lissabon ist maßgeblich durch ihre direkte Lage am Fluss bestimmt. Knapp 1000 km legt der Tejo von seiner Quelle in den Bergen von Albarracín im Osten Spaniens zurück, bis er bei Lissabon in den Atlantik mündet. Aus dem schmalen Bach wird auf seiner Reise ein breiter Fluss, der sich schließlich, direkt bei Lissabon, in ein riesiges Mündungsdelta ergießt. Die **breiteste Stelle misst 23 km** und manch einer möchte glauben, dass er sich bereits am Meer befindet. So falsch liegt er nicht, heißt das Mündungsbecken doch *Mar da Palha*, Strohmeer, benannt nach den vielen Pflanzenresten, die der Fluss auf seiner langen Reise mit sich bringt. Das Wasser ist bereits salzig und den Gezeiten des Atlantik unterworfen.

Strohmeer

Lange Zeit war der Tejo Lissabons Verbindung zur Welt. Hier kamen Könige und Delegationen anderer Länder an. Hier begannen und endeten die großen Entdeckungsfahrten der Portugiesen. Hier wurden die wertvollen Waren gelöscht, die die Schiffe bei ihrer Rückkehr mitbrachten und Lissabon großen Reichtum bescherten. Zudem erleichterte der Fluss den Warentransport ins Hinterland und versorgte die Bevölkerung mit frischem Fisch.

Fischerboote findet man heute nur noch wenige, dennoch herrscht reges Treiben auf dem Tejo: Segelboote, Kreuzfahrtschiffe, Tanker und Containerschiffe und nicht zuletzt die ständig kreuzenden Fähren, die die Städte des gegenüberliegenden Ufers mit Lissabon verbinden.

Wer jedoch den Atlantik sehen will, der muss Lissabon Richtung Westen verlassen und bis zur Wasserfestung São Julião fahren. Denn hier – auf halben Weg zwischen Belém und Cascais – ist es, wo der Tejo offiziell endet und der Atlantik beginnt.

Politischer Überblick

Administration und Verwaltung

Die Portugiesische Republik (*República Portuguesa*) ist ein Zentralstaat, seine Hauptstadt ist Lissabon. Neben den 18 Distrikten des Festlandes zählen zwei autonome Regionen zum Staat Portugal: die Inselgruppe der Azoren und Madeira. Für statistische Erhebungen gibt es daneben eine relativ komplizierte Einteilung in Regionen. Zur Region Lissabon zählen die Städte am Mündungsbecken des Tejo sowie der nördliche Teil des Distrikts Setúbal.

Regionale Gliederung

Auf lokaler Ebene sind die Distrikte wiederum in Kreise (*concelhos* oder *municípios*) eingeteilt. Der Kreis Lissabon grenzt im Norden an die Kreise Loures und Odivelas, mit dem sich Lissabon das Gelände der ehemaligen Weltausstellung teilt. Der Kreis Oeiras ist die westliche Grenze und liegt zwischen Lissabon und Cascais. Auch Sintra ist ein eigener Kreis, der, an Amadora angrenzend, nordöstlich liegt. Die südliche Grenze Lissabons ist der Tejo.

Die **Kreisverwaltung** (*câmara municipal*) ist auf lokaler Ebene der wichtigste Entscheidungsträger. Sie wird vom gewählten Bürgermeister (*presidente da câmara*), untergeordneten Bürgermeistern (*vereadores*) und dem Stadtrat (*assembleia municipal*) gebildet.

Câmara Municipal de Lisboa in der Baixa

Die kleinsten administrativen Einheiten bilden die Gemeinden (*freguesias*). Diese sind ähnlich den Kreisen in Gemeindeverwaltung (*junta de freguesia*), Gemeinderat (*assembleia de freguesia*) und das Präsidentenamt gegliedert.
Eigentlich bedeutet *freguesia* wörtlich übersetzt Kirchengemeinde. Nach Säkularisierung und liberalen Reformen kommt es im 19. Jh. zur Trennung zwischen ziviler und kirchlicher Gemeindeverwaltung. Seit 1916 sind die Begriffe *freguesias* für die zivilen und *paróquias* für die kirchlichen Gemeinden gesetzlich festgelegt. Im Sprachgebrauch wird der Begriff *freguesia* aber immer noch auch für die Kirchengemeinden verwendet. Vor allem in den historischen Vierteln, deren Gemeindegrenzen teilweise bis zur *Reconquista* zurückreichen, spielt die Gemeindezugehörigkeit eine wichtige Rolle. Sie spiegelt die familiäre Herkunft und die soziale Stellung wider. Im Zuge von Sparmaßnahmen hat das Parlament 2012 eine Gemeindereform beschlossen. Die bislang 53 Gemeinden Lissabons sollen auf 24 reduziert werden. In Kraft treten soll das Gesetz nach den Gemeindewahlen im Oktober 2013. Damit scheint die Protestbewegung gescheitert, die mit dem Slogan „*A freguesia é do povo – extinção não!*" („Die Gemeinde gehört dem Volk – Abschaffung Nein!") für den Erhalt der gewachsenen Strukturen warb.

Gemeindereform

Politisches System

Portugal ist eine **parlamentarische Republik**. Nach der Nelkenrevolution 1974 hat sich das Land nach knapp 50 Jahren Diktatur zu einer stabilen Demokratie entwickelt. Trotzdem musste sich eine pluralistische Parteienlandschaft erst herausbilden. Nach anfänglich sozialistischen Tendenzen lenkten die Verfassungsreformen der 1980er-Jahre das Staatsziel in Richtung Sozialer Marktwirtschaft. Das spiegelt sich auch in der

Ausrichtung der meisten Parteien wider. So trägt z. B. die *Partido Socialista* das „sozialistisch" noch im Namen, ist aber als sozialdemokratisch zu bezeichnen.

Der Präsident

Staatsoberhaupt ist der Präsident (*Presidente da República*). Er wird auf fünf Jahre direkt gewählt, für maximal zwei Amtszeiten. Der portugiesische Präsident hat eine stärkere Stellung als der deutsche Bundespräsident. Er ist Oberbefehlshaber der Streitkräfte, kann das Parlament auflösen und wird von der Regierung regelmäßig zu wichtigen politischen Fragen konsultiert.
Seit 2006 hat *Aníbal Cavaco Silva* von der soziallibera-bürgerlichen PSD das Amt des Staatspräsidenten inne. 2011 wurde er wiedergewählt. Seine zweite Amtszeit endet 2016. Er ist der erste Präsident aus dem bürgerlichen Lager seit Ende der Diktatur. Gleichzeitig gehört *Cavaco Silva* zu den politischen Persönlichkeiten, die das Land seit Jahrzehnten prägen. Von 1985 bis 1995 war er Premierminister, eine Phase relativen wirtschaftlichen Aufschwungs, die nach ihm als *cavaquismo* bezeichnet wird.

Cavaquismo

Parlament und Parteien

Das Parlament (*Assembleia da República*) besteht aus einer Kammer mit 230 Abgeordneten und wird alle vier Jahre nach dem Verhältniswahlrecht gewählt. Die beiden größten Parteien sind sie sozialliberal-bürgerliche Partei *Partido Social Democrata*

Assembleia da República – das portugiesische Parlament im Palácio de São Bento

Proteste gegen die Sparpolitik – erster iberischer Generalstreik November 2012

(PSD) und die sozialdemokratische *Partido Sozialista* (PS). Bei den vorgezogenen Neuwahlen im Juni 2011 erhielt die bürgerliche PSD die meisten Stimmen und errang 108 Sitze. Zusammen mit den 24 Sitzen der drittstärksten Partei, der konservativen CDS-PP, reichte das PSD-Chef *Passos Coelho* für eine Ablösung des bisherigen Premier *José Socrates*. Dessen sozialdemokratische PS kam nur auf 74 Sitze. Außerdem vertreten sind die kommunistische *Partido Comunista Português* (PCP) mit 14 Sitzen und die erst 1999 entstandene linksintellektuelle Partei *Bloco de Esquerda* (BE) mit acht Sitzen. Die grüne Partei *Partido Ecologista „Os Verdes“* (PEV) konnte in Listeneinheit mit der PCP zwei Sitze erlangen. Die niedrige Wahlbeteiligung von 58,07 % stellt einen Negativrekord bei Parlamentswahlen dar.

Die Regierung

Reformprogramm

Die Regierung wird geleitet vom Premierminister (*Primeiro-Ministro*), der vom Parlament gewählt wird. Seit der ersten Hälfte der 1980er-Jahre wurde die Regierung in wechselnden Koalitionen von Premierministern einer der beiden größten Parteien, der PS und der PSD, geführt. Bei vorgezogenen Wahlen 2005 gelang es der sozialdemokratischen PS erstmals eine absolute Mehrheit im Parlament zu erlangen und ohne Koalitionspartner eine Regierung zu bilden. Die Regierung unter dem neuen Premier *José Sócrates* schrieb sich ein umfangreiches Reformprogramm auf die Fahnen. Dazu gehörten die Konsolidierung des öffentlichen Haushalts, die Modernisierung des Bildungs-, Justiz-, Verwaltungs- und Gesundheitswesens sowie eine Verbesserung der Wettbewerbsfähigkeit der Wirtschaft. Nicht ohne Proteste blieben

z. B. Pläne wie die Reduzierung der Beschäftigten im öffentlichen Dienst um 10 % (was 75 000 Mitarbeitern entspricht) und die Reform der Pensionsansprüche. So demonstrierten z. B. im März 2007 fast 100 000 Menschen in der Hauptstadt gegen die Sozialreformen und die Sparpläne der Regierung. Bei den Wahlen 2009 verlor die PS wegen der unpopulären Maßnahmen ein Fünftel ihrer Parlamentssitze, blieb aber stärkste Partei. *José Sócrates* führte danach eine Minderheitsregierung an. Bei drei Sparpaketen innerhalb kürzester Zeit unterstützten die Oppositionellen der bürgerlichen PSD den Premier in seinen Versuchen, der Finanz- und Wirtschaftskrise Herr zu werden. Dem vierten Sparplan verweigerte die PSD im März 2011 aus politischem Kalkül die Zustimmung. Im Wissen, dass Portugal ohne weitere Sparmaßnahmen auf Hilfen des Europäischen Rettungsschirms angewiesen sein würde. Premier *José Sócrates* trat im März 2011 zurück. Im April musste Portugal EU-Hilfen beantragen und steht seitdem unter Aufsicht der Troika aus EU-Kommission, Internationalem Währungsfonds und Europäischer Zentralbank. Für das bürgerliche Lager ging die Rechnung zunächst auf. Seit den Neuwahlen im Juni 2011 regieren PS und CDS-PP in einer bürgerlich-konservativen Koalition. Regierungschef ist der PS-Vorsitzender *Passos Coelho*. An ihm ist es jetzt, die rigiden Sparauflagen der EU umzusetzen, gegen die es immer wieder zu Streiks und Demonstrationen kommt.

Vorgezogene Neuwahlen

Wirtschaftlicher Überblick

Ausgangslage am Ende der Diktatur

Als sich Portugal Mitte der 1970er-Jahre von der Diktatur befreite, befand sich das Land in wirtschaftlich schwieriger Lage. Die interventionistische Politik unter Salazar hatte zu einem übergroßen bürokratischen Apparat geführt und wichtige Bereiche von Industrie und Finanzwesen befanden sich in den Händen einer relativ kleinen Oligarchie. Gleichzeitig hatte Portugal mit den Folgen der Ölkrise von 1973 zu kämpfen. Die Kosten für die Kriege gegen die Unabhängigkeitsbewegungen der afrikanischen Kolonien belasteten den Staatshaushalt zusätzlich.

Wirtschaftlich schwierige Lage

Portugal und die Europäische Gemeinschaft

Der wirtschaftliche Aufschwung kam ab Mitte der 1980er-Jahre, nicht zuletzt mit dem Beitritt zur Europäischen Gemeinschaft 1986. Mit Mitteln aus der EG wurden vor allem Infrastrukturmaßnahmen gefördert. Allein zwischen 1989 und 2000 erhielt Portugal EG-Mittel in Höhe von rund 30 Mrd. €, was im Jahresdurchschnitt etwa 2,5 % seines Bruttoinlandsprodukts entsprach.

Viele Infrastrukturmaßnahmen

Der Aufschwung lässt sich anhand des Pro-Kopf-Bruttoinlandsprodukts verdeutlichen. Lag dieses, gemessen an der Kaufkraft, 1985 bei 52 % des EG-Durchschnitts, stieg es bis 1999 auf 70 % des EG-Durchschnitts und nach der EU-Osterweiterung bis 2008 auf 80 %. Dabei ist die Kaufkraft im Kreis Lissabon etwa 2,3 Mal so hoch wie im Landesdurchschnitt. Unter den EU-Altmitgliedern bleibt das Land aber – erst recht seit Beginn der internationalen Finanzkrise – neben Griechenland das wirtschaftlich schwächste.

Bruttoinlandsprodukt und Wirtschaftssektoren

Zwischen 1986 und 2000 lag Portugal bei den Wachstumsraten des Bruttoinlandsprodukts (BIP) regelmäßig über dem Durchschnitt der Europäischen Gemeinschaft. Das änderte sich spätestens mit der Finanzkrise und seit 2009 steckt das Land in einer ernsten Rezession. Die Wirtschaft schrumpfte 2009 um 2,9 %. Nach einer kleinen Erholung in 2010 sank die Wirtschaftsleistung 2011 und 2012 erneut. Ein Ende der Rezession ist Anfang 2013 nicht in Sicht. Vor allem die inländische Nachfrage ist aufgrund von steigender Arbeitslosigkeit, höheren Steuern und Sozialabgaben stark zurückgegangen.

Die **Landwirtschaft** hat in den vergangenen Jahrzehnten stark an Bedeutung verloren. Arbeiteten Anfang der 1980er-Jahre noch knapp 30 % der Beschäftigten in der Land- und Forstwirtschaft, waren es 2011 nur noch rund 10 %. Der Anteil am BIP ist gar auf rund 3 % gesunken. Damit verbunden fand eine massive Abwanderung der Landbevölkerung in die Ballungsräume und ins Ausland statt. Heute noch wichtig sind Kork, Oliven, Weintrauben, Gemüse und Molkereiprodukte. Ein relativ neuer Zweig ist die Zellulose-Produktion für die Papierindustrie. Die dadurch stetig wachsende Zahl von Eukalyptus-Plantagen ist allerdings ökologisch äußerst umstritten.

Eukalyptus-plantagen

In der **Industrie** waren 2011 rund 27,3 % der Arbeitskräfte beschäftigt und für rund 23 % der Wirtschaftsleistung verantwortlich. Galt Portugal wegen seines niedrigen Lohnniveaus lange als attraktiver Standort, hat sich dieser Vorteil mit der EU-Osterweiterung verflüchtigt.

Containerhafen in Lissabon

Wichtige Branchen sind z. B. die Energiewirtschaft, die Papierindustrie und – seit VW (zunächst in Kooperation mit Ford) 1995 nahe Lissabon die Produktionsanlage Auto-Europa eröffnete – auch die Automobil- und Zuliefererindustrie. Die Bauwirtschaft befindet sich nach einem Boom in den 1990er-Jahren seit Beginn des neuen Jahrhunderts im Abschwung.

Bauwirtschaft im Abschwung

In den letzten Jahrzehnten hat der **Dienstleistungssektor** stark an Bedeutung gewonnen: Gut 60 % aller Beschäftigten arbeiten hier und erwirtschaften rund 74 % des BIP. Eine wichtige Branche ist der Tourismus. 2007 besuchten mehr als 12 Mio. ausländische Urlauber das Land.

Ökonomisch wichtigstes Zentrum ist die Region Lissabon, in der rund ein Drittel des portugiesischen Bruttoinlandsprodukts erwirtschaftet wird. Weitere wirtschaftliche Konzentrationen gibt es in der Region Porto und mit der Tourismusindustrie an der Algarve.

Außenhandel

Portugals **Leistungsbilanz ist chronisch negativ**, der Wert der Importe liegt weit über dem der Exporte. 2011 überstiegen die Importe die Exporte um 11 Mrd. €, was einem Leistungsbilanzdefizit von gut 6 % des Bruttoinlandsprodukts entspricht. In den Jahren davor, war das Defizit noch höher. Durch die Wirtschaftskrise haben sich die Importe aber massiv verringert. Den weitaus größten Teil (72 %) seines Außenhandels betreibt Portugal mit anderen EU-Staaten. Wichtigster Handelspartner ist mittlerweile Spanien, gefolgt von Deutschland. Portugal ist mit mehr als 50 % der Gesamtproduktion weltweit der größte Hersteller von Kork und exportiert diesen in über 100 Länder. Wichtigere Exportgüter sind allerdings Textilien, Bekleidung und Schuhe, Papier, Fahrzeuge sowie Maschinen und Ausrüstung.

Wichtigste Handelspartner

Schuldenproblematik und Finanzkrise

„*É a crise*!" – „Die Krise ist schuld!" – ist ein Ausspruch, der seit Jahren zum Standard in Portugal gehört. Im Jahr 2001 überschritt das Haushaltsdefizit in Portugal erstmals mit 4,1 % deutlich die von der EU gesetzte Drei-Prozent-Grenze. Mit einem ersten strikten Sparprogramm versuchte die Regierung *Sócrates* ab 2005 dem entgegenzusteuern. Mit der internationalen Finanzkrise 2008 verschärfte sich die Haushaltslage allerdings erneut drastisch. So hat sich die **öffentliche Verschuldung** – gemessen am BIP – zwischen 2003 und 2012 von 56 % auf geschätzte 120 % mehr als verdoppelt. Dabei jagt das Land von einem Sparprogramm zum nächsten. Im März 2011 beantragte Portugal internationale Hilfe und soll – unter weiteren Sparauflagen – innerhalb von drei Jahren Kredite in Höhe von 78 Mrd. € aus dem **Europäischen Rettungsfonds** erhalten.

Verschuldung

Zu den schon durchgeführten Maßnahmen gehören eine Mehrwertsteuererhöhung (auf 23 %, wobei viele Artikel und Dienstleistungen nicht mehr wie früher von einem verringerten Satz profitieren), die Erhöhung anderer Steuern und Abgaben, Kürzungen bei den Bezügen der Beamten, den Sozialleistungen, im Bildungs- und Gesundheitswesen usw. Und für 2013 sind **weitere Sparmaßnahmen** angekündigt, zudem wird z. B. die Einkommenssteuer erneut erhöht – im Schnitt um ein Drittel.

Gleichzeitig sollen die Privatisierungen vorangetrieben werden. Ende 2012 erhielt z. B. ein französischer Konzern den Zuschlag, um den profitabel arbeitenden

portugisischen Flughafenbetreiber ANA zu übernehmen. Kritiker bemängeln den Verkauf des „Tafelsilbers". Zudem fehlen strukturelle Reformen und Investitionen, um den Teufelskreis aus Schulden, Sparen, Rezession, weniger Einnahmen, mehr Schulden, noch mehr Sparbedarf zu durchbrechen. Es ist unklar, ob die Maßnahmen dazu führen, dass z.B. das Zwischenziel von maximal 4,5 % Haushaltsdefizit für 2013 erreicht wird.
Aber nicht nur der portugiesische Staat hat auf Pump gelebt. Den Boom der 1990er-Jahre finanzierten viele Portugiesen über **Kredite**. Den größten Anteil machten dabei Immobilienkredite aus. Für die eigenen vier Wände nahmen viele Kredite auf, die zum Teil noch eine Abzahlung im Rentenalter vorsahen. Absehbar ist deshalb, dass bei anhaltender Wirtschaftskrise immer mehr Haushalte in die Verschuldungsfalle geraten.

Arbeitsmarkt

Steigende Arbeitslosigkeit

Nach einer positiven Entwicklung am Arbeitsmarkt in den 1990er-Jahren hat sich die Arbeitslosenquote zwischen 2000 und 2012 auf 15,9 % fast vervierfacht. Besonders besorgniserregend ist – wie in anderen Krisenländern Europas – die hohe **Jugendarbeitslosigkeit**. 2012 waren offiziell 36 % der unter 25-Jährigen ohne Job. Wenn die Jungen überhaupt einen Job ergattern können, ist der meist befristet oder läuft über ein sogenanntes *recibo verde* (Grüne Quittung). Hier zahlen die Angestellten zwar Sozialabgaben, haben aber z. B. keinen Anspruch auf Arbeitslosengeld und genießen so gut wie keinen Kündigungsschutz oder sonstige arbeitsrechtlichen Vergünstigungen. Zudem haben viele Portugiesen im Zuge der Krise Reallohnverluste hinnehmen müssen.

Einkommensverteilung

Löhne und Gehälter

Das Preisniveau ist in Portugal in vielen Bereichen etwas niedriger als in anderen Ländern Westeuropas. Das durchschnittliche Bruttoeinkommen ist mit etwa 1140 € allerdings auch nur etwa halb so hoch wie z. B. in Deutschland. Besonders auffällig ist zudem die ungleiche Verteilung der Einkommen. Während sich die Gehälter von Spitzenmanagern annähernd auf westeuropäischem Niveau bewegen, liegen die Einkommen von Angestellten und Arbeitern in den meisten Branchen wesentlich darunter. Portugal gehört deshalb zu den Ländern mit der extremsten Einkommensverteilung innerhalb der EU. Der Mindestlohn lag 2012 bei 485 € bzw. einem Stundenlohn von knapp 3 €.

Gesellschaftlicher Überblick

Bevölkerung

Von den 10,6 Mio. Portugiesen leben **70 % an der Küste**, vor allem ab Lissabon Richtung Norden bis hin zur spanischen Grenze. Das **Hinterland** ist dagegen **sehr dünn besiedelt**. Immer mehr Menschen verlassen das Landesinnere und ziehen in die wirtschaftlichen Zentren rund um Lissabon und Porto oder in die Tourismusregion Algarve.

Denkmal der portugiesischen Emigranten – Bahnhof Santa Apolónia

So leben im Großraum Lissabon allein um die 2,8 Mio. Menschen, was gut einem Viertel der portugiesischen Bevölkerung entspricht. Die Stadt Lissabon selbst ist seit den 1980er-Jahren von massivem Bevölkerungsrückgang geprägt. Wurden 1981 noch 810 000 Einwohner gezählt, waren es 2007 nur noch knapp 500 000. Seitdem stieg die Einwohnerzahl wieder leicht an, auf knapp 550 000 in 2011. Die Mittel- und Oberschicht zieht in die angrenzenden Vororte. Hier gibt es großzügigere und modernere Wohnungen und Häuser. Gleichzeitig entstanden im „Speckgürtel" um Lissabon Hochhausviertel mit günstigem Wohnraum für Schichten mit geringerem Einkommen. Dennoch fühlt man sich in Lissabon wie in einer Metropole, liegt doch die Bevölkerungsdichte mit fast 6400 Einwohnern pro Quadratkilometer deutlich über der von Berlin (3900 E./km^2). Die fließenden Grenzen zwischen den Vorstädten und Lissabon unterstreichen zudem den Großstadtcharakter.

Hohe Bevölkerungsdichte

Die Lisboetas selbst nennen sich *alfacinhas*, was Salatköpfchen bedeutet. Woher das genau kommt, ist nicht geklärt. Da das Wort *alface* aus dem Arabischen abgeleitet ist, geht man davon aus, dass Salat bereits zu Zeiten der maurischen Besiedelung in Lissabon angepflanzt wurde. Die Einwohner der Stadt Porto tragen übrigens, in Anlehnung an ihr Leibgericht, den Spitznamen *tripeiros* – Kuttelesser.

Portugal als Aus- und Einwanderungsland

Portugal blickt als ehemalige Kolonialmacht auf eine fast 600-jährige Auswanderungsgeschichte zurück. Im 20. Jh. fanden zwei große Auswanderungswellen statt. Während der 1930er-Jahre förderte das Salazar-Regime die Ansiedlung von Portugiesen in den afrikanischen Noch-Kolonien. Ab den 1950er-Jahren begann eine hauptsächlich wirtschaftsbedingte Auswanderung nach Europa, vor allem nach Deutschland, Frankreich und in die Benelux-Länder. So verließen zwischen 1958 und 1974 offiziell 1,5 Mio. Portugiesen ihr Heimatland. Um dem entstandenen Mangel an Arbeitskräften entgegenzuwirken, wurde vermehrt ab Anfang der 1970er-Jahre die Immigration vor allem aus Kapverden und Angola gefördert.
Die große Wende kam nach der Nelkenrevolution 1974 mit dem Verlust der Kolonien. **Rund eine Million Portugiesen kehrten** in ihre ehemalige Heimat **zurück**. Ebenfalls verließen hunderttausende Afrikaner die vom Bürgerkrieg gebeutelten Ex-Kolonien. Seit den 1980er-Jahren und auch nach dem Beitritt Portugals zur EU 1986 stiegen die Einwanderungszahlen erneut, gab es im Jahr 1980 nur 50 000 Ausländer in Portugal, waren es 2007 gut 435 000, von denen mehr als die Hälfte im Großraum Lissabon lebt. Auch heute noch spiegelt sich das kulturelle Erbe der ehemaligen Kolonialmacht wider. So kommen über 50 % aller Einwanderer aus den ehemaligen afrikanischen Kolonien Kapverden, Angola, Guinea-Bissau, Mosambik und aus Brasilien. Ebenso haben sich viele Inder und Chinesen, die vor allem aus dem ehemals portugiesischen Goa und Macau stammen, in Portugal niedergelassen. Aufgrund der Wirtschaftskrise und fehlender Jobs nimmt die Zahl der portugiesischen Auswanderer seit Mitte der 2000er-Jahre aber wieder zu. 70 000 sind es im Durchschnitt pro Jahr, Tendenz steigend. Der Großteil ist jung und gut ausgebildet und ihr Ziel sind oft ehemalige Kolonien, wie Angola und Brasilien.

Auswanderungstrend

Religion und Kirche

Rund **90 % aller Portugiesen sind katholisch**. Dennoch ist auch die Kirche in Portugal mit Problemen konfrontiert, die aus anderen Ländern bekannt sind: mit sinkenden Zahlen beim Priesternachwuchs, bei den Gottesdienstbesuchern und bei den Taufen. Auch die Zahl rein kirchlicher Hochzeiten, in Portugal sind diese gesetzlich anerkannt, ging in den 2000er-Jahren zurück. Gleichzeitig stiegen die Scheidungsraten.
Der **sinkende Einfluss der katholischen Kirche** spiegelte

Santo António und Nossa Senhora de Fátima für den heimischen Altar

sich auch in dem erst 2007 geänderten Abtreibungsgesetz wider. Erst im zweiten Anlauf sprachen sich 59 % der Abstimmenden bei einem Referendum für eine Gesetzesänderung aus. Portugal hatte zuvor, zusammen mit Polen, Irland und Malta, zu den Ländern mit den strengsten Abbruchgesetzen in Europa gezählt. Ein Schwangerschaftsabbruch konnte mit bis zu drei Jahren Gefängnis bestraft werden. Nun ist eine Abtreibung bis zur zehnten Schwangerschaftswoche unter bestimmten Voraussetzungen erlaubt. Unabhängig von diesen Trends ist die Heiligen- und Marienverehrung ein fester Bestandteil der portugiesischen Kultur geblieben. Insbesondere die Marienverehrung ist tief im Volksglauben verankert. Allen voran die Marienwallfahrten nach Fátima.

info

Fátima – Marienerscheinung im 20. Jh.

Fátima, ca. 170 km nördlich von Lissabon, ist neben Lourdes **einer der bedeutendsten Marienwallfahrtsorte**. Am 13. Mai 1917 sollen die drei Hirtenkinder *Lúcia dos Santos, Jacinta* und *Francisco Mato* auf freiem Feld eine **Erscheinung der Jungfrau Maria** erfahren haben. Am 13. Oktober – die Erscheinung hatte für diesen Tag ein Wunder angekündigt – fanden sich Tausende am fraglichen Ort ein. Der gewitterartige Regen hörte schlagartig auf, die Wolken verzogen sich und die Sonne „fing an zu tanzen und man konnte ohne blind zu werden hineinsehen", so der Bericht der Tageszeitung „O Seculo". Nach unzähligen Befragungen der Hirtenkinder, wurde die Erscheinung vom Bischof von Leiria am 17. Mai 1930 als glaubwürdig eingestuft und die offizielle Verehrung der *Nossa Senhora de Fátima* erlaubt.

Während einer dritten Marienerscheinung wurden den Kindern **drei Geheimnisse** überliefert. Diese Geheimnisse schrieb die inzwischen in einen Orden eingetretene *Lúcia* Anfang der 1940er-Jahre nieder. Wurden die ersten beiden direkt veröffentlicht, wurde das dritte Geheimnis erst im Jahr 2000 bekannt gemacht. Der Inhalt, so die häufigste Deutung, bezieht sich auf das Attentat auf Papst *Johannes Paul II.*, das sich am 13. Mai 1981 ereignete und damit genau am 64. Jahrestag der dritten Marienerscheinung. Der Papst besuchte dreimal Fátima. Bei seinem letzten Besuch 2000 sprach er die früh verstorbenen Hirtenkinder *Jacinta* (1910–1920) und *Fransisco* (1908–1919) selig. Die erst 2005 verstorbene Schwester Lúcia wurde nur drei Jahre nach ihrem Tod von Papst *Benedikt XVI.* selig gesprochen.

Jedes Jahr pilgern Hunderttausende von Gläubigen nach Fátima. Deshalb wurde 2007 gegenüber der alten Kathedrale die neue Kirche, die Igreja da Santíssima Trinidade eingeweiht. Die Kirche zählt mit fast 9 000 Sitzplätzen zu den größten katholischen Sakralbauten der Welt.

Bildung

Das durchschnittlich geringe Bildungsniveau und eine der höchsten Analphabetenraten Europas haben ihren Ursprung in der Bildungspolitik des Salazar-Regimes. So wurde bis zur Nelkenrevolution im Jahr 1974 das Bildungswesen in Portugal sträflich vernachlässigt. Noch immer sind diese Altlasten zu spüren. Gut ein Drittel der

Studenten in traditioneller Tracht feiern das Semesterende

über 65-jährigen hat gar keinen Schulabschluss. Bei den seit 2000 an Schulen durchgeführten Pisa-Studien fand sich das Land am unteren Ende der Tabelle im europäischen Vergleich.

Die Regierung *Sócrates* versuchte seit 2005 das zu ändern. Das 2009 verabschiedete Gesetz, das die Schulpflicht von neun auf zwölf Jahre erhöht und ein verbindliches Vorschuljahr einführt, trat 2012 in Kraft. Aber noch immer erreicht das Land nicht den europäischen Durchschnitt. Die Qualität des Schulunterrichts gilt als eher schlecht. Zwar erhöhte sich der Anteil der 20- bis 24-Jährigen, die den Abschluss einer weiterführenden Schule haben auf 55 %. Er liegt damit aber weiter unter dem EU-Schnitt von knapp 79 %. Der Anteil der 30- bis 34-Jährigen mit Hochschulabschluss verdoppelte sich zwischen 2000 und 2009 fast auf 21 %, im EU-Durchschnitt sind es aber gut 32 %. Besonders alarmierend ist weiterhin die Schulabbrecherrate, die – trotz Verbesserungen – 2009 immer noch bei über 30 % lag. Zum Vergleich: Im europäischen Durchschnitt brachen 14 % der Schüler ihre Schulausbildung ab.

Bildung ist in Portugal vor allem auch eine **Frage der finanziellen Mittel**, da viele der weiterführenden Schulen sowie Universitäten und Hochschulen in privater Hand und damit kostenpflichtig sind. In Lissabon gibt es drei staatliche Universitäten. Die älteste befindet sich im Stadtteil Campo Grande und wird wegen ihrer Größe als *Cidade Universitária* (Universitätsstadt) bezeichnet. Seit die Wirtschafts- und Finanzkrise das Land beherrscht, werden auch die zuvor gestiegenen Mittel für Bildung wieder gekürzt.

Gesundheit

Beim **Thema Gesundheit** existiert in Portugal **eine Art Zweiklassengesellschaft**. Zwar hat sich in den letzten Jahren die Qualität des staatlichen Gesundheitswesens gebessert, trotzdem müssen Patienten, die auf das staatliche System angewiesen sind, mit langen Wartelisten für Facharztbesuche und Operationen rechnen. Personalmangel ist ein weiteres Problem des öffentlichen Gesundheitswesen. Parallel dazu gibt es ein gut ausgebautes System privater Kliniken und Praxen. Wer es sich leisten kann, schließt eine entsprechende private Versicherung ab und genießt so internationalen Standard ohne Wartezeiten. Zahnbehandlungen zählen nicht zu den Leistungen des öffentlichen Gesundheitswesens und werden nur im Rahmen teurer privater Zusatzversicherungen übernommen.

Private Versicherungen

Trotz dieser Probleme gab es in den vergangenen Jahrzehnten auch große Erfolge zu verzeichnen. So z. B. bei der Kindersterblichkeit. Hatte Portugal 1960 mit 7,7 % eine der höchsten Kindersterblichkeitsraten in Europa, liegt es heute mit 0,36 % (2009) sogar unter dem europäischen Mittel. Aber die öffentlichen Ausgaben für das

Gesundheitswesen sind seit vielen Jahren geringer als im europäischen Durchschnitt. Gleichzeitig steigen die privaten Gesundheitskosten stärker als in anderen Ländern. Dieser Trend wird sich im Zuge der Wirtschaftskrise noch verstärken. Seit 2012 wurden neue Gebühren für das öffentliche Gesundheitssystem eingeführt und vorhandene drastisch erhöht. Damit will die Regierung pro Jahr 100 Mio. € an Gesundheitsausgaben einsparen.

Medien

Fernsehen

Portugiesen lieben das Fernsehen und in jedem Haushalt befindet sich mindestens ein Gerät. Es gibt vier Sender, die landesweit frei zu empfangen sind. Bislang sind das: RTP1 und RTP2, die vom staatlichen portugiesischen Rundfunk „Rádio e Televisão de Portugal" betrieben werden, sowie die privaten Sender SIC und TVI. Ein fünfter steht seit Jahren zur Diskussion. Die Programme werden zumeist von portugiesischen und brasilianischen Telenovelas und Spielshows dominiert. Die etwa zweistündigen abendlichen Nachrichtensendungen sind in hohem Maße auf Portugal ausgerichtet und von Werbepausen unterbrochen. Daneben gibt es eine Vielzahl von Sendern, die nur via Kabel oder Satellit empfangen werden. Viele davon sind kostenpflichtig. Fremdsprachige Spielfilme, reine Kinderfilme ausgenommen, werden in der Regel nicht synchronisiert, sondern mit Untertiteln versehen.

Nachrichtenagentur Lusa im Stadtteil Benfica

Radio

Die öffentlich-rechtlichen Sender der RTP und der katholische Sender „Rádio Renascença" sind landesweit zu empfangen. Ansonsten können die etwa 150 Radiostationen nur regional und zum Teil über das Internet gehört werden. Lissabon verfügt über eine sehr lebhafte Radioszene mit rund 50 Sendern.

Presse

Wie überall kämpfen auch viele portugiesische Printmedien mit sinkenden Werbeeinnahmen und Leserzahlen. Viele kleinere Blätter mussten bereits eingestellt werden. Die vier größten Tageszeitungen sind „Correio da Manhã", „Jornal de Notícias" und die Lissabonner Veröffentlichungen „Público" und „Diário de Notícias". Seit 2004 verstärkte sich der Konkurrenzkampf durch die Markteinführung von „Umsonst-Tageszeitungen" wie „Destak" und „Metro".

Wichtigste Wochenzeitung ist der samstags erscheinende „Expresso" mit einer Auflage von über 120 000. Die US-amerikanische „Society for News Design" verlieh dem Blatt 2008 den Preis der „World's Best-Designed Newspaper". Die 2006

Überwältigende Auswahl: Blätterwald von Zeitungen und Zeitschriften, vom Fachblatt bis zum Klatschblatt

gegründete Wochenzeitung „Sol", deren Redaktion von ehemaligen „Expresso"-Mitarbeitern geleitet wird, konnte ihrem Konkurrenten bislang zwar nur einen geringeren Anteil der Leserschaft abringen, hält sich aber 2012 bei einer Auflage von gut 55 000 Exemplaren. Genauso auflagenstark wie die großen Tageszeitungen sind Sportzeitungen. Diese erscheinen täglich und beschäftigen sich fast ausschließlich mit dem Thema Fußball. Die größten sind „A Bola", „Record" und „O Jogo".

Kultureller Überblick

Literatur

Die **erste große Blüte** erreichte die portugiesische Literatur **im 16. Jh**. Als Urvater des portugiesischen Dramas gilt *Gil Vicente*. Er bediente sich mittelalterlicher Traditionen wie des Mysterienspiels und arbeitete sie im humanistischen Sinne um. Der bedeutendste Vertreter der portugiesischen Literatur in dieser Zeit ist *Luís Vaz de Camões*, der Verfasser des **portugiesischen Nationalepos „Os Lusíadas"** („Die Lusiaden", 1572). In Anlehnung an *Homers* „Ilias" und *Vergils* „Aeneis" schilderte *Camões* die Geschichte Portugals von den Anfängen bis zu seiner Zeit, vor allem also die Zeit der großen Entdeckungen. Teile seines Lebens, über das nur wenig bekannt ist, verbrachte er in den asiatischen Kolonien. Von diesen Erfahrungen sind „Die Lusiaden" stark geprägt. Die erste deutsche Fassung erschien 1806. In Portugal lernt heute noch jedes Schulkind zumindest das erste Lied des Nationalepos auswendig.

Im 18. Jh. begann die Aufklärung die portugiesische Literatur zu beeinflussen. Wichtigster Vertreter dieser Zeit ist der Dichter *Barbosa du Bocage*. Mit seinen von der französischen Revolution beeinflussten politischen Gedichten und seinen frivolen erotischen Sonetten machte er sich mächtige Feinde: die Behörden, die Inquisition und die katholische Kirche. Auch unter der Diktatur *Salazars* im 20. Jh. waren seine Werke verboten.

Mit den Schriften des Historikers und Romanciers *Alexandre Herculano* hielt in der zweiten Hälfte des 19. Jh. die Romantik Einzug in die portugiesische Literatur. Sie orientierte sich am Historismus nach den Vorbildern *Walter Scott* in England und *Victor Hugo* in Frankreich. Politisch engagierten sich die Romantiker, neben *Herculano* ist auch der Romancier und Dramatiker *Almeida Garrett* zu nennen, für die konstitutionelle Monarchie.

Denkmal für den Schriftsteller Eça de Queirós im Stadtteil Chiado

Die sogenannte **Geração de 70** (Generation der 70er) wendete sich ab 1870 gegen das Erbe der Romantik und bemühte sich um die Modernisierung Portugals nach europäischem Vorbild. Herausragender Vertreter dieser Gruppe ist der Schriftsteller *Eça de Queirós*, der von der französischen Literatur, vor allem von *Flaubert* und *Balzac* beeinflusst war. Er entwickelte einen leichten, ironischen Erzählton, der sich stark von der Tradition der portugiesischen Literatur absetzte und bis heute als stilbildend gilt.

Die wichtigsten Vertreter der **Moderne** in der ersten Hälfte des 20. Jh. sind die Lyriker *Alberto Caeiro, Ricardo Reis* und *Álvaro de Campos* sowie der Tagebuch-Autor *Bernardo Soares*. Den Vieren ist gemeinsam, dass sie von ein und derselben Person erfunden wurden, dem genialen Schriftsteller und Dichter *Fernando Pessoa*. *Pessoa* entwickelte ein komplexes System von sogenannten Heteronymen und Pseudonymen. Hinter den Heteronymen verbergen sich fiktive Personen mit eigenen Biografien, Schreibstilen und philosophischen Kontexten. Sie schrieben nicht nur Gedichte und Tagebücher, sondern auch Essays über das Werk der jeweils anderen und unterhielten Briefwechsel, an denen auch *Pessoa* selbst beteiligt gewesen ist. *Pessoa* gilt heute als einer der wichtigsten Lyriker des 20. Jh. Sein Werk ist jedoch immer noch nicht komplett herausgegeben und nur ansatzweise erforscht. Eines der vielen obskuren Details der Persönlichkeit *Pessoas* ist sein Interesse am Okkultismus. Viele Jahre unterhielt er einen Briefwechsel mit dem Magier *Aleister Crowley*.

Bedeutendster Lyriker

Während des *Estado Novo* entwickelte sich der Neorealismus zur wichtigsten Strömung in der portugiesischen Literatur. Markanter Vertreter ist **José Cardoso Pires**.

Das Theater, das am stärksten der Zensur unterlag, brachte gesellschaftlich relevante Probleme unter Anwendung von Verfremdungen und Satire auf die Bühne.
Unter den zeitgenössischen Autoren sind **José Saramago** und **António Lobo Antunes** besonders hervorzuheben. Als bisher einziger Portugiese erhielt der 2010 verstorbene *Saramago* 1998 den Literaturnobelpreis für sein Gesamtwerk. In seinen historischen und parabelhaften Romanen reflektierte *Saramago* die portugiesische Gesellschaft, Politik und Kultur. Er war Mitglied der kommunistischen Partei und ein scharfer Kritiker der katholischen Kirche.

Literaturnobelpreis

In seinen düsteren, von Sarkasmus und schwarzem Humor geprägten Romanen, setzt sich *Lobo Antunes* kritisch mit der jüngeren Geschichte, insbesondere den Kolonialkriegen, der Diktatur und der Modernisierung der portugiesischen Gesellschaft auseinander. 2007 erhielt *Antunes* mit dem *Prémio Camões* den bedeutendsten Literaturpreis in der portugiesischsprachigen Welt.
Eine Auswahl ins Deutsche übersetzter Werke der genannten Autoren finden Sie in den Literaturtipps auf S. 234 ff.

Malerei und bildende Kunst

Die **erste Blütezeit der portugiesischen Malerei** begann Ende des **15. Jh.** mit der gotischen Tafelmalerei. Flämische Importe sowie der zweijährige Portugal-Aufenthalt des Meisters *Jan van Eyck* prägten die nationalen Schulen nachhaltig.

Meisterwerk des 15. Jh.

Das wichtigste Werk dieser Zeit sind die „Panéis de São Vicente", die dem Hofmaler König *Afonso V.*, *Nuno Gonçalves* (ca. 1425–1492), zugeschrieben werden. Stilistisch von der niederländischen Malerei beeinflusst, zeigt das aus sechs Teafeln bestehende Gemälde die drei Stände der portugiesischen Gesellschaft und ragt vor allem durch die ausdrucksvolle Charakterisierung und individuelle Gestaltung der Figuren heraus. Anlass und Auftraggeber des Bildes sind unbekannt, welche Szene es genau darstellt und ob es sich überhaupt um eine Darstellung aus dem Leben des Heiligen *São Vicente* handelt, ist umstritten. Es wurde im 19. Jh. im Kloster São Vicente de Fora aufgefunden. Aus Quellen weiß man, dass es vor dem Erdbeben von 1755 in der Kathedrale Sé hing. Heute ist das Werk im Museum für Alte Kunst zu sehen.
Während der europäischen Renaissance hatte Portugal in der Architektur mit der **Manuelinik** eine deutlich eigene Sprache. In der Malerei entwickelte sich jedoch in dieser Zeit keine eigene nationale Schule, sodass man gewissermaßen von einem direkten Übergang der Spät-Gotik zum Manierismus sprechen kann. Hier ist vor allem der Maler, Architekt und Kunsttheoretiker *Francisco de Holanda* zu nennen.
Der portugiesische Barock wurde vor allem durch die Statuen und großen Holzaltäre des Meisters *Joaquim Machado de Castro* und seiner Schule beherrscht. Neben vielen Arbeiten an Kirchen, Palästen und öffentlichen Plätzen in ganz Portugal, ragen vor allem seine Arbeiten im Palastkonvent in Mafra und das Reiterstandbild *José I.* auf dem Praça do Comércio heraus.

Löwengruppe

Das ausgehende 19. Jh. wurde durch die **Aktivitäten der sogenannten Grupo do Leão** (Löwengruppe) geprägt. Mitglieder waren unter anderem die Gebrüder *Rafael* und *Columbano Bordalo Pinheiro*. *Rafael* stellte als Keramik-Künstler, Karikaturist und Kolumnist politische Geschehnisse und Gepflogenheiten des Bürgertums satirisch dar. *Columbano* zählt zu den berühmtesten Malern des Realismus. Auf zahllosen Porträts bildete er das portugiesische Bürgertum vor der Jahrhundertwende ab. Ein weiteres wichtiges Mitglied der *Grupo do Leão* war *José Malhoa*, dessen Darstellungen des

Stadtlebens mit Bildern wie „Os Bêbados" („Die Betrunkenen") und „Fado" den Naturalismus prägten. Letzteres ist seit 2008 im Fado-Museum zu sehen.

Zu den **Vertretern moderner Malerei** gehören u. a. *Carlos Botelho* (1899–1982) und *Maria Helena Vieira da Silva* (1908–1992). Als Mitbegründer der Moderne gilt der Maler, Dramaturg und Schriftsteller *Almada Negreiros* (1893–1970). Er malte mehrere berühmte Porträts *Fernando Pessoas*, zwei davon sind heute im Centro da Arte Moderna ausgestellt. Eine der bekanntesten Darstellungen *Pessoas*, die in den meisten Souvenirläden angeboten wird, geht auf eine seiner Bleistiftzeichnungen zurück.

Als Begründer des **Neo-Realismus** gilt der Bildhauer, Azulejo-Künstler und Maler *Júlio Pomar*. Durch die Wandmalerei des Mexikaners *Diego Rivera* beeinflusst, entwickelte er schnell einen persönlichen Stil und zählt heute zu den bekanntesten zeitgenössischen Künstlern Portugals.

José I. als Reiterstandbild von Machado de Castro, Praça do Comércio

Die berühmteste zeitgenössische Malerin ist *Paula Rego*. Zu ihren frühen Werken zählen vor allem Collagen, in denen sie sich mit politischen Themen, insbesondere der Salazar-Zeit auseinander setzt. Mitte der 1960er-Jahre wechselte sie zu Malerei und Grafik und entwickelte ihren typisch magisch-realistischen Stil. Ab Mitte der 1990er-Jahre stehen die Frau und ihre Rolle in der Gesellschaft im Mittelpunkt. In Lissabon selbst sind einige ihrer Werke im Museum Gulbenkian zu sehen. In Cascais sind ihre Arbeiten seit 2010 in einem eigenen Museum zu bewundern.

Der portugiesische Film

Der portugiesische Film ist im Ausland **wenig bis gar nicht bekannt**. Ein poetisch–minimalistischer Stil und langsamer Erzählrhythmus kennzeichnen die meisten Filme. Eine Tradition des portugiesischen Autorenkinos entwickelte sich früh. Internationale Filmauszeichnungen erhielten Filme ab den 1980er-Jahren. Mit über 40 Filmen und regelmäßigen Auszeichnungen ist **Manoel de Oliveira** mit Abstand der bekannteste Regisseur Portugals. Oft wird er mit *Buñuel*, *Dreyer* und *Bresson* verglichen. Zugleich ist er übrigens der älteste noch aktive Regisseur der Welt. 2008 feierte er seinen 100. Geburtstag. *Oliviera* hat seine Memoiren bereits 1982 im Film „Visita ou Memórias e Confissões" („Besuch oder Memoiren und Geständnisse") verewigt. Dieser darf aber erst nach seinem Ableben gezeigt werden, „aus Anstandsgründen" wie er selbst in einem Interview gestand.

Trotz geringer Filmförderung verfügt Portugal dennoch über Nachwuchstalente. So hat z. B. *Basil Da Cunha* 2012 mit seinem Film „Os vivos tambem choram" die Sonderauszeichnung des Prix Illy beim Filmfestival in Cannes erhalten. Der Kurzfilm erzählt von einem Dockarbeiter in Lissabon, der davon träumt, seinem miserablen Dasein zu entkommen und nach Schweden zu emigrieren.

Vom Autoren- zum Dokumentarfilm

Nach 20 Jahren Autorenkino wenden sich heute viele Regisseure dem Dokumentarfilm zu, der die ultra-realistischen und dunklen Seiten des Lebens aufzeigt. Den Grundstein dafür legte *Pedro Costa* mit seinem Film „Vanda" im Jahr 2000. Zwei Jahre lang begleitete *Costa* eine Drogenabhängige, die zurückgezogen in ihren vier Wänden lebte.

Azulejos – Kleines Stück Kunst ganz groß

Azulejos sind die **typisch portugiesischen Kacheln bzw. Wandfliesen**, die das Stadtbild Lissabons prägen. Es gibt sie mit Blumen oder Tieren, sie erinnern an Häkeldeckchen oder moderne Kunst, sie stellen religiöse Szenen oder historische Schlachten dar. Zu sehen sind sie immer und überall: an Wohnhäusern, Palästen und öffentlichen Gebäuden, in Kirchen und Klöstern und sogar in U-Bahn-Stationen und Unterführungen. Azulejos sind **fester Bestandteil der portugiesischen Architektur und Kultur**. Eine portugiesische Erfindung sind sie nicht. Von den Mauren wurden sie nach Spanien gebracht, Ende des 15. Jh. kamen sie nach Portugal. *Azulejo* leitet sich aus dem arabischen *al zulaique* ab und bedeutet soviel wie „polierter Stein". Diese „polierten Steine" gefielen König *Manuel I.* so sehr, dass er gleich eine ganze Schiffsladung aus Sevilla für seinen Palast in Sintra bestellte. Von da an war der Erfolgskurs der Azulejos nicht mehr aufzuhalten. Nach und nach eröffneten Produktionsstätten im ganzen Land, Farben und Motive wurden dem portugiesischen Geschmack angepasst. Die arabische Symmetrie wurde durch bildliche Darstellungen ersetzt.

Handarbeit

Anfänglich wurden Azulejos mit **sehr zeitaufwendigen Techniken** hergestellt. Entweder wurde in die ungebrannte Kachel das Muster mit einer Art Stempel eingedrückt und die Vertiefungen mit Farbpigmenten aufgefüllt. Oder das Muster wurde mit in Öl getränkten Schnüren aufgelegt und dann ausgemalt. Nur so konnte ein Verlaufen der Farben verhindert werden. Im Verlauf des 17. Jh. setzte sich die aus Italien stammende Majolika-Technik durch. Ein weißer Grundanstrich verhinderte nun das Verlaufen der Farben. Jetzt konnten die Azulejos frei Hand mit allen erdenklichen Motiven bemalt werden – zumeist florale Muster in den Farben blau, gelb und weiß. Ihren Höhepunkt erreichte die Technik im 18. Jh. Riesige Gemälde wurden für Kirchen und Paläste auf Azulejos gebannt: Bibelszenen, glorreiche portugiesische Schlachten oder Gartenszenen nach französischem Vorbild. Die Motivwahl war mannigfaltig, farblich beschränkten sich die Künstler jetzt auf blau und weiß.

Der Einfluss der Delfter-Kacheln – in portugiesischer Umsetzung

Denn die blau-weißen Delfter Kacheln sowie das ebenfalls blau-weiße chinesische Porzellan standen in der Adelsgesellschaft hoch im Kurs.
Mit den Wiederaufbauarbeiten nach dem großen Erdbeben von 1755 stieg die Nachfrage nach Azulejos so sehr, dass unter *Marquês de Pombal* die königliche Manufaktur am Rato (*Real Fábrica*) gegründet wurde. **Dekorative Muster**, die aus nur zwei verschiedenen Kacheln zusammengesetzt werden konnten, wurden in Massen hergestellt. Die monoton wirkenden einheitlichen Fassaden der Unterstadt sollten so aufgepeppt und gleichzeitig vor Feuchtigkeit geschützt werden. Die ab 1880 eingesetzte Siebdrucktechnik ließ die Herstellungskosten ein weiteres Mal sinken, sodass die Fassaden vieler aus dieser Zeit stammender Häuser mit Azulejos versehen wurden. Diese, mal mit traditionellen Mustern, mal mit modernen Neuschöpfungen bedruckten Azulejos **prägen bis heute das Lissabonner Stadtbild**.

Siebdruckverfahren

Als Ende der 1950er-Jahre die U-Bahn gebaut wurde, erlebte die portugiesische Azulejo-Kunst ein neues Comeback. Der alltägliche Weg zur Arbeit sollte den Lissabonnern so verschönert werden. Die Malerin *Maria Keil* wurde beauftragt, die Stationen mit ihrer modernen Interpretation der traditionellen Azulejos zu dekorieren. Dem Anspruch, Alltag mit Kunst zu verbinden, blieb man treu und ließ auch die neuen U-Bahnhöfe mit Werken zeitgenössische Künstler wie *Júlio Pomar, Manuel Cargaleiro, Maria Helena Vieira da Silva* und *Antonio Atunes* verzieren. An der Metrostation Oriente, die zur Expo 1998 eröffnet wurde, arbeiteten auch internationale Künstler wie *Friedensreich Hundertwasser* ihre Kunst auf Azulejos.

Calçada Portuguesa – „Bürgersteige aus schwarzer Spitze"

„Für mich ist Lissabon, von dem man immer sagt, es sei aus Marmor und Granit, vielmehr eine Hauptstadt der Bürgersteige aus schwarzer Spitze", schreibt der Schriftsteller *José Cardoso Pires*. Diese „**schwarze Spitze**", die *calçada portuguesa*, wird in mühevoller Arbeit mit der Hand verlegt. Geometrische Muster, Blumen und Pflanzen, Wellen so realistisch, dass man meint seekrank zu werden, ja sogar das Wahrzeichen Lissabons werden von so manchem Passanten achtlos mit Füßen getreten. Diese kunstvollen Muster sind auf Holzschablonen verewigt, welche den *calceteiros* (Pflasterlegern) als Vorlage dienen. Dann wird jeder Stein – die schwarzen sind aus Basalt, die weißen aus Kalkstein – solange zurechtgeklopft, bis er sich den Vorstellungen des *calceteiros* fügt. Und wer genau hinsieht, der kann die Unterschrift der anonymen Handwerker finden, verewigt als kleines Kreuz, Blume oder Herz, welche die regelmäßige Symmetrie des Musters unterbrechen. In Lissabon wurde die *Calçada Portuguesa* erstmals 1842 verlegt. Die fast 9000 m^2 des zentralen Rossio wurden mit einem Wellenmuster gepflastert, eine stilistische Neuheit, die regen Anklang bei den Lissabonnern fand und viele Chronisten der Zeit inspirierte. Später wurde das schwarz-weiße Muster zum Exportschlager in die portugiesischen (Ex-)Kolonien; es ziert z. B. auch die Copa Cabana in Rio de Janeiro.

Meist unbekannte Künstler

Portugiesische Musik

Portugiesische Musik von den 1960er-Jahren bis heute

In der portugiesischen Musik ist das **gesamte Erbe des Landes** zu hören: keltische Einflüsse aus dem Norden, traditionelle ländliche Gesänge bis hin zu Rhythmen

In der Rua da Vitória (Baixa) wird seit 2006 der Pflasterleger gedacht

aus den ehemaligen Kolonien, vor allem Afrika und Brasilien. Dies gemischt mit US-amerikanischem und europäischem Pop sorgt für hörenswerte Musik, die bisher international nur wenig Beachtung gefunden hat.

Zensur unter Salazar

Unter den Liedermachern, die in den 1960er-Jahren mit ihrer Musik gegen das Salazar-Regime protestierten, erlangte vor allem *José (Zeca) Afonso* Bekanntheit. Seine Interpretation des Lieds „Grândola Vila Morena" wurde im Radio als Startsignal zur Nelkenrevolution gespielt und ist seither untrennbar mit dem Ende der Diktatur verbunden. Er hatte, wie auch *Fausto* und *José Mario Branco*, unter der Zensur zu leiden und konnte Platten nur im Ausland aufnehmen. Auch der in der heutigen Musikszene sehr angesehene *Sérgio Godinho* verbrachte neun Jahre im Exil. Mitte der 1970er-Jahre begann der Sänger und Komponist *Jorge Palma* seine Karriere. Sein 2007 veröffentlichtes Album „voo nocturno" fand auch international Anerkennung.

Erst ab 1980 konnte sich mit *Rui Veloso* die **portugiesische Rockmusik** entfalten. Dies löste einen wahren Boom aus. Bands wie *Heróis do Mar*, *Rádio Macau*, *Xutos & Pontapés*, *UHF* und *GNR* begeisterten das portugiesische Publikum, wobei *Xutos & Pontapés* bis heute große Konzertsäle füllen. Mit seinem eigenwilligen Auftreten und einem Musikstil, der traditionelle portugiesische Musik mit Einflüssen aus dem englischsprachigen Pop verband, sorgte *António Variações* für Furore. Trotz – oder wegen – seines frühen Tods 1984, wurde er zur Kultfigur.

Richtung Pop tendieren seit den 1990er-Jahren *The Gift*, *Delfins*, *Dulce Pontes*, *Pedro Abrunhosa*, *Blind Zero* und *Clã*. Mit seinem dritten Soloalbum „Dreams of Colour" gelang *David Fonseca* 2007 der internationale Durchbruch. Die bekannteste Hip-Hop Band sind *Da Weasel*, die 2004 und 2007 den MTV Europe Music Award als „Best Portuguese Act" gewannen. Die portugiesisch-kanadische Sängerin *Nelly Furtado* schaffte spätestens seit ihrem Hit „Força", dem offiziellen Lied der Euro 2004 in Portugal, ihren Durchbruch in Europa. Seit einigen Jahren sorgen z. B. *Buraka Som Sistema* für internationalen Erfolg, die den neuesten Dance-Trend Kuduro, der seine Wurzeln in Angola hat, aus einem Lissabonner Vorort in die Clubs der Welt bringen.

Saudade – musikalisch umgesetzt

Fado – „Silêncio que se vai cantar o fado“

„Ruhe, es wird Fado gesungen“, die Lichter werden abgedunkelt und die Vorstellung kann beginnen. Die *viola* (Gitarre) gibt den Rhythmus vor, die zwölfsaitige *guitarra portuguesa* mit ihrem hellen, lautenähnlichen Klang die Melodie. Der oder die *fadista*, mit geschlossenen Augen und in sich gekehrt, beginnt zu singen: über nicht erwiderte Liebe, die Härten des Lebens, Lissabon, den Tejo und bessere, längst vergangene Zeiten. *Amor* (Liebe) und *saudade* sind die Schlüsselwörter. Das Wort *saudade*, Inbegriff **portugiesischer Gemütsverfassung**, lässt sich nur schwer übersetzten. Es bedeutet soviel wie Sehnsucht und Melancholie. Doch mit der wehklagenden musikalischen Untermalung ist eine Übersetzung nicht nötig, man kann die *saudade* schier fühlen. Deshalb heißt diese ureigene Lissabonner Traditionsmusik auch Fado, abgeleitet vom lateinischen *fatum*, was Schicksal bedeutet.

Über den **Ursprung des Fado** gibt es unzählige Theorien, Gewissheit jedoch nicht. Fest steht, dass er Anfang des 19. Jh. in den Arbeiter- und Fischervierteln Alfama, Mouraria und Madragoa entstanden ist und allmählich auch Anerkennung in den Oberschichten fand. Arabische Einflüsse können ausgeschlossen werden, da es an der Algarve, die über ein Jahrhundert länger arabisch dominiert war, keine Fado-Tradition gibt. Auch darf man den Lissabonner Fado nicht mit dem aus Coimbra verwechseln. Dieser geht auf Troubadour-Gesänge zurück und führt studentische Traditionen fort. Ein weiterer Unterschied des Fado von Coimbra ist, dass dieser ausschließlich von Männern gesungen werden darf.

Die rhythmische Ähnlichkeit des Lissabonner Fado zum Mourna der Kap Verden sowie zum brasilianischen Lundum führte zu der Theorie, dass der Fado auf hoher See und fern der portugiesischen Heimat entstand. Ein möglicher Hintergrund ist, dass der portugiesische Königshof bei seiner Rückkehr aus Brasilien 1822, sozusagen im Reisegepäck, eine Musik mitbrachte, die sich mit lokalen Traditionen mischte. Quellen, die von brasilianischen Mulatten unter den ersten Fado-Sängern berichten, untermauern diese Annahmen.

Berühmte Fado-Interpreten

Mit der Anerkennung des Fado als immaterielles Weltkulturerbe durch die UNESCO Ende 2011, hat die Lissabonner Musik weiteren Aufschwung bekommen. Bekannte **moderne Fadistas** sind z. B. *Mariza, Carminho, Mafalda Arnauth, Ana Moura, Camané* oder *Teresa Salgueiro*, die mit ihrer ehemaligen Gruppe *Madredeus* international bekannt wurde. Sie alle halten die Fado-Tradition lebendig. Großes Vorbild ist dabei

Amália Rodrigues (1920–1999), die den Fado mit ihrer unverwechselbaren Stimme international berühmt machte. Gleichzeitig öffnen sich viele der jüngeren Künstler aber auch anderen Einflüssen und mischen Fado mit Pop, Jazz oder gar Tango. Live können solch namhafte Künstler in Lissabon nur noch auf großen Konzerten gesehen werden. Für einen Lissabon-Besuch empfiehlt sich eher ein Abend in einem der vielen Fado-Lokale, wo professionelle Musiker oder talentierte Amateure ihr Repertoire präsentieren. Und wenn es dann heißt „Silêncio que se vai cantar o fado", sollte man sich auch daran halten. Denn Unterhaltungen während des Fado werden von den Fadistas als Respektlosigkeit empfunden.

Stierkampf auf Portugiesisch: Touradas, Cavaleiros, Toiros und Forcados

„Für mich gibt es kein größeres Vergnügen als den Sattel und Frauen …", heißt es im Fado „Marialva". Denn Fado ist mit dem Stierkampf ebenso unzertrennlich verbunden wie der Name Marialva. Als *Dom Pedro de Alcântara e Meneses* galt der 4. Graf von Marialva als der beste *cavaleiro* (Stierkämpfer) des 18. Jh. Früher war diese Position Adeligen vorbehalten und auch heute gelten die *cavaleiros* in ihren mit Pailletten bestickten Anzügen, hoch zu Ross, als die **Hauptattraktion des portugiesischen Stierkampfs**.

Anders als in Spanien oder Südamerika wird der Stier jedoch nicht in der Arena getötet. Das ist seit 1923 gesetzlich verboten. Der *cavaleiro* versucht lediglich die *farpas* (Spieße mit bunten Bändern) in den Nacken des Tiers zu stechen. Meist mit Musik untermalt, kommt es zu einer tänzerischen Kampfperformance zwischen

Stierkampf-Arena am Campo Pequeno

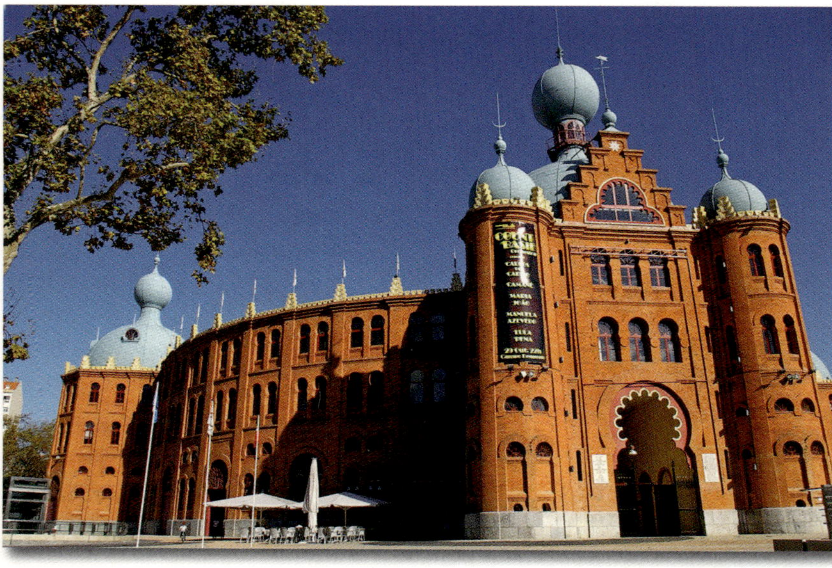

Pferd, Stier und Reiter. Das wissende Publikum belohnt besonders gelungene Angriffe mit tosendem Applaus. Nach dem Kampf zu Pferde kommen die *forcados* (Stiertreiber) zum Einsatz. Acht Treiber in einfacheren Gewändern und mit Zipfelmütze auf dem Kopf versuchen mit bloßer Manneskraft den *toiro* (Stier) zum Stehen zu bringen. Der erste Mann starrt dem Stier direkt in die Augen, mit den Händen in den Hosentaschen und geschwellter Brust geht er auf das Tier zu. „Toiro, Toiro", schreit er, bis 300 kg Muskelmasse auf ihn zu galoppieren. Der Stier versucht den Angreifer buchstäblich auf die Hörner zu nehmen – die restliche Mannschaft hält mit ihrem Gewicht dagegen und bringt so das Tier zum Stoppen. Diesen Kampf auf Augenhöhe müssen die *forcados* gelegentlich mit Rippenbrüchen bezahlen. Zu schwereren Verletzungen kommt es kaum, die Hörner der Tiere sind gekürzt und mit Leder überzogen. Dies dient übrigens auch zum Schutz der Pferde. Üblicherweise wird das Stierkampfspektakel in sechs Runden ausgetragen und endet mit der Kür des besten Reiters und des besten *Forcado*-Teams.

In Lissabon finden die **Stierkämpfe in der prachtvollen Arena** am Campo Pequeno statt. Die fast 300-jährige Tradition des Stierkampfs hat in den letzten Jahren vermehrt zu Protesten der Tierschutzvereine geführt. Denn obwohl die Stiere sehr artgerecht auf Freilandweiden leben, sind sie in der Arena enormem Stress ausgesetzt. Nach dem Kampf überleben nur die besten Tiere für die Zucht, die anderen werden dem Schlachter überlassen. Einen kleinen Sieg konnte der Kinderschutzverein verbuchen. Denn seit 2008 ist es verboten, die grausamen Kämpfe vor 22.30 Uhr im Fernsehen auszustrahlen.

Kritische Stimmen

Trotzdem ist davon auszugehen, dass die Stierkampf-Tradition auch in Zukunft fortbesteht, zählt sie doch neben Fußball zu den wichtigsten sozialen Ereignissen. In vielen Kneipen werden die *touradas* im Fernsehen gezeigt und von den Gästen rege kommentiert und diskutiert.

Fußball – Nicht nur ein Ball und 22 Spieler

Die mit Abstand **beliebteste Sportart in Portugal** ist Fußball. Gleich mehrere täglich erscheinende Sportzeitungen widmen sich fast ausschließlich dem runden Leder. Neben dem Wetter gehört Fußball zu den am häufigsten und leidenschaftlichsten diskutierten Themen. In Lissabon ist Fußball wegen der beiden großen Vereine *Benfica* und *Sporting* besonders präsent. Der Großteil der Bevölkerung, egal welchen Alters oder Geschlechts, bekennt sich eindeutig dazu *Benfiquista* oder *Sportinguista* zu sein. Die Anhängerschaft wird oft über Generationen vererbt. Bei Spielen von einer der beiden Mannschaften füllen sich die Kneipen, erst recht seitdem die meisten Spiele nur noch über Pay-TV ausgestrahlt werden. Und **Fußball hat Tradition** in Portugal: Ein Gedenkstein in Cascais erinnert an das erste (überlieferte) Spiel des Landes, das 1888 stattfand. Aktuell gibt es fast 3000 registrierte Vereine, mit über einer halben Million Fußballspielern und vier Ligen. Die erste Liga (*primeira divisão*, offiziell seit 2010 nach dem Hauptsponsor *Liga Zon Sagres* genannt) besteht derzeit aus 16 Mannschaften. Hier herrscht ein fast unangefochtenes Triumvirat aus drei Vereinen, das seit dem Bestehen der Liga 1934 bis auf zwei Ausnahmen, alle Meisterschaften unter sich ausgemacht hat. Das sind die beiden Lissabonner Vereine *Benfica* (32 Titel) und *Sporting* (18 Titel) sowie der *FC Porto* (26 Titel), der zwischen 1990 und 2012 sechzehn Mal die Meisterschaft gewonnen hat. Ein Umstand, der in Lissabon natürlich nur mit größtem Missmut erduldet wird.

Benfiquista oder Sportinguista?

Gesellschaftliches Ereignis – Fußball in der Kneipe

Diese Zweiklassengesellschaft innerhalb der Liga spiegelt sich auch in dem Finanzvolumen und der Vermarktungsintensität der Vereine wieder. *Porto*, *Benfica* und *Sporting* bewegen sich durchaus auf dem Niveau anderer europäischer Profiligen, *Benfica* zählte sogar schon mal zu den Top-20 der umsatzstärksten Fußballvereine der Welt. Der dritte Lissabonner Proficlub *Belenenses*, der im Stadtteil Belém angesiedelt ist, kann nicht mit den beiden Großen mithalten. Aber dafür können die *Belenenses* für sich in Anspruch nehmen, das Stadion mit der schönsten Aussicht zu haben.

Goldene Generation

Die portugiesische Fußballnationalmannschaft (*selecção*) brachte es bislang noch nicht zu einem Titel. Dabei galt z. B. die Mannschaft um *Luis Figo*, die sogenannte Goldene Generation, seit Ende der 1990er-Jahre als große Hoffnung. Die Juniorenweltmeisterschaften hatten die Portugiesen da schon zweimal gewonnen. Großen Frust erlebten portugiesische Fans 2004 bei der Euro im eigenen Land. Portugal wähnte sich vor dem Finale schon als Europameister. Diese Überheblichkeit rächte sich, Außenseiter Griechenland gewann das Finale mit 1:0.

Berühmtester Spieler Portugals, und noch heute als Fußball-Ikone verehrt, ist **Eusébio**, mit dem Portugal immerhin einen dritten Platz bei der WM 1966 schaffte. Aktuell bekanntester portugiesischer Spieler ist *Cristiano Ronaldo*. Er spielte 2003–2009 für Manchester United und seit Sommer 2009 für Real Madrid. 2008 wurde er zum Weltfußballer gewählt.

Die portugiesische Küche

Die portugiesische Küche ist **reichhaltig, bodenständig und regional sehr unterschiedlich**. Frischer Fisch und Fleisch sind die Hauptbestandteile, angereichert mit genügend Olivenöl. Gemüse ist vor allem in den regionalen deftigen Eintöpfen und Suppen zu finden, Salat dient eher der Dekoration des Tellers. Portugiesen sind Naschkatzen und lieben Süßes – seien es zuckersüße Desserts oder kalorienhaltige Torten und kleines Naschwerk zum Kaffee. Vor allem abends sowie zum Bier oder Wein gibt's *petiscos*: salzige Leckereien aus Fisch oder Fleisch, Oliven oder Nüsschen. Kurzum in Portugal isst man gerne, viel und wann immer sich eine Gelegenheit bietet.

Essen als Leidenschaft

Auch in der Küche **spiegelt sich die Geschichte des Landes** als ehemalige Kolonialmacht **wider**: Afrikanische, brasilianische und chinesisch-indische Restaurants gibt es zuhauf. Seit einigen Jahren öffnet man sich auch gegenüber neuen und gesunden Trends – vor allem in größeren Restaurants sind immer öfter vegetarische Gerichte im Angebot. Ausführliche Infos und Tipps rund um die Themen Essen und Trinken finden Sie in den praktischen Reisetipps von A–Z, s. S. 66 ff.

Die Portugiesische Küche lädt ein

2. LISSABON ALS REISEZIEL

Straße in Madragoa

Allgemeine Reisetipps von A–Z

Hinweis

In den **Allgemeinen Reisetipps** finden Sie – alphabetisch geordnet – reisepraktische Hinweise für die Vorbereitung Ihrer Reise und für Ihren Aufenthalt in Lissabon.
Im Anschluss an die Gelben Seiten sind, den Stadtviertel zugeordnet, Unterkunftsmöglichkeiten in der Hauptstadt aufgelistet. Die Grünen Seiten bieten einen knappen Überblick über die möglichen Kosten Ihres Aufenthalts in Lissabon.
Im Kapitel „Lissabon entdecken" finden Sie dann bei den jeweiligen Vierteln, Orten und Routenbeschreibungen detaillierte Auskunft über Infostellen, Sehenswürdigkeiten, Adressen und Öffnungszeiten, Essen und Trinken, Einkaufen und Nachtleben.

Abkürzungen

Av. – Avenida (Allee)
Pç. – Praça (Platz)
Lg. – Largo (Platz)
R. – Rua (Straße)
Cç. – Calçada (Treppe)
Tv. – Travessa (Querstraße)
B. – Beco (Gasse, oft Sackgasse)
dt° – direito (rechts)
esq° – esquerdo (links)
R/C – Res do Chão (Erdgeschoss)
s/n – sem número (ohne Nummer)
2ª – segunda-feira (Montag)
3ª – terça-feira (Dienstag)
4ª – quarta-feira (Mittwoch)
5ª – quinta-feira (Donnerstag)
6ª – sexta-feira (Freitag)
sáb. – sábado (Samstag)
dom. – domingo (Sonntag)

An Klingeln von Privathäusern sind selten Namen zu finden, die Postzustellung erfolgt über Stockwerk und Seite, also zum Beispiel erster Stock rechts – 1° dt°.

Anreise

Anreise mit dem Flugzeug

Lissabon wird von einer Reihe sogenannter Billigflieger angesteuert: Germanwings (Köln u. Stuttgart direkt), Air Berlin und Flyniki (mehrere Städte, mit Umstieg in Palma de Mallorca), Easyjet (Berlin, Basel-Mühlhausen-Freiburg u. Genf). Flüge mit Lufthansa, SWISS oder TAP fallen meist deutlich teurer aus, dennoch lassen sich auch hier Sonderangebote finden. Ebenso kann sich ein Blick auf Last-Minute-Charterflüge nach Faro/Algarve lohnen. Mit Bus oder Bahn lässt sich Lissabon von dort bequem in ca. 3–4 Std. erreichen.
Der **internationale Flughafen Aeroporto da Portela** liegt sehr zentral im Norden Lissabons. Seit Jahren bestehen Pläne für den Bau eines größeren Flughafens, weiter außerhalb der Stadt. Aus finanziellen Gründen wurde das Projekt aber mehrmals verschoben. Infos zu Flughafen und Flügen finden Sie unter www.ana.pt.

Flughafentransfer mit der Metro

Seit Juli 2012 ist der Flughafen an die rote Linie des Metronetzes angeschlossen. Die Station befindet sich neben der Ankunftshalle. Die Fahrt in die Innenstadt dauert mit Umsteigen zwischen 30 und 40 Minuten, eine einfache Fahrt kostet ab 1,25 €, es können alle üblichen Nahverkehrtickets genutzt werden.

Flughafentransfer mit dem Taxi

Die Fahrt mit dem Taxi in die Innenstadtviertel kostet etwa 10–18 €, nachts und an Feiertagen etwas mehr. Ein Taxistand befindet sich vor der Ankunftshalle. Sollte die Schlange lang sein, empfiehlt sich der Taxistand vor der Abflughalle, der über die Rolltreppe im ersten Stock des Flughafens zu erreichen ist.
Leider versuchen manche Taxifahrer, ortsunkundige Touristen über's Ohr zu hauen und Umwege zu fahren. Ausschließen lässt sich das mit einem Taxi-Voucher, der an der Touristeninformation in der Ankunftshalle erhältlich ist. Der Preis beträgt 16–25 €, je nach Tageszeit und Ziel. Eingelöst werden können die Voucher bei den gekennzeichneten Taxis.

Flughafentransfer mit dem Bus

AeroBus: Es gibt zwei Shuttle-Busse vom Flughafen. Linie 1 fährt entlang der großen Hotels an der Avenida da Liberdade in die Innenstadt, Endstation ist am Cais do Sodré. Linie 2 fährt nördlich des Zentrums Richtung Praça das Espanha. Ein Ticket kostet 3,50 €, ist 24 Stunden gültig und kann beim Busfahrer gekauft werden. Die Fahrt in die Innenstadt dauert ca. 25–35 Min. Die Haltestelle befindet sich vor der Ankunftshalle. Wer eine Lisboa Card hat, fährt umsonst. Die Busse fahren alle 20 bis 30 Minuten zwischen 7 bzw. 8 Uhr am Morgen und ca. 22 bzw. 23 Uhr am Abend.
Linienbus: Spätestens seit der Flughafen an das Metronetz angeschlossen ist, lohnt sich die Nutzung der Linienbusse nur noch im Ausnahmefall. Zudem darf in den Bussen maximal Handgepäck-Größe mitgenommen werden. Die Haltestellen der Linienbusse (22, 44, 83, 208, 705, 745) befinden sich in unmittelbarer Nähe der Ankunftshalle. Die Fahrzeit in die Innenstadt kann leicht doppelt so lange sein wie mit dem Shuttle-Bus.

Anreise mit dem Bus

Touring-Eurolines fährt in Zusammenarbeit mit der portugiesische Gesellschaft Intercentro dreimal wöchentlich von mehreren Städten Deutschlands nach Lissabon. Tickets können online gebucht werden und sind ab ca. 140 € (einfache Fahrt) zu erhalten, gelegentlich Sonderangebote. Das Unternehmen Alsa-Eggmann-Eurolines fährt in Zusammenarbeit mit der portugiesischen TIAC von mehreren Städten der Schweiz Lissabon an, der Preis liegt bei ca. 188 CHF (einfache Fahrt). Die Busse fahren in Lissabon den Gare do Oriente (ehemaliges Expo-Gelände) sowie Sete Rios (Westen Lissabons) an. Die Fahrt dauert, je nach Ausgangspunkt, 30 bis 38 Stunden.

In Deutschland: Deutsche Touring GmbH, Am Römerhof 17, www.touring.de, Frankfurt am Main, ☏ 069-7 90 35 01.

In Lissabon: Intercentro, Shopping Saldanha, Geschäft 8E, R. Engenheiro Vieira da Silva, www.intercentro.pt, ☏ 2 13 57 17 45 oder 2 13 30 15 00. **Gare do Oriente**, Geschäft 201G, ☏ 2 18 95 29 60.

In der Schweiz: Alsa-Eggmann, z. B. Ausstellungsstraße 15, 8005 Zürich, www.alsa-eggmann.ch, zentrale Rufnummer: ☏ 0900-57 37 47 (1,49 CHF/Min.).

In Lissabon: TIAC, Rua Pedro Nunes 39, ☏ 2 13 52 72 46.

Anreise mit der Bahn

Ab Berlin, Hamburg, München oder Köln kommt man mit zwei- bis dreimal Umsteigen in 25 bis 32 Stunden nach Lissabon. Die meisten Züge fahren über Paris und Irun. Von Wien aus gibt es Verbindungen über München oder über Straßburg, Fahrtdauer rund 37 Stunden. Aus der Schweiz führen die schnellsten Verbindungen von Genf aus mit dem TGV über Paris in rund 24 Stunden nach Lissabon. Bei drei Monaten Vorlauf muss man für eine einfache Fahrt mit Kosten ab ca. 155 € z. B. ab Köln rechnen. Zu Ferienzeiten und bei kurzfristiger Buchung auch schon mal mit dem Doppelten. **Interrail-Tickets** kosten für unter 26-Jährige 175 € bis

Bahnhof Santa Apolónia

422 € je nach Reisedauer und Reisetagen. Zuschläge und Fahrtkosten bis zur Landesgrenze kommen hinzu, da das Ticket nur außerhalb Deutschlands gilt. Für über 26-Jährige kosten die Tickets ab 262 €. Infos und Tickets gibt es bei den jeweiligen Bahngesellschaften und auch im Internet. Tickets für die spanische Bahn ab Irun stellt die Deutsche Bahn zur Zeit nicht aus. Die müssen direkt über den spanischer Anbieter (www.renfe.com) reserviert bzw. gebucht werden. In Lissabon halten die Züge am Ostbahnhof (Gare do Oriente, ehemaliges Expo-Gelände) und am Bahnhof Santa Apolónia in Zentrumsnähe (Alfama). Beide Bahnhöfe sind an das Metronetz angeschlossen.

Anreise mit dem Auto

Auch die Anfahrt mit dem eigenen PKW lohnt sich wohl für die wenigsten Lissabon-Besucher. Auf direktem Weg beträgt zum Beispiel die Strecke Berlin–Lissabon rund 2800 km, von Köln aus sind es etwa 2200 km. Dafür fallen insgesamt Mautgebühren von rund 120 € an. Von Zürich aus sind es etwa 2200 km bis Lissabon, von Wien aus 2900 km. Wichtig ist die Grüne Versicherungskarte, die bei einem Unfall nachweist, dass im Heimatland eine Versicherung besteht und eine evtl. Schadensregelung erleichtert. Die Haftpflichtversicherung gilt in aller Regel auch im europäischen Ausland, trotzdem sollten Sie vor der Abreise Rücksprache mit der eigenen Autoversicherung halten.

Hilfreich bei Komplikationen im Ausland ist die Mitgliedschaft in einem Automobilclub oder der evtl. Abschluss eines entsprechenden Zusatzangebotes des eigenen Autoversicherers.

Anreise mit dem Schiff

Internationale Kreuzfahrtschiffe legen in Alcântara, Rocha do Conde und Santa Apolónia (Jardim do Tabacco) an. Es gibt fünf Yachthäfen, in denen private Boote anlegen können: Bom Sucesso, Belém, Santo Amaro, Alcântara und Parque das Nações. Straßenbahnen und Busse haben Haltestellen am Flussufer.

Auto fahren und Auto mieten

Jeden Tag quälen sich über 400 000 zusätzliche Autos aus den Vorstädten in die Lissabonner City. Insbesondere zu Hauptverkehrszeiten ist Auto fahren in Lissabon ein Geduldsspiel im *stop-and-go*-Tempo. Zudem sind Parkplätze rar und Teile einiger Altstadtviertel wie Alfama und Bairro Alto für den Durchgangsverkehr gesperrt. Hinzu kommt, dass die Beschilderung nicht immer stringent ist und der Fahrstil der Portugiesen südeuropäisch geprägt ist. Doch eigentlich benötigt man gar kein Auto, lassen sich doch alle Sehenswürdigkeiten und Stadtviertel problemlos mit der Metro oder sogar zu Fuß entdecken. Ähnliches gilt für die meisten Ausflugsziele, die über Vorortszüge, Fähren und Busse gut erreicht werden können.

Mietwagen – Carro de Aluguer

Wenn Sie planen das Lissabonner Umland jenseits der Städte intensiver zu erforschen, kann ein Mietwagen sinnvoll sein. Dieser lässt sich am günstigsten vorab und über das Internet buchen. Neben den großen internationalen Gesellschaften gibt auch eine Reihe zuverlässiger nationaler Anbieter, die meist etwas günstiger sind. Aufpassen sollten Sie auf jeden Fall bei den Versicherungsbedingungen. Da verstecken sich zum Teil hinter wohlklingenden Versprechungen im Kleingedruckten doch erhebliche Selbstbeteiligungen im Schadensfall. Am sichersten ist eine Vollkaskoversicherung ohne Selbstbeteiligung und eine zusätzliche Vandalismusversicherung. Letztere ist meist separat abzuschließen. Dann machen die Versicherungen letztlich zwar eventuell bis zu 50 % der Mietgebühr aus, das ist bei Preisen von ca. 25 € pro Tag für einen Kleinwagen (inklusive aller Versicherungen und ohne Kilometerbegrenzung) aber zu verkraften. Nicht zuletzt auch, weil Leihwagen beliebte Ziele von Autodieben sind.

Tanken

Tankstellen heißen in Portugal *posto de gasolina*. Auf den Autobahnen haben sie in der Regel rund um die Uhr geöffnet, in Städten meist bis 22 bzw. 24 Uhr. Früher üblich, heute seltener werdend, gibt es an einigen Tankstellen noch den freundlichen Herrn, der den Tank befüllt. Diesel heißt *gasoleo*, Benzin bzw. Super *gasolina*, die bleifreie Variante wird als *gasolina sem chumbo* bezeichnet. Die Preise sind denen in Deutschland ähnlich.

Wichtige Verkehrsbestimmungen

Höchstgeschwindigkeit innerorts ist (außer auf ausgewiesenen Schnellstraßen) 50 km/h, auf Landstraßen 90 bzw. 100 km/h und auf Autobahnen 120 km/h. Für junge Autofahrer, die ihren Führerschein kürzer als ein Jahr besitzen, gilt eine generelle Höchstgeschwindigkeit von 90 km/h. Es gibt eine Promillegrenze von aktuell 0,5. In der Vergangenheit war das Fahren unter Alkoholeinfluss die häufigste Ursache für die **verheerende Unfallstatistik** Portugals. Dank intensiver Kontrollen und hoher Strafen hat sich das in den vergangenen Jahren gebessert. Eine weitere Herabsetzung der Promillegrenze wird deshalb immer wieder diskutiert.
Der Bußgeldkatalog ist in Portugal etwas anders sortiert als in Deutschland, Österreich und der Schweiz. So wird z. B. das Telefonieren mit dem Handy oder Nichtanschnallen mit ab 120 € **wesentlich teurer bestraft**. Viele der Geldbußen müssen sofort gezahlt werden. Zudem können seit 2010 Geldbußen ab 70 € europaweit vollstreckt werden. Was das Parken betrifft, sollten Sie den mit Piktogrammen gekennzeichneten Schildern Folge leisten, denn auch Parksünder mit ausländischem Kennzeichen riskieren Strafzettel und eine Parkkralle. Mittlerweile gibt es unzählige Parkeinweiser, die *arrumadores*. Üblicherweise wird ihr Dienst, auch wenn man ihn eigentlich nicht braucht, mit ca. 50 Cent Trinkgeld belohnt. Dafür kann man davon ausgehen, dass – zumindest tagsüber – das Auto i.d.R. nicht aufgebrochen wird.

Orientierung und Maut

Insgesamt ist die Beschilderung in und um Lissabon in den vergangenen Jahren ausgebaut worden. Trotzdem gibt es immer noch Strecken, auf denen ein Ziel einmal angezeigt wird und dann nie wieder ein Hinweis auftaucht. Von Lissabon aus führen Autobahnen in die größeren Städte der Umgebung und in die anderen Landesteile. Die blau gekennzeichneten Autobahnen sind außerhalb des Stadtgebietes mautpflichtig, ebenso die beiden Tejobrücken. Die Gebühren (*taxas de portagem*) halten sich in Grenzen, so kostet die Fahrt über die Brücke 25 de Abril 1,55 €. An den Brücken muss jeweils nur am Südufer bezahlt werden. Gezahlt werden kann i. d. R. auch mit EC-/Maestro-Karte, teilweise mit Kreditkarte. Am bequemsten lassen sich die kleinen Beträge aber bar zahlen. An den Mautstellen sind einige Zahlhäuschen grün markiert, z. B. mit *Via Verde*. Diese Spuren sind für Abonnenten der Vielfahrertarife reserviert.

Apotheken

Apotheken (*farmácias*) gibt es an fast jeder Ecke und in jedem Einkaufszentrum. Sie sind sehr leicht an ihrem grünen Neonschild in Kreuzform zu erkennen. Zu später Stunde und an

Feiertagen ist die nächste Notapotheke meist an einem Leuchtschild angeschrieben. Bei der Auskunft können unter 118 (kostenpflichtig) geöffnete Apotheken telefonisch erfragt werden. Im Internet z. B. zu finden unter: www.portaldasfarmacias.com (nur port.).

Das Grüne Kreuz – Erkennungszeichen für Apotheken

Behinderte

Steile Gassen, Kopfsteinpflaster, enge Gehwege und unzählige Treppen erschweren v. a. Rollstuhlfahrern den Urlaub in Lissabon. Und obwohl sich in den letzten Jahren einiges getan hat, ist der öffentliche Personennahverkehr kaum auf Menschen mit Behinderungen eingestellt. Der Unterschied zwischen Busebene und Gehsteig bzw. Busstation ist v. a. an älteren Station relativ groß und auch nicht alle Metrostationen haben behindertengerechte Zugänge über Fahrstühle. Die meisten Ampelanlagen, vor allem im Innenstadtbereich, sind mit Lautsignalen für sehbehinderte Menschen ausgestattet. Im Allgemeinen sind die Portugiesen Menschen mit Behinderung gegenüber sehr zuvorkommend, alleinreisenden Touristen mit Behinderung, insbesondere Rollstuhlfahrern und Blinden, kann man Lissabon jedoch nicht empfehlen.

Adressen

MyHandicap, www.myhandicap.de/reisen-mobilitaet.html, Internetportal u.a. mit Tipps zum Reisen.

Bundesverband Selbsthilfe Körperbehinderter e.V. (BsK), Altkrautheimer Straße 20, 74238 Krautheim, www.reisen-ohne-barrieren.eu, ☏ 06294-42 81-0.

Verband aller Körperbehinderten Österreichs (VAKÖ), Schottenfeldgasse 29, 1070 Wien, info@vakoe.at, ☏ 01-5 12 36 61-46 0.

Mobility International Schweiz (MIS), Amtshausquai 21, 4600 Olten, www.mis-ch.ch, ☏ 062-2 12 67 40.

Accessible Portugal, Estrada do Paço do Lumiar, Lispólis, Lote 1, www.accessibleportugal.com, ☏ 2 17 20 31 30. Auf barrierefreie Reisen in Portugal spezialisierter Veranstalter. Bietet u.a. Touren durch Lissabon und Umgebung (68–88 €), Vermittlung von behindertengerechten Unterkünften sowie Transport vom Flughafen ins Zentrum (1–3 Personen 42 €).

Bekleidung

Man kann Glück haben und am Silvestertag im T-Shirt in der Sonne sitzen. Aber in der Regel regnet es in den Wintermonaten häufiger und durch die Feuchtigkeit können sich die durchschnittlich 8–15 Grad (tagsüber) deutlich kälter anfühlen. Winterbekleidung ist angebracht. Im Hochsommer klettern die Temperaturen tagsüber schon mal auf 30 Grad und mehr. Trotzdem weht oft ein angenehm frischer Wind vom Meer her, abends kühlt es ab und einige Gebäude, wie Shoppingcenter und Museen, sind mit Klimaanlagen ausgestattet. Deshalb ist es ratsam, auch in den Sommermonaten etwas wärmere Kleidung mitzubringen.

Botschaften

Die Botschaften haben nur vormittags an Wochentagen geöffnet. Bei Verlust von Ausweispapieren können Ihnen hier vorläufige Dokumente ausgestellt werden. Am einfachsten gestaltet sich das, wenn Sie noch eine Kopie Ihrer Unterlagen haben. Auch wenn Sie Opfer von Taschendieben geworden sein sollten, lohnt sich ein Anruf, da die Lissabonner Polizei wiedergefundene Dokumente an die entsprechenden Botschaften schickt. Bei Geldproblemen fühlen sich die Botschaften im Allgemeinen eher nicht zuständig.

Deutsche Botschaft: Campo dos Mártires da Pátria 38, www.lissabon.diplo.de, ☏ 2 18 81 02 10 (Mo–Fr 9–12 Uhr), Fax 2 18 85 38 46, in Notfällen ☏ 9 65 80 80 92.

Österreichische Botschaft: Av. Infante Santo 43, 4. Stock, www.aussenministerium.at/lissabon, ☏ 2 13 94 39 00, Fax 2 13 95 82 24.

Schweizerische Botschaft: Travessa do Jardim 17, www.eda.admin.ch/lisbon, ☏ 2 13 94 40 90, Fax 2 13 95 59 45.

Einkaufen

Von der Sardinendose in nostalgischer Verpackung bis zur Mode internationaler Edeldesigner bietet Lissabon ein breites Betätigungsfeld für Shoppingfreunde und Souvenirjäger. Ähnlich breit ist die Palette der Art der Geschäfte: vom Mini-Tante-Emma-Laden auf acht Quadratmetern über traditionelle Fachgeschäfte bis zu Shoppingcentern mit hunderten Geschäften auf mehreren Etagen. In Kapitel 3 finden Sie Hinweise zum Einkaufen in den einzelnen Stadtvierteln.

Baixa – traditionelles Einkaufsviertel

Die traditionellen Einkaufsstraßen sind die Fußgängerzone der Rua Augusta und die angrenzenden Straßen in der Baixa. Wie in vielen Städten, haben sich auch hier internationale Ketten angesiedelt, aber es gibt auch – noch zumindest – eine ganze Reihe von traditionellen portugiesischen Geschäften.

Mehr Mode: Av. da Liberdade, Chiado und Bairro Alto

Die internationalen Modelabels der gehobenen Preisklasse haben auf der Avenida da Liberdade, der alten Prachtstraße Lissabons, ihr Zuhause. Im Chiado und im Bairro Alto haben sich einige portugiesische Designer niedergelassen, darunter auch international bekannte wie *Ana Salazar*. Im Bairro Alto gibt es die höchste Dichte von jungen hippen Geschäften mit schrägen Klamotten und Accessoires.

Shoppingcenter

Die Zahl der Shoppingcenter hat in Lissabon in den vergangenen Jahrzehnten erheblich zugenommen. Sie sehen hier ungefähr so aus wie fast überall auf der Welt. Portugiesen lieben die überdachte Konsumkonzentration, wenn auch oft nur für Schaufensterbummel,

Traditionelles Geschäft in der Baixa

Essen oder Kinobesuch. Das älteste große Shoppingcenter ist das **Amoreiras-Shopping** mit seinen dunklen, eckigen Riesentürmen (s. S. 216). Gleich eine ganze Reihe von Shoppingcentern sind rund um den **Praça Saldanha** zu finden (s. S. 250). Sehr beliebt ist auch das relativ neue **Shopping Vasco da Gama** im Parque das Nações, auf dem ehemaligen Expo-Gelände (s. S. 254f). Das größte seiner Art ist das **Shopping Colombo** im Stadtteil Benfica (Metrostation Colégio Militar/Luz). Als es 1997 erbaut wurde, war es das größte Shoppingcenter der iberischen Halbinsel. Mit südländischer Architektur samt Palmen, über 400 Geschäften, mehr als 60 Restaurants und diversen Vergnügungsmöglichkeiten wurde es bereits mehrfach ausgezeichnet. Die Shoppingcenter sind täglich bis 24 Uhr geöffnet, die Geschäfte schließen meist um 22 Uhr.

Märkte

Markthallen

Rund 30 Markthallen gibt es über das Stadtgebiet verteilt. Meist haben sie täglich, außer sonn- und feiertags, von 7 bis 14 Uhr geöffnet. Am sehenswertesten ist der große **Mercado da Ribeira** (s. S. 180) am Cais do Sodré. Kleiner, aber ebenfalls nett, sind die Stadtteilmarkthallen wie die im Campo de Ourique (s. S. 212).

Auswahl anderer Märkte

Feira de Produtos Biológicos, Praça Príncipe Real, Sa 9–14 Uhr, Bio-Markt (s. S. 193, Bairro Alto).

Feira do Artesanato Português e Mercado Biológico, Campo Pequeno, an der Stierkampfarena, Kunsthandwerks- und Biomarkt, Sa 9–14 Uhr (s. S. 250, Av. Novas).

Feira da Ladra, Campo da Santa Clara, Di u. Sa 6–17 Uhr, der „Markt der Diebin" ist der berühmteste Flohmarkt der Stadt (s. S. 144 f, Alfama).
Feira do Príncipe Real, Praça Príncipe Real, letzter Sa u. Mo im Monat, 10–18 Uhr, Kunsthandwerk (s. S. 193, Bairro Alto).
Feira de Artesanato, Praça do Comércio, kleiner Kunsthandwerksmarkt in den Arkaden am Praça do Comércio, Sa u. So 10–19 Uhr (s. S. 162, Baixa).
Feira de Antiguidades, Velharias e Artesanato, Jardim Vasco da Gama, Rua Vieira Portuense. 1. u. 3. So im Monat 9–18 Uhr, Antiquitäten, Secondhand, Kunsthandwerk, (s. S. 233, Belém).
Feria de Coleccionismo, Mercado da Ribeira, So 9–14 Uhr, Antiquariat, Münzen, Briefmarken, Uhren, (s. S. 180, Chiado).
Lx Market, an der Lx Factory, Rua Rodrigues de Faria, So 11–18 Uhr, netter Trödelmarkt (s. S. 206, Alcântara).

Souvenirs: Musik, Azulejos, Portwein und mehr

Die meisten **Souvenirgeschäfte** sind rund um das Kastell zu finden. In den Stadtvierteln gibt es immer mehr kleine Geschäfte, die liebevoll portugiesische Produkte und regionale Spezialitäten anbieten. Manches davon gibt es in Supermärkten günstiger, ist dort aber nicht so konzentriert zu finden.

Kleine Krämerläden gibt es in allen Altstadtvierteln wie der Alfama, dem Bairro Alto, der Graça oder der Mouraria.

Wein- bzw. Portwein- und Spirituosengeschäfte gibt es in vielen Vierteln. Aber besonders in der Baixa und rund um Kathedrale und Burgberg gibt es Geschäfte, die auf Touristen eingestellt sind, zum Teil Verkostungen und vor allem den Versand der Tropfen anbieten.

Feira da Ladra – der „Markt der Diebin"

Wer Tonträger mit portugiesischer (oder auch internationaler) **Musik** erstehen will, findet in den Viertel Chiado (s. S. 174 ff) und Bairro Alto (s. S. 183 ff) eine ganze Reihe von Geschäften mit unterschiedlichem Sortiment: von klein bis groß, von CD bis Vinyl, von neu bis gebraucht. Sehr gut sortiert und nett ist der Plattenladen Cárbono in der Nähe der Av. da Liberdade, der vor allem viele neue und gebrauchte Vinylscheiben führt (s. S. 241). Fado-CDs lassen sich auch im Museu do Fado erstehen (s. S. 142, Alfama). Auf der Feira da Ladra (s. S. 144, Alfama) gibt es einige Stände mit Secondhand-Platten und -CDs.
Azulejos, die typischen bemalten Wandfliesen bzw. Kacheln, sind in vielen Souvenirgeschäften zu finden. Meist sind sie allerdings maschinell gefertigt und bedruckt. Handbemalte Exemplare findet man in einigen Geschäften in der Baixa und der Alfama. Beim Erwerb antiker Azulejos sollte man vorsichtig sein. Weniger fachkundigen Touristen werden schon mal Fälschungen untergejubelt, bei Originalen handelt es sich manchmal um Diebesgut. Immer wieder werden wertvolle alte Kacheln aus Palästen und Häusern gestohlen. Eine gute Möglichkeit, an die kleinen quadratischen Kunstwerke zu kommen, sind die Verkaufsstellen traditionsreicher Azulejo-Fabriken wie der *Fábrica Sant`Anna* (s. S. 181 u. 264, Chiado).
Antiquitäten: Die größte Dichte an Antiquitätengeschäften sind rund um die Rua de São Bento (s. S. 204, Westen des alten Lissabon) und auf der Rua Dom Pedro V. (s. S. 192 f, Bairro Alto) zu finden.

Eintrittsgebühren und Ermäßigungen

Lisbon Card: ermäßigter Eintritt in über 25 Museen und in andere Sehenswürdigkeiten. Welche das sind und die Höhe des Rabatts erklärt das Begleitheft. Gilt außerdem als Fahrkarte für alle öffentlichen Transportmittel. Preise: 18,50 € (24h), 31,50 € (48h), 39 € (72h). Der Erwerb lohnt sich nur für diejenigen, die viele Museen an einem Tag besuchen wollen. Erhältlich bei den Touristeninformationen.
Lisbon Restaurant Card: 10–15 % Rabatt in aktuell 36 verschiedenen Restaurants der Innenstadt. Gültigkeit: 72h, Preis: 6,15 € (1 Pers.), 8,10 € (2 Pers.) bzw. 10,75 € (2 Erwachsene und 2 Kinder unter 14 J.). Erhältlich bei den Touristeninformationen.
Lisbon Shopping Card: 5–15 % in rund 200 Geschäften in den Vierteln Baixa, Chiado und Av. Liberdade. Preise: 3,70 € (24h), 5,80 € (72h). Erhältlich bei den Touristeninformationen.
Cartão Jovem: Jugendkarte für 12–29-Jährige, Nachlässe in Museen, Sehenswürdigkeiten, Kinos, Konzerten und einigen Geschäften, gleichzeitig Jugendherbergsausweis. Preis: 10 €, Gültigkeit: 1 Jahr. Erhältlich gegen Vorlage von Pass/Personalausweis und Foto z. B. in allen Postfilialen und Jugendherbergen.
Internationaler ISIC-Studentenausweis: Preisnachlässe in vielen Museen und Palästen. Erhältlich an vielen Hochschulen bei den Studentenvertretungen oder direkt bei ISIC, Infos im Internet unter www.isic.org.
Museumspass: für alle Nationalmuseen Lissabons, s. S. 83.

Essen und Trinken

Portugiesische Essgewohnheiten

Portugal ist keine große Frühstücksnation. Das **Frühstück**, das **pequeno almoço**, wird entweder zu Hause, oft aber auf dem Weg zur Arbeit in einem der vielen Cafés stehend am Tresen eingenommen. Zum **café** lässt man sich ein **pastel de nata** (Sahnetörtchen), einen

Kaffee trinken mit Aussicht am Largo das Portas do Sol, Alfama

bolo de arróz (Sandkuchen mit Reismehl), ein **queque** (Muffin) oder eine **torrada** (getoastetes Brot mit Butter) schmecken. Gegen 11 Uhr wird das **zweite Frühstück** eingenommen, das dem ersten sehr ähnlich ist.

Die Mittagszeit ist geradezu „heilig". Zwischen etwa 12 und 14 Uhr wird ausgiebig **zu Mittag** gegessen. Üblicherweise werden in den meisten Restaurants zum **almoço** Tagesgerichte zu einem relativ günstigen Preis angeboten. Oft gibt es auch komplette Mittagsmenüs, die neben dem Hauptgericht sowohl Vor- und Nachspeise enthalten als auch ein Getränk und Kaffee. Zum Essen lässt man sich trotz späterer Arbeit gerne ein Glas Wein oder Bier schmecken, gefolgt von einem starken Espresso.

Gegen 17 Uhr ist dann **Lunch-Time**, wohl ein Erbe der seit Jahrhunderten existierenden portugiesisch-englischen Beziehungen. Zumeist lässt man sich zum Kaffee etwas Süßes munden, für herbere Geschmäcker gibt's Sandwiches oder belegte Toasts.

Das **Abendessen** wird zwischen 19 und 21 Uhr eingenommen, viele Küchen – gerade in einfacheren Restaurants – schließen gegen 22 Uhr. Neben den Tagesgerichten bestellt man zum **jantar** auch à la Carte, üblicherweise werden auch abends drei Gänge mit anschließendem Kaffee verspeist. Und für besonders Hungrige gibt es noch das **ceia** – das Mitternachtsmahl, was meist dem Plündern des heimischen Kühlschranks entspricht.

Wo isst man?

In, oder besser gesagt, an den meisten Restaurants ist die Speisekarte ausgehängt. Die Preise beinhalten fast immer Bedienung (**serviço**) und Mehrwertsteuer (**IVA**). Wer sicher gehen will, liest das Kleingedruckte am unteren Kartenende. Vom Feinschmeckerlokal bis zu einfachsten Gaststätten gibt es in jeder Preis- und Qualitätsklasse Restaurants. Für die ein-

Die Gerichte des Tages – auf die Papiertischdecke geschrieben

fachen Gaststätten gilt: Von eventuell längeren Wartezeiten, anfänglich schnoddrigen Kellnern oder fehlendem Toilettenpapier sollte man sich nicht den Appetit verderben lassen. Das Essen in solchen **Tascas** ist oft bodenständig und gut. Wem die typischen portugiesischen Gerichte zu üppig sind, der kann oft einfach eine „Halbe Portion" (**meia dose**) bestellen. Diese kostet dann rund 30 % weniger.

Neben Restaurants gibt es auch **Marisqueiras**, **Cervejerias** und **Churrasqueiras**. Der Name verrät bereits, was auf der Speisekarte steht. So werden in Marisqueiras vor allem Meeresfrüchte und Fisch angeboten, welche in Auslagen und Aquarien angepriesen werden. Bei Cervejerias handelt es sich um Brauhäuser. Neben Meeresfrüchten gibt's vor allem Steaks und Omelettes. Fleischliebhaber sollten Churrasqueiras aufsuchen. Die Fleischgerichte kommen vom Holzkohlegrill, selten gibt es Fisch.

Cafés und **Pastelarias** (Konditoreien) sind im Allgemeinen kein Hort der Gemütlichkeit. Es gibt natürlich Ausnahmen, die finden Sie in den entsprechenden Stadtvierteln beschrieben. Cafés und Pastelarias sind Treffpunkte für alt und jung, die Einrichtung ist nüchtern bis steril und der Fernseher läuft ständig. Hier frühstückt man, isst günstige Mittagsgerichte der Tageskarte, trinkt seinen Espresso an der Theke und schaut gegen Nachmittag einfach mal so vorbei – eine hervorragende Möglichkeit, Einblick in das Lissabonner Alltagsleben zu erhalten.

Die Preise für Getränke sind neben dem Tresen ausgehängt. Wundern Sie sich nicht, dass da oft unterschiedliche Preisangaben pro Getränk oder Speise stehen. Der Preis wird sozusagen nach der zurückzulegenden Laufstrecke des Kellners berechnet. Am billigsten ist es am Tresen (**balcão**), am Tisch (**mesa**) zu sitzen bedeutet die mittlere Preisangabe und Verzehr auf der Terrasse (**esplanda**) ist die teuerste, wenn auch meist schönste Variante. Bitte versuchen Sie nicht Geld zu sparen, indem Sie an der Theke bestellen und sich danach an einen Tisch setzen. Neben einem verärgerten Wirt erhalten Sie auch die Rechnung mit den „Tisch-Preisen".

In manchen Cafés gibt es Selbstbedienung. **Pré-pagamento** bedeutet, dass man die Rechnung vorher an der Kasse bezahlt und gegen Vorlage des Kassenbons bei einem anderen Angestellten das eben Bezahlte erhält.

➤ Im Restaurant

Sehr einfache Restaurants und Cafés ausgenommen, ist es nicht üblich, sich einfach an einen Tisch zu setzen. Schon gar nicht fragt man, ob man sich irgendwo dazu setzen darf. Dies gilt als sehr unhöflich, selbst wenn der Tisch längst nicht voll besetzt ist. Nach Betreten des Restaurants wartet man, bis man einen Tisch vom Kellner zugewiesen bekommt. Gibt es genug freie Tische, kann man aus den gezeigten auswählen.
Anders als in Deutschland werden Vorspeisen wie z. B. Brot, Oliven und Butter (**couvert**) ungefragt serviert. Oft gibt es dazu auch noch Käse, Schinken oder **salgados** (kleine Snacks). Hierbei handelt es sich jedoch keineswegs um eine Einladung des Hauses. Alles, was man isst oder auch nur probiert, muss später bezahlt werden. Anders ist es in Restaurants der Luxusklasse, diese dürfen das Couvert auch dann einrechnen, wenn der Gast sie nicht anrührt. Informieren Sie sich ansonsten über die Preise dieser Starter. Oft sind vor allem Käse und Schinken verhältnismäßig teuer. Was Sie nicht essen wollen, stellen Sie am besten gut sichtbar ans Tischende. Vor dem Bezahlen sollten Sie auf jeden Fall die Rechnung kontrollieren, denn vor allem in touristischen Restaurants verdient man sich so gerne schon mal ein „Extra" dazu. Ein freundlicher Hinweis genügt zumeist, um die Rechnung auf den richtigen Stand zu bringen. Sollten Sie wider Erwarten Probleme bekommen, empfiehlt es sich das „**Livro das Reclamções**" zu verlangen. Dieses Reklamationsbuch ist gesetzlich für alle Dienstleister vorgeschrieben, muss vorgelegt werden und wird regelmäßig von der Tourismus-Direktion kontrolliert. Da eine solche offizielle Beschwerde zu Unannehmlichkeiten für den Restaurantbesitzer führt, lassen sich die meisten Probleme durch eine bloße Frage nach dem „gefürchteten Buch" aus der Welt schaffen. Die Fairness gebietet es natürlich, nur dann etwas in das Buch zu schreiben, wenn tatsächlich ein Fehlverhalten gepaart mit Uneinsichtigkeit vorliegt.

Die Rechnung bestellt man mit „**A conta, se faz favor**". Gebracht wird diese dann auf einem Tellerchen, auf das man das Geld legt. Möchte man Trinkgeld geben, lässt man einen Teil des Wechselgelds einfach liegen. Das in Deutschland gängige „stimmt so" gibt es nicht. Üblich ist ein Trinkgeld von 5–10 %, je nach Klasse des Restaurants, in besseren eher mehr, in einfacheren eher weniger.
Ist man in der Gruppe oder auch nur zu zweit unterwegs, wird eine gemeinsame Rechnung bestellt. Das „getrennt Zahlen" ist typisch deutsch. Portugiesische Kellner reagieren zumeist mit einer Mischung von „genervt sein" und einem ironischen Lächeln. Die einfache Alternative: nach grober Schätzung zusammenlegen oder einfach später untereinander aufteilen.

➤ Die Portugiesische Speisekarte lesen

Vorspeisen – Entradas

Cesto de pão (Korb mit Brot), **manteiga** (Butter) und **azeitonas** (Oliven) werden immer als **couvert** serviert. Zusätzlich gibt es oft **queijo fresco/seco** (Frischkäse/Hartkäse), **presunto** (Schinken) oder **paté de sardinhas/atúm** (Sardinen- bzw. Thunfischcreme).

Auf Bestellung werden z. B. diese Vorspeisen oft angeboten:
Salada de Polvo – Krakensalat
Peixinhos da Horta – panierte, frittierte Stangenbohnen (wörtlich „Gartenfischchen")
Chouriço Assado – gegrillte scharfe Paprikawurst
Bacalhau com Grão – Salat aus Stockfisch und Kichererbsen

info

Tremoços oder Mariscos do Eusébio?

Tremoços gehören zu den traditionellen Begleitern zum Bier und sind im restlichen Europa relativ unbekannt. Hierbei handelt es sich um Lupinenkerne, die gekocht und in Salzlake eingelegt werden. Die Schale isst man nicht mit – man beißt vorsichtig auf den bohnenähnlichen Kern und lässt den Inhalt in den Mund gleiten. In fast jeder einfachen Tasca werden *tremoços* umsonst angeboten. Ironischerweise werden sie auch *Mariscos do Eusébio* – Meeresfrüchte des Eusébio genannt. Die unangefochtene Ikone des portugiesischen Fußballs soll in einem Interview auf die Frage „Was sind Ihre Lieblingsmeeresfrüchte" mit *„tremoços"* geantwortet haben. Offensichtlich hatte der Fußballer die Frage falsch verstanden: Meeresfrüchte heißen auf Portugiesisch *mariscos* und *tremoços* zählen zu den lautlich sehr ähnlichen *petiscos.*

Starter/Knabbereien – Petiscos

Risol – frittierte Teigtasche mit Garnelen (**de Camarão**) oder Fleisch (**de Carne**) gefüllt
Pastel de Bacalhau – frittierte Stockfischbällchen
Croquete – frittierte Hackfleischkroketten
Pica-Pau – Fleischstückchen in einer scharfen Senf-Essig-Soße
Moelas – Eintopf aus Hühnermägen

Suppen – Sopas

Portugiesen lieben Suppen, sie fehlen auf keiner Speisekarte. Vor allem ältere Leute essen diese übrigens gerne nach dem Hauptgang.
Caldo Verde – der Klassiker: Kohlsuppe auf Kartoffelbasis mit genau einer Scheibe **chouriço**
Sopa da Pedra – „Steinsuppe", ein Eintopf mit fast allem was Gemüsegarten und Fleischer anzubieten haben
Sopa Alentejana – klare Brühe mit Knoblauch, Brot und Ei
Sopa de Legumes – Gemüsesuppe
Sopa de Alho Francês – Lauchsuppe

Zubereitungsarten, Kräuter und Gewürze

Gängige Zubereitungsarten sind **frito** (gebraten/frittiert), **grelhado** (gegrillt) und **estufado** (gekocht/geschmort). Die Auswahl frischer Kräuter ist in der portugiesischen Küche meist überschaubar. Hauptsächlich werden **salsa** (Petersilie) und **coentros** (frischer Koriander) verwendet. Letzterer oft in rauen Mengen – sollten Sie diesen nicht mögen, fragen Sie lieber vorher nach. Knoblauch (**alho**) ist ebenfalls in vielen Gerichten kräftig vertreten. Gerne verwendete Gewürze sind auch Paprika und Curry.

Fisch und Fischgerichte – Peixe

Zu Fisch (**peixe**) werden üblicherweise gekochte Kartoffeln (**batatas cozidas**) serviert, manchmal zusätzlich Brokkoli (**brócolos**) oder grüne Stangenbohnen (**feijão verde**). Auch Tintenfische und Kraken stehen mit auf der Fischkarte. Montags sollten Sie übrigens besser auf Fisch verzichten, sonntags haben die Fischer ihren freien Tag.

Bacalhau – Ein Fisch für jeden Tag

info

Durchschnittlich verzehrt jeder Portugiese 8 kg Stockfisch im Jahr und ist somit europäischer Spitzenreiter. Das ist nicht verwunderlich, gibt es doch – so der Volksmund – ganze **365 Bacalhau-Rezepte,** eins für jeden Tag. Ein Kochbuch der „1001 Bacalhau-Rezepte" ist auch schon auf dem Markt. Seit fast 700 Jahren ist der Trockenfisch fester Bestandteil der portugiesischen Küche und wird liebevoll auch als „fiel amigo" (treuer Freund) bezeichnet. Die erste urkundliche Erwähnung geht auf das Jahr 1353 zurück: Portugiesischen Schiffen wurde der Fischfang vor der Küste Englands gestattet. Mit Beginn der großen Entdeckungsfahrten erhöhte sich zunehmend der Verbrauch des lange haltbaren Lebensmittels. Anfang des 16. Jh. wurde Stockfisch vor allem in Neufundland, der *Terra Nova do Bacalhau* gefischt. Im Jahr 1550 allein wurden hierfür 150 Schiffe zur Verfügung gestellt. Unter spanischer Fremdherrschaft (1580–1640) kam der Fischfang fast zum vollständigen Erliegen. Erst mit Beginn des 19. Jh. wurde er wieder aufgenommen. Das Leben an Bord war hart, entbehrungsreich und gefährlich. Vom Hauptschiff wurden die Fischer in kleinen Booten auf den stürmischen Atlantik geschickt, der Fisch an Leinen gefangen und meist bereits auf dem Boot ausgenommen und auf Salz gelagert. 20 Stunden Arbeit waren an der Tagesordnung.

Bacalhau-Auslage in der Baixa

Die **weltweit zunehmende Nachfrage** sowie verbesserte Fangmethoden führten zur Überfischung der Gewässer. Seit den 1970er-Jahren wurde der Bestand um 70 % reduziert. Kanada und Grönland beanspruchten ihre 200-Meilen-Zone für sich, Island und Großbritannien lieferten sich regelrecht kriegerische Auseinandersetzungen in den „Cod Wars" (1958–76). Portugal schickte sein letztes

info

Schiff 1974. Seit 2000 steht der Kabeljau, aus dem der Stockfisch hergestellt wird, sogar auf der Liste bedrohter Tierarten des WWF.
Heute stammt der in Portugal erhältliche Stockfisch fast ausschließlich aus Norwegen. Der Fisch wird vorwiegend frisch importiert und nach portugiesischer Art in Bacalhau verwandelt. Portugal bemüht sich seit 2005 seinen in reinem Meersalz eingelegten und für 150 Tage an der Sonne oder in speziellen Belüftungskanälen getrockneten Fisch europaweit als „regionale traditionelle Spezialität" schützen zu lassen. Vor der Zubereitung muss er übrigens mindestens 24 Stunden gewässert werden.

Vom Grill – na brasa

Vom Holzkohlegrill angeboten werden zum Beispiel **dourada** (Goldbrasse), **robalo** (Seebarsch), **cherne** (Silberbarsch) und **linguado** (Seezunge). Diese Fischarten sind bequem zu essen, da sie wenige Gräten haben. Als Steaks werden **espardarte** (Schwertfisch), **atúm** (Thunfisch) und **salmão** (Lachs) serviert. Die günstigen **sardinhas** (Sardinen) und **carapaus** (Bastardmakrele) können, wenn sie klein sind, im Ganzen verzehrt werden. Handelt es sich um größere Exemplare, sollten Sie darauf achten die Innereien vorher zu entfernen. Vom langen, grätenreichen **peixe espada** (Degenfisch) bekommt man ein Stück abgeschnitten, der Geschmack ist relativ dezent. Gegrillte **lulas** (Tintenfisch) bestellt man am besten ohne Tinte (**sem tinta**), da diese sehr bitter ist. Die kleineren **chocos** (Sepia) werden oft als Spießchen mit Paprika und Zwiebeln gegrillt.

Fischgerichte

Lulas Recheadas – mit **chouriço** oder Hackfleisch gefüllter Tintenfisch in Tomatensoße und Reis
Caldeirada – deftiger Fischeintopf
Feijoada de Chocos – Bohneneintopf mit Sepia
Chocos com Tinta – Sepia in eigener Tinte mit Kartoffeln
Polvo à Lagreiro – Krake aus dem Ofen mit Knoblauch und viel Olivenöl
Bacalhau à Braz – zerkleinerter Stockfisch mit Kartoffeln und Ei, in der Pfanne gebraten
Bacalhau com Natas – Stockfisch in Sahnesoße im Ofen gratiniert – manchmal mit Spinat (*com espinafres*)

Meeresfrüchte – Mariscos

Mariscos werden in der Regel nach Kilogramm-Preis bezahlt und sind auch in Portugal nicht billig. Auf der Speisekarte stehen: **lagosta** (Languste), **sapateira** (Taschenkrebs) und **santolas** (Spinnenkrebse). Die gängigen **camarões** (Garnelen) werden kurz gekocht oder mit Knoblauch gebraten und mit Zitrone serviert. Als Vorspeise oder kleiner Snack zum Bier werden die preiswerteren Muscheln wie z. B. **amêijoas** (Herzmuscheln), in ihrer sehr schmackhaften Variante **à Bulhão Pato** mit Zitronensaft serviert. Die Frische der Muscheln erkennt man daran, dass sie sich beim Kochen geöffnet haben.

Fleisch und Fleischgerichte

Fleischgerichte werden üblicherweise mit Pommes Frites (**batas fritas**) und/oder Reis (**arroz**) serviert. Wer gerne Salat dazu isst, sollte sich einen gemischten Salat (**salada mista**) dazu bestellen, denn auch wenn das Gericht auf der Karte mit Salat angepriesen

„Há Caracois" – Es gibt Schnecken!

info

In den Sommermonaten tauchen in kleinen Supermärkten und Tascas die Schilder mit der Aufschrift „Há Caracois" auf. Die kleinen Schnecken zählen zu den Leibspeisen der Portugiesen. Jährlich werden schätzungsweise 42 000 Tonnen verzehrt, die Preise gleichen denen von Garnelen. Auf einem kleinen Teller als Snack zum Bier gereicht, werden sie mit Zahnstochern aus ihren Häuschen gepult. Hauptsächlich schmecken sie nach dem Sud, in dem sie gekocht wurden: Olivenöl, Knoblauch, Lorbeerblatt und dem Geheimnis des Küchenchefs.

Im Sommer gibt's Sardinen vom Grill

wird, handelt es sich – für deutschen Geschmack – eher um Dekoration. Wer lieber gekochte Kartoffeln isst, kann diese problemlos gegen Pommes oder Reis tauschen. Der Zusatz **com tudo** (mit allem) bedeutet meist, dass Gemüse dabei ist. Am besten fragt man einfach nach.

Vom Grill – na brasa

Vom Schwein (**porco**) gibt's **febras** (Schnitzel), **costeletas** (Koteletts), **entremeadas** (Bauchspeck) und **espadas** (Spießchen). Bei **bife** (Steak) handelt es sich um Rindfleisch. Bestellt man **frango grelhado** (gegrilltes Huhn) bekommt man normalerweise ein halbes Huhn serviert. Bei der portugiesischen Zubereitung werden die Hähnchen platt geklopft, damit sie gleichmäßiger garen. Passen Sie also auf Knochensplitter auf.

Fleischgerichte

Cozido à Portuguesa – Fleischeintopf mit Kohl und Bohnen

Bitoque – gegrilltes Fleisch mit Pommes und Spiegelei
Iscas – gebratene Leber mit gekochten Kartoffeln
Carne de Vitela à Jardineira – Kalbsfleisch nach Gärtnerinnen-Art, Geschnetzeltes mit Gemüse und Reis
Carne de Porco à Alentejana – Schweinefleischstückchen mit Muscheln
Carne à Portuguesa – Schweinefleischstückchen mit Oliven und *Mixed Pickels*
Bifinhos de Peru – Putenschnitzel, oft mit Champignon-Soße (**com cogumelos**) serviert
Porco Preto – das schwarze Schwein ist eine endemische Art auf der iberischen Halbinsel. Freilandhaltung und eine natürliche Kost, vor allem Eicheln und Wildkräuter sorgen für würzigeres und weniger fettes Fleisch als bei den Zuchtschweinen

Nachspeisen – Sobremesas

Die Auswahl ist groß. Für den deutschen Geschmack sind die Nachspeisen aber meist sehr süß und kalorienhaltig.
Mousse ao Chocolate – Schokoladenmousse; oft mit **cheirinho,** einem Schuss Cognac bestellt
Flan – Eierpudding mit Karamelsoße
Bolo de Bolacha – Kekskuchen, ähnlich wie „Kalter Hund", aber statt Schokolade mit Buttercreme
Tarte de Limão/Amêndoas – Zitronentarte/Mandeltarte
Salada de Frutas – Fruchtsalat
Natürlich gibt es auch **gelados** (Eis) und **frutas da época** (Früchte der Saison). So z. B. **melancia** (Wassermelone), **meloa** (Honigmelone), **maçã** (Apfel), **laranja** (Orange), **banana** (Banane), **manga** (Mango) und **ananás** (Ananas)

Für Zwischendurch

Tosta Mista – getoastetes Brot mit Schinken und Käse
Tosta de Queijo/Fiambre – getoastetes Brot mit Käse oder Schinken
Baguettes/Sandwiches – belegtes Baguette oder Sandwich. Letzteres entspricht in etwa dem deutschen belegten Brötchen

Bier, Wein und Hochprozentiges

Bier – Cerveja

Mittlerweile wird in Portugal statistisch gesehen mehr Bier als Wein getrunken. Die Auswahl fällt relativ leicht – es gibt nur zwei große portugiesische Brauereien. *Sagres* und *Super Bock*, letzteres schmeckt etwas süßer. Frisch gezapft bestellt man eine **imperial** (0,2l), eine **túlipa** (0,3l) oder eine **caneca** (0,4l). Das Bier wird kälter als in Deutschland serviert. Es schmeckt frisch und sehr leicht, hat aber trotzdem um die 5 % Alkohol. Da es relativ schnell schal wird, bestellt man üblicherweise die 0,2l-Version. Als Radler, gemischt mit Zitronenlimonade, heißt es **panaché**.
Möchte man lieber Flaschenbier, bestellt man ein **cerveja**. Mittlerweile haben beide Brauereien aufgerüstet, sodass es weitere Varianten gibt: dunkles Bier (**cerveja preta**), alkoholfrei (**sem álcool**) oder mit verschiedenen Geschmacksrichtungen wie z. B. Limette/Zitrone (**lima/limão**) oder Johannisbeere (**groselha**).
Vor allem in größeren Restaurants und Diskotheken sind auch internationale Marken wie z. B. Carlsberg oder Heineken zu finden. Deutsches Bier gibt's nur selten.

Wein – Vinho

Trank vor ungefähr 25 Jahren jeder Portugiese im Durchschnitt noch 110 Liter Wein pro Jahr, sind es heute nur noch 42 Liter. Zum Vergleich: In Deutschland werden statistisch gesehen um die 21 Liter getrunken, in Frankreich fast 47. Das soll aber keineswegs bedeuten, dass der Wein nicht schmeckt. Im Gegenteil! Möchte man einfach ein Glas Wein zum Essen, fährt man mit dem **vinho da casa**, dem Hauswein meist gut und günstig. Diesen kann man als **copo** (Glas) oder **jarro** (Krug 0,5–1l) bestellen. Für den teureren Wein à la Carte liegt man mit der Auswahl der Regionen *Dão* (Nord-Portugal) oder *Alentejo* fast immer richtig. Als portugiesische Eigenart gibt es neben Rot-, Rosé- und Weißwein (**vinho tinto/rosé/branco**) noch den **vinho verde**, den grünen Wein. Dieser junge, aus Nord-Portugal stammende Wein, wird gut gekühlt meist als Flasche serviert. Aufgrund seiner natürlichen Restkohlensäure prickelt er leicht und ist spritzig.
Weingenießer sollten in so genannte **Enotécas** gehen. Hier kann man Weine der verschiedensten Regionen und Preisklassen probieren. Ebenso werden in vielen Spirituosen-Geschäften Weinproben angeboten. Adressen finden Sie in den jeweiligen Stadtteilbeschreibungen.

Portwein – Vinho do Porto

In Sachen Portugal und Wein kommt man zwangsläufig auf das Thema Portwein zu sprechen. Doch dieser schwere und süße Dessertwein ist keineswegs eine portugiesische Erfindung, sondern stammt von englischen Kaufleuten, die sich in der Region um Porto Mitte des 17. Jh. niederließen. Je mehr die Nachfrage stieg desto mehr verschlechterte sich die Qualität des Weins bis unter Premierminister *Pombal* die *Companhia Geral da Agricultura das Vinhas do Alto Douro*, kurz *a Companhia* gegründet wurde. Diese verpflichtete sich ganz der Qualitätskontrolle, sodass der Port zum ersten Wein der Welt mit Herkunftsbezeichnung

Portwein und Ginjinha, der typische Kirschlikör

und regionalem Qualitätssiegel wurde. Was den Port zum Portwein macht ist die sogenannte Vinierung. Grundlage ist ein süßer Rotwein aus früher klösterlicher Herstellung, dem die englischen Kaufleute Weinbrand beimischten, um ihn für den Transport haltbarer zu machen. Dadurch wird die Gärung gestoppt und so der spätere Zuckergehalt des fertigen Produkts festgelegt. Der Alkoholgehalt des so erzeugten Vinho do Porto muss zwischen 19 und 21 % liegen. Unterschieden wird nach Farbe, Qualität und Lagerungsart, was zu einer verwirrenden Namensfülle führt.

Ruby	ohne Jahrgangsangabe, wird aus Weinen verschiedener Jahrgänge verschnitten
Tawny	reift mindestens drei Jahre, ohne Jahrgangsangabe
Aged Tawy	10 years old, 20 years old etc.
Colheita	genau sieben Jahre Fassreifung
LBV (Late Bottled Vintage)	Jahrgangswein, 4–6 Jahre Lagerung im Eichenfass
Vintage	Königsklasse der besten Jahrgangsweine, nach 2–3 Jahren wird dieser in Flaschen abgefüllt und kann jahrelang reifen

Die Unterscheidung bei weißen Portweinen ist viel einfacher. Er wird nach seinem Süßegehalt von sehr süß bis extra trocken eingeteilt. Weniger begehrt und deshalb preisgünstiger, ist er dennoch ein Genuss. Vor allem im Sommer, wenn er eisgekühlt als Aperitif serviert wird. Wer à la Carte Portwein testen möchte, dem sei z. B. das *Solar do Vinho* im Bairro Alto empfohlen (s. S. 193).

Moscatel

Moscatel ist ein süßer Dessertwein und wird in der Region um Setúbal und im Norden Portugals angebaut. Man trinkt ihn meist gut gekühlt, an heißen Tagen auch „on the rocks". Erhältlich ist er in vielen Cafés, Pastelarias und Restaurants. Getrunken wird er als Aperitif, Dessertwein oder wann immer man Lust hat. Er ist eine gute Alternative zu süßeren Ports.

Digestif und Hochprozentiges

Wer nach einem deftigen Abendessen Lust auf einen „Magenaufräumer" verspürt, dem steht in fast allen Restaurants eine große Auswahl zu Verfügung. Neben den üblichen internationalen Cognacs und Whiskys gibt es auch portugiesische Sorten: *Macieira, Constantino* und *Aliança Velha* sind günstige, bodenständige Weinbrände. Für den gehobeneren Geschmack stehen *CRF* und *Antiqua* in verschiedenen Altersklassen zur Verfügung. In einfachen Tascas kann man auch nach **bagaço** oder **bagaceira** fragen. Das heißt einfach Schnaps. Manchmal holt der Wirt dann unter der Theke einen Selbstgebrannten hervor. Das ist jedoch nichts für schwache Gemüter – sehr hochprozentig, mal besser und mal schlechter, ist bagaço aber auf jeden Fall ein Experiment wert. Gerade in einfacheren Restaurants und Bars ist beim Hochprozentigen die übliche Menge pro Glas mindestens doppelt so groß wie in Deutschland. Und je besser es der Kellner mit Ihnen meint, desto höher der Stand über dem Eichstrich. Infos zum typischen Kirschlikör **ginjinha** finden Sie auf S. 167.

Kaffee

Portugal hat seine ganz eigene Kaffeekultur und ein guter Kaffee wird zu jeder Tages- und Nachtzeit genossen. Es gibt unzählige Kaffeemarken, die alle ihren eigenen Geschmack besitzen. Portugiesen lieben ihren Kaffee heiß und zuckersüß. Für Touristen kann das Bestellen eines Kaffees etwas verwirrend sein, gibt es doch unzählige Varianten.

So bezeichnet **bica** in Lissabon einen ganz normalen Espresso. Möchte man eine volle Tasse, bestellt man **uma bica cheia**, eine kleine Menge nennt sich **uma bica curta**. Für die doppelte Koffein-Menge eine **bica dupla**. Diese Varianten kann man auch mit dem Wort **café** durchspielen, das Ergebnis ist das gleiche. Der **garoto** (eigentlich Junge) oder **café pingado** ist ein Espresso mit einem Schuss (**pingo**) Milch. Der **café americano** wird mit einem Schluck heißem Wasser verdünnt und der **café com cheirinho** („mit Düftchen") wird mit Weinbrand verfeinert. An heißen Tagen wird schon mal ein **café com gelo** bestellt. Man bekommt ein Glas mit einem Eiswürfel dazu gereicht und kann so den Kaffee abkühlen.

Kaffee – zu allen Tageszeiten und in verschiedensten Varianten sehr beliebt

Der **galão** ist Kaffee mit viel Milchschaum im Glas serviert, vergleichbar mit einem *Latte Macchiato*. Möchte man Kaffee und heiße Milch etwa zu gleichen Teilen, bestellt man eine **meia de leite**.

Beide kann man auch mit dem Zusatz **clara** (mehr Milch) oder **escura** (mehr Kaffee) bestellen.

Wer auf Koffein verzichten will, kann alle oben erwähnten Varianten als **descafeinado** bestellen.

Andere Heißgetränke

Natürlich wird auch **chá** (Tee) angeboten. Die üblichen Teesorten sind **chá preto** (Schwarztee), **chá de camomila** (Kamillentee), **chá verde** (grüner Tee), **chá de cidreira** (Zitronenmelissentee) und **chá de tília** (Lindenblütentee). Für Kinder gibt es fast überall **chocolate quente** (heiße Schokolade). Sehr portugiesisch ist der **carioca de limão**. Das sind Zitronenschalen, die mit heißem Wasser aufgegossen und dann als Tee getrunken werden. Das Wort *chá* stammt übrigens aus dem Arabischen – sozusagen ein maurisches Erbstück.

Nichtalkoholische Getränke – Wasser & Co

Üblicherweise trinkt man in Portugal stilles Mineralwasser (**água sem gás**). **Água com gás** (mit Kohlensäure) ist aber trotzdem fast überall erhältlich. Bestellt man ein **copo d'água**, also ein Glas Wasser, erhält man ein Glas Leitungswasser, dafür aber umsonst. **Sumos** (Säfte) werden in allen erdenklichen Geschmacksrichtungen angeboten; frisch gepresst gibt es meist nur Orangensaft (**sumo de laranja fresco**). **Limonada** ist nicht, wie man als Deutscher vermuten möchte, die übliche Limo, sondern frisch gepresster Zitronensaft mit Wasser, Zucker und Eiswürfeln. International bekannte Erfrischungsgetränke werden unter ihren Markennamen angeboten.

Feiertage, Feste, Festivals

Offizielle Feiertage

1. Januar	Neujahr
Februar/März/April	Karnevalsdienstag, Karfreitag, Ostersonntag
25. April	*Dia da Liberdade* (Nelkenrevolution 1974)
1. Mai	Tag der Arbeit
10. Juni	*Dia de Portugal* (Todestag des Nationaldichters *Luís de Camões*)
13. Juni	*Santo António* (Fest des Volksheiligen, nur in Lissabon Feiertag)
15. August	Mariä Himmelfahrt
8. Dezember	Mariä Empfängnis
25. Dezember	Weihnachten

Aufgrund der Wirtschaftskrise sind zwei kirchliche und zwei weltliche Feiertage bis 2018 vorübergehend ausgesetzt: Fronleichnam, Allerheiligen, Tag der Republik (5. Oktober) und Tag der Restauration (1. Dezember).

Feste

Silvester

Das Neujahr wird in Lissabon mit einem von der Stadt organisierten, großen Feuerwerk mit musikalischer Untermalung auf dem Praça do Comércio willkommen geheißen. Auch in den Stadtteilen Belém, Alcântara, Parque das Nações sowie in Almada (jenseits des Tejo) werden kleinere Feuerwerke veranstaltet. Aus Spargründen wurde das große zentrale Feuerwerk Silvester 2011 aber auch schon mal abgesagt. Das private Zünden von Böllern ist unüblich.

Karneval

Die Karnevalszeit wird in Lissabon nur wenig beachtet. In den einzelnen Stadtteilen finden lediglich Veranstaltungen für Kinder statt. Seit einigen Jahren gibt es auch Karnevalspartys für jung gebliebene Erwachsene im Bairro Alto – viele verkleidete Jecken sollte man aber nicht erwarten. Wer Karnevalsumzüge sehen will, muss entweder nach Malveira da Serra in den Bergen Sintras oder in die portugiesische Karnevalshochburg Torres Vedras fahren.

25. April – Nelkenrevolution

Der Tag der Nelkenrevolution ist einer der wichtigsten Feiertage des Landes. Der 25. April 1974 markierte das Ende der Diktatur und den Anfang des neuen demokratischen Portugals. In der ganzen Stadt werden rote Nelken verkauft, die am Jackenrevers getragen werden. Mittlerweile gibt es auch die moderne Form der Revolutionsnelke – ein runder Aufkleber. Nachmittags findet auf der Avenida da Liberdade der traditionelle Marsch der kommunistischen Partei PCP statt. Später trifft man sich auf dem Largo do Carmo um den Festtag mit Musik und einem stärkenden Mahl zu beenden.

1. Mai

Der Tag der Arbeit wird in Lissabon ähnlich wie in anderen Hauptstädten Europas auch begangen. Die kommunistische Gewerkschaft CGTP veranstaltet neben dem Aufmarsch an der Avenida da Liberdade ein großes Fest mit Musik und Tanz auf der riesigen Grünfläche im Stadtteil Arroios.

Juni

Im Juni beginnt in ganz Portugal die fünfte Jahreszeit, denn dann werden die *Santos Populares* (Volksheiligen) gefeiert. In Lissabon wartet man sehnsüchtig auf den Vortag des 13. Juni, den Festtag des *Santo António*. Schon Wochen vorher werden die traditionelle Viertel geschmückt und Stände aufgebaut. Es gibt gegrillte Sardinen und Rotwein, bis spät in die Nacht wird getanzt und gefeiert. In vielen Vierteln werden die Heiligenfeste an den folgenden Wochenenden bis zum 29. Juni, dem Festtag von Sankt Peter, fortgeführt (Infos s. S. 141). Zu den *Santos* werden zudem den ganzen Juni über zahlreiche kulturelle Veranstaltungen angeboten (zum Teil kostenlos), die unter dem Label **Festas de Lisboa** („Lissabonner Feste“) firmieren. Infos zum Programm finden Sie z. B. unter: www.festasdelisboa.com.

Lange ersehnt – die Festa do Santo António

Weihnachtszeit

Zur Vorweihnachtszeit werden Lissabons Straßen und Plätze festlich geschmückt, in Krisenzeiten auch schon mal etwas knapper. Aber überall blinkt und blitzt es, in den Geschäften herrscht reger Verkehr und heiße Maronen werden verkauft.

Festivals

Die großen Open Air Festivals finden vor allem in den Monaten Juni und Juli statt. Daneben laufen unzählige kleinere Veranstaltungen, die oft kostenlos sind. Das gilt auch für die Events des **Lisboa na Rua**. Bei „Lissabon auf der Straße“ gibt es zwischen Mitte August und Mitte September viel Musik, u.a. Jazz und Klassik, aber auch Tanz und Kunstausstellungen. Die Termine gibt es in der Tagespresse und bei den Touristeninformationen.

Rock in Rio: Seit 2004 findet in Lissabon alle zwei Jahre die portugiesische Variante des brasilianischen Rock in Rio statt. Die mehrtägige Veranstaltung Anfang Juni verzeichnet regelmäßig über 300 000 Besucher. Viele internationale Top-Acts.

Super Bock-Super Rock: Seit 1997 sponsert die Brauerei Super Bock eines der größten Musikfestivals des Landes, mit zahlreichen namhaften Acts. Inzwischen findet das Festival meist am ersten Juli-Wochenende in der Gemeinde Sesimbra am Strand Praia do Meco statt (Zug bis Coina, weiter mit Shuttle-Bus).

Optimus Alive: Dieses Musikfestival findet jährlich in der zweiten Juli-Woche in Algés statt. An drei Tagen treten auf verschiedenen Bühnen internationale und nationale Bands auf (Straßenbahn 15, Zug Linha de Cascais).

Fotografieren

Speichermedien sind in Portugal etwas teurer als bei uns. Deshalb ist es ratsam für ausreichend Kapazität zu sorgen. Alternativ kann man in manchen Internetcafés Fotos auf einer CD/DVD sichern lassen. Was den Respekt beim Fotografieren angeht, gelten in Portugal die gleichen Regeln wie in anderen Ländern. Wer Menschen direkt fotografieren möchte, sollte vorher höflich nachfragen, falls nötig in Zeichensprache.
In den meisten Museen und Kirchen darf nicht fotografiert werden, in einigen nur ohne Blitz. In den Metrostationen (und Zügen) sowie in Shoppingcentern ist das Fotografieren offiziell verboten.

Geldangelegenheiten

Da Portugal zur Eurozone gehört, sind Geldangelegenheiten mittlerweile geradezu unromantisch einfach. Man zahlt mit *Euros* und *Céntimos*. In einfacheren und kleinen Geschäften, Cafés und Restaurants ist immer noch Bargeld Trumpf und in ganz kleinen Geschäften ist auch schon mal Wechselgeld Mangelware. Alle größeren Hotels, Geschäfte, Restaurants und Tankstellen akzeptieren aber meist problemlos Kredit- u. Giro-/EC-/Maestro-Karten. Dank über 2500 Geldautomaten in Lissabon ist auch das Abheben von Bargeld (über Kreditkarte oder Giro-/EC-/Maestro-Karte) kein Problem. Die Zaubergeräte, über die die Portugiesen einen Gutteil ihrer Bankgeschäfte und Rechnungen abwickeln, heißen *Multibanco*. Die Bedienungshinweise sind auch auf Englisch oder Deutsch verfügbar. Die Gebühren für Abhebungen, hängen von den Statuten Ihrer Bank oder Kreditkartenfirma ab.

Zentrale Telefonnummer zur Kartensperrung: ☏ 0049-11 61 16 oder ☏ 0049-30 40 50 40 50, die Karten fast aller Banken und Kreditkartenfirmen kann man hier sperren lassen. Angeschlossen sind mittlerweile auch viele Mobilfunkbetreiber. Nicht am System beteiligt ist bislang z. B. die Postbank (☏ 0049-1804 44 04 00). Weitere Informationen unter www.sperr-notruf.de und www.kartensicherheit.de.

Gesundheit

Besondere Impfungen sind für Portugal nicht notwendig. Die medizinische Versorgung in Lissabon ist auf europäischem Niveau. Im öffentlichen Gesundheitswesen kann es zwar manchmal zu langen Wartezeiten für Behandlungstermine kommen, im parallel existierenden privaten System gibt es diese Probleme nicht. Unklar ist, ob Ihre Krankenversicherung die Behandlung bezahlt.
Privat Versicherte sollten die Konditionen direkt bei der eigenen Versicherung erfragen. Gesetzlich Versicherte finden die **Europäische Krankenversicherungskarte** inzwischen auf der Rückseite ihrer Versichertenkarte. Trotzdem ist eine zusätzliche Auslandskrankenversicherung sinnvoll. Die kostet im Jahr rund 10 € und kann im Notfall sehr nützliche Dienste leisten. So übernehmen die Krankenkassen z. B. die Kosten für einen evtl. Krankenrücktransport nicht. Zudem erstatten sie Behandlungskosten nur in der in Deutschland üblichen Höhe. Die deckt sich aber nicht unbedingt mit den Preisen in Portugal.
Unabhängig von der Versicherung muss der Patient meist in Vorleistung gehen und erhält die Behandlungskosten erst später erstattet. Dazu muss man eine Rechnung und eine Erklärung mit dem Namen des Patienten, der gestellten Diagnose und der angewandten Behandlung einreichen.

Die Deutsche Botschaft hat auf ihrer Internetseite (www.lissabon.diplo.de) eine Liste mit deutsch- bzw. englischsprachigen Ärzten und Notfallstationen zusammengestellt.

Informationen

Im Heimatland

Deutschland: Fremdenverkehrsamt für Portugal, aicep Portugal Global, Zimmerstr. 56, 10117 Berlin, ☏ 030-2 54 10 60 u. 0180-5 00 49 30, Fax 030-25 41 06 99.
Österreich: ICEP, Portugiesische Handelsdelegation, Touristikzentrum, Opernring 1, 2. OG, 1010 Wien, ☏ 01-5 85 44 50, Fax 01-5 85 44 45.
Schweiz: ICEP, Portugiesisches Verkehrsamt und Handelsdelegation, Badenerstr. 15, 8004 Zürich, ☏ 01-2 41 00 01, Fax 01-2 41 00 12.

Im Internet

Die offiziellen Seiten der Touristeninformationen www.visitportugal.com und www.visit lisboa.com bieten in deutscher Sprache ausführliche Informationen zu Kultur, Unterkunft und Sehenswürdigkeiten an. Viele Hotels, Hostels, Pensionen, Restaurants, Cafés, Bars, Clubs und andere Veranstaltungsorte verfügen über eigene Seiten im Internet, auf denen sie über ihre aktuellen Kontaktdaten, Öffnungszeiten und Angebote informieren. Allerdings sind viele – gerade kleinere – Anbieter in den vergangenen Jahren dazu übergegangen, diese Informationen nur noch über Soziale Netzwerke zu verbreiten. Manche haben gar keine eigene Homepage mehr. In den Sozialen Netzwerken lässt sich dann neben Veranstaltungshinweisen für Clubs z. B. auf Restaurantseiten auch schon mal die Tageskarte einsehen. Die Informationen stehen dann oft aber nur auf Portugiesisch zur Verfügung.

Touristeninformationen in Lissabon

Die Touristeninformation in Lissabon unterhält mehrere Büros. Hier erhält man neben einem kostenlosen Stadtplan, Informationen zu Museen und Sehenswürdigkeiten beispielsweise auch die **Lisbon Card**. Wer portugiesisch spricht oder zumindest lesen kann, sollte nach der regelmäßig erscheinenden *Agenda Cultural* fragen. Hier werden alle aktuellen Veranstaltungen, Ausstellungen und viele weitere Infos rund um Kunst und Kultur aufgeführt. Auf Englisch steht die monatlich erscheinende, aber wesentlich dünnere Broschüre *Follow Me* zur Verfügung.
Außerdem lohnt sich ein Blick in die Prospektauslage: Restaurants, Museen, Anbieter von Stadtrundfahrten sowie Informationen zu aktuellen Veranstaltungen liegen hier aus.

Flughafen, in der Ankunftshalle, tgl. 7–24 Uhr, ☏ 2 18 45 06 60
Praça do Comércio, tgl. 9–20 Uhr, ☏ 2 10 31 28 10, Baixa
Rossio, Praça D. Pedro IV, Infostand, tgl. 10–13 u. 14–18 Uhr
Palácio Foz, Praça dos Restauradores, tgl. 9–20 Uhr, ☏ 2 13 46 33 14, Baixa
Espaço Y Lisboa, Rua Jardim Regedor 50, tgl. 10–19 Uhr, ☏ 2 13 47 21 34, Baixa
Bahnhof Santa Apolónia, Di–Sa 8–13 Uhr, ☏ 2 18 82 16 06, Alfama
Belém, Jerónimos-Kloster, Di–Sa 10–13 u. 14–18 Uhr, ☏ 2 13 65 84 35

Internet

Viele Hotels bieten ihren Gästen, zum Teil kostenlos, einen Internetzugang. Bei moderneren Hostels gehört Internet zum Standard, in kleineren Pensionen eher selten. In den meisten Shoppingcentern und z. B. an der Touristeninformation am Praça do Comércio stehen kostenpflichtige Internet-Rechner bereit. Die Preise variieren stark. In der Touristeninformation kostet z. B. 1 Std. 2,50 €. In den meisten Stadtvierteln gibt es kleinere Telefon- und Internetcafés. Allerdings unterstehen die einer hohen Fluktuation.

Kinder

Portugiesen sind sehr kinderfreundlich und Kinder sind immer und überall dabei. Auch in Restaurants sind die Kleinen gern gesehene Gäste und deren eventuelles Rumtoben wird von anderen Gästen nicht als störend empfunden. Die Fortbewegung mit einem Kinderwagen kann allerdings sehr anstrengend werden. Lissabon ist sehr hügelig, in den Altstadtvierteln erschweren Kopfsteinpflaster, Treppen und schmale Gehwege das Vorankommen. Vor allem in den alten Straßenbahnen ist es fast unmöglich einen Kinderwagen mitzu-nehmen.

Als spezielle Freizeitaktivitäten für Kinder bietet sich neben Zoo und Ozeanarium auch das Museu da Ciência Viva an. Bei gutem Wetter sorgen die nahe gelegenen Strände sowie der Monsanto–Park und die botanischen Gärten für Abwechslung. Ebenso ist eine Fahrt in den historischen Straßenbahnen oder Aufzügen ein garantiertes Vergnügen.

In vielen Museen etc. zahlen Kinder unter 10 Jahren keinen oder einen ermäßigten Eintritt. Für Kinder ab 12 Jahren lohnt sich bei einem längeren Aufenthalt der **Cartão Jovem** (s. Eintrittsgebühren und Ermäßigungen).

Tipp

Für Kinder im Vor- und Grundschulalter gibt es einen illustrierten und mit vielen Spielen, Rätseln sowie Gedichten versehenen Lissabon-Reiseführer in Deutsch. Dieser kann über das Internet bestellt werden: **Lissabon für Kinder, Maria João Manso und Dieter Mettelsiefen, Verlag Edições Nô, 2004**.

Leitungswasser

Das Leitungswasser in Portugal ist bedenkenlos trinkbar. Allerdings schmeckt es nicht sonderlich, da es stark gechlort ist. Dafür enthält es weniger Kalk als in vielen Teilen Deutschlands.

Mietwagen

Auto fahren/Auto mieten, s. S. 60.

Museen

Lissabon beherbergt über 50 Museen – Tendenz steigend. Obwohl keine der Sammlungen annähernd an Umfang und Niveau eines Prado oder Louvre heranreicht und aufgrund unter-

schiedlicher Zuständigkeiten kein einheitliches Museumskonzept existiert, gibt es eine Reihe interessanter Kunsthäuser. Besonders sehenswert sind Folgende: Museum für Antike Kunst (Museu Nacional de Arte Antiga), Azulejo-Museum (Museu Nacional do Azulejo), Museum für Moderne Kunst (Museu do Chiado), Zentrum für Moderne Kunst und Gulbenkian-Museum (Fundação Calouste Gulbenkian), Museum Berardo/CCB (Museu Coleção Berardo). Obwohl sich bezüglich der „Internationalisierung" der Museen in den letzten Jahren einiges getan hat, sind in einigen wenigen Museen die Beschreibungen nur auf Portugiesisch zu finden.
Eintritt: in der Regel um die 5 €, Schüler, Studenten und Senioren erhalten oft bis zu 50 % Nachlass, Kinder unter 10 Jahren haben gelegentlich freien Eintritt. Die städtischen Museen und einige andere bieten sonntags vormittags bis 14 Uhr freien Eintritt.
Museumspass: *Passe dos Museus e Palácios do IMC* kostet zwischen 11 € (5 Tage) und 14 € (7 Tage) und gewährt kostenlosen Eintritt in rund 15 Nationalmuseen und Nationalpaläste in Lissabon und Umgebung, die vom IMC (Instituto dos Museus e da Conservação) verwaltet werden. Museumspass *Lisboa Monumental* für 13 €: Eintritt in den Nationalpalast Ajuda, den Turm von Belém und das Hieronymus-Kloster. Erhältlich in Museen und der Loja dos Museus, Praça dos Restauradores, neben der Touristeninformation (s. S. 240).
Cartão Jovem u. **Lisbon-Card**: bieten Ermäßigungen in vielen Museen (s. Stichwort Eintrittsgebühren und Ermäßigungen)
Öffnungszeiten: in der Regel Di–So 10–18 Uhr. Kleinere Museen schließen gerne schon mal zur Mittagszeit.

Tipp

Vermeiden Sie es v. a. kleinere Museen während der Mittagszeit zu besuchen. Es kann vorkommen, dass nicht alle Räume zu besichtigen sind.

Städtische Museen

Museu Antoniano, Largo de Santo António da Sé 24. Museum, das eine Sammlung von Dokumenten, liturgischen Objekten, Gemälden, Keramiken und anderen Objekten über das Leben des populären Heiligen zeigt (s. S. 129).

Museu da Cidade, Palácio Pimenta, Campo Grande 245, www.museudacidade.pt (nur port.). Museum für Stadtgeschichte, in einem wunderschönen Palast aus dem 18. Jh. untergebracht. Die Ausstellung zeigt die Geschichte der Stadt vom prähistorischen Zeitalter über Römer, Westgoten und Mauren bis hin zum 19. Jh. anhand von Azulejos, Zeichnungen, Gemälden, Modellen und Dokumenten (s. S. 249).

Museu do Design e da Moda (MUDE), Rua Augusta 24, www.mude.pt. Das aus dem Kulturzentrum in Belém zwangsweise ausgelagerte, angesehene Design- und Modemuseum ist seit 2010 in der Baixa angesiedelt (s. S. 165).

Museu da Marioneta, Rua da Esperança 146, www.museudamarioneta.pt. Marionettenmuseum im Convento das Bernardas (s. S. 202).

Museu do Fado, Largo do Chafariz de Dentro 1, www.museudofado.pt. Für Fans und Einsteiger zeigt das Fadomuseum die Geschichte des Fado und seiner Interpreten. Eine Reihe von Hörbeispielen erklärt die unterschiedlichen Stile und Interpretationen über Audioguides (s. S. 142).

Museu do Teatro Romano, Pátio do Aljube 5 und Rua de São Mamede 3, www.museuteatroromano.pt (nur port.). Museum zu Ausgrabungen des römischen Theaters und Dokumentation zu römischen Spuren in Lissabon (s. S. 130).

Museu Bordalo Pinheiro, Campo Grande 382, www.museubordalopinheiro.pt. Das Museum ist dem Satiriker und Zeichner Rafael Bordalo Pinheiro gewidmet (s. S. 250).

Andere Museen

Casa-Museu Amália Rodrigues, Rua de São Bento 193, www.amaliarodrigues.pt (nur port.), es sind nur geführte Besichtigungen möglich. Seit 2001 ist das Wohnhaus der Fado-Ikone Amália Rodrigues als Museum zu besichtigen (s. S. 200).

Casa-Museu José Anastácio Gonçalves, Av. 5 de Outubro 6–8, ☏ 2 13 54 09 23. Privatsammlung mit über 5000 Ausstellungsstücken: portugiesische Kunstwerke des 19. Jh., chinesisches Porzellan sowie Möbel des 18. und 19. Jh. aus Portugal, Frankreich und England (s. S. 248).

Casa-Museu Fernando Pessoa, Rua Coelho da Rocha 16–18, casafernandopessoa.cm-lisboa.pt. Die letzte Wohnstätte Fernando Pessoas wurde 1993 zum Museum umgewandelt (s. S. 212).

Casa-Museu Fundação Medeiros e Almeida, Rua Rosa Araújo 41, www.casa-museumedeirosealmeida.pt. Privatsammlung von Antiquitäten verschiedener Art und Herkunft (s. S. 238).

Fundação Calouste Gulbenkian, www.museu.gulbenkian.pt. Das Museum Calouste Gulbenkian stellt Stücke der Sammlung Gulbenkians aus, das Centro de Arte Moderna (Zentrum für Moderne Kunst) nebenan zeigt vor allem Werke portugiesischer Künstler des 20. Jh. (s. S. 245).

Lisboa Story Centre, Praça do Comércio. 2012 auf der Ostseite des Platzes eröffnet. Multimediaschau, die Einblicke in Highlights der Lissabonner Stadtgeschichte gibt (s. S. 170).

Mundo Sporting, Estádio José Alvalade, Rua Professor Fernando da Fonseca. Museum des traditionsreichen Fußballclubs (s. S. 276f).

Museu da Água, museudaagua.blogspot.pt (nur port.). Das Wassermuseum betreut vier wichtige Standorte der Lissabonner Wassergeschichte (s. S. 266).

Museu Arpad Szenes – Vieira da Silva, Praça das Amoreiras 56–58, www.fasvs.pt. Das Museum zeigt vor allem Werke des ungarisch-portugiesischen Künstlerpaars (s. S. 215).

Museu de Arte Popular, Av. de Brasília. Museum für Volkskunst in Belém, das sich 2013 noch im Aufbau befand (s. S. 231).

Museu da Carris, Rua 1° de Maio 101–103, museu.carris.pt, ☏ 2 13 61 30 87, Mo–Fr 10–17, Sa 10–13 u. 14–17 Uhr, feiertags geschl., Straßenbahn 15, Haltestelle Sto. Amaro; Bus 714, 727, 732, 742, 751, 576, Stadtteil Alcântara. Dokumentation der Geschichte der Lissabonner Verkehrsbetriebe sowie ehemalige und aktuelle Straßenbahnen und Standseilbahnen in Originalgröße oder Modellen.

Museu do Centro Científico e Cultural de Macau, Rua da Junqueira 30, www.cccm.pt, ☏ 2 13 61 75 70, Di–So 10–18 Uhr, Straßenbahn 15, Haltestelle R. Junqueira; Bus 714, 727, 732, 751, 56, Stadtteil Alcântara. Museum des Forschungs- und Kulturzentrums Macau. Im Museum werden vor allem Stücke aus der ehemaligen portugiesischen Kolonie in China aus dem 16.–17. Jh. gezeigt.

Museu do Chiado – Museu Nacional de Arte Contemporânea, Rua Serpa Pinto 4, www.museudochiado-ipmuseus.pt. Museum für Moderne Kunst, auch sehenswerte Wechselausstellungen (s. S. 179).

Museu de Ciência da Universidade de Lisboa, Rua da Escola Politécnica 58, www.museu-de-ciencia.ul.pt, (nur port.), ☏ 2 13 92 18 08, Di–Fr 10–17 Uhr, Sa u. So 11–18 Uhr, feiertags geschl., Metro Rato; Bus 758, 773. Stadtteil Bairro Alto & Príncipe Real (s. Karte S. 186/87). Wissenschaftsmuseum der Uni Lissabon mit wechselnden Ausstellungen.

Museu Colecção Berardo – Arte Moderna e Contemporânea, Praça do Império, www.museuberardo.pt (nur port.). Sammlung Berardo im Museum für Moderne Kunst im Centro Cultural de Belém (s. S. 229).

Museu das Comunicações, Rua do Instituto Industrial 16, www.fpc.pt, ☏ 2 13 93 51 08, Mo–Fr 10–18, Sa 14–18, Do bis 22 Uhr (ab 18 Uhr Eintritt frei), Metro Cais do Sodré; Straßenbahn 15, 18, 25; Bus 714, 28, 732, 760, 794; Zug Cais do Sodré u. Santos. Liegt zwischen Cais do Sodré und Santos (s. Einlegkarte). In der permanenten Ausstellung des Kommunikationsmuseums wird zum einen die Geschichte der Kommunikation in Portugal dargestellt und zum anderen in einem interaktiven Teil die Zukunft der Kommunikation erlebbar gemacht.

Museu do Dinheiro, Praça do Município. Für 2013 plant die Nationalbank die Eröffnung eines neuen Museums zur Geschichte der portugiesischen Währungen. Das soll in der Igreja de São Julião entstehen und würde für die alte Kirche eine etwas adäquatere Nutzung bedeuten, als die der vergangenen Jahrzehnte. Da war hier nämlich die profane Garage der Bank untergebracht (s. S. 164).

Museu da Electricidade, Av. Brasília, Central Tejo, www.fundacao.edp.pt. Elektrizitätsmuseum im alten Elektrizitätswerk (s. S. 222).

Museu-Escola de Artes Decorativas Portuguesas, Fundação Ricardo do Espírito Santo Silva, Largo das Portas do Sol 2, www.fress.pt (nur port.). Stiftung, die ein Möbelmuseum und eine Schule für portugiesisches Handwerk und Kunsthandwerk unterhält (s. S. 143).

Museu da Farmácia, Rua Marechal Saldanha 1, ☏ 2 13 40 06 88. Apothekenmuseum mit hervorragender Sammlung zur Geschichte der Apotheke und authentischen historischen Apotheken aus verschiedenen Epochen und Weltgegenden (s. S. 190).
Museu Geológico/INETI, Rua Academia das Ciências 19, museugeologico.ineti.pt (nur port.), ☏ 2 13 46 39 15, Di–Sa 10–17 Uhr, feiertags geschl., Metro Baixa/Chiado; Straßenbahn 28; Bus 28E, 202, 706, 727, 758, 773. Stadtviertel Bairro Alto (s. Karte S. 186/87). In der zweiten Etage eines alten Konvents untergebracht, besteht das Geologische Museum seit 1859. Hier sind die ersten systematisch gesammelten und klassifizierten geologischen Funde des Landes untergebracht. Wichtige Abteilungen: Paläontologie, Archäologie und Mineralogie.

Museu Maçónico Português, Rua do Grémio Lusitano 25, ☏ 2 13 42 45 06, Mo–Fr 14.30–17.30 Uhr, Metro Baixa/Chiado; Bus 58, 100, Erklärungen der Exponate z.Zt. nur auf Portugiesisch (Stadtviertel Bairro Alto, s. Karte S. 186 / 187). Freimaurer-Museum. Freimaurer-Logen sind in Portugal seit Jahrhunderten sehr aktiv, so gehörte schon der einflussreiche Premierminister *Marquês de Pombal* zu einer Loge.

Museu de Marinha, Praça do Império, museu.marinha.pt (nur port.). Marinemuseum mit ungefähr 10 000 Exponaten, hier findet man alles rund um die portugiesische Schifffahrt vom 16. Jh. bis heute (s. S. 228).

Museu Militar, Largo do Museu da Artilharia, ☏ 2 18 84 25 69. Im Militärmuseum sind Waffen und sonstiges Kriegsgerät aus fünf Jahrhunderten ausgestellt. An den Wänden des Innenhofs sind die wichtigsten Schlachten Portugals auf Azulejos verewigt (s. S. 146).

Museu da Música, Rua João de Freitas Branco, www.museudamusica.imc-ip.pt, ☏ 2 17 71 09 90, Di–Sa 10–18 Uhr, feiertags geschl., Metro Alto dos Moinhos; Bus 754, 768. Stadtteil: Benfica. Musikmuseum mit großer Instrumentensammlung, Ton- und Fotoarchiv.

Museu Nacional de Arqueologia, Praça do Império, www.mnarqueologia-ipmuseus.pt. Das Nationale Archäologiemuseum ist im Südflügel des Jerónimos-Klosters in Belém untergebracht (s. S. 228).

Museu Nacional de Arte Antiga, Rua das Janelas Verdes, www.mnarteantiga-ipmuseus.pt (nur port.). Beherbergt Portugals größte Sammlung für Alte Kunst und zählt zu den interessantesten Museen der Stadt (s. S. 203).

Museu Nacional do Azulejo, Rua da Madre Deus 4, www.mnazulejo.imc-ip.pt. Ein Muss für alle Fans der portugiesischen Kachel-Kultur (s. S. 260f sowie Einlegkarte).

Museu Nacional dos Coches, Praça Afonso de Albuquerque, www.museudoscoches.pt. Einzigartige Sammlung von königlichen Kutschen und Sänften. Es zählt zu den meistbesuchten Museen Portugals. Ab 2013 soll das Museum in neuen Räumlichkeiten untergebracht werden (s. S. 219).

Museu Nacional de Etnologia, Av. Ilha da Madeira, mnetnologia.wordpress.com (nur port.), Di 14–18, Mi–So 10–18 Uhr. Vor allem Exponate aus den ländlichen Regionen Portugals; die wechselnden Ausstellungen speisen sich aus dem über 30 000 Exponaten umfassenden Bestand des Museums (s. S. 232).

Museu Nacional de História Natural, Rua da Escola Politécnica 58, www.mnhnc.ul.pt, ☎ 2 13 92 18 00, Di–Fr 10–17, Sa–So 11–18 Uhr; Bus 773, 790, 758; Metro Rato. Das Museum ist Teil der Uni Lissabon und umfasst drei Einheiten: Museu e Jardim Botânico (Museum und Botanischer Garten), Museu Mineralógico e Geológico (Mineralogie- und Geologiemuseum) und das Zoologie- und Anthropologiemuseum Museu Bocage.

Museu Nacional do Teatro, Estrada do Lumiar, 10–12, museudoteatro.imc-ip.pt, ☎ 2 17 56 74 18, Di–So 10–18 Uhr, Metro Lumiar, Bus 703. 1985 gegründet und in einem Palast aus dem 18. Jh. untergebracht, verfügt das Museum über eine 300 000 Exponate umfassende Sammlung, die die Geschichte des Theaters in Portugal lebendig hält.

Museu Nacional do Traje e da Moda, Largo Júlio de Castilho 2, museudotraje.imc-ip.pt, ☎ 2 17 59 03 18, Di 14–18, Mi–So 10–18 Uhr, Metro Lumiar; Bus 703, 796. Das Nationale Trachtenmuseum ist 1977 aus einer Ausstellung über zivile Trachten in Portugal hervorgegangen. Durch Spenden konnte die Sammlung schnell vergrößert werden. So übergab allein das Nationale Kutschenmuseum über 7000 Exponate, hauptsächlich königliche Roben. Das Ticket gilt auch für den angeschlossenen Skulpturengarten.

Museu do Oriente, Av. de Brasília/Doca de Alcântara, www.museudooriente.pt. Auf drei Etagen wird sich in diesem Museum dem Thema Orient auf historische, religiöse, anthropologische und artistische Weise genähert. Zusätzlich wechselnde Ausstellungen (s. S. 203).

Museu do Palácio Nacional da Ajuda, Largo da Ajuda, www.pnajuda.imc-ip.pt (nur port.). Ein Teil des königlichen Palastes im Stadtteil Ajuda ist als Museum zugänglich und zeigt das royale Leben vergangener Jahrhunderte (s. Karte S. 220/21).

Museu da Presidência da República, Palácio Nacional de Belém, Praça Afonso de Albuquerque, www.museu.presidencia.pt. Das "Präsidenten-Museum" zeigt die politische Geschichte der Republik Portugal und unzählige persönliche Gegenstände ehemaliger Präsidenten (s. S. 220f).

Museu de São Roque, Largo Trinidade Coelho, direkt neben der Kirche, www.museu-sao roque.com. Museum für Sakrale Kunst (s. S. 188).

Núcleo Arqueológico do Banco BCP, Rua dos Correreiros 9, Mo–Mi, Fr u. Sa 10–13 und 14–17 Uhr, Do 15–17 Uhr. Neben den Resten einer römischen Fischeinsalzungsanlage sind auch ein christlicher Friedhof aus dem 5. Jh. sowie maurische Keramik zu sehen (s. S. 267).

Pavilhão do Conhecimento – Ciência Viva, Parque das Nações, www.pavconheci-
m e n
to.pt (nur port.). Das Wissenschaftsmuseum ist auf dem ehemaligen Expo-Gelände von 1998 in einem der auffälligsten Gebäude der Weltschau untergebracht, dem *nave*, dem „Schiff" (s. S. 257).

Ruínas do Carmo und Museu Arqueológico do Carmo, Largo do Carmo, www.museusportugal.org/aap/ (nur port.). In den Ruinen des Carmo-Konvents. Zu sehen sind archäologische Funde aus Portugal und Südamerika (s. S. 175f).

Nachtleben

Das Lissabonner Nachtleben hat viel zu bieten. Fragt man junge Portugiesen, bekommt man mit einem vielsagenden Lächeln zu hören: „Wenn man will, kann man Freitagabend das Haus verlassen und erst Montagmorgen wieder zurück sein." Und tatsächlich sind die Lissabonner Nächte lang. Bei gutem Wetter spielen sie sich hauptsächlich auf der Straße ab. Üblicherweise wechselt man nach einem Restaurant-Besuch in oder vor die nächste Bar und vertreibt sich mit einem Drink und guter Unterhaltung die Zeit, bis gegen 2 Uhr die Tanzflächen der Diskotheken gefüllt sind. Wie in Deutschland auch, sind sonntags und montags viele Bars und Kneipen geschlossen. Ab Mittwoch beginnen sich dann die Straßen gegen 23 Uhr zu füllen und man steuert schon aufs Wochenende zu. Die Wege sind kurz, denn das Nachtleben konzentriert sich in Lissabon auf einige wenige Stadtteile.
Dauerbrenner und an Angebot nicht zu übertreffen ist das **Bairro Alto**: Einige der Bars, Clubs und Diskotheken gibt es schon seit den 1980ern. Andere verschwinden nach ein, zwei Jahren wieder. Überwiegend wird gemischte Musik gespielt oder es werden musikalische Themenabende veranstaltet. Das Angebot ist überaus abwechslungsreich: von Jazz, über Rock und Pop bis hin zu Techno und House. Deshalb ist es üblich, die Straßen entlang zu schlendern und überall da einen Stopp einzulegen, wo einem die Musik oder das Publikum

Die Lissabonner Nächte sind lang und spielen sich hauptsächlich vor den Bars ab

zusagen. Das Publikum ist eher jung, vor allem zu vorgerückter Stunde: eine bunte Mischung aus Studenten, Schülern und Touristen. „Ältere" Nachtschwärmer ab 30 bevorzugen eher die Bars und Clubs, die sich im letzten Jahrzehnt z. B. entlang der Bica angesiedelt haben.

Seit den 1990er-Jahren konkurrieren die **Docas** (ehemalige Hafenanlagen) und die Avenida 24 de Julho in **Alcântara** um die Gunst der Nachtschwärmer. Rund um den Yachthafen Santo Amaro, fast unter der Brücke 25 de Abril, wurden die ehemaligen Lagerhallen zu etwas edleren Restaurants umgebaut. Zwar sitzt man schön mit Blick auf das Hafenbecken und den Fluss, je nach Windrichtung kann aber das Idyll durch den Lärm der über die Brücke tosenden Autos etwas beeinträchtigt werden. Entlang der Avenida 24 de Julho beginnt die Nacht erst ab 24 Uhr, denn hier befinden sich die größten Diskotheken Lissabons. Hauptsächlich wird elektronische Musik, Techno und House gespielt. Vor dem Einlass muss man dem kritischen Blick des Türstehers standhalten. Im Allgemeinen wird gute Kleidung verlangt. Mit Turnschuhen und kurzen Hosen wird man nur selten eingelassen. Oft befindet sich neben dem Eingang ein Schild, auf dem der Mindestverzehr (*consumo mínimo*) angegeben wird. Lassen Sie sich von Zahlen, die sich bis auf 300 € belaufen, nicht abschrecken. Hierbei handelt es sich nur um eine übliche Methode, unbeliebte Gäste ohne große Diskussionen schon an der Türe abzuweisen.

Seit dem Jahr 2000 hat sich rund um die Rua das Janelas Verdes im Stadtteil **Santos** eine neue nächtliche Vergnügungsmeile entwickelt. Das Nachtleben in Santos kann eigentlich nur sehr jungen Lissabon-Besuchern empfohlen werden, ab 25 Jahren zählt man – einige wenige Bars und die angrenzenden Diskos ausgenommen – mit Sicherheit zum älteren Publikum.

Seit Ende 2011 mausert sich das ehemalige Rotlichtviertel **rund um den Cais do Sodré** zum neuen In-Viertel Lissabons. Vor allem auf der mittlerweile für den Verkehr gesperrten Rua Nova de Carvalho haben neben den klassischen, alteingesessenen Diskotheken einige Bars eröffnet. Bis ca. 22 Uhr kann man sich gemütlich bei portugiesischen Tapas stärken, danach drängeln sich vor allem am Wochenende die Nachtschwärmer vor den Lokalen.
Auch der Stadtteil **Alfama**, der bis jetzt hauptsächlich Anlaufstelle für Liebhaber des Fado war, bietet nun auch (älteren) Nachtschwärmern Alternativen an. Vor allem rund um die Rua dos Remédios setzen die neuen Bars auf Gemütlichkeit, portugiesische Snacks und kulturelle Veranstaltungen. Und eine der beliebtesten Diskotheken der Stadt, das Lux, liegt ebenfalls am Rande der Alfama (s. S. 150).
Genaue Adressangaben finden Sie in den jeweiligen Viertel-Beschreibungen in Kapitel 3.

Notrufnummern

Allgemeine Notrufnummer: **112**
Apothekennotdienst: **118**
Touristen-Polizei: ☏ **2 13 42 16 23**, Praça dos Restauradores, Palácio da Foz

Öffnungszeiten

Geschäfte

Größere Geschäfte in der Innenstadt haben üblicherweise wochentags von 9–19 Uhr geöffnet, internationale Ketten meist bis 20 Uhr. Samstags sind die meisten Geschäfte nur vormittags geöffnet und sonntags geschlossen. Kleinere Läden schließen oft zur Mittagszeit zwischen 13 und 15 Uhr. Shoppingcenter und größere Supermärkte sind täglich bis 22 oder 23 Uhr geöffnet, sonntags schließen diese gegen 22 Uhr. In vielen Altstadtvierteln gibt es kleine Gemischtwarenläden, die täglich und oft bis ca. 22 Uhr oder länger geöffnet haben.

Post

In Portugal ist die Post nicht zu übersehen

Die Farbe der portugiesischen Post ist knallrot. Zahlreiche Briefmarkenautomaten, die gleichzeitig auch Postkästen sind sowie Postfilialen, gibt es in allen Stadtvierteln (s. Stadtteilkarten). Normalerweise sind diese werktags von 9–19 Uhr geöffnet. Die Hauptpost befindet sich am Praça dos Restauradores: Mo–Fr 8–22 Uhr, Sa–So 9–18 Uhr. Vor allem zur Mittagszeit ist in den Postfilialen mit langen Wartezeiten zu rechnen. Brauchen Sie lediglich Briefmarken, geht's an den Automaten am schnellsten: Unter der Option *Correio International Europa* lassen sich verschiedene Versandarten auswählen.

Correio Normal (**Normale Post**) bedeutet eine offizielle Lieferzeit von 5–10 Tagen, erfahrungsgemäß geht's aber schneller. Postkarten und Briefe bis 20 g kosten 2013 0,68 €. **Luftpost** (*Correio Azul*) ist mit 1,85 € deutlich teurer, garantiert allerdings die Lieferung binnen dreier Werktage.

Grundsätzlich macht es Sinn, die Länderkennzeichnung auch auf Portugiesisch zur Zieladresse dazuzuschreiben: Deutschland – Alemanha; Österreich – Áustria; Schweiz – Suíça.

Tipp

In vielen Souvenirläden kann man beim Postkartenkauf die Briefmarken (*selos*) gleich miterwerben.

Rauchen

Vor 20 Jahren war es durchaus noch üblich, dass Raucher selbst in Geschäften ihrem Laster frönen konnten. Das hat sich radikal geändert. Auch Portugal hat 2008 die europäischen Gesetze zum Nichtraucherschutz umgesetzt. Aus den meisten Restaurants ist der blaue Dunst ganz verbannt. Selten gibt es reine Raucherrestaurants, in größeren Restaurants ist schon mal ein abgeschlossener Raucherraum zu finden. Diskotheken, Bars und Cafés dürfen das Rauchen erlauben, wenn sie entsprechend starke Belüftungsanlagen nachweisen können. Trotz saftiger Bußgelder, bis zu 750 € für Privatpersonen und bis zu 250 000 € für Lokalbesitzer, konnten bis 2012 lediglich 40 % der Einrichtungen, in denen Rauchen erlaubt ist, eine entsprechende Belüftung nachweisen, in 25 % wurde auch in der Nichtraucherzone geraucht und in 7 % der Nichtraucherlokale wurde das Gesetz schlichtweg nicht respektiert. Bis 2020 soll durch eine schrittweise Gesetzesanpassung der blaue Dunst komplett aus dem öffentlichen Raum verschwinden.

Reinigungen

Schnellreinigungen bietet in vielen Stadtteilen z. B. die Kette **5 à Sec Limpeza a Seco**. Waschsalons sind dagegen eher unüblich.

Reisezeit

In Zeiten des Städtereisenbooms gibt es kaum noch einen Monat im Jahr, in dem keine Touristen in der Stadt sind. Trotzdem sind die Schulferien und die Wochenenden rund um Feiertage immer noch die Hauptreisezeit. Was die Preise z. B. für Hotels angeht, werden meist die Monate März bis Oktober als Saison gerechnet. Informationen zum Reisewetter finden Sie im Kapitel Landschaftlicher Überblick (s. S. 30). Besonders angenehm sind Frühjahr, Frühsommer, Spätsommer und Herbst. Im Juli und August kann es schon mal sehr heiß werden.

Tipp

Kulturell besonders viel los ist in der Stadt zu den *Festas de Lisboa* rund um die Heiligenfeste im Juni. Die großen Open-Air-Musikfestivals laufen meist in der ersten Julihälfte. Im August dagegen, wenn die meisten Lissabonner Urlaub haben, ist das kulturelle Angebot eher dünner, auch Theater und Oper haben Spielpause.

Schwule & Lesben

Homosexuelle und deren Rolle in der modernen Gesellschaft werden in Portugal erst seit Anfang der 1980er-Jahre öffentlich thematisiert. *Guilherme de Melo*, Journalist, Schriftsteller und sich öffentlich zur Homosexualität bekennend, setzte sich als einer der ersten in seinen Schriften für die gesellschaftliche Anerkennung und Integration ein. Auch der 1986 an Aids verstorbene Sänger *António Variações* sorgte dafür, dass das Thema Homosexualität ins Rampenlicht rückte. Er gewann den europäischen Songcontest und erfreute sich unter allen Portugiesen äußerster Beliebtheit. Ein weiterer Meilenstein in Richtung Gleichberechtigung ist der 1995 gegründete ILGA, der portugiesische Ableger der *Internacional Lesbian and Gay Association*. Seit 1997 wird Ende Juni der *Christopher Street Day* als *Arraial Pride* auch in Lissabon gefeiert, zumeist am Praça do Comércio. Mittlerweile finden Homosexuelle in Lissabon gesellschaftliche Anerkennung. Eine kleine, aber sehr belebte Gay-Szene ist vor allem rund um den Príncipe Real und im Bairro Alto entstanden. Tagsüber trifft man sich in den Cafés des Stadtteils Chiado.

Adressen

ILGA, Rua de São Lázaro 88, www.ilga-portugal.pt; Informationen über ILGA-Projekte und Termine zu Partys und anderen kulturellen Veranstaltungen.
Die Internetseite **www.portugalgay.pt** informiert über das Thema und kulturelle Veranstaltung (z. T. auf Deutsch).

Tipps zum Ausgehen

Finalmente, Rua da Palmeira 38 C, www.finalmenteclub.com, tgl. 23–5 Uhr, 5 € Mindestverzehr, Travestie-Show tgl. um 3 Uhr. Nähe Príncipe Real. Die Institution in der Lissabonner Gay-Szene. Die Travestie-Shows zählen zu den besten des ganzen Landes. Sehr kleiner Keller-Raum mit entspannter und netter Atmosphäre. Bar und Diskothek. Gemischte Musik: 80er-Jahre, brasilianisch, portugiesisch.

Trumps-Bar, Rua da Imprensa Nacional 104 B, www.trumps.pt, Di–So 0–6 Uhr, Fr und Sa Shows. Metro Rato. Die In-Disko Lissabons, zwei Stockwerke mit verschiedenen Bars und Tanzflächen, die Shows reichen von Travestie über Drag bis hin zu Musicals. Musikrichtung vor allem House, mit verschiedenen DJs. Die Disko bezeichnet sich selbst als *hetero friendly*.

Purex, Rua das Salgadeiras 28, www.myspace.com/purexclub, Di–So 23–4 Uhr, Bairro Alto. Leicht zu erkennen, an der orangefarbenen Tür, ständig wechselnde DJs, vor allem House und Elektro, thematische Veranstaltungen, gemischtes Publikum, gibt sich auch das Label *hetero friendly*.

Sicherheit

Lissabon ist **keine besonders gefährliche Stadt**. Nachts sollten Sie allerdings dunkle, einsame Gassen meiden. So gelten z. B. die verwinkelten Gassen der Mouraria nachts als unsicher. Vorsicht ist geboten vor Taschendieben. Die gibt es in Lissabon wie in fast jeder Großstadt. Überall wo größere Menschenmengen anzutreffen sind und sich viele Touristen aufhalten, sind auch Langfinger unterwegs. Das gilt für Straßenbahn und Metro genauso wie für Einkaufsstraßen und größere Plätze. Beim Essen sollten Sie Handtaschen und Rucksäcke nach Möglichkeit nicht an die Stuhllehnen hängen. Entweder auf den Schoß nehmen oder, wie die Portugiesen, auf einen extra Stuhl legen.

Sport

Schwimmen

Die beliebtesten Strände in Lissabons Umgebung liegen an der Costa da Caparica (s. S. 313) und entlang der Küste Richtung Cascais (s. S. 289). Der Atlantik ist hier an der Westküste Portugals wesentlich rauer und kühler als an den Badeorten der Algarve im Süden des Landes. Die zum Teil heftige Brandung und die vielen Unterwasserströmungen machen das Schwimmen an manchen Stränden unmöglich. Am ehesten kindertauglich sind die ruhigeren Strände und Naturschwimmbäder um Estoril und Cascais.

An bewachten Stränden gilt: Die grüne Fahne signalisiert, dass Baden erlaubt ist. Die gelbe Fahne erlaubt das „Betreten" des Wassers soweit man stehen kann und die rote Fahne verbietet das nasse Vergnügen ganz. Diesen Signalen sollten Badende in jedem Fall Folge leisten. Jedes Jahr sterben Schwimmer oder Surfer.

Was die Temperaturen angeht, erreicht das Meerwasser mit etwas Glück im Hochsommer 19 Grad, im Frühjahr ist der Atlantik hier mit 14 Grad eher etwas für Unerschrockene.

Surfen, Kiten und Bodyboarden

Des einen Leid, des anderen Freud. Bei Surfern und Co. sind die Strände um Lissabon ausgesprochen beliebt. Reichlich Wind und Wellengang sorgen für optimale Bedingungen. Dementsprechend beliebt sind diese Wassersportarten bei den Portugiesen.

Kiter am Praia do Guincho

Bei den meisten Fluggesellschaften ist die Mitnahme des eigenen Boards gegen eine Gebühr möglich. In der Nähe beliebter Surf- und Kitestrände gibt es oft auch entsprechende Schulen, Camps und Shops, die Equipment vermieten und verkaufen.
Auch hier die Warnung: jedes Jahr verunglücken Surfer tödlich. Einen Atlas mit Surfstränden bietet z. B. die Internetplattform www.wannasurf.com. Infos bietet auch der Deutsche Wellenreit-Verband unter www.wellenreitverband.de.

Golf

Über 20 Golfplätze bietet die Region Lissabon. Besonders rund um Estoril und Cascais gibt es eine Reihe sehr guter Golfanlagen, auf denen zum Teil nationale und internationale Turniere ausgetragen werden. Allgemeine Infos bietet, auch auf Deutsch, www.portugalgolf.pt und auf Englisch www.portugalgolf.com. Deutsche Golfer haben z. B. mit ihren DGV-Ausweisen in den meisten Clubs keine Probleme gegen eine *Greenfee* spielen zu dürfen. Kosten: ab 50 €.

Radfahren, Joggen, Skaten

Als Fortbewegungsmittel ist das Fahrrad in Lissabon weiterhin fast unbekannt, aber als Freizeitsport wird es beliebter und so wurde das Lissabonner Netz an Radwegen bereits auf 37 km ausgebaut. Beliebte Strecken liegen im Stadtteil Benfica und im Parque das Nações. Vom Praço do Comécio lässt es sich bis Belém entlang des Tejo-Ufer radeln. Die Strecke soll durchgehend bis Cascais ausgebaut werden. Das größte Netz an Fahrradwegen gibt es im Monsanto-Park (s. S. 282). Hier sind viele der ehemaligen Straßen für Autos gesperrt und kilometerlange Touren möglich. Diese Gebiete sind auch bei Joggern und Skatern sehr beliebt. Außerhalb Lissabons sind besonders die Promenaden entlang der Küste Richtung Cascais bei Freizeitsportlern sehr populär. In Cascais gibt es Richtung Norden einen Radweg und einen Fahrradverleih-Service der Stadtverwaltung (s. S. 295). Im Parque das Nações ist ein Fahrradverleih angesiedelt (s. S. 260), weitere befinden sich in der Baixa, so z. B. www.bikeiberia.com und www.rent-a-fun.com. Ebenfalls können geführte Touren gebucht werden. Eine Karte der Radwege in und um Lissabon ist auf www.cicloviaslx.com zu finden.

Sprache

Landessprache ist Portugiesisch. Im Allgemeinen wird Englisch gut verstanden und gesprochen, manchmal auch Französisch. Das gilt insbesondere dort, wo man auf Touristen eingestellt ist. Jenseits touristischer Pfade und in den Altstadtvierteln wie Madragoa und Alfama ist, vor allen in der älteren Generation, schon mal Portugiesisch die einzige gesprochene Sprache. Mit einem freundlichen Lächeln und mit einem Fingerzeig auf den Stadtplan sowie mit Gesten und „Sprachmix" kommt man aber meist gut ans Ziel. Ein paar Grundwörter auf Portugiesisch wie „Danke", „Bitte" und „Guten Tag" erleichtern die Kommunikation aber natürlich erheblich (s. Anhang, S. 315ff). Gelegentlich trifft man übrigens auf ehemalige Gastarbeiter, die sich freuen ein wenig in ihren Deutschkenntnissen zu kramen.

Stadtführungen und Stadtrundfahrten

Informationen zu Stadtführungen und Stadtrundfahrten finden Sie im Kapitel Tourenvorschläge (s. S. 123ff).

Strom

Die Stromspannung beträgt wie in Deutschland 220 Volt Wechselstrom. In die Steckdosen (oft Eurosteckdosen) passen alle gängigen Stecker. Weil Schutzleiter unüblich sind, kann es schon mal zu (unbedenklichen) Kleinfunken beim Einstecken der Geräte kommen.

Telefonieren

Telefonieren in Portugal

Dank EU–Deregulierung sinken die Roaminggebühren für die Handynutzung innerhalb der EU seit Jahren. Für eingehende Anrufe müssen ab Juli 2013 noch maximal 7 Cent pro Minute bezahlt werden (ab Juli 2014 max. 5 Cent), für abgehende Anrufe max. 24 Cent (ab Juli 2014 max. 19 Cent). Das Datenroaming kostet dann max. 45 bzw. 20 Cent pro MB und SMS schlagen mit 8 bzw. 6 Cent zu Buche, jeweils zuzüglich Mehrwertsteuer. Für das Abhören der Mailbox im Ausland benötigt man übrigens meist einen Pin. Eine günstige Alternative für Telefonate innerhalb Portugals sind öffentliche Telefone. Hier kann entweder mit Münzen

i Vorwahlnummern

Deutschland **0049** – Österreich **0043** – Schweiz **0041** – Portugal **00351**
Nummern im Großraum Lissabon beginnen alle mit „**21**" (statt Vorwahl), portugiesische Handynummern mit einer „**9**".

oder mit Telefonkarten bezahlt werden, die an Kiosken und bei der Post erhältlich sind. Wer öfter innerhalb Portugals telefonieren will und über ein simlockfreies Handy verfügt, kann sich eine der günstigen *Prepaid*-Karten zulegen. Für Anrufe in die Heimat kann sich der Kauf einer zusätzlichen *Call-by-Call*-Karte lohnen. Ein Minute in das Festnetz kostet um die 5 Cent. Verwendet werden können die Karten von jedem Festnetzanschluss aus. Das Telefonieren vom Hotelzimmer aus ist dagegen oft unverhältnismäßig teuer.

Tickets & Vorverkaufsstellen

Karten für Veranstaltungen erhalten Sie in der Regel bei den jeweiligen Veranstaltungsorten, bei der Post und z. B. bei folgenden Vorverkaufsstellen:

ABEP, Praça dos Restauradores, ☏ 2 13 42 53 60, kleines Häuschen auf dem Platz, Eintrittskarten für Veranstaltungen von der Oper bis zum Fußballspiel, Vorverkaufsgebühr 10 %.

Kartenvorverkaufsstelle der Buchhandlung FNAC, im Armazens de Chiado (Metro Baixa/Chiado, s. S. 181) und Shoppingcenter Colombo (Metro Militar/Luz), Karten für fast alle großen kulturellen Veranstaltungen, variable Vorverkaufsgebühr.

Im Internet gibt es unter www.ticketline.pt und www.blueticket.pt Online-Tickets für alle großen Veranstaltungen, Opern und Open-Air-Konzerte. Kreditkartenzahlung. Englische Version verfügbar.

Toiletten

Der hygienische Standard in Portugal hat sich in den vergangenen 25 Jahren erheblich verbessert. In sehr einfachen Kneipen und Restaurants sind die Toiletten allerdings nicht immer von einladender Reinlichkeit. Nach der Toilette fragen Sie mit „*A casa de banho, faz favor?*". Etwas schwierig für Ausländer ist manchmal die Entscheidung: was ist Damen- und was Herrentoilette? Die Kennzeichnung kann von einfachen Piktogrammen über die für Ausländer sehr ähnlich wirkende Bezeichnung *Senhoras* für Frauen und *Senhores* für Männer, bis hin zu einem *M* für *Mulheres* (Frauen) und *H* für *Homens* (Männer) reichen. Nach dem Lichtschalter werden Sie oft vergebens suchen. Aus Energiespargründen wird in vielen Restaurants und Kneipen die Toilettenbeleuchtung mittlerweile über Bewegungsmelder geregelt.

Unterhaltung

Kinos

In Portugal werden ausländische Filme prinzipiell in Originalsprache mit portugiesischen Untertiteln gezeigt (Kinderfilme ausgenommen). In allen großen Einkaufszentren gibt es moderne Kinosäle, gezeigt werden hier meist amerikanische *Blockbuster*. In kleineren Kinos werden schon mal europäische und *Low-Budget*-Produktionen gezeigt. Der Eintritt kostet ca. 7 €, meist ist montags Kinotag und der Eintritt bis zu 50 % billiger. Am Kinotag und am Wochenende sollte man die Eintrittskarten frühzeitig kaufen, da die Kinos dann oft sehr voll sind. Sitzplätze werden vergeben, indem ein Einweiser einen auf den Platz begleitet. Das Kinoprogramm wird in der Tagespresse oder auf den entsprechenden Homepages der einzelnen Kinos veröffentlicht. Die Kinos sind auf den entsprechenden Stadtviertel-Karten eingezeichnet.

Programmkino – Cinemateca Portuguesa

Avenida Liberdade
Cinemateca Portuguesa, Rua Barata Salgueiro 39, www.cinemateca.pt, ☏ 2 13 59 62 00 (Metro Avenida oder Marquês de Pombal). Einziges Programmkino Lissabons, untergebracht in einem Palast aus dem 18. Jh. und bestehend aus drei neu renovierten Kinosälen. Zu sehen gibt es Filme von klassisch bis experimentell, meist im Original mit portugiesischen Untertiteln. Im Juli Open-Air Kino auf der Terrasse. Im August geschlossen. Angeschlossen ist ein kleines Museum, in dem sich natürlich alles um das Thema Kino dreht (Mo–Fr 13.30–21.30 Uhr).

Avenidas Novas
Medeia Saldanha Residence, Shopping Saldanha Residence, Av. Fontes Pereira de Melo 42, Metro Saldanha, 4 Säle.
Medeia Monumental, Shopping Monumental, Praça Duque de Saldanha, Metro Saldanha, 4 Säle.
UCI Cinemas, Shopping El Corte Inglés, Av. António Augusto Aguiar 31, www.ucicinemas.pt (nur port.), Metro São Sebastião (direkter Zugang), 14 moderne Kinosäle.
CinemaCity, Centro de Lazer do Campo Pequeno, Praça de Touros, www.cinemacity.pt (nur port.), Metro Campo Pequeno, 8 Kinosäle.
ZON Lusomundo Alvaláxia, Estádio José Alvalade, www.lusomundo.pt (nur port.), Metro Campo Grande, 12 Kinosäle.

Campo de Ourique
ZON Lusomundo Amoreiras, Shopping Amoeiras, Av. Eng. Duarte Pacheco, www.lusomundo.pt (nur port.), Metro Rato, 7 Kinosäle.

Benfica

ZON Lusomundo Colombo, Av. Lusíada, www.lusomundo.pt (nur port.), Metro Militar/Luz (direkter Zugang), 10 Kinosäle.

Parque das Nações

ZON Lusomundo Vasco da Gama, Shopping Vasco da Gama, www.lusomundo.pt (nur port.), Metro Oriente, 6 Kinosäle.

Konzerte

Fado

Musikfan

Neben dem Bairro Alto ist die Alfama das Viertel für einen Fado-Abend. Fado-Lokale lassen sich in drei Kategorien einteilen: Anerkannte **Casas do Fado**, das sind teurere Lokale, in denen Profi-Sänger und -Musiker ihre Kunst in edlem Ambiente zum Besten geben. Diese werden auch gerne von Portugiesen besucht. **Touristische Fado-Lokale**, in denen in unpersönlichem Ambiente oft ganze Busladungen abserviert werden, mit Vorstellungen, die mit einem echten portugiesischen Fado-Abend nur wenig gemeinsam haben. Eine preiswertere und sehr authentische Variante bieten einfache Lokale mit **Fado Vadio**, in denen ambitionierte Laiensänger ihrer Leidenschaft frönen. Die Musiker spielen den ganzen Abend, die Sänger wechseln nach spätestens drei Darbietungen. Die Qualität der Sänger ist zuweilen etwas schwankend, dafür ist diese Variante eines Fado-Abends die weitaus traditionellste. Das Publikum besteht aus einer Mischung aus Einheimischen und Touristen.

Grundsätzlich wird kein Eintritt verlangt. Dafür besteht in einigen Lokalen ein Mindestverzehr, in anderen sozusagen ein Verzehrzwang: es wird erwartet, dass man ein Abendessen bestellt. Das ist dann meist – wie die Getränke – etwas teurer. Die Konditionen stehen am unteren Ende der Speisekarte bzw. an Aushängen vor den Lokalen, wenn auch manchmal etwas versteckt. Adressen finden Sie in den Stadtviertelbeschreibungen, mehr zur Geschichte des Fado finden Sie im kulturellen Überblick.

Klassische Konzerte, Oper und Ballett

Für Opern-Fans lohnt sich ein Besuch im Teatro São Carlos, der **Lissabonner Oper**. In barockem Ambiente werden hier Opern – oft in moderner Inszenierung – aufgeführt und vom **Lissabonner Symphonie-Orchester** begleitet (s. S. 178, Chiado).

Klassische Konzerte finden ansonsten v. a. im Centro Cultural de Belém (CCB) statt. Regelmäßig finden Kulturwochen statt, die einem einzelnen Komponisten oder einer Epoche gewidmet sind (s. S. 229, Belém).

Die **Gulbenkian-Stiftung** unterhält seit 1962 ein eigenes, international anerkanntes Orchester. Zum Spielplan gehören neben bekannten Stücken von Barock bis Klassik auch weniger bekannte zeitgenössische Kompositionen. Aufführungen finden in verschiedenen Konzertsälen Lissabons, sowie im Museum Gulbenkian statt (s. S. 245, Av. Novas).
Im **Teatro Camões** (s. S. 257f, Parque das Nações) werden neben klassischen Konzerten auch Ballett-Veranstaltungen internationaler und einheimischer Kompanien angeboten. **Kirchen** bieten v. a. in der Vorweihnachtszeit kostenlose Klassik-Konzerte mit sehr guter Akustik. Hier kann man auch in den Genuss des Lissabonner Stadtorchesters (OML – *Orquestra Metropolitana de Lisboa*) kommen.

Jazz

Jazz-Konzerte in kleinem Rahmen finden fast täglich im **Hot Clube de Portugal** (s. S. 243, Av. Liberdade) sowie im **Onda Jazz** (s. S. 149, Alfama) statt. In den Sommermonaten wird das kleine Freiluft-Theater der **Fundação Caluste Gulbenkian** (s. S. 244, Av. Novas) zum Schauplatz international renommierter Künstler. Ganzjährig werden auch sehr gute Konzerte in den Sälen des **CCB** angeboten (s. S. 229, Belém).

Pop und Rock

Live-Konzerte internationaler Rock- und Pop-Gruppen sowie bekannter portugiesischer Bands finden regelmäßig in Lissabon statt. Die Preise haben allerdings in den letzten Jahren ordentlich angezogen. So muss man z.T. mit Preisen ab 50 € aufwärts rechnen. Veranstaltungen finden v. a. im **Pavilão Atlántico** (s. S. 256, Parque das Nações) und im **CCB** (s. S. 229, Belém) statt. Kleinere Konzerte sowie Auftritte weniger bekannter portugiesischer Bands können gut im **Santiago Alquimista** (s. S. 135, Sé & Castelo) und in der **Galeria Zé dos Bois** (s. S. 196, Bairro Alto) besucht werden, Preise hier zwischen 10 und 15 €.

Techno, Dub & Co

Freunde elektronischer Musik können sich im Internet unter thedjlist.com/world/Portugal und www.comunidadedjportugal.com (nur port.) über portugiesische DJs und Events informieren. Eine der wichtigsten Adressen für elektronische Musik ist das Lux (s. S. 150, Alfama). Siehe auch Stichwort Nachtleben. Bei Live-Auftritten von Bands oder DJs in Bars werden gelegentlich schon mal geringe Eintritte um die 10 € verlangt. Üblicher ist aber auch hier, dass ein Mindestverzehr oder erhöhte Getränkepreise gelten.

Theater

Es gibt zahlreiche Theater in Lissabon. Die Vorstellungen finden allerdings fast ausschließlich in portugiesischer Sprache statt. Deshalb ist diese Sparte der portugiesischen Kultur nur Touristen mit sehr guten portugiesischen Sprachkenntnissen zugänglich. Das aktuelle Programm finden Sie in der Tagespresse sowie in der kostenlosen Kulturzeitschrift *Agenda Cultural*, die bei den Touristeninformationen erhältlich ist (nur port.).

Unterkunft

Alles zum Thema Unterkunft und Übernachtungen finden Sie im Anschluss an die Gelben Seiten (s. S. 104ff).

Verkehrsmittel

Das öffentliche Verkehrsnetz Lissabons ist gut ausgebaut. Schnellstes und zuverlässigstes Fortbewegungsmittel ist die Metro. Bei Straßenbahnen und Bussen kann es zu Hauptverkehrszeiten zu erheblichen Verspätungen kommen. Verglichen mit Deutschland sind öffentliche Verkehrsmittel deutlich günstiger. Da die Preise jedoch regelmäßig etwas erhöht werden, gelten die folgenden Angaben als Anhaltspunkt. Das Tarifsystem mag für Uneingeweihte zunächst etwas verwirrend wirken, hat sich aber in den vergangenen Jahren zunehmend vereinfacht, insbesondere weil mittlerweile Tickets erhältlich sind, die in allen Verkehrsmitteln genutzt werden können. Die Metro-Gesellschaft ist für die U-Bahnen zuständig. Straßenbahnen, Busse und Aufzüge unterliegen dem Betreiber *Carris*. Am flexibelsten sind die Ticket-Systeme *7 Colinas* (ausgesprochen *Sete Colinas*) bzw. *Viva Viagem*. Die Karten kosten einmalig 0,50 € und enthalten einen Speicherchip, der aufgeladen und dann abgefahren werden kann (Bonus ab 5 €). Die Karten können nicht gleichzeitig von mehreren Personen genutzt werden, da sie elektronisch entwertet werden. Sie sind ein Jahr gültig, danach kann

Karte gültig für:	**Metro**	**Carris** (Straßenbahn/Bus/Aufzug)	**Fähre**	**Vorortzüge** (Cascais/Sintra)
7 Colinas/Viva Viagem	Einfache Fahrt: 1,40 €	Einfache Fahrt: 1,40 €	Nicht gültig	Nicht gültig
7 Colinas/Viva Viagem, Option Zapping	Einfache Fahrt: 1,25 €	Einfache Fahrt: 1,25 €	Einfache Fahrt: ab 1,12 €	Einfache Fahrt: 1,80 €
7 Colinas/Viva Viagem, Option Tagesticket (gilt 24 h ab der ersten Entwertung)	6 €	6 €	Nicht gültig	Nicht gültig

Tipps

Wählen Sie die **Option Zapping,** können Sie vom gleichen Ticket auch Fahrten für Fähren und Nahverkehrszüge abbuchen lassen. Steigen Sie z. B. innerhalb der Metro oder Carris um, wird innerhalb einer Stunde keine neue Fahrt abgebucht. Die Nutzung der Aufzüge ist günstiger. Das gilt auch für die 7 Colinas/Viva Viagem-Tickets ohne die Option Zapping. Bei dem einfachen **Bilhete Viagem Metro/Carris** sind Fähren und Nahverkehrszüge nicht inbegriffen, dafür kann man innerhalb einer Stunde aber ohne Mehrkosten zwischen Metro und Carris wechseln. Mit der *Lisbon Card* können Sie kostenlos Metro, den Carris-Verbund sowie die Fähren nutzen.

Straßenbahnen und Busse: Stehen Sie an der Haltestelle, müssen Sie dem Fahrer durch Winken signalisieren, dass er halten soll. Möchten Sie aussteigen (hinten), müssen Sie einen der „*parar*"-Knöpfe (anhalten) drücken. Kinder bis 4 Jahre frei.

der verbleibende Geldbetrag nur noch abgefahren werden. Der Kauf der Karten sowie das Aufladen erfolgt an den Automaten (Menü auch auf Englisch) und den Verkaufsstellen in den Metrostationen sowie in allen Postfilialen (CTT – auch am Flughafen). Heben Sie auf jeden Fall den Kassenbon (*recibo*) auf. Bei evtl. Kartenlese-Problemen seitens der Automaten/Kontrolleure muss dieser vorgezeigt werden, was aber äußerst selten vorkommt.

Nur für Könner – kostenlos Eléctrico fahren

Metro

Mit dem Bau der Lissabonner Metro wurde in den 1950er-Jahren begonnen. Übrigens nach Londoner Vorbild, deshalb fahren sie auch links. Von 6.30–1 Uhr fahren die Bahnen tagsüber im 5-Minuten-Takt, abends etwa alle 10 Min. Manche Seiteneingänge schließen ab ca. 23 Uhr. Die Orientierung ist einfach, die vier Linien werden durch Farben unterschieden. Am Zugang zu den Bahnsteigen hält man sein Ticket auf die markierte Fläche direkt an der Schranke, die Schlitze sind nur für Monatstickets vorgesehen. Schwarzfahren ist fast unmöglich, zusätzlich wird relativ regelmäßig kontrolliert. Die Bußgelder liegen bei 125–187,50 €. Um von den Bahngleisen wieder ans Tageslicht zu kommen, muss man erneut das Ticket ablesen lassen und kann dann die Schranken passieren.
Da fast alle Metrostationen mit wunderschönen Azulejos dekoriert sind, ist U-Bahn-Fahren in Lissabon auch ein künstlerischer Genuss. Mehr Infos im Netz unter www.metrolisboa.pt.

Straßenbahn – Eléctrico

Neben der berühmten Linie 28 gibt es vier weitere Straßenbahnlinien in Lissabon. Im Laufe der Jahre wurde das Netz auf 48 Kilometer ausgebaut. Die Bahnen fahren üblicherweise im 10-Minuten-Takt, Verspätungen in der Hauptverkehrszeit oder aufgrund von Falschparkern oder Unfällen nicht eingerechnet. Da nicht alle Bahnen immer eine komplette Strecke bedienen, sollten Sie auf die Endstationen achten, die über dem Fahrerfenster angeschrieben sind. Die Linie 12 fährt einmal um den Burgberg herum und die Linien 18 und 25 fahren durch die Unterstadt nach Ajuda bzw. zum Prazeres-Friedhof.
Eingestiegen wird grundsätzlich vorne und die Karten werden elektronisch an dem gelben Lesegerät entwertet. Im Notfall können Tickets auch direkt beim Fahrer gekauft werden. Der sogenannte *tarifa de bordo* ist aber mit momentan 2,85 € wesentlich teurer, außerdem halten die Einzelticket-Käufer den Betrieb auf. Für die roten Eléctricos sind übrigens die normalen Fahrkarten nicht gültig. Hierbei handelt es sich um touristische Stadtrundfahrten der *Carris*. Seit 1990 wird die Strecke nach Belém (E15 ab Praça da Figueira) vor allem tagsüber von modernen Niederflurwagen bedient – nicht so romantisch, aber effektiv. Hier können alle Türen zum Ein- und Aussteigen benutzt und On-Board-Tickets direkt am Automaten in der Bahn gelöst werden.

Linie 28 – die berühmteste Straßenbahn Lissabons

info

Seit 1901 rattern die gelben Eléctricos quietschend durch enge Gassen die Berge hinauf und hinunter. Sie sind eines der wichtigsten Symbole Lissabons. Am berühmtesten ist die Linie 28, die einmal quer durch die Stadt fährt und auf ihrem Weg über die Hügel an vielen der Altstadtviertel vorbeikommt: Vom Praça Martim Moniz am Fuße der Mouraria, fährt sie durch die Alfama, am Burgberg vorbei, dann runter zur Baixa und vorbei am Chiado und am Bairro Alto bis hin zum verwunschenen Friedhof Prazeres im Westen. Dementsprechend viele Touristen nutzen sie in der Feriensaison, an den Haltestellen bilden sich manchmal erhebliche Warteschlangen. Trotzdem ist die ratternde Fahrt durch die Gassen und Straßen ein Erlebnis. **Tipps:** Steigen Sie am Praça Martim Moniz ein. Da haben Sie die besten Chancen auf einen Sitzplatz. Und: Bei Taschendieben ist die Linie fast ebenso beliebt wie bei Touristen.

Bus – Autocarro

Mit über 100 verschiedenen Linien ist das Lissabonner Busnetz nicht gerade übersichtlich. Busse fahren in der Regel im 10-Minuten-Takt von 6–20 Uhr, abends bis 24 Uhr sowie sonn- und feiertags alle 20 Min. Danach fahren Nachtbusse (*Rede da Madrugada*) im Halbstundentakt auf ausgewählten Strecken. Ähnlich wie in der Straßenbahn können Tickets zum Preis von 1,80 € direkt beim Fahrer gelöst werden. Auch hier gilt: Einsteigen durch die Vordertüre, Aussteigen durch die Hintertüre. Ist der Bus total überfüllt, kann man schon mal durch die Vordertüre aussteigen, dann empfiehlt es sich aber, dies dem Busfahrer zu signalisieren. Sind Sie sich nicht sicher, wo genau Sie aussteigen müssen, können Sie ruhig den Fahrer bitten, Ihnen Bescheid zu geben. Gerne übernehmen das auch schon mal neugierige Mitreisende.

Aufzug – Elevador

Die Aufzüge zählen zu den Hauptattraktionen der Stadt. Der Elevador da Santa Justa (s. S. 165) verbindet die Unter- mit der Oberstadt und legt dabei die Strecke vertikal zurück, eben wie ein „echter" Aufzug. Bei den anderen *elevadores* handelt es sich eigentlich um *ascensores*, um Standseilbahnen. Diese überwinden überaus steile Bergstrecken. Seit 2002 sind sie als nationale Denkmäler klassifiziert: Elevador da Lavra (s. S. 269, Weitere Ziele/Spaziergang), Elevador da Glória (s. S. 237, Av. Liberdade), Elevador da Bica (s. S. 191, Bairro Alto). Mehr Infos im Netz unter www.carris.pt.

Taxi – Táxi

Taxifahren ist in Portugal vergleichsweise günstig. Taxis fahren immer und überall und prägen das Lissabonner Stadtbild. Um eines anzuhalten, genügt ein kurzer Wink. Das erleuchtete Schildchen am Dach signalisiert, dass das Taxi bereits besetzt ist. Tagsüber gilt Tarif 1 (6–21 Uhr, Grundgebühr 2 €, 0,45 €/km), ab 21 Uhr abends sowie an Wochenende und Feiertagen der 20 % teurere Tarif 2. Für Gepäck wird ein Aufpreis von 1,60 € insgesamt – nicht pro Gepäckstück – erhoben. Für telefonische Bestellung werden 0,80 € extra berechnet. In jedem Taxi hängt eine Preistafel, ein Trinkgeld von 5–10 % ist üblich. Achten Sie darauf, dass der Taxameter zu Fahrtbeginn angestellt wird und im richtigen Tarif läuft. Erkundigen Sie sich ggf. vorher über den ungefähren Preis der Fahrt oder im Internet über www.antral.pt. Telefonische Taxibestellung z. B. über: *Radio Táxis Lisboa* (☏ 2 17 93 27 56),

Elevador da Bica im Bairro Alto

Teletáxis (☏ 2 18 11 11 00). Die Touristeninformation empfiehlt für Taxifahrten zu Festpreisen innerhalb der Stadt oder zu Ausflugszielen die Agentur *Antlitur* (☏ 9 34 59 88 33).

Fähre – Barco

Lissabon hat drei Fähranleger, die verschiedene Orte auf der gegenüberliegenden Tejo-Seite anfahren: Cais do Sodré, Terreiro do Paço und Belém. Betreiber sind *Soflusa* und *Transtejo*. Die Fähren werden v. a. von Pendlern genutzt, deshalb sollte man die frühen Morgenstunden und den Feierabendverkehr meiden. Tickets können am Schalter gekauft oder elektronisch auf die 7 *Colinas* bzw. *Viva Card* geladen werden (Option Zapping). Eine einfache Fahrt z. B. nach Cacilhas kostet 1,20 €. Mehr Informationen unter www.transtejo.pt (gemeinsame Seite der Betreiber, nur port.).

Vorortzüge – Comboios da Linha de Cascais e Sintra

Zwei der wichtigsten Ausflugsziele Lissabons sind über Vorortzüge zu erreichen. Vom Cais do Sodré startet die *Linha de Cascais*, die die Orte entlang des Tejo-Ufers bis Cascais abfährt. Sintra und seine Königsschlösser werden vom Rossio-Bahnhof aus mit der *Linha de Sintra* angefahren. Tickets können an den Schaltern gekauft oder am Automaten gezogen werden. Die Züge fahren alle 20–30 Minuten bis ca. 1 Uhr nachts. Weitere Informationen finden Sie im Kapitel Ausflüge ab S. 286.

Versicherungen

Die mit Abstand wichtigste Versicherung dürfte eine ausreichende Auslandsreisekrankenversicherung sein. Infos dazu finden Sie unter dem Stichwort Gesundheit. Ob eine Reisegepäckversicherung sinnvoll ist, muss jeder selbst entscheiden. In der Regel ist die Erstattung im Falle eines Diebstahls an zahlreiche Auflagen gebunden, Fotoausrüstung und andere Elektronik-Geräte müssen meist gesondert (und teuer) versichert werden. Bei Verlust des Gepäcks, z. B. bei der Anreise per Flugzeug, kommen die Fluggesellschaften für den Schaden auf. Eine Reiserücktrittversicherung kann bei hohen Reisekosten Sinn machen, insbesondere wenn die Reise weit im Voraus gebucht wird.

Zeit

In Portugal gilt die *Greenwich Mean Time* (bzw. die koordinierte Weltzeit *UTC*), daher gibt es eine Zeitverschiebung von einer Stunde. In Portugal ist es immer, auch in der Sommerzeit, eine Stunde früher als in Deutschland.

Zeitungen

Alle großen deutschsprachigen Tageszeitungen können an Bahnhöfen, in Shoppingcentern und an einigen Zeitungsständen in der Baixa am Erscheinungstag gekauft werden.

Zoll

Grundsätzlich gilt innerhalb der EU, dass das Reisegepäck für den persönlichen Gebrauch keinen Beschränkungen unterliegt. Das bedeutet aber nicht, dass es gar keine Grenzen mehr für die Ein- und Ausfuhr – vor allem von Genussmitteln – gibt. Allerdings sind die Grenzen pro Erwachsenem mit z. B. 800 Zigaretten, 10 Liter Spirituosen oder 20 Liter Portwein sehr weit gefasst. Weitere Infos unter www.zoll.de.

Unterkünfte in Lissabon

Preiskategorien Unterkünfte (Durchschnittspreis Doppelzimmer)

€	=	20–30 €	€€€€	=	75–100 €
€€	=	30–50 €	€€€€€	=	100–150 €
€€€	=	50–75 €	€€€€€€	=	über 150 €

Die Preisangaben beziehen sich auf den Mittelwert Haupt – Nebensaison für ein Doppelzimmer für zwei Personen. Für ein Einzelzimmer kann man mit ca. 20 % weniger rechnen. Als Hauptsaison gelten die Monate April bis einschließlich Oktober sowie Weihnachten und Neujahr. Manchmal gelten in den Monaten Juli und August höhere Spezial-Preise.

Mit etwa 50 000 Betten in rund 300 Hotels und Pensionen steht dem Lissabon-Besucher ein **großes Angebot für jeden Anspruch**, Geldbeutel und Geschmack zur Verfügung.
Ruhe und Luxus findet man im Stadtteil Lapa, auch in der Nähe des Kastells sind einige edle Unterkünfte zu finden. Moderne Hotels internationaler Ketten gibt es rund um die Avenida da Liberdade, die Avenidas Novas und auch zunehmend in der Baixa. Hier, genauso wie im Bairro Alto, findet man aber auch die meisten Hostels. Auch das Angebot an Pensionen ist im Innenstadtbereich breit. Auf Außenbezirke auszuweichen, um günstigere Unterkünfte zu finden, ist in Lissabon nicht notwendig.

Hotels und Pensionen

Hotels und **Apart-Hotels** sind über das internationale Sterne-System von einem bis zu fünf Sternen klassifiziert. Die Sterne-Bewertung bezieht sich hauptsächlich auf Service und Zimmerausstattung. Klimaanlage, Kabel-TV und Telefon sind Standard; oft wird gegen eine Gebühr auch Internetzugang angeboten. Ein Restaurant gehört ebenfalls meist dazu. Apart-Hotels verfügen zudem über größere Zimmer, die mit einer Küchenzeile ausgestattet sind.
Komfort und Ausstattung einer **Albergaria** (zu Deutsch Herberge) entspricht dem der Hotels. Untergebracht in kleineren Gebäuden bieten sie oft ein gemütliches Ambiente. Üblicherweise ist das Frühstück im Preis inbegriffen, zudem gibt es eine Bar. Unter einer **Pensão** (Pension) versteht man eine einfachere Unterkunft, oft mit familiärem Charakter. Die früher existierende Klassifizierung in drei Klassen – mit allerdings etwas ungenauen Abgrenzungen – ist seit Ende 2008 abgeschafft. Zukünftig sollen sich die Pensionen wahrscheinlich ebenfalls um Sterne bemühen können oder einfach als „lokale Unterkunft" gelten. Das System hat sich aber längst noch nicht etabliert.
Grundsätzlich können Qualität und Preis der Pensionen sehr unterschiedlich sein, von sehr gepflegt und liebevoll eingerichtet bis relativ heruntergekommen. In vielen Pensionen sind die Zimmer mit eigenem Bad ausgestattet, nur in günstigeren Pensionen gibt es vereinzelt Zimmer mit Gemeinschaftsbad auf dem Flur. Ob Frühstück mitgebucht werden kann, hängt meist von der Preisklasse ab. Die ebenfalls übliche Variante **Pensão Residencial** oder einfach nur **Residencial** bewegt sich normalerweise auf einem ähnlichen Niveau wie Pensionen, ist aber manchmal etwas unpersönlicher.
Wer keinerlei Wert auf Komfort und Privatsphäre legt und einfach nur einen Ort zum Schlafen sucht, der kann ein Zimmer in einer **Casa de Hóspedes** buchen. Das sind sehr einfa-

che Gästehäuser, die mit Pensionen nichts gemein haben. Oft werden sie von auswärtigen Arbeitern für längere Zeit angemietet und verfügen meist nur über Gemeinschaftsbäder auf dem Flur. **Pousadas**, Luxus-Hotels in meist historischen Gebäuden, gibt es in Queluz und Cascais, in Lissabon jedoch nicht.

Eine **Vorabreservierung** ist prinzipiell sinnvoll, zu Ferienzeiten und an verlängerten Wochenenden empfohlen. Bei der Suche vor Ort geht oft wertvolle Urlaubszeit verloren. Zudem bieten viele Hotels und einige Pensionen vor allem bei Internetbuchung je nach Saison Rabatte von 10–50 % an. Rechtzeitiges Buchen und etwas Suchen kann sich also durchaus lohnen. Bei den Hotels sind die angegebenen Internetseiten eigentlich immer auf Englisch verfügbar, gelegentlich auch auf Deutsch. Über internationale Internetplattformen kann man sich schnell und einfach einen guten Überblick verschaffen und gleichzeitig sein Zimmer buchen. Für eine Reservierung genügt im Allgemeinen die Kreditkartennummer. Folgende Anbieter verfügen z. B. über deutschsprachige Seiten: www.booking.com, www.ehotel.de, www.hotels.com, www.hotelreservierungen.de, www.hrs.de oder www.weg.de.

Einfache Pensionen, die nicht über Homepages im Internet vertreten sind, kann man telefonisch buchen. Für die Reservierung muss manchmal die erste Nacht im Voraus per Banküberweisung bezahlt werden.

Ferienwohnungen und Privatunterkünfte

Für einen Familienurlaub oder auch längere Aufenthalte bieten sich Ferienwohnungen an. Platz bieten die Apartments für zwei bis maximal acht Personen, oft sind sie in sehr schönen, renovierten Altstadthäusern untergebracht. Je nach Größe, Lage und Saison kosten sie zwischen 50 und 100 € pro Nacht für 2 Personen. Üblicherweise beträgt der Mindestaufenthalt drei Tage, Preisnachlässe für Aufenthalte ab einer Woche sind üblich. Zu buchen sind sie am einfachsten über das Internet. Zum Beispiel über: www.citysiesta.com, www.ferienwohnung-lissabon.de, www.homelidays.de, www.only-apartments.de, www.travelingtolisbon.com, www.fewo-direkt.de. Zunehmend lassen sich auch in Lissabon Apartments und Privatunterkünfte über Internetseiten wie www.wimdu.de oder www.9flats.com finden. Zimmer in privaten Wohnungen gibt es ab ca. 25 € die Nacht, oft mit Familienanschluss.

Jugendherbergen

In Lissabon gibt es zwei staatliche Jugendherbergen. Gäste werden nur mit gültigem Jugendherbergsausweis bzw. mit dem portugiesischen *Cartão Jovem* akzeptiert. Einchecken kann man zwischen 8 und 24 Uhr, ansonsten gibt es keine nächtliche Sperrstunde. Weitere Informationen sowie ein zentrales Reservierungssystem in Englisch unter: www.pousadasjuventude.pt. Telefonische Reservierung werktags: ☏ 2 17 23 21 00, ansonsten direkt über die jeweilige Herberge. Zentrale E-Mail-Anfragen: reservas@movijovem.pt.

Hostels

In den letzten Jahren haben viele Hostels in Lissabon, vor allem in der Baixa sowie im Bairro Alto, eröffnet. Sie sind eine gute Alternative zu den beiden staatlichen Jugendherbergen. Diese privaten Jugendherbergen verfügen über Mehrbett- und Doppelzimmer, sind oft in modernem Design und trotzdem gemütlich eingerichtet. Satelliten-TV, Internetanschluss, Waschmaschine und Gemeinschaftsküche gehören zum Standard. Empfehlenswert vor allem für junge Alleinreisende, die Anschluss suchen.

Wir haben hier nur einige aufgeführt, im Internet bieten beispielsweise die Seiten www.hostelscentral.com und www.hostelworld.com einen guten Überblick sowie gleichzeitig die Möglichkeit zur Reservierung.

Campingplatz

Mit dem *Parque Municipal de Campismo* gibt es lediglich einen Campingplatz in Lissabon. Dieser liegt am westlichen Ende des Monsanto-Parks im Grünen, ist aber auch dementsprechend weit vom Lissabonner Stadtzentrum entfernt. Der 4-Sterne-Campingplatz verfügt über Restaurant, Bar, zwei Swimmingpools, Tennisplatz, Minigolf, Supermarkt sowie einige Geschäfte und Grillplätze. V. a. im Juli und August ist es sinnvoll, zu reservieren. Die Stellplätze am Rand des Geländes sollten Sie nach Möglichkeit meiden – hier führt die Autobahn direkt vorbei.

Parque Municipal de Campismo de Monsanto, Estrada da Circunvalação, www.lisboacamping.com, ☎ 2 17 62 82 00, Erwachsene 5,75–7,30 €, Kinder (3–11 Jahre) 2,60–3,75 €, Zelt 4,70–7,80 €, Wohnwagen 6,25–8,35 €, Bungalow (2–6 Personen) ab 40 € für 2 Pers., Anfahrt: Bus 714 ab Praça da Figueira, tgl. ca. 6–22 h, Fahrzeit ca. 40 Min. und Bus 750 ab Estação Oriente über Campo Grande, tgl. ca. 5–1 h, Fahrzeit ca. 50 Min. (Karte s. S. 283).

Sé & Castelo (Karte s. S. 108/09)

Rund um die Burg haben sich einige Luxusunterkünfte angesiedelt. Herrliche Aussichten auf die Stadt und den Tejo sind garantiert. Gleichzeitig bedeutet dies aber auch: wenig öffentliche Transportmittel, ein täglicher Fußmarsch bergauf und bergab oder Taxifahrten.

€€€€€€ **Palácio Belmonte** (1), *Páteo Dom Fradique 14, www.palaciobelmonte.com, ☎ 2 18 81 66 00. Neben dem Lapa Palace eines der edelsten Hotels Lissabons. Der Palast schmiegt sich direkt an die Burgmauer. Jede der 12 Suiten ist nach einer historischen Persönlichkeit benannt und geschmackvoll mit Antik-Möbeln des 17. u. 18. Jh. eingerichtet. Teilweise mit eigener Terrasse und herrlichem Blick über die Altstadt. Hier wurde übrigens Wim Wenders „Lisbon Story" gedreht. Die Suiten kosten zwischen 300 € und 1 200 € pro Nacht, Frühstück inkl.*

€€€€€–€€€€€€ **Olissippo Castelo** (5), *Rua Costa do Castelo 126, www.hotelolissippocastelo.com, ☎ 2 18 82 01 90. Moderner Schick im ältesten Viertel Lissabons. 24 großzügige Zimmer mit Blick auf die Stadt. Reichhaltiges Frühstück und nettes, hilfsbereites Personal.*

€€€€€€ **Solar dos Mouros** (2), *Rua do Milagre de Santo António 6, www.solardosmouros.com, ☎ 2 18 85 49 40. DZ in der Nebensaison mit Blick auf die Burg bereits ab 110 €. Ebenfalls in unmittelbarer Nähe zum Kastell gelegen. Das Hotel wurde auf den Fundamenten des vormaligen Eingangsturms „Porta d'Alfofa" errichtet. Kleines, modernes Hotel mit 12 Zimmern und einer Suite, alle mit schöner Aussicht entweder auf Lissabon und den Tejo oder auf die Burg. Jedes Zimmer ist mit unterschiedlicher afrikanischer Dekoration und zeitgenössischen Bildern eingerichtet. Das Frühstück ist im Zimmerpreis nicht enthalten und kostet 13 € extra.*

€€€€ **Casa Costa do Castelo** *(3), Costa do Castelo 54, www.c-c-castelo.com, ☎ 2 18 82 26 78. 2003 mit biologischen Materialien renovierte, sehr nette kleine Privatunterkunft mit nur vier Zimmern und zwei wunderschönen Terrassengärten mit Blick auf Stadt und Fluss. Zimmer mit eigenem Bad, TV, Telefon und Internet, eine Suite mit Kochnische, Frühstück inkl. Das Haus von außen sowie der Treppenaufgang sind sehr renovierungsbedürftig. Innen sieht man davon aber nichts.*

€€ **Pensão Ninho das Águias** (4), *Costa do Castelo 74, ☎ 2 18 85 40 70. Steht mittlerweile in jedem Reiseführer und hat die Preise angezogen. Trotzdem eine günstige Unterkunft in Kastell-Nähe mit herrlicher Terrasse und Blick zur Stadt. Nur sechs der 16 Zimmer mit Bad. Alle anderen mit Gemeinschaftsbad. Ohne Frühstück.*

Alfama (Karte s. S. 108/09)

Die Alfama war lange nicht das Viertel der vielen Hotels und Pensionen. Wer einmal in den Gassen der Alfama war, den wundert es nicht, dass man die großen Hotels hier kaum findet. Aktuell entstehen auch Hotels der gehobeneren Klasse, aber vor allem das Angebot an

Apartments wird immer größer. Diese bieten eine nette Möglichkeit mitten in der Altstadt Lissabons unterzukommen.

€€€€€€ **Palacete Chafariz D'El Rei** (6), *Travessa do Chafariz de El-Rei 6, ☏ 2 18 88 61 50, www.chafarizdelrei.com, zwischen 200–380 €, in der Nebensaison schon ab 140 €, Frühstück inklusive. Aufwendig und liebevoll restaurierter Stadtpalast, bis hin zur Inneneinrichtung wurde auf Authentizität und Details geachtet, mit einigen modernen Akzenten. Nur sechs Zimmer, sehr schöne Gartenterrasse mit Blick auf den Tejo, sehr persönliche Betreuung, für Langschläfer gibt es das Frühstück „open end".*

€€€ **Sweet Lisbon River Guesthouse** (9), *Rua do Paraíso 15, sweetlisbonriver.com, ☏ 9 14 62 18 10. 2012 eröffnet. Nettes Guesthouse, jedes Zimmer nach einer Süßspeise benannt und anders eingerichtet. Schöne Zimmer mit Aussicht auf den Tejo oder das Nationalpantheon. Gemeinschaftsküche und -raum. Netter Service. Einige der relativ großen Doppelzimmer lassen sich mit Zustellbetten (10 ▯) auf bis zu fünf Schlafplätze umrüsten.*

€€ **Pensão São João da Praça** (7), *Rua São João da Praça 97, 2. Stock, ☏ 2 18 86 25 91, 218862591@sapo.pt. Einfache, sympathische Pension im 2. und 3. Stock eines Hauses aus dem 18. Jh. Die Zimmer sind sehr sauber und zweckmäßig eingerichtet. Sie bieten eine schöne Aussicht auf die Sé bzw. den Tejo. Der Frühstücksraum befindet sich in einem kleinen Restaurant um die Ecke. Zimmer alle mit kleinen Balkonen, teilweise mit eigenem Bad, TV und Minibar.*

€€ **Alfama Patio Hostel** (8), *Rua Escolas Gerais 3, Pátio dos Quintalinhos, 1, ☏ 2 18 88 31 27, alfama.destinationhostels.com, im Mehrbettzimmer ab 17 € p. P., Doppelzimmer ab 30 € p. P. Untergebracht im Pátio Quintalinhos. An diesem geschichtsträchtigen Ort wurde unter König Dinis 1290 die erste Universität Lissabons gegründet, die „Escolas Gerais". Heute zeugt nur noch der Straßenname von dieser ersten Universität der Stadt. Schönes Hostel, der Innenhof kann mitbenutzt werden, angenehme Atmosphäre.*

Graca & Mouraria (Karte s. S. 108/09)

€€€€–€€€€€ **Albergaria Senhora do Monte** (10), *Calçada do Monte 39, www.albergariasenhoradomonte.com/en, ☏ 2 18 86 60 02. Luxuspension mit 28 Zimmern, direkt in der Nähe des Miradoura da Nossa Senhora do Monte in ruhiger Lage. Sehr schöne Terrasse und Bar. Alle Doppelzimmer mit wunderschönem Blick auf die Stadt. Die Zimmer mit eigener Terrasse sind etwas teurer. Leider etwas hellhörig. Anbindung an Straßenbahn 28, ansonsten zu Fuß bergauf und bergab oder mit dem Taxi.*

€€€€€ **Hotel Mundial** (11), *Praça Martim Moniz 2, www.hotel-mundial.pt, ☏ 2 18 84 20 00. Modernes 4-Sterne-Hotel in sehr zentraler Lage direkt am Praça Martim Moniz. 350 Zimmer, davon die meisten ohne Balkon. Vom Restaurant im 8. Stock herrlicher Blick auf den Burgberg. Eigene Tiefgarage. Aufgrund der Größe oft günstige Angebote bei Direktbuchung über die Homepage, Doppelzimmer dann ab 70 €.*

Baixa (Karte s. S. 108/09)

In der Baixa gibt es eine große Auswahl, von Luxus bis einfach. Aufgrund des Verkehrs kann es schon mal lauter werden. Trotzdem eine gute Gegend, um die Stadt zu Fuß zu erkunden.

€€€€€€ **Hotel Avenida Palace** (13), *Rua 1° de Dezembro 123, www.hotelavenidapalace.pt, ☏ 2 13 21 81 00. Doppelzimmer mit Frühstück ab 150 €. Zeitgleich neben dem Rossio-Bahnhof Ende des 19. Jh. gebaut, bietet dieses Luxushotel eine wahre Zeitreise. Einrichtung und Dekoration sind ganz im Stil der Belle Epoque, die Eingangshalle überwältigt mit einer unglaublich hohen Decke. Während des Zweiten Weltkrieges trafen sich hier Spione und berühmte Persönlichkeiten aus ganz Europa. Sollten Sie hier nicht bleiben, lohnt es sich auf jeden Fall, einen kurzen Blick in die Eingangshalle zu werfen.*

€€€€€ **Hotel Metropole** (16), *Rossio 30, www.almeidahotels.com,* ☎ *2 13 21 90 30. Direkt am Rossio gelegen, einige Zimmer mit Balkon und Sicht auf die Burg und die Baixa. Elegante Einrichtung aus den 1920er-Jahren, geräumige Zimmer und reichhaltiges Frühstücksbuffet.*

€€€€€€ **Hotel Internacional** (19), *Rua da Betesga 3, www.internacionaldesignhotel.com,* ☎ *2 13 24 09 90. Das von 1923 stammende Gebäude ganz in Lila besitzt 55 Zimmer auf vier Stockwerken. Teilweise mit Blick auf den Rossio bzw. die Rua Augusta.*

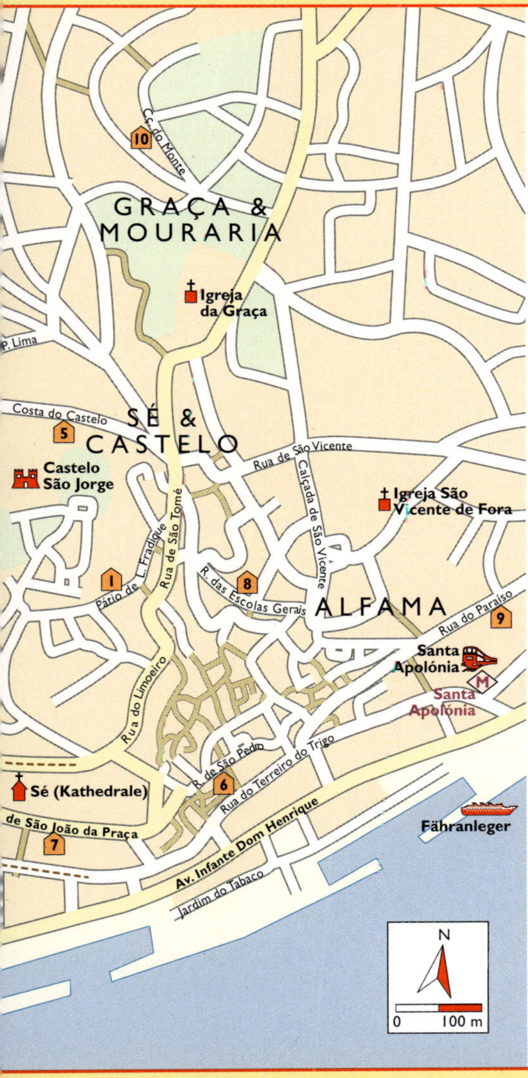

Unterkünfte

Sé & Castelo
1 Palácio Belmonte
2 Solar dos Mouros
3 Casa Costa do Castelo
4 Pensão Ninho das Águias
5 Olissippo Castelo

Alfama
6 Palacete Chafariz D'El Rei
7 Pensão São João da Praça
8 Alfama Patio Hostel
9 Sweet Lisbon River Guesthouse

Graca & Mouraria
10 Albergaria Senhora do Monte
11 Hotel Mundial

Baixa
12 Lisbon Story Guesthouse
13 Hotel Avenida Palace
14 Lisbon Destination Hostel
15 Rossio Hostel
16 Hotel Metropole
17 Hotel Evidência Tejo
18 Grande Pensão Alcobia
19 Hotel Internacional
20 Albergaria Insulana
21 Brown's Downtown
22 Vincci Baixa
23 Lisbon Lounge Hostel
24 Goodnight Backpackers Hostel
25 Living Lounge Hostel

Chiado & Cais do Sodré
26 Hotel do Chiado
27 Chiado 16
28 Bairro Alto Hotel
29 Lisbon Poets Hostel
30 Lisboa Carmo Hotel
31 Mercy Hotel Lisboa

Bairro Alto & Príncipe Real
32 Les Suites do Bairro Alto
33 Hotel Anjo Azul
34 Pensão Globo
35 The Independente Hostel & Suites
36 Hotel Príncipe Real
37 Casa das Janelas com Vista
38 Monte Belvedere

€€€€–€€€€€ **Vincci Baixa** (22), *Rua do Comércio 32, www.vinccihoteles.com, ☏ 2 18 80 31 90. Hotel der 4-Sterne-Klasse. Die modernen Zimmer sind teilweise klein. In der Nähe zum Praça do Comércio bietet es eine gute Alternative zu den Luxusangeboten auf der Avenida da Liberdade.*

€€€€–€€€€€€ **Brown's Downtown** (21), Rua dos Sapateiros 69–79, www.brownsdowntown.com, ☏ 2 13 43 13 91. Stylisches Design-Hotel mitten in der Baixa, dafür relativ ruhig, Zimmer jedoch teilweise etwas hellhörig.

Die folgenden Hotels (Nr. 17–18) bieten ein sehr gutes Preis-Leistungs-Verhältnis in sehr zentraler Lage. Der Grund: abends verwandelt sich die Straße in den Straßenstrich. Für Touristen im Allgemeinen kein Problem, allein reisende Männer sollten sich jedoch auf „eindeutige Angebote“ einstellen. Bei einem klaren „Nein“ wird man aber nicht weiter belästigt.

€€€€–€€€€€ **Hotel Evidência Tejo** (17), *Rua Condes de Monsanto 2, www.lisboatejo hotel.com, ☏ 2 18 86 61 82. Schönes 3-Sterne-Hotel, modern in Blautönen gehaltener Eingangsbereich.*

€€–€€€ **Grande Pensão Alcobia** (18), *Poço do Borratem 15, www.grandepensaoresiden cialalcobia.com, ☏ 2 18 84 41 50. Günstige Pension, saubere Zimmer. Reichhaltiges Frühstücksbuffet mit Blick auf die Burg.*

€€€ **Lisbon Story Guesthouse** (12), *Largo de São Domingos 18, www.lisbonstoryguest house.com, ☏ 2 18 87 93 92. Thematische Zimmereinrichtungen, die Geschichten erzählen: das blaue Tejo-Zimmer, das Kulturzimmer im Ethno-Look, das romantische Fado-Zimmer ... Gleich neben dem Nationaltheater Dona Maria II.*

€€€ **Albergaria Insulana** *(20), Rua da Assunção 52, 2. Stock, www.insulana.net, ☏ 2 13 42 76 25. Günstiges Hotel, Zimmer haben den Charme vergangener Zeiten, etwas abgewohnt, aber sauber, nettes Personal.*

€€–€€€ **Living Lounge Hostel** *(25), Rua do Crucifixo 116, www.lisbonloungehostel.com, ☏ 2 13 46 10 78. 22–37 € p. P. Ein Design-Hostel zu günstigen Tarifen. Von der New York Times als das „beste Europas“ bezeichnet. In der Rua de São Nicolau 41 befindet sich der etwas günstigere Ableger, das* **Lisbon Lounge Hostel** (23), *www.lisbonloungehostel.com.*

€€ **Goodnight Backpackers Hostel** (24), *Rua dos Correeiros 113, 2. Stock, www.good nighthostel.com, ☏ 2 13 43 01 39. 16–25€ p.P. Hell eingerichtetes Hostel mit kleinen Balkonen, vier Zimmern und Gemeinschaftsküche. Sehr zentrale Lage.*

€€–€€€ **Rossio Hostel** *(15), Calçada Carmo 6, www.rossiohostel.com, ☏ 2 13 42 60 04. Dorms ab 15 € p.P., DZ bis 35 € p.P. Nettes Hostel in den drei oberen Etagen eines pombalinischen Hauses, am Rossio-Platz. Oberste Etage mit drei Doppelzimmern und zwei Bädern.*

€–€€€€ **Lisbon Destination Hostel** *(14), Rossio Bahnhof, 2. Stock, lisbon.destination hostels.com, ☏ 2 13 46 64 57. Dorms ab 12 € p.P., DZ bis zu 45 € p.P. Coole Location direkt im Rossio-Bahnhof, riesiger Gemeinschaftsraum mit Glasdach, freundlicher Service.*

Chiado & Cais do Sodré (Karte s. S. 108/09)

Im ehemaligen Literatenviertel haben sich vor allem Hotels der oberen Preisklasse niedergelassen. Diese liegen sehr zentral, trotzdem ist die Gegend ruhiger als die Baixa.

€€€€€€ **Bairro Alto Hotel** *(28), Praça Luis de Camões 2, www.bairroaltohotel.com, ☏ 2 13 40 82 88. Direkt am Pç. Luís de Camões, einige der Zimmer mit Blick auf Bairro Alto bzw. Chiado, herrliche Dachterrasse. Großzügige moderne Zimmer mit allem Komfort der 5-Sterne-Klasse. Zimmer in der Nebensaison ab 185 €.*

€€€€€€ **Chiado 16** *(27), Largo da Academia Nacional das Belas Artes 16 u. 17, www. chiado16.com, ☏ 2 13 94 16 16. Sehr schönes Boutique-Hotel in zentraler Lage, Zimmer bzw. Suiten sind groß und sehr stilvoll eingerichtet, teilweise mit schönem Blick über Lissabon. Zimmer ab 150 €.*

€€€€€–€€€€€€ **Hotel do Chiado** *(26), Rua Nova do Almada 114, www.hoteldochiado. com, ☏ 2 13 25 61 00. 4-Sterne-Hotel in sehr zentraler Lage. Modern und stilvoll eingerichtete Zimmer, einige mit Blick über die Unterstadt und den Tejo. Freundlicher und sehr hilfsbereiter Service.*

€€€€€–€€€€€€ **Lisboa Carmo Hotel** *(30), Rua da Oliveira ao Carmo 1–3, www.lisboacarmohotel.com, ☏ 2 13 26 47 10. 2012 eröffnetes Design-Hotel am Largo do Carmo. Die Zimmer in den oberen Stockwerken mit wunderschöner Aussicht, moderne Einrichtung. Frühstück inklusive. Angeschlossen ist ein Restaurant mit Terrasse.*

€€€€€–€€€€€€ **Mercy Hotel Lisboa** *(31), Rua Misericórdia 76, www.mercyhotel.com, ☏ 2 13 21 01 00. 2012 eröffnetes Design-Hotel der 5-Sterne-Kategorie, Zimmer in schlichtem Schwarz-Weiß, in den oberen Stockwerken mit Sicht auf die Burg und den Tejo. Frühstück kostet 15 € extra. Zimmer in der Nebensaison ab 120 €.*

€€–€€€ **Lisbon Poets Hostel** *(29), Rua Nova da Trinidade 2, www.lisbonpoetshostel.com, ☏ 2 13 46 12 41. Dorms 18–22 € p.P., DZ 45–60 €. Zentrale Lage, im 5. Stock, einige Zimmer mit Schrägen, gemütlicher Gemeinschaftsraum.*

Bairro Alto & Príncipe Real (Karte s. S. 108/09)

Es gibt etliche Hostels und Pensionen im Bairro Alto. Das Problem: Viele liegen so zentral, dass es nachts sehr laut sein kann. Die folgenden Unterkünfte sind verhältnismäßig ruhig.

€€€€–€€€€€€ **Casa das Janelas com Vista** *(37), Rua Nova do Loureiro 35, www.casadasjanelascomvista.com, ☏ 2 13 42 91 10. Hotel mit 12 Zimmern. Kleine, stilvoll eingerichtete Zimmer, in den oberen Etagen mit schönem Blick. Sehr netter wohnzimmerähnlicher Gemeinschaftsraum mit Küche, in dem auch das Frühstück serviert wird. Familiäre Atmosphäre, ruhige Straße.*

€€€€€ **Monte Belvedere** *(38), Rua Santa Catarina 17, shiadu.com, ☏ 914 176 969. Ende 2012 eröffnetes Hotel mit 9 Suiten und einer sensationellen Terrasse. Alle Zimmer sind stilvoll eingerichtet. Gehört zur Gruppe Shiado, die noch drei weitere Dependancen mit netten Suiten und Apartments in der Umgebung hat.*

€€€€–€€€€€€ **Hotel Príncipe Real** (**36**), *Rua da Alegria 53, www.hotelprincipereal.com, ☏ 2 13 40 73 50. Luxussuite ab 200 €. Zentral gelegen in unmittelbarer Nähe zum Botanischen Garten. Bairro Alto und Baixa ebenfalls in Fußwegnähe, trotzdem ruhige Lage. 8 Zimmer und 10 Suiten, geschmackvoll eingerichtet, vor allem Suiten geräumig. Von einigen Zimmern sehr schöne Sicht auf die Stadt. Reichhaltiges Frühstück inklusive, sehr freundliches Personal. Bei frühzeitiger Buchung in der Nebensaison zum Teil erhebliche Rabatte.*

€€€€–€€€€€ **Les Suites do Bairro Alto** (**32**), *Rua da Rosa 35, www.suitesbairroalto.com, ☏ 9 13 39 15 82. Vier sehr schöne, modern eingerichtete Flats mit je zwei Schlafzimmern, Bad und Küche. Eines ist etwas kleiner, hat aber eine schöne Terrasse und liegt ruhiger. Haus aus den 1920er-Jahren. Anfragen über Telefon oder Internet.*

€€–€€€ **Pensão Globo** (**34**), *Rua do Teixeira 37, www.anjoazul.com, ☏ 2 13 46 22 79 u. 2 13 43 21 06. In schönem alten Haus, alle Zimmer mit Bad, TV und Telefon. Jedes Zimmer in einer anderen Farbe, einfach. Vom Einzelzimmer ist abzuraten, das hat Besenkammergröße.*

€€–€€€ **Hotel Anjo Azul** (**33**), *Rua Luz Soriano 75, www.anjoazul.com, ☏ 2 13 46 71 86. Gehört zur gleichen Gruppe wie die Pension Globo. Schönes kleines Haus, 20 Zimmer auf vier Etagen, Etwas schicker, relativ ruhige Lage. Alle Zimmer mit eigenem Bad, einfach aber akzeptabel. Gemeinschaftsküche vorhanden.*

€–€€€€ **The Independente Hostel & Suites** (**35**), *Rua S. Pedro de Alcântara 81, www.theindependente.pt, ☏ 2 13 46 13 82. Bett im Dorm 8–25 €, Suiten 70–120 € pro Nacht. Im Herbst 2012 eröffnet. Schöner alter Stadtpalast, 90 Betten, verteilt auf 11 relativ große Zimmer, vier sehr nette Suiten mit eigenem kleinen Balkon. Dazu gehört die Restaurant-Bar The Decadente, die auch bei Nicht-Gästen sehr beliebt ist.*

Lapa, Madragoa & Santos – Der Westen des alten Lissabons (Karte s. S. 111)
In diesen Stadtteilen gibt es nur sehr begrenzt Übernachtungsmöglichkeiten. Die folgenden ersten drei gehören zur gehobenen bis luxuriösen Klasse.

€€€€€€ **Hotel Lapa Palace** (**3**), *Rua do Pau de Bandeira 4, www.olissippohotels.com, ☏ 2 13 18 27 91. Ab 300 € bei Internetreservierung, außerdem z. B. Frühbucherrabatte. Dieses 5-Sterne-Hotel der Luxusklasse befindet sich auf einem Hügel und gehört zur Olissippo-Gruppe. Der pompöse Aufgang bietet nur einen kleinen Vorgeschmack auf den Palast. Zum Gelände gehört ein großer tropischer Garten mit beheiztem Swimmingpool und Aussicht auf Lissabon. Angeschlossen ist ein Spa-Bereich. Die Zimmer sind großzügig und stilvoll eingerichtet, der Service sehr freundlich. Das Hotel liegt nicht besonders verkehrsgünstig.*

€€€€€€ **As Janelas Verdes** (**2**), *Rua das Janelas Verdes 47, www.heritage.pt, ☏ 2 13 21 82 00. Gehört zur Gruppe Heritage, die mehrere Hotels in historischen Gebäuden betreibt. Dieses ist in einem kleinen Palast des 18. Jh. untergebracht. Hier wohnte schon der Schriftsteller Eça de Queirós, das Gebäude inspirierte angeblich zwei seiner Romane. Es gibt eine Bibliothek mit offenem Kamin und eine große Dachterrasse mit herrlicher Sicht auf den Fluss. Das Frühstück kann auf einer kleinen, wunderbar begrünten Terrasse eingenommen werden. Die Zimmer zur Straße sind bei geöffneten Fenstern etwas laut.*

€€€€€€ **York House** (**1**), *Rua das Janelas Verdes 32, www.yorkhouselisboa.com, ☏ 2 13 96 24 35, Frühbucherrabatte und Internetangebote. Boutique-Hotel der 4-Sterne-Klasse mit 32 großzügigen und modern eingerichteten Zimmern. Das Hotel ist in einem alten Karmeliter-Kloster aus dem 17. Jh. untergebracht. Das Frühstück kann im schönen Garten eingenommen werden. Aufgrund der vielen Treppen sollten Sie gut zu Fuß sein. Zu den illustren Gästen zählten z. B. Durão Barroso, Marcelo Mastroianni und Graham Green.*

€–€€€ **Jardim de Santos** (**4**), *Largo Vitorino Damásio 4, 2. Stock, www.jardimdesantoshostel.com, ☏ 2 13 97 46 66. Direkt am Largo de Santos. 12–30 € p.P. Sehr nettes kleines Hos-*

© graphic

tel neben dem Club Left. Große, geräumige Zimmer in schönem Altbau. Strategisch günstig gelegen für Nachtschwärmer.

Avenida da Liberdade (s. Karte oben)
Rund um die Avenida da Liberdade haben sich viele internationale Hotelketten mit Sternequalität niedergelassen, wie Sheraton, Ritz und Four Seasons. Sie liefern die gewohnte Ausstattung und Qualität. Die Ketten sind deshalb nicht extra aufgeführt. Auch einige portugiesische Hotels der gehobenen Klasse haben sich entlang der Avenida angesiedelt. Auf den Nebenstraßen der Prachtallee finden sich zudem einige Pensionen der mittleren und unteren Preisklasse. Gerade die Lage am unteren Ende der Avenida ist günstig: Die Baixa und das Bairro Alto befinden sich in Fußwegnähe und in der „zweiten" Reihe ist es nicht ganz so laut, wie auf der Avenida selbst.

€€€€€€ **Altis Avenida Hotel** *(2), Rua 1° Dezembro 120, www.altishotels.com, ☏ 2 10 44 00 00. 5-Sterne-Boutique-Hotel mit 70 Zimmern und zwei Suiten. Eines von fünf Hotels der*

Altis-Gruppe in Lissabon. Am Praça dos Restauradores, angeschlossen ist ein Restaurant mit sehr schöner Terrasse und Blick auf die Avenida da Liberdade.

€€€€€–€€€€€€ **Hotel Fontecruz Lisboa** (5), *Av. da Liberdade 138, www.fontecruz hoteles.com, ☏ 2 10 41 00 00. 2012 eröffnetes 5-Sterne-Boutique-Hotel in einem alten Stadtpalast. 72 große, geschmackvoll eingerichtete Zimmer sind auf zwei Gebäude verteilt. In einem ist die Deko in Schwarz, im anderen in Weiß gehalten. Sehr schöner, ruhiger Innenhof.*

€€€€€–€€€€€€ **Tivoli Lisboa** (8), *Av. da Liberdade 185, www.tivolihotels.com, ☏ 2 13 19 89 00. Direkt auf der Avenida da Liberade, 5-Sterne-Hotel mit gut 300 Zimmern und diversen Suiten, modern eingerichtet mit allem Komfort. Auch Zimmer zum Garten hin. In der obersten Etage Bar-Restaurant Terraço mit wunderbarem Blick über Lissabon und den Burgberg. Angesehen ist auch das angeschlossene Restaurant im Erdgeschoss, die Brasserie Flo Lisboa.*

€€€€€–€€€€€€ **Hotel Eurostar das Letras** (9), *Rua Castilho 6–12, www.eurostars hotels.com, ☏ 2 13 57 30 94. 5-Sterne-Kategorie. Jedes der Zimmer ist mit Zitaten bekannter Schriftsteller von Cervantes über Shakespeare bis José Saramago dekoriert. Einrichtung edelschlicht mit viel dunklem Holz. Das Hotel liegt etwas abseits in einer Seitenstraße zur Avenida. Leider gibt es an der verspiegelten Glasfront keine Balkone.*

€€€€–€€€€€ **Hotel Gat Rossio** (3), *Rua Jardim do Regador 27–35, www.gatroomspt.com, ☏ 2 13 47 83 00. In einer Nebenstraße zum Praça dos Restauradores, in einem umgebauten pombalinischen Haus, Einrichtung und Design modern, in kühlem Schwarz, Weiß und Grün gehalten. Zimmer unterschiedlicher Ausstattung und Größe, alle mit Bad. Schöne Terrasse.*

€€€–€€€€€ **Vip Executive Suites Hotel Eden** (1), *Praça dos Restauradores 24, www.viphotels.com, ☏ 2 13 21 66 00. Studios und Apartments für 1–4 Personen. 4-Sterne-Aparthotel, untergebracht im ehemaligen Kino Eden. Der erste Stock wurde in einen Palmengarten verwandelt, die Terrasse mit Swimmingpool und Bar bietet einen herrlichen Blick über die Baixa bis hin zum Burgberg. Die Zimmer sind zweckmäßig eingerichtet, mit Küchenzeile. Frühstück kann zugebucht werden. Sehr zentral gelegen. Gutes Preis-Leistungs-Verhältnis.*

Tipp: Die Terrasse ist auch für Nicht-Gäste zugänglich – ideal für eine Erholungspause am frühen Abend.

€€€€ **Casa de S. Mamede** (11), *Rua da Escola Politécnica 159, www.casadesaomamede.pt, ☏ 2 13 96 31 66. Frühstück inbegriffen. Schöner Palast aus dem 18. Jh., Zimmer mit Antik-Möbeln und angenehm verkitscht, teilweise Azulejos an den Wänden. 30 Zimmer. Alle mit Bad, TV, Safe und Telefon, einige mit Austritt. Sehr freundlicher, fast familiärer Service.*

€€€€ **Hotel Jorge V** (10), *Rua Mouzinho da Silveira 3, www.hoteljorgev.com, ☏ 2 13 56 25 25. Ordentliches 3-Sterne-Hotel in einer Parallelstraße zur Avenida. Die 49 Zimmer und Suiten sind zweckmäßig eingerichtet, das Frühstück ist reichhaltig. Sehr hilfsbereites Personal.*

€€€ **Pensão Alegria** (6), *Praça da Alegria 12, www.alegrianet.com, ☏ 2 13 22 06 70. Am Praça da Alegria in einem schönen Altbau untergebracht. Alle 35 Zimmer haben ein Bad, Klimaanlage, kleinen Kühlschrank, TV und Telefon. Zimmer unterschiedlich groß, teilweise mit kleinem Balkon und Blick ins Grüne. Gutes Preis-Leistungs-Verhältnis.*

€€–€€€ **Pensão Portuense** (4), *Rua das Portas de Santo Antão 149–157, www.pensao portuense.com, ☏ 2 13 46 41 97. Altes Stadthaus, 2009 renoviert. Einfache Pension, Zimmer zum Teil nicht sehr groß, aber zweckmäßig, einige mit Austritt. Frühstück inklusive.*

€€ **Residencial Milanesa** (7), *Rua da Alegria 25, 2. Etage, www.milanesa.pt, ☏ 2 13 46 64 56. Von außen sieht das Haus absolut restaurierungsbedürftig aus. Innen ist der Altbau aber renoviert, schöner Aufgang und Zimmer in gutem Zustand. Alle 8 Zimmer mit eigenem Bad, TV und WLAN, 6 Zimmer mit kleinem Balkon. Sehr gutes Preis-Leistungs-Verhältnis.*

€–€€€ **Equity Point Lisboa Hostel** (12), *Travessa do Fala-Só 9, www.equity-point.com, ☏ 2 18 01 82 11, 9–23 € im Mehrbettzimmer, 22–38 € im DZ p.P. Gehört zur Equity-Point-*

Gruppe. Die Lissabonner Niederlassung ist in einem schönen, alten Stadtpalast untergebracht. Der Straßenname bedeutet so viel wie „mit sich selbst reden". Das dürfte in dem Hostel selten notwendig sein. 104 Betten in 2er- bis 10er-Zimmern, viele mit Austritt oder kleinem Balkon. Sehr schöne, riesige Terrasse, die auch für Nicht-Gäste zugänglich ist. Liegt auf einem Hügel, aber zentral zwischen Bairro Alto, Avenida da Liberdade und Baixa.

Avenidas Novas (Karte s. S. 116)

Rund um die Metrostation Saldanha befinden sich viele Hotels v. a. für Geschäftsreisende, denn von hier aus liegen Flughafen, Internationale Messe und der Innenstadtbereich etwa alle gleich weit entfernt. Zudem gibt es eine sehr gute Anbindung ans öffentliche Transportsystem.

€€€€€–€€€€€€ **Hotel Real Palácio** (3), *Rua Tomás Ribeiro 115, www.realhotelsgroup.com, ☏ 2 13 19 95 00. 5-Sterne-Hotel in zentraler, dennoch ruhiger Lage. Ein ehemaliger Palast aus dem 17. Jh. wurde stilvoll in den modernen Gebäudekomplex integriert. Reichhaltiges Frühstücksbuffet, das man im ehemaligen Patio des Palastes einnehmen kann. Sehr aufmerksames Personal.*

€€€€–€€€€€ **Real Residência Suite Hotel** (5), *Rua Ramalho Ortigão 41, www.realhotelsgroup.com, ☏ 2 13 82 29 00. Gehört wie das Real Palácio zur Gruppe Real Hotels. 4-Sterne-Suite-Aparthotel. Gut für längere Aufenthalte oder Arbeitsaufenthalte: Die Zimmer sind großzügig, alle mit Küchenzeile und DSL ausgestattet. Nachteil: Je nach Einflugschneise manchmal Fluglärm.*

€€–€€€€€ **Hotel Zenit Lisboa** (2), *Av. 5 de Outubro 11, hotelzenitlisboa.zenithoteles.com, ☏ 2 13 10 22 00. Jahrhundertwendehaus in strahlendem Blau. Alle 86 Zimmer modern eingerichtet, teilweise mit kleinen Austritten und dem 4-Sterne-Standard entsprechend. Nette Bar und sehr hilfsbereites Personal. Frühstück nicht im Preis inbegriffen. Sehr zentral gelegen, trotzdem relativ ruhig. Preise variieren stark, je nach Auslastung.*

€€–€€€ **Hotel Residencial Itália** (6), *Av. Visconde Valmor 67, www.residencialitalia.com, ☏ 2 17 61 14 90. 44 Zimmer, alle mit Bad, Kabel-TV, Telefon und Fön, eher zweckmäßig als schön eingerichtet, Zimmer hinten ruhiger und mit Balkon, kleiner Frühstücksraum und Innenhof mit kleinem Garten. Frühstück im Preis inbegriffen.*

€€–€€€ **VIP Inn Berna** (7), *Av. António de Serpa 13, www.viphotels.com, ☏ 2 17 81 43 00. Hotel der Kette VIP INN in zentraler Lage. Zweckmäßig eingerichtete Zimmer, die nach hinten liegen sind ruhig. Von den oberen Stockwerken hat man einen guten Blick auf die Dächer Lissabons.*

€€ **Residencial Saldanha** (4), *Av. da República 17, www.residencialsaldanha.pt, ☏ 2 13 54 64 29, 1. Etage. Das Haus ist von außen etwas renovierungsbedürftig, die Pension an sich aber renoviert inkl. Isolierverglasung der Fenster. Zwei Zimmer nach vorne direkt zur sehr befahrenen Avenida, zwei andere zur Seite (Sicht auf Häuserwand), Zimmer hinten raus ruhiger. Insgesamt 12 Zimmer, auch Vierbettzimmer, alle mit Bad und TV, kleiner Aufenthaltsraum, Frühstück 3 €, nettes Personal. Rechtzeitige Reservierung empfohlen, da oft ausgebucht.*

Pousada de Juventude Lisboa (1), *R. Andrade Corvo 46, www.pousadasjuventude.pt, ☏ 2 13 53 26 96. Nacht im Mehrbettzimmer 15–18 €, im Doppelzimmer 21,50–23 € p.P. Metro Picoas. Die zentralere der beiden Lissabonner Jugendherbergen, 2008 renoviert. Neben 14 Doppelzimmern mit eigenem WC stehen 31 Mehrbettzimmer für 4–6 Personen zur Verfügung. Restaurant und Bar, Gemeinschaftsraum, Internetzugang.*

Parque das Nações (Karte s. S. 117)

Aufgrund der unmittelbaren Nähe zum Flughafen sowie zum Gelände der Internationalen Messe Lissabons, sind hier internationale Hotelketten der 4-Sterne-Klasse zu finden, in de-

Unterkünfte
1 Pousada de Juventude Lisboa
2 Hotel Zenit Lisboa
3 Hotel Real Palácio
4 Residencial Saldanha
5 Real Residência Suite Hotel
6 Hotel Residencial Itália
7 VIP Inn Berna
Unterkünfte Avenidas Novas
Av. A. Serpa
Av. Cinco de Outubro
Praça de Touros
Campo Pequeno
Av. João XXI
Av. Barbosa do Bocage
Av. de Berna
Rua Elias Garcia
Museu Calouste Gulbenkian
Av. Conde de Valbom
Av. Visconde Valmor
Av. Marq. de Tomar
Tr. Marquês Sá Bandeira
Centro de Arte Moderna
Av. Miguel Bombarda
R. R. Ortigão
Rua Dr. N. Bettencourt
Avenida da República
Av. dos Defensores de Chaves
Av. João Crisóstomo
São Sebastião
Av. Duque d'Ávila
Rua Dr. A. Cândido
Rua Ant. Eanes
Folque
M. da Fronteira
Av. Luís Bivar
Rua Pinheiro Chagas
Filipe
R. Latino Coelho
Pc. Duque de Saldanha
Saldanha
Av. Sidónio Pais
Av. António A. de Aguiar
R. Tomás Ribeiro
Rua
Rua Pedro Nunes
Rua Viriato
Av. Fontes Pereira Melo
Av. Casal Ribeiro
R. S. Sebastião
Parque
Picoas
Rua Andrade Corvo
N
0
200 m

nen überwiegend Geschäftsleute wohnen. Für diejenigen, die Lissabon privat besuchen und hier ein paar Urlaubstage verbringen, ist dieses Viertel nicht unbedingt zu empfehlen, da es weitab der übrigen Sehenswürdigkeiten der Stadt liegt.

€€€€€€ **Myriad** *(3), Cais das Naus Lote 2.21.01, www.myriad.pt, ☏ 2 11 10 76 00. Neuster Zugang bei den Luxushotels. 2012 eröffnetes 5-Sterne-Haus der Gruppe Sana Hotels. Direkt an den Vasco-da-Gama-Turm gebaut, 22 Etagen, 140 Meter hoch mit 186 Zimmern und Suiten. Alle Zimmer haben Blick auf den Fluss. Restaurant und Bar liegen im Erdgeschoss, in der obersten Etage befindet sich der Spa-Bereich. Im angrenzende Turm soll ein Panorama-Restaurant eröffnet werden.*

€€€€€–€€€€€€ **Olissippo Oriente** (1), *Av. Dom João II, Lote 1.03.2.2, www.olissippohotels.com, ☏ 2 18 92 91 00. 4-Sterne-Hotel der Olissippo Gruppe, in Richtung Ozeanarium. Die Zimmer sind modern und hell eingerichtet. Einige bieten Aussicht auf den Fluss. Teilweise werden erhebliche Rabatte vom Standard-Zimmerpreis gewährt.*

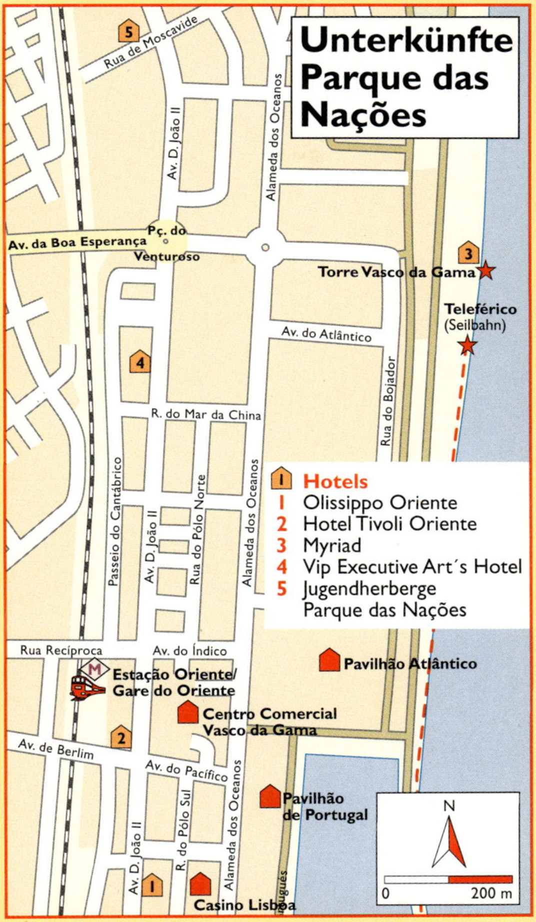

© graphic

€€€€–€€€€€ **Hotel Tivoli Oriente** (2), *Av. D. João II, Lote 1.14.03, www.tivolihotels.com, ☏ 2 18 91 51 00. Direkt neben dem Bahnhof Oriente. Im 16. Stockwerk Panorama-Restaurant und Indoor-Swimmingpool. Die Zimmer nach hinten gehen direkt zum Bahngleis.*

€€€€–€€€€€ **Vip Executive Art's Hotel** (4), *Av. D. João II, Lote 1.18, www.viphotels.com, ☏ 2 10 02 04 00. In unmittelbarer Nähe zur Messe, 300 Zimmer. Der Aufgang des Hotels ist mit modernen Azulejos verziert. Innen moderne Kunst und Designer-Möbel.*

Pousada de Juventude – Parque das Nações (5), *Rua de Moscavide, Lt 47–101, www.pousadasjuventude.pt, ☏ 2 18 92 08 90. Im Mehrbettzimmer 14–16 €, im DZ 17–20 € p.P., Metro Oriente. Im Rahmen der Weltausstellung 1998 eröffnet. 18 Vierbettzimmer und 10 Doppelzimmer mit eigenem WC.*

Das kostet Sie Lissabon

Stand Frühjahr 2013

Auf den Grünen Seiten finden Sie Preisbeispiele, um sich eine realistische Vorstellung von den Kosten einer Reise nach Lissabon machen zu können. Die angegebenen Preise sind als Orientierungshilfe zu verstehen.

Allgemein

Das Preisniveau in Lissabon liegt deutlich unter dem anderer westeuropäischer Hauptstädte. Das gilt für Taxis, Nahverkehr und – in weiten Teilen – für Restaurants, Bars und Unterkünfte. Auffällig sind die erheblichen Preisunterschiede. So kostet beispielsweise ein Glas Bier in einer sehr einfachen Tasca ab 1 €, in Diskotheken aber auch schon mal 4 €.

Anreise und Transport

Flug

Mehrere Billigfluglinien steuern mittlerweile auch Lissabon an. Hier kurzfristig ein Schnäppchen zu machen gelingt aber selten, insbesondere zu Ferienzeiten. Mit entsprechend langem Vorlauf lassen sich jedoch Flüge für rund 150 € (Hin- und Rückflug) finden. Entsprechend günstiger sind zusätzliche Sonderangebote. Oft lohnt es sich auch bei Airlines wie TAP oder Lufthansa auf Angebote zu achten. In der Regel sind Flüge unter der Woche günstiger als am Wochenende.

Transfer vom Flughafen

Taxi

Eine Taxifahrt vom Flughafen in die Innenstadtviertel kostet zwischen 10 und 18 €, nachts, feiertags und an den Wochenenden etwas mehr.

Bus und Metro

Günstiger, insbesondere für Alleinreisende, ist der Transfer per Bus oder Metro. Das Ticket für den Shuttle-Bus **AeroBus** kostet 3,50 €, das Ticket für die Metro ab 1,25 €.

In der Stadt

Taxi

Taxis sind wesentlich günstiger als bei uns. Tagsüber gilt Tarif 1, Grundgebühr 2 €, Kilometerpreis 0,45 €, ab 21 Uhr sowie am Wochenende und an Feiertagen der 20 % teurere Tarif 2. Für die Gepäckbeförderung wird ein Aufpreis von 1,60 € erhoben.

Öffentlicher Nahverkehr

Auch der öffentliche Nahverkehr ist günstig. Mit den flexiblen Ticket-Systemen 7 *Colinas* bzw. *Viva Viagem*, die für die verschiedenen Verkehrsmittel genutzt werden können, kostet eine einfache Fahrt 1,25 €. Teurer (ab 1,80 €) ist es, wenn das Ticket direkt beim Fahrer in Bus oder Bahn gelöst wird. Ein Tagesticket für alle Verkehrsmittel kostet 6 €.

Blick von der Dachterrasse – Hotel Altis Avenida

Stadtrundfahrten/Touren

Stadtrundfahrten kosten rund 15 bis 20 €, Walking Tours schlagen etwa mit 10 bis 18 € zu Buche und touristische Schiffsrundfahrten auf dem Tejo mit etwa 12 bis 20 €. Kinder zahlen meist die Hälfte.

Unterkunft

Seit Jahren steigt die Zahl der Lissabon-Besucher stetig, dementsprechend entstehen auch immer mehr Pensionen und Hotels. Relativ neu ist der Boom von modernen **Hostels**. Dort zahlt man pro Person und Nacht meist zwischen 10 und 20 €. Das lohnt sich vor allem für Alleinreisende, die Anschluss suchen und einen gesunden Schlaf haben. In einer einfachen **Pension** kostet das Doppelzimmer ab etwa 40 €. Die Preise für ein Doppelzimmer im **Hotel** mit Frühstück beginnen bei etwa 50–60 €. Nach oben hin sind weder Preis noch Komfort Grenzen gesetzt, für edle Unterkünfte in stilvollem Ambiente kann man auch 300 € und weit mehr pro Nacht zahlen. Eine Alternative, vor allem für Familien und längere Aufenthalte, können **Ferienapartments** sein. Die kosten etwa zwischen 50 und 100 € pro Nacht für zwei Personen. In der Saison (März bis Oktober), zu Feiertagen und rund um Weihnachten gelten oft höhere Preise. Eine **Vorabreservierung** ist prinzipiell sinnvoll, zu Ferienzeiten und an verlängerten Wochenenden empfohlen. Viele Hotels bieten, vor allem bei Internetbuchung, je nach Saison Rabatte von 10–50 % an.

Preiskategorien Unterkünfte

€	20–30 €	€€€€	75–100 €
€€	30–50 €	€€€€€	100–150 €
€€€	50–75 €	€€€€€€	über 150 €

Die Preisangaben beziehen sich auf den Preis für ein Doppelzimmer und zeigen einen Mittelwert aus Hoch- und Nebensaison. Infos zu Unterkünften finden Sie auf S. 104ff.

Essen und Trinken

Das **Frühstück** fällt bei den Portugiesen knapp aus. Für einen Kaffee und eine süße Kleinigkeit oder einen Toast mit Butter zahlt man in einer einfachen *Pastelaria* um die 2,50 €.

Zum **Mittagessen** bieten viele Restaurants ein Menü an, das dann günstiger ist als beim **Abendessen**. Das gilt auch für viele Restaurants der gehobenen Preisklasse, eine Gelegenheit für diejenigen, deren Urlaubskasse für ein Abendessen dort nicht ausreicht. In einfachen Lokalen kostet das Mittagsmenü mit Suppe, Hauptgericht Nachtisch und/oder Espresso ab 6,50 €. Ein Hauptgericht kostet in einfachen Restaurants selten mehr als 10 €. Das gilt mittags wie abends. Zudem wird oft ein Tagesgericht, *prato do dia*, angeboten.

Die Preise der Mittelklasse- und vor allem der Spitzenrestaurants sind für die portugiesischen Durchschnittsverdiener oft unerschwinglich, liegen aber unter denen vergleichbarer Restaurants in Deutschland. So kostet ein Menü im ältesten Edelrestaurant der Stadt, dem Tavares im Viertel Chiado, mittags um die 40 €, abends zwischen 60 und 120 €.

Preiskategorien Restaurants

€	bis 10 €	€€€€	20–25 €
€€	10–15 €	€€€€€	über 25 €
€€€	15–20 €		

Die Preise beziehen sich auf den durchschnittlichen Preis der Hauptgerichte zum Zeitpunkt der Recherche. Nicht einbezogen sind Krustentiere wie Langusten, die erheblich teurer als Fisch- oder Fleischgerichte sind.

Tipp: Meist im September oder Oktober findet die *Lisboa Restaurant Week* statt. Dann bietet sich die Gelegenheit, die Küche edlerer Restaurants für relativ wenig Geld auszuprobieren. 2012 machten über 60 Restaurants mit. Das Prinzip ist immer gleich: ein Menü kostet 20 €, wovon 1 € als Spende an eine gemeinnützige Organisation geht. Getränke kosten extra. Bei den Lissabonnern sehr beliebt, deshalb ist eine frühzeitige Reservierung empfohlen. Informationen z. B. über die private Internetseite www.sabordoano.com.

Ausgehen

In **Fado-Lokalen** bezahlt man i. d. R. keinen Eintritt. Aber in den meisten wird ein Mindestverzehr verlangt, in anderen herrscht gewissermaßen Verzehrzwang. Das heißt, es wird erwartet, dass man ein Abendessen bestellt. Die Preise für das Essen, wie auch für die Getränke, enthalten dann einen gewissen Aufschlag, von dem die Musiker bezahlt werden. Die Konditionen stehen am unteren Ende der Speisekarte bzw. an Aushängen vor den Lokalen.

Die wenigsten **Bars** verlangen Eintritt. Bei Live-Auftritten von Bands oder DJs werden gelegentlich schon mal geringe Eintritte von unter 10 € verlangt. Üblicher ist aber auch hier, dass ein Mindestverzehr oder erhöhte Getränkepreise gelten.
Die Eintritte in **Diskotheken** hängen stark vom Wochentag, vom Event und manchmal auch vom Geschlecht ab. Denn viele Disko-Betreiber versuchen unter der Woche dadurch mehr Publikum anzuziehen, dass Frauen bei sogenannten *ladys' nights* gar nichts zahlen müssen. An einem normalen Abend kostet der Eintritt in der Regel zwischen 5 und 15 € bzw. es wird ein entsprechender Mindestverzehr fällig.

Museen und andere Sehenswürdigkeiten

In den meisten Museen kostet der Eintritt um die 5 €. Schüler, Studenten und Senioren erhalten oft bis zu 50 % Nachlass und Kinder unter 10 Jahren haben gelegentlich freien Eintritt. Die städtischen Museen und einige andere bieten sonntags vormittags (bis 14 Uhr) freien Eintritt. Teurer sind z. B. die Attraktionen im Nationenpark auf dem ehemaligen Expo-Gelände: das Ozeanarium kostet 16 € für Erwachsene und das Technik- und Wissenschaftsmuseum 7 €. Was die sonstigen Sehenswürdigkeiten in Lissabon betrifft, werden eigentlich nur für den Besuch des Kastells (7,50 €) und des Kreuzgangs im berühmten Jerónimos-Kloster in Belém (7 €) nennenswerte Eintritte verlangt. Ein Besuch im Zoo kostet für Erwachsene 17,50 €, für Kinder (3–12 J.) 12,50 €.

Es werden verschiedene Kombitickets und Ermäßigungskarten angeboten.
Lisbon Card: ermäßigter Eintritt in über 25 Museen und andere Sehenswürdigkeiten, gilt auch als Fahrkarte für alle öffentlichen Transportmittel, Preise: 18,50 € (24h), 31,50 € (48h), 39 € (72h)
Cartão Jovem: Jugendkarte für 12–29-Jährige, Nachlass in Museen, Sehenswürdigkeiten, Kinos, Konzerten und einigen Geschäften, Preis: 10 €, Gültigkeit: 1 Jahr
Museumspass: für die rund 15 Nationalmuseen und Nationalpaläste in Lissabon und Umgebung, Preis für fünf Tage 11 € und für eine Woche 14 €
Paläste und Parks in Sintra: Eintrittspreise einzeln 6–13,50 €, Kombitickets für die vier Parks und Paläste des Verbundes *Parques de Sintra* gewähren ca. 50 % Ersparnis.
Weitere Infos finden Sie auf S. 298ff.

3. LISSABON ENTDECKEN

Über den Dächern am Tejo

Tourenvorschläge

Lissabons Innenstadt ist relativ klein und überschaubar. Die meisten Sehenswürdigkeiten lassen sich bequem mit öffentlichen Verkehrsmitteln oder zu Fuß erreichen. An zwei bis drei Tagen kann man sich gut einen Überblick über die Stadt verschaffen. Aufgrund der hügeligen Lage lässt sich an unzähligen Aussichtspunkten die Stadt immer wieder aus der Vogelperspektive betrachten. Wer allerdings in die ganz besondere Atmosphäre Lissabons eintauchen und die verborgenen Ecken und Winkel erkunden möchte, der sollte sich Zeit nehmen. Denn viele Viertel leben von ihrem Charme und nicht von monumentalen Sehenswürdigkeiten. In jeder Stadtteilbeschreibung, die einem gedachten Spaziergang folgt, finden Sie auch Hinweise auf mögliche Anschlussrouten.
Bei der Planung ist zu beachten, dass die meisten Museen auch in Lissabon montags geschlossen sind. Wer Lissabons Musik, den Fado hören möchte, sollte das am besten zwischen Donnerstag und Samstag tun.

Lissabon als Kurztrip

Lissabon für ein Wochenende

Samstag: Lissabons Wiege ist der Burgberg – ein sehr guter Ausgangspunkt für eine Stadterkundung. Über Lissabons Kathedrale Sé, geht's hinauf bis zum Kastell São Jorge (s. S. 126). Bei einem Rundgang entlang der Burgmauer können Sie sich ein erstes Bild über ganz Lissabon machen. Wer möchte, kann einen Einkaufsbummel über Lissabons berühmtesten Flohmarkt machen, die *Feira da Ladra*. Dann geht es abwärts, durch das Gassengewirr der Alfama oder Sie laufen bis zum Aussichtspunkt im Viertel Graça und fahren anschließend ein Stück mit der historischen Straßenbahnlinie 28.
Der Nachmittag gehört der Erkundung der Baixa mit ihren rechtwinklig angelegten Straßen, Traditionsgeschäften und Kirchen des 18. Jh. Mit dem Aufzug Santa Justa geht's anschließend in das ehemalige Literatenviertel des 19. Jh., den Chiado. Den Abend verbringt man dann am besten im Bairro Alto.
Sonntag: Sonntags vormittags haben die meisten Museen freien Eintritt. Warum sollte man diese Gelegenheit nicht einfach nutzen? Sehenswert sind z. B. das Museum Gulbenkian (s. S. 244) oder das Museum für Alte Kunst (s. S. 203).
Für den Nachmittag empfehlen wir Ihnen Belém. Monumentale Bauten zeugen vom ehemaligen Glanz der Entdeckernation Portugal. Das Jerónimos-Kloster, der Turm von Belém, ein Spaziergang am Tejo und eine Kostprobe der berühmten *Pastéis de Belém* sind ein Muss.

Lissabon für drei Tage

Wer drei Tage in Lissabon bleibt, sollte sich zusätzlich das neue Lissabon, den Parque das Nações, ansehen. Neben zeitgenössischer Architektur ist mit dem Ozeanarium, dem Museum der Wissenschaften und viel Grün direkt am Flussufer nicht nur für Abwechslung bei Familien gesorgt. Je nach Vorlieben kann man aber auch über einen Ausflug in die nähere Umgebung nachdenken: Natur- und Schlossliebhabern ist Sin-

tra zu empfehlen, Meerliebhabern und Familien Cascais. Architektur-Interessierte sollten sich in Lissabon die Viertel rund um die Avenida da Liberdade und die Avenidas Novas ansehen.
An warmen Tagen lohnt sich ein Abendessen am anderen Flussufer: Schifffahrt, herrlicher Blick auf Lissabon und Sonnenuntergang inbegriffen (s. S. 278).

Stadtrundfahrten und Stadtführungen

Stadtrundfahrten

Das Verkehrsunternehmen **Carris** bietet verschiedene Touren mit der Straßenbahn bzw. mit dem Doppeldeckerbus mit offenem Oberdeck an. Verschiedene Routen (ca. 1 Std. 45 Min.) stehen im Angebot, die die wichtigsten Sehenswürdigkeiten vom ehemaligen Expo-Gelände bis Belém anfahren. Meist stehen Audioguides auf Deutsch, immer aber auf Englisch zur Verfügung. Tickets können an den Vorverkaufsstellen z. B. an der Praça da Figueira oder dem Praça do Comércio sowie online gelöst werden (*Hop-On-Hop-Off*-System). Die Straßenbahntouren kosten 18 €, Busfahrten 14 €, Kinder von 4–10 Jahren zahlen die Hälfte. Mehr Infos unter www.yellowbustours. com.

Auch andere Unternehmen bieten Sightseeingtouren per Bus an, so z. B. **Grayline** und **City Sightseeing Lisbon**. Beide starten am Praça Marquês de Pombal, kosten 18 € für Erwachsene (9 € für Kinder), funktionieren nach dem *Hop-On-Hop-Off*-Prinzip und bieten Audioguides in Deutsch. Grayline fährt drei Touren in Lissabon, die Tickets sind 48 Std. gültig. Das Unternehmen bietet auch Touren ins Umland an (www.grayline.com/Lisbon). Die Tickets für die zwei Lissabonner Touren von City Sightseeing Lisbon sind 24 Std. gültig (www.city-sightseeing.com). Tickets können z. B. am Startpunkt erstanden werden.

Stadtführungen

Lisbon Walker, www.lisbonwalker.com (auch dt.), ☏ 2 18 86 18 40. Treffpunkt tgl. 10 Uhr Praça do Comércio/Ecke Rua do Arsenal, Reservierung nicht nötig, ca. 15 Min. vor Tourbeginn eintreffen, Tickets werden beim Guide für 15 bzw. 10 € gekauft. Touren sind in Englisch, Deutsch auf Anfrage. Fünf verschiedene Touren mit viel Geschichte stehen zur Wahl. Neben Rundgängen durch die Baixa, Alfama oder den Chiado gibt es auch die „Tour der Spione", die interessante Einblicke in die Geschichte Lissabons zur Zeit des Zweiten Weltkriegs gibt.

Luaverde, www.luaverde.com (dt.), ☏ 9 69 83 81 83, mit Voranmeldung. Die 2–3-stündigen Touren sind für Gruppen bis zu 10 Personen ausgerichtet, ab 15 € p. P. Luaverde bietet beispielsweise eine interessante literarische Tour an: Lissabon begleitet von *Fernando Pessoas* Zitaten. Wer Lissabon bei Nacht nicht allein erkunden möchte, findet auch hierzu einen Spaziergang.

Schiffstouren

Transtejo, Terminal Fluvial do Terreiro do Paço, ☏ 2 10 42 24 17. Das Fährunternehmen Transtejo bietet zwei verschiedene Flussrundfahrten an. Vom Fährableger

Terreiro do Paço (s. S. 164) geht es zum ehemaligen Expo-Gelände und bis nach Belém. Die „Tour der Entdecker" geht vom gleichen Anleger nur nach Belém. Kalte Getränke sind im Preis inbegriffen. Audioguide auch auf Deutsch. Abfahrt: April –Okt. tgl. 15 bzw. 16.15 Uhr, Preis: 20/15, Kinder und Senioren ab 65 Jahren 10 €.

Lissabon vom Tejo aus entdecken

LVT, Edifício Lisboa Visto do Tejo, www.lvt.pt, ☏ 2 13 91 30 30. Die Firma LVT, Lisboa Vista do Tejo, bietet z. B. Flussfahrten von Belém an den Cais do Sodré bzw. umgekehrt an. Ebenso steht samstags abends eine ca. 3-stündige Tejo-Rundfahrt mit Abendessen auf dem Programm (nur nach Reservierung). Zwischen April und Oktober, Di–So 11.45 u. 15.15 Uhr Abfahrt Cais do Sodré, 14 u. 16.30 Uhr Abfahrt Cais da Princesa (Torre de Belém), Preis: 12, Kinder 4–10 Jahre 8 €, die Rückfahrt kostet 4 € extra.

Andere Stadtrundfahrten

Obwohl sich Lissabon gut zu Fuß erkunden lässt, gibt es auch hier natürlich inzwischen Sightseeingtouren mit allen erdenklichen Fortbewegungsmitteln, egal ob Fahrrad, Segway, Gokart, Jeep oder Tuk-Tuk. Hier einige Beispiele:

Go Car Tours, Rua dos Douradores 16, www.gocartours.pt, ☏ 2 10 96 50 30, ab 29 €. Zu mieten gibt es dreirädrige Elektroautos, die zwei Personen Platz bieten. Begleitet wird man von einem sprechenden GPS, das auch Geschichten zu den jeweiligen Sehenswürdigkeiten erzählt. Es stehen Ausflüge durch Baixa-Chiado, Belém und das Expo-Gelände in deutscher Sprache zur Verfügung. Die Reservierung über die Homepage ist v. a. in den Sommermonaten zu empfehlen.

Tuk-Tuk Lisboa, www.tuk-tuk-lisboa.pt, ☏ 2 13 47 81 03, ab 60 €. Tuk-Tuks sind motorisierte Dreiräder mit Fahrer. Das Unternehmen bietet verschiedene Touren durch Lissabon an. Platz ist für maximal drei Personen. Treffpunkt entweder nach Vorabsprache, auf dem Aussichtspunkt Portas do Sol (Alfama) oder vor der Kathedrale.

Red Tour GPS, Rua dos Fanqueiros 18 u. 22, www.redtourgps.com, ☏ 9 10 80 20 00, tgl. 9.30–13 u. 14.30–19.30 Uhr im Sommer, im Winter bis 18 Uhr, ab 25 €. Gemietet werden können Buggies mit Elektromotor (2–4 Pers.), *Segways* (elektrische Stehroller) oder Fahrräder. Die Touren führen meist durch Alfama, Baixa und Belém – je nach gewähltem Fortbewegungsmittel.

Sé & Castelo

Der Burgberg – Die Geburtsstätte Lissabons

Redaktionstipps

- Den Spaziergang an der Kathedrale starten, dem ältesten Bauwerk der Stadt (S. 129).
- Ersten Aussichtspunkt an der Kirche Santa Luzia genießen (S. 131).
- Durch alte Gassen im Burgviertel hoch zum Kastell laufen (S. 131).
- Kleine Stärkung im *Zambeze* – wieder mit Aussicht (S. 134).

Den Burgberg könnte man als den „ersten Hügel" Lissabons bezeichnen, denn hier entstanden die ersten Ansiedlungen schon zur Zeit der Phönizier. Erst unter maurischer Herrschaft aber wurde im 8. Jh. das **Castelo São Jorge** gebaut und nach der Rückeroberung (*Reconquista*) 1147 von den christlichen Herrschern vergrößert. In und um die Burg spielte sich das mittelalterliche Leben ab – anhand einiger Straßennamen lässt sich das heute noch erahnen. So verweist die Rua do Chão da Feira auf den ehemals hier stattfindenden Markt, der Beco da Cozinha auf die königlichen Küchenanlagen und der Beco do Forno auf den gemeinschaftlichen Brotbackofen. Im 14. Jh. wurde der ehemals maurische Schutzring erweitert. Die *Cerca Fernandina* schloss nun außer der Alfama auch die heutige Mouraria sowie Teile der Unterstadt mit ein. Südlich der Burg fällt der Hang sanft zum Fluss hin ab und stellte schon unter römischer Herrschaft die wichtigste Verbindung zum Hafen dar. Etwa auf halben Weg liegt die Kathedrale Lissabons. Mit ihren wuchtigen Mauern ist sie das älteste heute noch erhaltene Bauwerk der Stadt. Ab dem 16. Jh. verlor der Burgberg an Wichtigkeit, der König bezog seinen neuen Palast in der Baixa, der Adel tat es ihm gleich. Kaum vom großen Erdbeben zerstört, sind die mittelalterlichen Strukturen im Burgviertel bis heute erhalten. Auch wenn der Burgberg eine der wichtigsten touristischen Zonen der Stadt ist, kann man immer noch Plätze entdecken, an denen die Zeit stehen geblieben zu sein scheint.

Spaziergang durch das Viertel

Igreja de Santo António – Kirche Santo António (1)

Diese kleine Barockkirche wurde an eben jenem Ort erbaut, wo 1190 *Fernando Bulhão*, der spätere Heilige *Santo António*, geboren wurde. Nach seiner Ausbildung in Lissabon beschloss der junge Geistliche den christlichen Glauben in Nordafrika zu ver-

i Information

So kommt man hin: Straßenbahn 12, 28; Bus 737. Beide Straßenbahnen und die Buslinie fahren alle beschriebenen Sehenswürdigkeiten an und halten in unmittelbarer Burgnähe. Wer mit der Metro unterwegs ist, steigt Baixa/Chiado (grüne und blaue Linie) oder Terreiro do Paço (blaue Linie) aus, geht das letzte Stück zu Fuß oder steigt auf Straßenbahn oder Bus um.
Dauer des Spaziergangs: 2–3 Std., je nach Pausen an den Aussichtspunkten länger.
So geht's weiter: Alfama oder Graça & Mouraria.

Die Burg thront über der Stadt

breiten. Durch ein Unwetter von seinem eigentlichen Ziel Marokko abgetrieben, strandete er in Italien, wo er in Padua als Bischof bis zu seinem Tod 1231 tätig war. Die heutige Kirche ersetzt die ursprüngliche Kapelle aus dem 13. Jh., nachdem diese durch das Erdbeben 1755 fast völlig zerstört wurde. Der Wiederaufbau wurde teilweise über Spenden finanziert, die Kinder in den Straßen Lissabons mit der Bitte um einen „Groschen für den Heiligen António" sammelten. In der Kirche links hängt ein riesiges Antonius-Bild. Der Volksglaube besagt, dass Wünsche, die man beim Berühren des Bildes äußert, in Erfüllung gingen. Wie populär dieser Glaube ist, zeigen die abgegriffenen Stellen des Rahmens.
Kirche Santo António, *Largo de Santo António à Sé, tgl. 8–19.30 Uhr*

Noivos do Santo António – Hochzeiten unter dem Schutz des Heiligen Antonius

info

Jedes Jahr ist es ein großes Ereignis, wenn sich die *Noivos do Santo António* – die Brautpaare des Hl. Antonius – am 12. Juni das Jawort geben. Mittlerweile finden die Trauungen nicht mehr hier, sondern in der nahe gelegenen Kathedrale statt. Anschließend werden die Brautsträuße dem Schutzheiligen glücklicher Ehen in der Kirche Santo António geopfert. Der Andrang ist groß, die Hochzeit wird im Fernsehen übertragen. Um die 200 Paare bewerben sich jedes Jahr für die heute von der Stadtverwaltung gesponserte Hochzeit. Letztlich ausgewählt werden elf. Die Kriterien dafür haben sich übrigens in den letzten 50 Jahren etwas gelockert. Anfänglich mussten die Bräute noch ihre Jungfräulichkeit mit einem ärztlichen Attest bestätigen.

Sehenswürdigkeiten
1 Igreja de Santo António
2 Museu Antoniano
3 Sé Patriarcal de Lisboa
4 Ruinas e Museu do Teatro Romano
5 ehem. Gefängnis Aljube
6 ehem. Gefängnis O Limoeiro
7 Miradouro e Igreja de Santa Luzia
8 Castelo de São Jorge
9 Gasse Bartolomeu de Gusmão
Einkaufen
1 Fabula Urbis
2 A Arte da Terra
3 Ponto LX
4 Nobre Povo
N
0
100 m
Graça & Mouraria
LINIE 12
Castelo de São Jorge
Igreja Menino de Jesus
B. d. Cozinha
R. de Santa Cruz do Castelo
R. dos Cegos
Rua de São Tomé
Pátio de L. Fradique
Lg. Contador-Mor
Miradouro Portas do Sol
Rua da Costa do Castelo
Cç. M. d. Tancos
Rua do Chão de Feira
R. d. Torre
R. Bartolomeu d. Gusmão
Rua das Damas
Largo dos Lóios
Rua de Santiago
Rua de São Mamede
Rua da Madalena
Travessa d'Almada
Calçada do Correio Velho
Rua do Limoeiro
LINIE 28
BAIXA
Rua da Conceição
Igreja da Madalena
Rua de Augusto Rosa
Rua do Barão
Rua Cruzes da Sé
Rua da Padaria

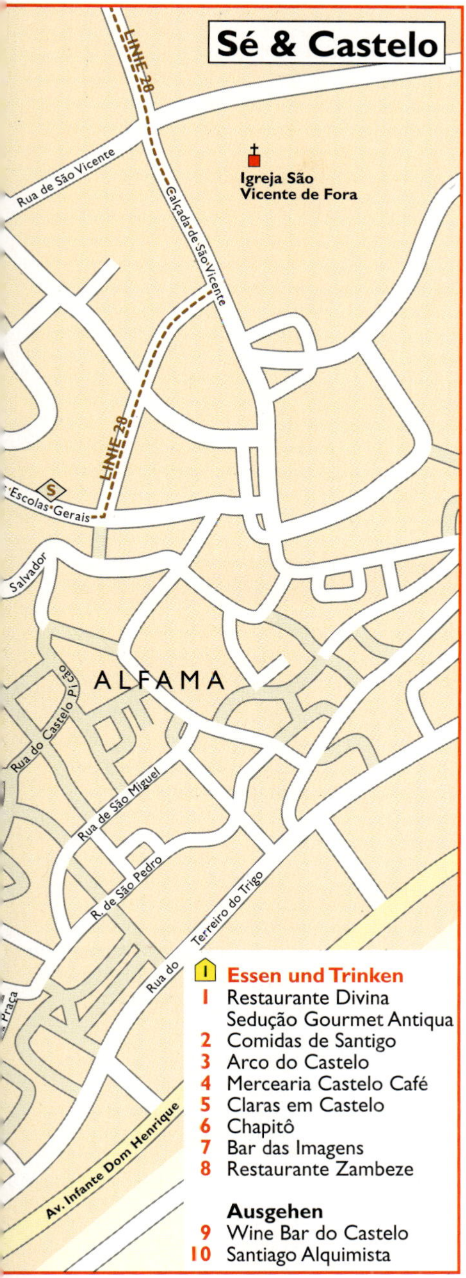

Museu Antoniano – Museum Antoniano (2)

Direkt neben der Kirche befindet sich das Museum. Zu sehen ist eine große Sammlung von Dokumenten, liturgischen Objekten, Gemälden, Keramiken und anderen Dingen über das Leben des Heiligen und den populären Antonius-Kult in Lissabon.

Museum Antoniano, *Largo de Santo António à Sé 24, Di–So 10–13 u. 14–18 Uhr*

Sé Patriarcal de Lisboa – Kathedrale (3)

Auf den Ruinen der Moschee des maurischen Lissabons 1150 unter dem Namen *Santa Maria Maior* erbaut, ist die Sé Patriarcal de Lisboa das **Symbol der christlichen Rückeroberung der Stadt**. Das große Erdbeben 1755 überstand die Kathedrale in großen Teilen, weshalb sie als das älteste Gebäude der Stadt gilt. Zwei massive Türme mit Zinnen und eine schlichte romanische Fassade, die lediglich von der gotischen Rosette unterbrochen ist, unterstreichen den burgähnlichen Charakter der Kirche. Das Innere ist ebenso schlicht. Die Seitenaltäre, der Chorumgang und der wunderbare Kreuzgang stammen aus der zweiten Bauperiode im 14. Jh. und weisen deutlich gotische Züge auf. Nach dem Erdbeben 1755 fanden die größten Umbauarbeiten statt: Im barocken bis neoklassischen Stil wurden Sakristei und Hauptaltar erneuert, letzterer mit zeitgenössischen Gemälden und einer Orgel versehen. Außerdem wurde der komplette Innenraum reich mit vergoldeten Holzschnitzarbeiten und Azulejos verziert. Ihr heutiges Äußeres verdankt die

Kathedrale den bislang letzten baulichen Veränderungen aus der ersten Hälfte des 20. Jh. Ziel war es, den mittelalterlichen Charakter der Kathedrale wiederherzustellen: Die Türme wurden mit Zinnen verziert, die pompöse Innenausstattung abgetragen. Lediglich die Azulejos in der Taufkapelle des *Santo António* zeugen noch von der barocken Fliesenpracht. Sie zeigen Szenen von Johannes dem Täufer und die berühmte Predigt des *Santo António* an die Fische.

Im Portugiesischen werden Kathedralen *Sé* genannt, eine Abkürzung von „Sede" – Bischofssitz. Zusätzlich führen seit 1716 die Lissabonner Erzbischöfe den Titel eines Patriarchen, was zur Erweiterung des Namens *Sé Patriarcal* führte. Seit 1998 wird das Erzbistum von Kardinal *José da Cruz Policarpo* geleitet.

Kathedrale, *Largo da Sé, Di–Sa 9–19, So–Mo 9–17, Messe Mo–Sa 18.30, So u. feiertags 11.30 Uhr*

Kreuzgang: *Di–Sa 10–17.30 u. So, Mo 10–17, Okt.–April nur bis 17 Uhr.* Die Öffnungszeiten sind bisweilen flexibel. Der **Kreuzgang** ist sehr sehenswert. Unter König *Dinis* im gotischen Stil erbaut sind letzte romanische Einflüsse noch sichtbar. Die Ausgrabungen zeigen römische und maurische Funde und Mauerfundamente.

Schatzkammer: *Mo–Sa 10–17 Uhr.* Im kleinen Museum sind sakrale Gegenstände und Messgewänder ausgestellt. Wertvollstes Exponat aber dürfte der Reliquienschrein des Stadtheiligen *São Vicente* sein.

info

Lissabons Schutzpatron São Vicente

Der Legende nach wurde das Boot, in dem der Leichnam des Heiligen an der südlichsten Spitze Portugals an Land gespült wurde (dem heutigen *Cabo São Vicente*), ständig von zwei Krähen begleitet. Nach der Rückeroberung wurden die sterblichen Überreste des Heiligen nach Lissabon gebracht. Seitdem ist der *São Vicente* der offizielle Stadtpatron Lissabons. Auch das Stadtwappen zeigt die Insignien des Heiligen – ein Boot mit zwei Krähen. Lange Zeit sollen übrigens die Nachfahren eben dieser Krähen im Kreuzgang der Kathedrale gewohnt haben.

Ruinas e Museu do Teatro Romano – Ruinen und Museum des Römischen Theaters (4)

Unweit der Kathedrale befinden sich die Ruinen des römischen Theaters, welche erst im 18. Jh. nach dem großen Erdbeben zufällig entdeckt wurden. Das Theater stammt von 54 v. Chr. und bot bis zu 5000 Besuchern Platz. Zu sehen sind Teile des Orchestergrabens sowie der Bühne. Fundstücke wie Säulen, Statuen und Münzen können im gegenüberliegenden Museum betrachtet werden. Eine digitale dreidimensionale Rekonstruktion des kompletten Theaters und weitere Einzelheiten zur römischen Vergangenheit Lissabons stehen an einigen Computerplätzen zur Verfügung.

Ruinen und Museum des Römischen Theaters, *Pátio do Aljube 5 und Rua de São Mamede 3, www.museuteatroromano.pt (nur port.),* ☏ *2 18 82 03 20, Di–So 10–13 u. 14–18 Uhr, freier Eintritt*

In der Nähe befinden sich übrigens zwei ehemalige Gefängnisse: Links das **Gefängnis Aljube (5)**, für abtrünnige Priester und Ordensbrüder gebaut, wurde es später als Frauengefängnis und unter Diktator *Salazar* für politische Häftlinge genutzt.

Der Stadtheilige São Vicente

Heute erinnern nur noch die alten Gitterstäbe und eine Gedenktafel an diese Zeit. Mittlerweile ist es ein Zentrum für soziale Wiedereingliederung, gelegentlich werden Räume für Ausstellungen genutzt. Rechts, Richtung Burg, befand sich das **Gefängnis O Limoeiro (6)**. Hier saß der Dichter *Bocage* im späten 18. Jh. bei Wasser und Brot drei Jahre lang ein. Er prangerte auf satirische Weise die sozialen Umstände sowie den Despotismus der Herrschenden an. Heute befindet sich hier ein Ableger der juristischen Fakultät.

Miradouro e Igreja de Santa Luzia – Aussichtspunkt und Kirche Santa Luzia (7)

Auf halbem Weg zur Burg lässt sich noch einmal eine Verschnaufpause auf einem schönen Aussichtspunkt einlegen: Genießen kann man die Aussicht über die Dächer der Alfama und den Tejo. Die Kirche des Malteserordens sowie der obere ältere Teil des *Miradouros* stehen auf den Resten der alten *Cerca Moura*, der maurischen Stadtmauer. Die blau-weißen Kacheln an der Außenseite der Kirche zeigen den Praça do Comércio vor dem großen Erbeben sowie *Martim Moniz*, wie er die Burg während der Reconquista stürmte. Das Innere der Kirche ist hell, sehr schlicht eingerichtet und hat einen eigenen Charme.

Die untere Ebene des Aussichtspunkts wurde erst in den 1960er-Jahren fertiggestellt. In den Sommermonaten blüht hier ein riesiger Bougainvillea-Strauch. Der etwas lieblose quadratische Brunnen wird bei Hitze gerne von den Kindern aus der Nachbarschaft als Planschbecken benutzt. Im Restaurant sollten Sie höchstens ein Getränk zu sich nehmen – die Preise sind deutlich überteuert. Eine ähnlich gute Aussicht und günstigere Getränke bietet der Kiosk auf den Portas do Sol, direkt nebenan.

Aussichtspunkt und Kirche Santa Luzia, *Largo de Santa Luzia, nachmittags, unregelmäßige Öffnungszeiten*

Castelo de São Jorge – Burg São Jorge (8)

Die Lissabonner Burg ist Zeuge der langen Vergangenheit der Stadt und ihres Reichtums. Älteste Funde gehen bis auf die Eisenzeit um 600 v. Chr. zurück. Auch römische Spuren, wenn auch wenige, konnten gefunden werden. Eine erste Blüte erlebte die Burg unter den Mauren. Überreste herrschaftlicher Gebäude, Gebrauchsgegenstände und Münzen kamen erst kürzlich bei Ausgrabungen zum Vorschein. Die Burganlage war gut befestigt, so war die Eroberung durch die Kreuzritter unter *Alfonso Henrique*, dem ersten König Portugals, langwierig und schwierig. Unter den christlichen Königen wurde die Anlage bis Ende des 15. Jh. genutzt und ausgebaut. Die ehemalige Moschee wurde durch die Kirche *Menino de Jesus* ersetzt, die maurische *Alcaçova* (Zitadelle) durch den Königspalast. Durch den Bau des Bischofspalasts und einiger Paläste des

Immer dem Schild nach

Stadtadels wurde der militärische Charakter der Burganlage aufgeweicht. Mit dem Umzug des Königs in den neuen Palast in der Baixa Anfang des 16. Jh. verlor die Burg an Bedeutung und verfiel. Lange Zeit wurde sie als Gefängnis, später als Stützpunkt des Militärs genutzt. Ihr heutiges Aussehen geht auf die Umbauarbeiten in den 1930er- bis 1940er-Jahren zurück. Die Burg erhielt ihr mittelalterliches Antlitz und Lissabon eine der heute wichtigsten Sehenswürdigkeiten zurück. Vom Vorplatz der Burg hat man eine herrliche Aussicht über die Unterstadt und den Tejo. Unerwartete Blicke über ganz Lissabon aus der Vogelperspektive eröffnet ein Spaziergang entlang der Wehrmauer. Diese wird von zehn Türmen unterbrochen, die über steile Treppen erklommen werden können. Die Wehrmauer zum ehemaligen Wachturm Torre de Lourenço führt fast bis in die Unterstadt. Er verband die Burg mit der mittelalterlichen Stadtmauer. Im Torre do Ulisses war die ehemalige Schatzkammer der Stadt untergebracht, hier wurde die Staatskasse mit ihren Steuereinnahmen gehütet. Heute kann man in der ***Câmera Escura*** über einen Spiegel ein 360-Grad-Bild der Stadt sehen und ahnungslose Passanten auf den Straßen beobachten. In den ehemaligen *Alcaçovas* ist neben einem Restaurant und Café auch ein Museum untergebracht. Hier veranschaulichen Keramiken, Münzen und andere Fundstücke das Alltagsleben in der Burg. Im **archäologischen Ausgrabungsgebiet** der Burg gibt es u. a. Überreste der ersten Siedlungsperiode um 700 v. Chr. sowie Teile der maurischen Stadt um 600 zu sehen. Unter den Schutz des Heiligen *São Jorge*, Patron der Krieger und des christlichen Glaubens, wurde das Kastell übrigens erst Ende des 14. Jh. gestellt, als der Krieg mit Spanien beendet und der Friede wiederhergestellt war.

Schöne Aussicht

Burg São Jorge, *www.castelodesaojorge.pt, tgl. 9–21 (März–Okt.), ansonsten bis 18 Uhr, Eintritt 7,50 €, Câmara Escura tgl. 9–17 Uhr, Museum und Ausgrabungsstätte, Öffnungszeiten wie Burg*

Bartolomeu de Gusmão – Der fliegende Priester

Wenn Sie die Burg durch den Ausgang rechts verlassen, passieren Sie auch die kleine **Gasse Bartolomeu de Gusmão (9)**. Spannendes gibt es hier eigentlich nicht zu entdecken. Der Straßenname erinnert jedoch an ein historisches Ereignis aus der Luftfahrt. Der Priester *Bartolomeu de Gusmão* entwickelte 1709 ein Flugvehikel, das er *passarola* nannte. Vom Vorplatz des Kastells gestartet, legte er eine 1000 m lange Strecke zurück und landete sicher auf dem Praça do Comércio – so die Legende. Wie sein Fluggerät tatsächlich aussah, ist leider nicht überliefert. In die Geschichte ging er als der fliegende Priester ein. Literarisch verarbeitet wurde das Thema in „Das Memorial" von *José Saramago*.

Reisepraktische Informationen

(Karte s. S. 128)

Einkaufen

Die Umgebung der Burg ist ein wahres Einkaufsparadies für Freunde touristischer Souvenirs: der Hahn aus Barcelos, Sardinen und Eléctricos, von traditionell über kitschig bis stylish-modern. Ebenso gibt es diverse Heiligenstatuen, Azulejos, Portugal-Fahnen in unterschiedlichen Größen und Ausstattungen bis hin zu den üblichen Postkarten. Die Preise sind in der Regel alle sehr ähnlich bis identisch.

Fabula Urbis (1), *Rua de Augusto Rosa 27, www.fabula-urbis.pt, ☏ 2 18 88 50 32, tgl. 10–14 u. 15–20 Uhr. Alles rund um Lissabon. Ein kleiner, gut sortierter Buchladen, in dem Sie auch deutschsprachige Bücher über die Geschichte Lissabons sowie Übersetzungen der wichtigsten port. Autoren finden.*
A Arte da Terra (2), *Rua de Augusto Rosa 40, www.aartedaterra.pt, ☏ 2 12 74 59 75, tgl. 11–20 Uhr. Auch wenn Sie gerade kein Souvenir suchen, lohnt sich ein Blick in die ehemaligen Stallungen des früheren Bischofspalasts. Die Höhe der Gewölbedecke aus Ziegelsteinen ist beeindruckend, die ehemaligen Futtertröge dienen den verschiedenen Kunsthandwerkern als Auslage. Zu kaufen gibt es ganz verschiedene Andenken und regionale Produkte. Wer fündig wird, kann sich die Einkäufe auch nach Hause schicken lassen.*
Ponto LX (3), *Rua Augusto Rosa 23, ☏ 2 10 18 32 13, tgl. 11–19 Uhr. Ob als Kissen, Schlüsselanhänger oder Brosche: Hier gibt es Sardinen aus Stoff, in verschiedenen Größen, Farben und Ausführungen; ebenso Schmuck und anderes selbst Gemachtes aus Stoff. Wer eine Sardine kauft, wird gebeten, diese in ihrer neuen Heimat zu fotografieren. Die schönsten Schnappschüsse gibt es im Laden und auf Facebook zu sehen.*
Nobre Povo (4), *Rua Bartolomeu de Gusmão 23–25, www.nobrepovo.com, ☏ 2 18 88 80 23, Mi–Mo 11–21, im Winter bis 19 Uhr. Das Sortiment im Laden des „edlen Volkes" hebt sich deutlich von den ansonsten in der Umgebung angebotenen Souvenirs ab. Über 20 Keramik- und Glaskünstler sind vertreten: Gebrauchsgegenstände, Schmuck oder einfach nur Schönes.*

Essen und Trinken

Cafés und Restaurants mit besonders schöner Aussicht

€€–€€€ **Restaurante Zambeze (8)**, *Calçada Marquês de Tancos, www.zambeze restaurante.pt, ☏ 2 18 87 70 56, tgl. 11–23 Uhr. Riesige Terrasse auf dem Dach der ehemaligen Markthalle Chão do Loureiro. Die Aussicht über die Stadt ist atemberaubend – vor*

Zambeze – Dachterrasse mit schöner Aussicht

allem bei Sonnenuntergang. Den kann man hier bei Kaffee oder einem Drink und Snacks verbringen. Das Innere des Restaurants ist luftig, hell und mit Keramiken von Bordalo Pinheiro dekoriert. Portugiesisch-mosambikanische Küche.

Bar das Imagens (7), *Calçada Marquês de Tancos 1, Di–Sa 11–2 u. So 17–23 Uhr, im Januar geschlossen. Direkt neben dem „Zambese". Kleine Terrasse mit schönem Blick auf die Unterstadt. Am Wochenende legen DJs elektronische Musik auf. Der kleine Innenraum ist mit allerlei Raritäten eingerichtet. An windigen Tagen sollten sie unbedingt eine Jacke mitbringen, die Terrasse ist sehr zugig.*

€€ **Chapitô (6)**, *Rua Costa do Castelo 7, www.chapito.org, ☏ 2 18 86 73 34, Restaurant: Mo–Fr 15–19.30 u. Sa, So 19.30–2 Uhr, Terrasse: Mo–Fr 19.30–2, Sa, So und feiertags 12–2 Uhr. Das Chapitô, das aus der Kantine der gleichnamigen Zirkusschule entstand, lässt sich schwer in Kategorien einordnen. Tagsüber bietet die Terrasse eine schöne Aussicht über Lissabon und Erholung vom Sightseeing. Am frühen Abend kann man gut, wenn auch nicht ganz günstig, essen. Dann hat man auch Anrecht auf die Logenplätze in der ersten Reihe, bei schlechterem Wetter im* **Restô**, *im Restaurant-Gebäude, ebenfalls mit Aussicht. Während der Sommermonate geben die Zirkusschüler meist gegen 22 Uhr ihre Künste zum Besten. Ebenfalls ab 22 Uhr öffnet die* **Bar do Chapitô**, *im Kellergeschoss. Live-Musik und DJs verschiedener Musikrichtungen. Längst kein Geheimtipp mehr, aber immer noch sehr empfehlenswert.*

Essen und Trinken im Burghof (8)

Direkt im Burghof gibt es drei verschiedene Möglichkeiten sich zu stärken:

€€€–€€€€ **Restaurante Casa do Leão**, *Castelo de São Jorge, ☏ 2 18 88 01 54, tgl. 12.30–15 u. 20–22.30 Uhr. In der ehemaligen Waffenkammer der Burg ist eines der edelsten Restaurants Lissabons untergebracht. Der Raum hat ein wunderbares Tonnenge-*

wölbe und mit Azulejos verzierte Wände. Im Sommer genießt man von der Terrasse einen wunderbaren Ausblick auf die ganze Stadt. Angenehmes Ambiente.
Tipp: *Reservieren Sie telefonisch, Ihr Name wird am Eingang hinterlegt und Sie müssen den Eintritt in die Burg nicht bezahlen.*
€ **Café do Castelo,** *Öffnungszeiten wie die Burg (s. S. 132). Die preiswertere Variante ist, im Innenhof des Kastells zu speisen. Täglich wechselnde Tagesgerichte sowie Sandwiches und Kuchen gibt es in diesem Selbstbedienungscafé. Im Sommer kann man auf der Terrasse eine Kaffeepause einlegen. Leider ohne Aussicht auf die Stadt, dafür auf den bepflanzten Innenhof mit vorbeischreitenden Pfauen.*

Für eine kurze Erfrischung steht auf dem Vorhof ein **Kiosk** *zu Verfügung. Hier werden kalte Getränke und Eis verkauft. Diese kann man dann auf der Burgmauer und mit herrlichem Blick genießen.*

Weitere Restaurants und Cafés
€€–€€€ **Restaurante Divina Sedução Gourmet Antiqua (1),** *Rua Augusto Rosa 4, ☏ 2 18 88 81 44, Do–Di ca. 12–15 u. 19.30–23 Uhr. Originell in Sachen Essen und Atmosphäre. Ehemaliges Antiquitätengeschäft, dessen Spuren durchaus noch in der Einrichtung zu sehen sind: holzverkleidete Wände und viel Gold. Die Küche lässt sich als portugiesisch-originell mit internationalen Einflüssen beschreiben. Am Wochenende gibt es zum Abendessen oft Fado (ohne Aufpreis). Dann Reservierung empfohlen.*
€–€€ **Arco do Castelo (3),** *Rua Chão da Feira 25, ☏ 2 18 87 65 98, Mo–Sa 12–24 Uhr. Gleich vor dem Tor zum Kastell befindet sich dieses kleine Restaurant. Weinflaschen zieren die Wände, Vater und Sohn führen den Laden. Hier bietet sich eine gute Möglichkeit, die „echte" Küche aus der Ex-Kolonie Goa zu testen. Z. B. Sarapatel de Porco: Schweinefleisch, Innereien, Nelken, Zimt, Safran und andere Gewürze.*
€€ **Comidas de Santigo (2),** *Largo do Contador-Mor 21, ☏ 2 18 87 58 05, tgl. 10.30–24 Uhr. Traditionell eingerichteter, kleiner Speiseraum und eine angenehme Terrasse, port. Küche. Trotz der Nähe zur Burg ein gutes Preis-Leistungs-Verhältnis bei nettem Service.*
€€ **Claras em Castelo (5),** *Rua Bartolomeu de Gusmao 31, ☏ 2 18 85 30 71, tgl. ab 12 Uhr, Küche 12–16 u. ca. 19.30–21.15 Uhr. Kleiner Familienbetrieb, tgl. wechselnde Tagesgerichte, netter Service, direkt bei der Burg.*

Mercearia Castelo Café (4), *Rua das Flores de Santa Cruz 2, ☏ 2 18 87 61 11. Nettes Café direkt auf der Rückseite der Burg, etwas abseits vom Trubel, einige Tische draußen, Schatten spendet eine alte Kiefer. Auch kleine Snacks.*

Ausgehen
Alternativen zu **Chapitô** *und* **Bar das Imagens**:
Wine Bar do Castelo (9), *Rua Bartolomeu Gusmão 13, winebardocastelo.blogspot.pt, ☏ 2 18 87 90 93, Mi–Mo 14–22 Uhr, in unmittelbarer Nähe zur Burg. Hier können Weine aus ganz Portugal verkostet werden, ob Glas- oder Flaschenweise. Die Kellner sprechen gut Englisch und beraten gerne.*
Santiago Alquimista (10), *Rua de Santiago 19, www.santiagoalquimista.com, Mo–Do 22–2 u. Fr–Sa 22–4 Uhr, Eintritt bei Veranstaltungen 5–10 €. Musikclub mit Live-Konzerten verschiedenster Musikrichtungen und anderen kulturellen Veranstaltungen. Sehr schöne Aussicht auf den Tejo. Leider ist das Bier nicht immer richtig kalt und die Freundlichkeit der Bedienung lässt auch mal zu wünschen übrig. Dennoch witzige Location, junges Publikum.*

Alfama

Alfama – Die alte Seele der Stadt

Nahezu unbehelligt von städteplanerischen Veränderungen und Errungenschaften besteht die Struktur dieses **ältesten noch erhaltenen Stadtviertels**. Bereits im 8. Jh. wurde das Gebiet am Fuß der Burg von den Mauren besiedelt. Später residierten in den engen Gassen die Adeligen der Stadt. Aus der maurischen Zeit hat das Viertel auch seinen Namen: Vermutlich ist er aus dem arabischen Wort *al-hama* abgeleitet, was „heiße Quellen" bedeutet. Zwar waren die Quellen eher warm als heiß,

Ein Meer aus roten Dächern vor dem blauen Tejo

i Information

So kommt man hin: Metro Terreiro do Paço, Santa Apolónia (blaue Linie); Straßenbahn 12, 18, 25, 28; Zug Santa Apolónia.
Dauer des Spaziergangs: 3 Std., ohne Pause auf einem der kleinen Plätze oder Aussichtspunkte.
So geht's weiter: Sé & Castelo oder Mouraria & Graça.
Tipp: Sollten Sie die Orientierung verlieren: Einfach immer den Berg runter gehen in Richtung Fluss und dann rechts. So landet man fast automatisch in der Baixa.

aber es waren viele – vor allem für eine Stadt, die immer wieder unter Trinkwassermangel litt.
Ab dem 16. Jh. verlor das Viertel an Bedeutung und Glanz. Handwerker, Fischer und Seeleute bevölkerten die Alfama, nachdem die Juden vertrieben wurden und die Adeligen in neuere Stadtviertel weiter westlich gezogen waren. Das verheerende Erdbeben von 1755 richtete in der Alfama nur wenig Zerstörung an. Was an Schäden entstand, behoben die Bewohner selbst. So ist bis heute die mittelalterliche Struktur erhalten geblieben.
Im 19. Jh. galt die Alfama mit ihren dunklen Gassen und zwielichtigen Tavernen als gefährlich und arm. In diesem Milieu entstand der *fado*, der bis heute die gute, alte und schöne Alfama besingt. Lange Zeit blieb das Viertel seinem Schicksal überlassen. Abrisspläne wurden ausgearbeitet, aber nicht verwirklicht.

Redaktionstipps

- Zeit nehmen, um den eigenwilligen, aber liebenswerten Charme des Viertels kennenzulernen.
- Rast auf dem Aussichtspunkt Portas do Sol und das wunderbare Panorama genießen (S. 142).
- Besuch des Nationalpantheons und der Kirche São Vicente de Fora (S. 144).
- Ausgiebiger Einkaufsbummel über die Feira da Ladra (S. 144).
- Ein Fado-Abend lässt sich am besten hier erleben (S. 149). Wer mag, kann vorher im Fado-Museum die Geschichte dieser typischen Lissabonner Musik kennenlernen (S. 142).

Auch heute noch versprühen die engen Gassen und Treppchen, das Flattern der Wäsche an den Minibalkonen mit dazugehörendem Quietschen der Wäscheleinen, der Fado, der Duft gegrillter Sardinen, das Leben auf den Straßen und die alten schmalen Häuser **viel Charme**. Was dem Besucher als so schön romantisch und pittoresk erscheint, bedeutet für viele Bewohner einen Mangel an Komfort. Die Mehrzahl der Wohnungen ist klein, feucht und dunkel. Schon lange gilt: Wer es sich leisten kann, zieht in moderne Wohnviertel. Geblieben sind vor allem sozial schwächere Familien und ältere Leute. Trotzdem haben die Bewohner ein besonderes Verhältnis zu ihrem Viertel, wohnen doch die meisten Familien schon seit Generationen hier. In den letzten Jahren, vor allem seitdem die alten Häuser vermehrt restauriert werden, zieht es vornehmlich junge Portugiesen in die Alfama. Mehr zum Thema Alfama und Mietpreisproblematik finden Sie im Kapitel Stadtgeschichte auf S. 27.

Spaziergang durch die Alfama

Casa dos Bicos – Haus der Spitzen (1)

Die Fassade der **Casa dos Bicos** verzieren pyramidenförmig zugespitzte Steine in geometrischem Muster, daher der Name „Haus der Spitzen“. Das seltsam anmutende Gebäude wurde 1523 von *Brás de Albuquerque* in Auftrag gegeben. Der Sohn des ersten portugiesischen Vizekönigs von Indien war selbst Senatspräsident von Lissabon und Schützling von König

Casa dos Bicos

Einkaufen
1 Garrafeira da Sé
2 Anabela Cardoso
3 Tiago Praça
4 Garbags

Essen und Trinken

Cafés
1 Cruzes Credo
2 Pois Café

Restaurants
3 Cervejaria Amigo António
4 Pateo 13
5 Faz Figura
6 Restaurante Bica do Sapato
7 A Muralha
8 Primo Basílico
9 Entre Guitarras

Sehenswürdigkeiten

1 Casa dos Bicos
2 Chafariz d' El- Rei
3 Judiaria Pequena
4 Igreja São Miguel
5 Largo do Chafariz de Dentro
6 Museu do Fado e da Guitarra Portuguesa
7 Miradouro da Igreja Santo Estêvão
8 Beco do Carneiro
9 Öffentliches Waschhaus
10 Largo das Portas do Sol
11 Museu-Escola das Artes Decorativas Portuguesas
12 Ältestes Verkehrszeichen Lissabons
13 Igreja São Vicente de Fora
14 Feira da Ladra
15 Panteão Nacional
16 Museu Militar
17 Estação Santa Apolónia

ntleben
Jazz
Vinhos
iscos
othek Lux –
e Ferroviário
e do Fado
de Linhares
hau de Molho
uca
urante
na de Alfama
de Frades

Manuel I. Inspiriert ist der Stadtpalast vom Stil ähnlicher Bauten in Bologna und Ferrara, die den portugiesischen Adeligen auf einer Italienreise beeindruckt hatten. Die oberen Stockwerke wurden beim Erdbeben 1755 komplett zerstört und lange nicht wiederaufgebaut. Die unteren wurden über Jahrzehnte als Lagerhallen bzw. als Verkaufsstelle für Portugals Nationalfisch, den *bacalhau*, genutzt. 1981 begann mit Hilfe von Originalzeichnungen die Rekonstruktion des Gebäudes. Bei den Arbeiten wurden römische Mauerreste gefunden. Durch die moderne Glasverschalung der Rückseite sind diese jetzt wieder zu sehen. Die Rekonstruktion insgesamt ist ein Versuch, moderne Materialien und Originalbau zu kombinieren. 2012 wurde hier die Kulturstiftung von Portugals Literaturnobelpreisträger *José Saramago* eröffnet. Neben einer Bibliothek gibt es auch wechselnde Ausstellungen.

Casa dos Bicos und Kulturstiftung José Saramago, *Rua dos Bacalhoeiros, www.josesaramago.org (nur port. u. span.), ☏ 2 18 80 20 40, Mo–Fr 10–18 u. Sa 10–14 Uhr, Metro Terreiro do Paço; Straßenbahn 18, 25*

Chafariz d' El-Rei – Königsbrunnen (2)

Erbaut wurde der **älteste erhaltene Brunnen Lissabons** 1220 unter König *Dinis*. Ihm ist auch der heutige Name gewidmet – „d'El Rei" heißt „des Königs". In früheren Jahrhunderten gab es wegen Wassermangels immer wieder Streitigkeiten, Rangeleien und sogar Tote an dem Brunnen. 1551 erließ der Senat deshalb Gesetze, die die Benutzung des Brunnens

Blick vom Platz am Chafariz de Dentro auf die Kirche

regelten. So wurden hier die sechs Brunnenhähne nach Geschlecht und Herkunft aufgeteilt: getrennte Wasserhähne für Mauren, Mulatten, Schwarze und Weiße. Als Hauptwasserquelle versorgte er im 16. Jh. auch die Schiffe im Hafen. Ende des 19. Jh. fanden letzte Umbauarbeiten statt, die Anzahl der Wasserhähne wurde auf drei reduziert. Über dem Brunnen steht ein kleiner Stadtpalast (um 1900 erbaut) mit schöner Gartenterrasse, der heute als Hotel genutzt wird.

Judiaria Pequena – Ehemaliges Judenviertel (3)

Juden bildeten einen wesentlichen Teil der intellektuellen Elite und reichen Kaufmannsschicht Portugals. Ebenso spielten sie zeitweise eine große Rolle in der Verwaltung. Unter den Schutz der Krone gestellt, auch der König war abhängig vom jüdischen Finanzhandel, wurden sie von der christlichen Bevölkerung mit Neid betrachtet. Um weiteren Konflikten vorzubeugen, wurden im 14. Jh. *judiarias* eingerichtet, in denen die Juden nun leben sollten. Trotz einiger Gesetzesauflagen lebten sie dort bis Mitte des 15. Jh. relativ unbehelligt. Als Spanien 1492 die Juden des Landes verwies, erklärte sich der portugiesische König *João II.* zunächst bereit, gegen Bezahlung 50 000 spanische Juden aufzunehmen. Mit den ankommenden Flüchtlingsströmen verschärfte sich jedoch das Klima. 1496 erließ König *Manuel I.* ein **Gesetz zur Zwangskonvertierung**, im Folgejahr wurden die nicht konvertierten Juden des Landes verwiesen. Die Judenviertel wurden aufgelöst. 1506 kam es zu einem Pogrom, bei dem 2000 Juden ermordet wurden. Die **Judiaria Pequena in der Alfama** war das kleinste der drei Judenviertel Lissabons. Heutige Zeugen sind nur noch der Name der Rua da Judiaria und einige Mauerreste, vermutlich der ehemaligen Synagoge.

Pogrom

Rund um die Kirche São Miguel (4)

An den kleinen Plätzen und auf den Stufen der Kirche sitzen neben älteren Damen und Herren oft auch Jugendliche. Die Bewohner versorgen sich hier mit Lebensmitteln und den Dingen des alltäglichen Bedarfs: in den kleinen Krämerläden, Bäckereien oder beim Metzger. Im gemütlichen Plausch lässt sich die Qualität der Ware, das Wetter und der neueste Klatsch intensiv besprechen: „Dona Maria hat gestern Abend wieder lauthals mit ihrem Mann gestritten und der Sohn von Dom Filipe will nicht zur Schule gehen und – *ai, que calor* – ist das heute wieder eine Hitze...“. Eile hat hier kaum einer. Englisch-Kenntnisse sind eher Mangelware. Touristen werden deshalb schon mal etwas distanziert bedient, meist aber geduldig und freundlich.

Largo do Chafariz de Dentro (5)

Ein weiterer **zentraler Punkt der Alfama** ist der Largo do Chafariz de Dentro. Hier sitzt es sich auf den Holzbänken und in den einfachen Restaurants mit Außengastronomie sehr angenehm. Abends verwandelt sich der Platz in die Ausgehmeile des Fado, sind hier doch mehrere Fado-Lokale zu finden. Der Brunnen, nach dem der Platz benannt ist, lag innerhalb der fernandinischen Stadtmauern, daher der Name *de Dentro* – „drinnen“. Heute erinnert nur noch ein ausgetrocknetes Steinbecken an den zweitältesten Brunnen Lissabons. An einer der Hauswände hängt ein Kachelbild mit einer Übersichtskarte der Alfama.

Festa do Santo António – Grilldunst über der Alfama

info

Im Juni legt die Alfama ihr Festtagskleid an und verwandelt sich in einen einzigen großen Verkaufsstand für Wein und Sardinen. Bereits Wochen vorher schallt emsiges Hämmern und traditionelle Musik durch die engen Gassen. Laien wie Profis bauen auf den schrägen Plätzen und Gassen Holzpodeste für Verkaufsstände auf. Die Kinder basteln kleine Heiligenaltäre mit Spardose und laufen aufgeregt durch die Straßen, um einen „Groschen für den *Santo António*“ zu erbetteln. Am **Vorabend des 13. Juni** ist es dann endlich soweit. Der Gedenktag des Heiligen wird gefeiert. Die Alfama versinkt unter einer Glocke aus Sardinen-Grilldunst. Überall wird gegessen, gefeiert und getanzt. An den Verkaufsständen der *manjericos,* eine Unterart des Basilikums, bilden sich Schlangen. Dieses Gewächs wird das ganze Jahr über bis zum nächsten *Santo António* liebevoll gepflegt: das verspricht Liebe und Glück. Obwohl

Schön geschmückt für den Festtag

info

dieses Fest in ganz Lissabon gefeiert wird, ist es in der Alfama am traditionellsten und authentischsten, weshalb auch halb Lissabon zu Besuch kommt. Ab ca. 21 Uhr beginnen auf der Avenida da Liberdade die *marchas populares.* Viele Stadtviertel nehmen an den Umzügen teil, ein jedes entwirft eigene Kostüme, Musik und Choreographien. Ein Gewinner wird gekürt. Die Alfama hält mit vier Siegen in Folge den Rekord. Mit Spannung wird in den Vierteln auf die Rückkehr der Tänzer und Musiker gewartet, die sich dann gebührend feiern lassen.

Museu do Fado e da Guitarra Portuguesa – Fado-Museum (6)

Das ehemalige Wasserwerk diente nach der Nelkenrevolution der PCP (*Partido Comunista Português*), der Kommunistischen Partei Portugals, als Parteisitz. Seit 1998 ist hier das **Fado-Museum** untergebracht. Für Fans und Einsteiger zeigt das Museum die Geschichte des Fado und seiner Interpreten. Eine Reihe von Hörbeispielen erklärt die unterschiedlichen Stile und Interpretationen über Audioguides. Seit 2008 hängt hier auch das berühmte Gemälde „Fado" von *José Malhoa*. Eine kleine Abteilung ist der *Guitarra Portuguesa* und berühmten Gitarrenbauern gewidmet. Dem Museum angeschlossen ist eine Fado-Schule. Im Museumsshop gibt es eine große Auswahl an CDs sowie weitere Souvenirs rund ums Thema Fado. Im Dokumentationszentrum versorgen Fachliteratur und eine Datenbank den Fado-Begeisterten mit Infos. Das Restaurant mit Terrasse bietet portugiesische Kleinigkeiten.

Fado-Museum, *Largo do Chafariz de Dentro 1, www.museudofado.pt, ☏ 2 18 82 34 70, Di–So 10–18 Uhr, Audioguides auch auf Engl., Span. u. Frz., Dokumentationszentrum: Mo–Fr 14.30–18 Uhr (nach Voranmeldung). Metro Santa Apolónia*

Miradouro da Igreja Santo Estêvão – Aussichtspunkt der Kirche Santo Estêvão (7)

Von dem kleinen Kirchplatz hat man eine hervorragende Aussicht auf die Dächer der Alfama, den Tejo, einige kleine Gärten mit Zitronenbäumen und Gemüsebeeten. Die heutige Kirche, die die Kapelle des 12. Jh. ersetzt, stammt aus dem Jahr 1733. Das Innere der Kirche ist reich verziert mit den typischen vergoldeten Holzschnitzarbeiten des portugiesischen Barock, der *Talha Dourada*. Im Erdbeben 1755 wurde lediglich einer der beiden Kirchtürme zerstört und bis heute nicht wieder aufgebaut.

Vom Beco do Carneiro zum Largo das Portas do Sol

Beco bedeutet Gasse und die **Beco do Carneiro (8)** verdient diesen Namen wahrlich, denn teilweise passt nur eine Person durch. Außerdem besteht sie, wie so oft, nur aus Treppen. Schlendert man die Rua da Regueira und die Beco das Cruzes weiter, gelangt man durch einen Torbogen zu einem der **öffentlichen Waschhäuser der Alfama (9)**. Auch heute noch waschen hier einige Hausfrauen, die weder Geld für eine Waschmaschine noch Platz zum Wäschetrocknen in ihrer Wohnung haben. Mit etwas Glück hört man die Damen auch schon mal einen Fado singen. Folgt man den Gassen immer weiter bergauf, gelangt man zum Largo das Portas do Sol. An der letzten Treppe vor dem Platz stehen noch Reste der maurischen Stadtmauer.

Largo das Portas do Sol – Aussichtspunkt Portas do Sol (10)

Der Largo das Portas do Sol, das „Sonnentor" der maurischen Stadtmauer, ist ein strategischer Punkt der Alfama. Das **Castelo São Jorge** befindet sich in unmittel-

Lavadouro Público – Öffentliches Waschhaus

barer Nähe und auch zur **Kathedrale Sé** ist es nicht weit. Die berühmte Straßenbahnlinie Nr. 28 rumpelt und quietscht die kurvigen Straßen den Berg hinauf. Von der großen Aussichtsplattform hat man einen wunderbaren Blick über die Alfama und den Tejo. Ein Kiosk bietet kühle Getränke. Auch wenn man sich ziemlich sicher sein kann, nicht der einzige Tourist zu sein, lohnt es sich eine Pause einzulegen.

Museu-Escola das Artes Decorativas Portuguesas – Museum für Handwerkskunst (11)

1953 vermachte der Bankier und Sammler *Ricardo do Espírito Santo Silva* einen Teil seiner Sammlung und den *Palácio Azurara* der Stadt. Seitdem ist hier eine **Stiftung** untergebracht, die ein Museum für Handwerkskunst und eine Schule für portugiesisches Handwerk und Kunsthandwerk unterhält. Im Museum sind im Stil der Stadtpaläste aus dem 17. und 18. Jh. portugiesische Möbel, Teppiche, Silberarbeiten, Glas, Porzellan und Gemälde namhafter nationaler und internationaler Künstler ausgestellt.

Museum für Handwerkskunst, *Largo das Portas do Sol 2, www.fress.pt (nur port.), ☎ 2 18 81 46 00, Mi–Mo 10–17 Uhr, Straßenbahn 12, 28*

Das älteste Verkehrszeichen Lissabons (12)

info

Das älteste, bis heute erhaltene, Verkehrszeichen Lissabons wurde 1686 in Stein gemeißelt. Aufgrund des zunehmenden Kutschenverkehrs herrschte in den engen Gassen „Verkehrschaos“. König *Pedro II.* sah sich zu einer offiziellen Verkehrsregelung gezwungen. Das Schild zeugt von einer sehr pragmatischen Regelung. Bei Gegenverkehr muss derjenige zurücksetzen, der bergauf fährt. Also schon damals galt: Talfahrt vor Bergfahrt.

Damals wie heute gilt: Talfahrt vor Bergfahrt

Igreja São Vicente de Fora – Kirche und Kloster São Vicente de Fora (13)

Die Kirche und das Kloster São Vicente de Fora sind dem Stadtheiligen *São Vicente* gewidmet. Der Beiname „de Fora", außerhalb der Stadtmauern, lässt das Alter der Kirche erahnen: Während der **Reconquista** wurden hier die gefallenen Kreuzritter begraben, 1147 wurde der Grundstein zur ursprünglichen Kapelle gelegt. Unter der spanischen Fremdherrschaft wurde die alte Kapelle durch die heutige Anlage im Renaissance-Stil ersetzt und gilt heute als **das wichtigste Bauwerk Lissabons** aus dem 16. Jh. Teile der Anlage wurden durch das Erdbeben 1755 zerstört. Der erneuerte Altar stammt von *Machado de Castro*, die Zisterne und Überreste des Originalkreuzgangs aus dem 16. Jh. sind erhalten geblieben. Hier sind zahlreiche Azulejos aus dem 17. und 18. Jh. zu bewundern, die historische Schlachten, religiöse Themen und Fabelszenen aus dem Werk von *La Fontaine* zeigen. Das ehemalige Refektorium wurde 1885 in das Pantheon des Hauses Bragança umgewandelt. Hier sind die Grabstätten der portugiesischen Könige von *João IV.* (1640–56) bis zum letzten König *Manuel II.* (1908–10) untergebracht. Vom Dach hat man einen wunderbaren Blick. Angeschlossen ist eine nette Cafeteria. Das restliche Klostergebäude beherbergt heute übrigens den Sitz des Bischofs und Patriarchen von Lissabon.

Sehenswerte Azulejos

Kirche und Kloster São Vicente de Fora, *Largo de São Vicente, Mo–Sa 9–18, So u. im Aug. 9–12.30 u. 15–17 Uhr, Straßenbahn 28*

Feira da Ladra – Der „Markt der Diebin" (14)

Einem Bestohlenen empfiehlt der Volksmund mit Augenzwinkern den Besuch auf der Feira da Ladra. Denn hier kann man, so heißt es, sein Hab und Gut wiederfinden und zurückkaufen. Neben Antiquitäten, Kunst und Kitsch gibt es hier auch Haushaltswa-

ren und -geräte, Kleidung, Bücher und sonstigen Trödel zu kaufen. Die Zeiten der echten Schnäppchen sind allerdings vorbei.
Die Feira da Ladra gibt es bereits seit dem 13. Jh., nach mehreren Umzügen findet sie seit 1882 auf dem Campo de Santa Clara statt. In der ehemaligen Markthalle haben sich Jungdesigner niedergelassen und im „Centro das Artes Culinárias" dreht sich alles ums Thema Lebensmittel und deren Zubereitung. Neben wechselnden Ausstellungen finden Workshops und Showcooking statt. Auch an Tagen ohne Markt hat der Platz Charme. Die kleine Parkanlage Jardim Boto Machado spendet im Sommer mit dichtem Baumbestand kühlen Schatten. Von der Terrasse des Cafés hat man einen schönen Blick auf den Tejo.
Feira da Ladra, *Campo de Santa Clara, Di u. Sa 6–17 Uhr, Centro das Artes Culinárias: www.centrodasartesculinarias.org, ☏ 2 18 85 32 11, Di–So 10–18 Uhr. Straßenbahn 28*

Panteão Nacional – Nationalpantheon (15)

Das heutige Nationalpantheon ist in der **ehemaligen Kirche Santa Engrácia** untergebracht, deren weiße Kuppel weithin sichtbar ist. Um die Baugeschichte rankt sich eine der vielen Legenden der Stadt. Im Jahr 1630 wurden geweihte Hostien aus der Sakristei gestohlen. Als Dieb wurde der konvertierte Jude *Simão Solis* verhaftet, denn er war in der Nähe der Kirche gesehen worden. Der Beschuldigte nahm eine Verurteilung in Kauf, da er den wahren Grund seines Aufenthalts, ein Stelldichein mit einer Nonne, nicht preisgeben wollte. Zum Tod verurteilt und bereits auf dem Scheiterhaufen, soll er gerufen haben: „Es ist genauso wahr, dass ich unschuldig sterbe wie

Legende

Terrasse des Nationalpantheons

es wahr ist, dass die Arbeiten an der Kirche niemals enden werden." Er sollte beinahe Recht behalten, denn der Neubau der Kirche wurde erst 284 Jahre später, 1966, fertiggestellt, obschon sie seit 1916 als Nationalpantheon genutzt wurde. Noch heute wird der Ausdruck *Obras de Santa Engrácia* für sich ewig hinziehende Bauvorhaben und Projekte verwendet.
Der Innenbereich der Haupthalle ist komplett mit Marmor gestaltet. Hier werden mit symbolischen Grabmälern Nationalhelden wie *Nuno Álvares Pereira, Infante D. Henrique, Vasco da Gama* und *Luís Vaz de Camões* geehrt. In den Seitenflügeln sind die Grabmäler vieler portugiesischer Präsidenten sowie die Grabstätten namhafter Künstler wie *Almeida Garrett* und *Amália Rodrigues* untergebracht.
Nationalpantheon, *Campo de Santa Clara, Di–So 10–17 Uhr, Straßenbahn 28*

Museu Militar – Militärmuseum (16)

Für Freunde der Waffenkunde und Militärgeschichte lohnt sich ein Abstecher ins Militärmuseum. Bis 1926 diente der Komplex als **Waffenarsenal des Militärs**, seitdem ist das Museum hier untergebracht. Die Innenräume sind von namhaften Künstlern des 18. bis 20. Jh. gestaltet worden und wirken zum Teil etwas überladen. Ausgestellt sind Waffen und sonstiges Kriegsgerät aus fünf Jahrhunderten. Im Innenhof sind diverse Kanonen zu besichtigen, an den Wänden die wichtigsten Schlachten Portugals auf Azulejos verewigt. Im Untergeschoss finden wechselnde Ausstellungen statt.
Hier wurde übrigens das Reiterstandbild König *José I.* gegossen, das auf dem Praça do Comércio steht. Der Wagen, mit dem die Statue von angeblich 1000 Lissabonnern gezogen wurde, ist im Keller zu sehen. Auf dem Gelände stand damals eine Waffenfabrik und Gießerei.
Militärmuseum, *Largo do Museu da Artilharia, ☏ 2 18 84 25 69, Di–So 10–17 Uhr, Metro Santa Apolónia*

Estação Santa Apolónia – Bahnhof Santa Apolónia (17)

Hinter dem Museum leuchtet in weiß und blau der älteste der drei Bahnhöfe Lissabons, die Estação Santa Apolónia. Bevor der Bahnhof 1865 erbaut wurde, stand hier das Kloster der *Heiligen Apolónia* (u. a. die Schutzheilige der Zahnärzte). Heute hat der Bahnhof etwas an Bedeutung verloren, seitdem viele Züge den neuen Bahnhof Oriente ansteuern. Trotzdem ist der Kopfbahnhof immer noch **Endstation vieler nationaler und internationaler Zugverbindungen**. Die gleichnamige U-Bahn-Station befindet sich im Bahnhof, direkt daneben der Anleger für die Kreuzfahrtschiffe sowie einige Restaurants und Geschäfte.

Reisepraktische Informationen

(Karte s. S. 138)

Touristeninformation

Direkt im Bahnhof Santa Apolónia befindet sich ein Ableger der Touristeninformation, ☏ 2 18 82 16 06, Di–Sa 8–13 Uhr.

Einkaufen

Neben kleinen Lebensmittelläden für den täglichen Bedarf bieten vor allem Souvenir-Shops Postkarten, T-Shirts und sonstige Mitbringsel an. Im Bahnhof Santa Apolónia gibt es neben einem Supermarkt (tgl. bis 22 Uhr), noch ein paar andere Geschäfte. Dienstags und samstags findet die Feira da Ladra (s. S. 144) statt.

Garrafeira da Sé (1), *Rua São João da Praça 118, Mo–Fr 10–18, Sa 10–14 Uhr. Seit 1927 werden hier Weine, Spirituosen und auch Delikatessen aus ganz Portugal verkauft. Kostenlose Portweinprobe und Versand nach Deutschland.*
Anabela Cardoso (2), *Calçada de São Vicente de Fora 62–66, ☏ 9 17 18 06 48, Mo–Sa 10–18 Uhr. Atelier und kleiner Laden mit wunderschönen handbemalten Fliesen.*
Tiago Praça (3), *Rua do Salvador 57, ☏ 9 62 62 70 08, unregelmäßige Öffnungszeiten. Töpferwerkstatt. Zu kaufen gibt es sehr schöne ausgefallene Teller, Tassen und vieles mehr aus Keramik.*
Garbags (4), *Rua do Salvador 56, www.garbags.eu, tgl. 10–18 Uhr. Wer ein ausgefallenes Souvenir sucht, wird hier fündig. Jungdesignerin Tânia fertig aus Kaffeetüten und anderen recyclebaren Materialien Taschen, Schuhe und witzige Accessoires an.*

Alter Gemüseladen

Essen und Trinken

Cafés

Versteckt in den Gassen der Alfama, an Aussichtspunkten, in den Museen, am Campo Santa Clara und im Kloster der Kirche São Vicente de Fora sind kleinere Cafés zu finden. Sie bieten nicht immer „deutsche Gemütlichkeit", dafür aber guten Kaffee, Snacks und kühle Getränke. Oft kann man auch draußen sitzen.

Cruzes Credo (1), *Rua Cruzes da Sé 29, ☏ 2 18 82 22 96, tgl. 10–2 Uhr. Schöne, entspannte Location. Von der Terrasse Blick auf die Seitenmauer der Kathedrale und ein paar Orangenbäume. Leckere Snacks.*
Pois, Café (2), *Rua São João da Praça 10, www.poiscafe.com, Di–So 11–22 Uhr. Ein Sammelsurium von Sesseln, Tischen und Lampen aus zweiter Hand sowie eine Reisebibliothek sorgen für Gemütlichkeit. Große Auswahl an Snacks und Kuchen, tgl. wechselnde Gerichte.*

Restaurants

In der Alfama gibt es eine ganze Reihe meist einfacher Restaurants. Am Flussufer, vor allem um den Kreuzfahrtanleger Santa Apolónia, haben sich einige Restaurants, hauptsächlich der gehobeneren Preisklasse, sowie Cafés angesiedelt.

€€€€ **Restaurante Bica do Sapato (6)**, *Av Infante D. Henrique, Armazém B – Cais da Pedra à Bica do Sapato, www.bicadosapato.com, ☏ 2 18 81 03 20, Di–So ab 12, Mo ab 17 Uhr. Eines der „In-Restaurants" Lissabons: große, modern gestylte Räume, eingeteilt in Café und hochklassiges Restaurant im Erdgeschoss und Sushi-Bar im Obergeschoss. Schöner Blick auf den Tejo und guter professioneller Service. Berühmtester Gast war wohl Venezuelas Präsident Hugo Chávez.*

€€€–€€€€ **Faz Figura (5)**, *Rua do Paraíso 15B, www.fazfigura.com, ☏ 2 18 86 89 81, tgl. 12.30–15 u. 20–23 Uhr. Hinter der Marmorfassade des Eingangs verbirgt sich ein großes Restaurant mit Terrasse. Von hier hat man eine atemberaubende Sicht über das Mündungsbecken des Tejo. Exquisite, moderne port. Küche zu nicht ganz günstigen Preisen.*

€–€€ **Cervejaria Amigo António (3)**, *Rua São João da Praça 82/76, ☏ 2 18 86 65 37, tgl. 11–2 Uhr. Untergebracht im Gewölbekeller der Kirche São João und mit Kacheln aus dem 18. Jh. dekoriert. In einem Teil befindet sich die Tasca (Nr. 82) mit großer Theke, hervorragendem frisch gezapftem Bier, Vinho Verde vom Fass und kleinen Appetithappen. Im Gewölbe nebenan (Nr. 76) bietet das rustikal eingerichtete Restaurant günstige port. Küche.*

€ **Pateo 13 (4)**, *Calçada St. Estevão 13, ☏ 2 18 88 23 25, April–Okt. Di–So 12–15 u. 19–23 Uhr. Dieses Restaurant besteht nur aus einer Terrasse, auf der man sehr gemütlich unter einem großen Baum speist. Es gibt Fisch und Fleisch vom Holzgrill. Man sitzt übrigens vor dem letzten öffentlichen Badehaus der Alfama, das noch von Zeiten zeugt, in denen die Häuser noch keine eigenen Bäder besaßen.*

€ **A Muralha (7)**, *Rua Jardim do Tabaco 112, ☏ 2 18 86 70 89, Mo–Sa 11.30–23 Uhr. Einfache port. Küche, Fisch und Fleisch vom Grill. Unter der Weinlaube lässt es sich gemütlich sitzen.*

€ **Primo Basílico (8)**, *Rua dos Remédios 37, ☏ 2 18 88 52 87, Di–Fr 18–23, Di u. Sa auch mittags. Stehimbiss. Hier gibt es leckere Pizza vom Blech (ca. 3 €) und das von zwei echten Italienern. Im Haus gegenüber kann man die Pizza auch im Sitzen essen und ganz nebenbei noch schöne Taschen kaufen.*

Pateo13 – gemütliches Sommerrestaurant

€ **Entre Guitarras (9)**, Calçada de São Vicente de Fora 24, ☎ 9 31 66 97 04, Mo–Sa 12–23 Uhr. Einfaches port. Restaurant mit wechselnder Tageskarte. Netter Service, auch ein paar Tische draußen. Samstags gelegentlich Fado.

Fado-Lokale

€€€€–€€€€€ **Clube do Fado (14)**, Rua S. João da Praça 94, www.clube-de-fado.com (auch dt.), ☎ 2 18 88 26 94, tgl. 20–2 Uhr. Der Clube do Fado gilt als das stilvollste und schickste Fado-Lokal der Stadt. Täglich treten professionelle Künstler auf. Das musikalische Niveau ist ausgezeichnet, das Essen bietet gute port. Küche. Wenn Sie erst gegen 24 Uhr kommen, können Sie auch nur Getränke konsumieren (Couvert von 10 €).

€€€€–€€€€€ **Casa de Linhares – Bacalhau de Molho (15)**, Beco Armazéns Linho 2, ☎ 2 18 86 37 67, tgl. 20–2 Uhr, Mindestverzehr bis 23 Uhr 40 €, danach ohne Essen 15 €. Dieses Fado-Restaurant befindet sich im Kellergewölbe des ehemaligen Palasts der Grafen von Linhares. In stilvoll eingerichtetem Ambiente singen namhafte professionelle Fadistas. Zu den berühmtesten Gästen des Hauses zählen die Rolling Stones, die während einer Konzerttournee hier der Stimme von Ana Moura lauschten.

€€€€ **Mesa de Frades (18)**, Rua do Remédios 139 A, ☎ 9 17 02 94 36, Mo–Sa 20.30–24 Uhr, je nach Andrang länger. Festpreis meist 38 € inkl. Menü und Getränke, wenn besondere Künstler auftreten auch schon mal mehr. In der ehemaligen Kapelle eines alten Stadtpalasts untergebracht. Die Wände sind mit schönen blau-weißen Azulejos verziert. Gemütliches Ambiente. Mit viel Glück kann man den international berühmten Camané singen hören. Port. Küche, telefonische Reservierung empfohlen.

€€€ **A Baiuca (16)**, Rua de São Miguel 20, ☎ 2 18 86 72 84, Do–Mo ab 20–24 Uhr. Mindestverzehr 25 €, Hauptgerichte zwischen 15 u. 19 €. Kleines, traditionell eingerichtetes Lokal mit Fado Vadio. Im Inneren tummeln sich hauptsächlich Touristen, vor der Tür steht die Nachbarschaft des Viertels um dem Gesang zu lauschen. Trotzdem empfehlenswert, typisch port. Küche.

€€ **Restaurante Esquina de Alfama (17)**, Rua de S. Pedro 4, www.esquinadealfama.com, ☎ 2 18 87 05 90, Do–Mo ab 20–1 Uhr. In diesem Lokal bringen „Hobby-Fadistas", vom Ingenieur bis zur einfachen Hausfrau, ihren Fado zum Besten. Manchmal singt sogar der Koch. Die Wände sind mit Plattencovern berühmter Fado-Sänger aus verschiedenen Jahrzehnten dekoriert. Das Essen, einfache port. Küche, ist okay. Der Fado aber ist der eigentliche Leckerbissen. Das Publikum besteht (noch) aus einer gesunden Mischung aus Einheimischen und Touristen.

Nachtleben

Die Rua dos Remédios ist mittlerweile zu einer Art Ausgehmeile in der Alfama geworden. Damit gibt es jetzt auch jenseits des Fado mehr Ziele für Nachtschwärmer.

Onda Jazz (10), Arco de Jesus 7, www.ondajazz.com, Di–Do 19.30–2 u. Fr–Sa 19.30–3 Uhr, Eintritt je nach Event ca. 7 €. Schön renovierter Lagerkeller mit naturbelassenem Holzdielenboden, Granitbögen und guter Akustik. Es treten namhafte nationale und internationale Künstler auf. Das aktuelle Programm verrät die Homepage. Außerdem wechselnde Kunst- und Fotoausstellungen. Wer möchte, kann hier zu Abend essen oder sich mit kleinen Snacks stärken. Sehr nettes und entspanntes Ambiente.

Bela Vinhos e Petiscos (11), Rua dos Remédios 190, tgl. 19–4 Uhr. Ehemaliger Krämerladen, Häkeldeckchen, Keramik und anderer Nippes sorgen für Gemütlichkeit, gute portug. Tapas und andere Snacks. Mi und So ab 22 Uhr Fado.

Diskothek Lux – Frágil (12), *Av. Infante D. Henrique, Armázem A, www.luxfragil.com, Di–Sa 22–6 Uhr. Das Lux-Frágil ist die „In-Diskothek" in Sachen elektronischer Musik. Angeblich wurde das Lux zu einer der 30 weltweit besten Discos gewählt. John Malkovich ist einer der Miteigentümer. Im Erdgeschoss des modern gestylten Gebäudes befindet sich die Diskothek, im ersten Stock die Bar, darüber eine riesige Terrasse mit toller Sicht über den Tejo. Trennwände in der Bar sorgen für ein lauschiges Ambiente. Wechselnde Konzerte. Das aktuelle Programm ist auf der Homepage zu finden.*

Clube Ferroviário (13), *Rua Santa Apolónia 59, www.clubeferroviarioblog.com, ☏ 2 18 15 31 96, Mi–Fr ab 18 u. Sa–So ab 16 Uhr. Bar, Restaurant, Diskothek und Veranstaltungsort für Konzerte, Theater, Open-Air-Kino und andere Veranstaltungen. Riesige Terrasse mit Blick auf den Tejo.*

Graça & Mouraria

Graça – Vom frühen religiösen Zentrum zum Arbeiterviertel

Redaktionstipps

- Den höchsten Aussichtspunkt Lissabons, den Nossa Senhora do Monte, erklimmen und vorher schon eine Rast auf dem Miradouro da Graça einlegen (S. 152/155).
- Der Zeit der Industrialisierung in den alten Arbeitersiedlungen nachspüren (S. 153).
- Im alten Maurenviertel Mouraria einen der ethnischen Schmelztiegel der Stadt erleben.

Einst zierten riesige Olivenhaine diesen Hügel nördlich der Alfama. Knapp ein Jahrhundert nach der Rückeroberung Lissabons durch die Christen entstand im 13. Jh. in der Graça das religiöse Zentrum des Augustinerordens. Den ersten größeren Bevölkerungszuwachs erfuhr das Viertel aber erst nach dem großen Erdbeben von 1755. Da die neuen Bewohner aus unterschiedlichen Schichten kamen, mischten sich rund um Kapelle und Kirche einfache Häuser und einige Stadtpaläste. Mit der aufkommenden Industrialisierung Ende des 19. Jh. wuchs das Viertel weiter. Es waren vor allem Arbeiter aus den nahe gelegenen Fabriken in Beato und Xabregas sowie dem Hafen, die sich hier ansiedel-

Information

So kommt man hin: Graça: Straßenbahn 28. **Mouraria:** Metro Martim Moniz (grüne Linie), Straßenbahn 12, 28.

Tipp: Am Largo Martim Moniz hat die Linie 28 ihren Endpunkt. Wer hier einsteigt, hat gute Chancen einen Sitzplatz zu ergattern.

Dauer des Spaziergangs: 2–3 Std.

So geht's weiter: Baixa

Gasse in der Mouraria

ten. Das Viertel erfuhr einen wirtschaftlichen Aufschwung, der bis in die 1960er-Jahre anhielt, litt danach aber, wie viele andere alten Stadtteile Lissabons, unter massivem Bevölkerungsrückgang.
Heute gilt die Graça immer noch als Arbeiterviertel, der traditionelle Kleinhandel dominiert und es lässt sich gut das „ganz normale Alltagsleben" der Anwohner erleben.

Mouraria – Vom Maurenviertel zum ethnischen Schmelztiegel

An die nördliche Seite des Burgberges schmiegt sich die Mouraria, das alte Maurenviertel. Nach der Rückeroberung wurde die maurische Bevölkerung hierher zwangsumgesiedelt. Ab dem 16. Jh. nutzten Klerus und Adel die privilegierte Lage am Burgberg zum Bau ihrer Paläste, von denen die meisten dem Erdbeben von 1755 zum Opfer gefallen sind. Unberührt von den städteplanerischen Umstrukturierungsmaßnahmen Ende des 19. Jh. hat die Mouraria ihren ursprünglichen Charakter bis heute bewahrt. In den letzten Jahrzehnten haben sich vor allem rund um den Platz Martim Moniz viele Einwanderer aus den ehemaligen portugiesischen Kolonien in Afrika und aus China sowie Indien niedergelassen. Der ethnische Schmelztiegel wird deshalb im Volksmund heute auch *Chinatown* genannt. Viele alte Häuser sind nicht restauriert, die Sozialstruktur ist schwach. Seit 2010 investiert die Stadt vermehrt in das Viertel. Nachts gehören die Gassen noch immer nicht zu den sichersten.

Spaziergang von der Graça in die Mouraria

Igreja da Graça – Graça-Kirche (1)

Die weiße Kirche der Graça und die große Klosteranlage prägen das Stadtbild Lissabons. Hier schlug einst *Afonso Henriques* bei der Rückeroberung Lissabons sein Militärlager auf. Die Grundsteinlegung dieses Augustinerklosters geht bis ins 13. Jh. zurück. Der Bau wurde im Lauf der Jahrhunderte erweitert. Als eines der größten Klöster Lissabons bot es bis zu 1500 Mönchen Platz. Beim Erdbeben wurde der Komplex weitgehend zerstört. Der Glockenturm aber, der erst 20 Jahre vorher gebaut worden war, blieb erstaunlicherweise unversehrt.
Der helle Innenraum mit seinen schönen Deckenfresken und Seitenaltären mit vergoldeten Schnitzereien (*Talha Dourada*) ist im spät-barocken Stil gehalten. Im Gegensatz zur Kirche kann die ehemalige Klosteranlage nicht besichtigt werden.
Graça-Kirche, *Largo da Graça, Calçada da Graça, Straßenbahn 28*

Direkt vor der Kirche befindet sich einer der schönsten Aussichtspunkte Lissabons, der **Miradouro da Graça (2)**. Im Schatten der Pinien kann man bei einem Kaffee den herrlichen Ausblick genießen. Auf dem kleinen baumumsäumten Platz mit Brunnen, neben Kirche und *Miradouro*, treffen sich am Nachmittag die älteren Damen des Viertels zu einem Plausch im Schatten. Das kleine Häuschen beherbergt eine sehr saubere öffentliche Toilette. Ein kleines Trinkgeld wird erwartet.

A Voz do Operário – Arbeiterverein A Voz do Operário (3)

Noch heute ist die Straße nach dem Sitz des ältesten **Arbeitervereins Lissabons** benannt. Der bekannte Architekt *Norte Júnior* hat 1914 das Gebäude für *A Voz do Operário*, die „Stimme des Arbeiters", entworfen. Der Bau gehört zu den prächtigsten im Viertel, was zunächst nicht vermuten lässt, dass hier ein Arbeiterverein sein Zuhause hat. Hinter der auffälligen Fassade gab es in den 1930er-Jahren auch einen Kinosaal. Heute finden manchmal wechselnde Ausstellungen zeitgenössischer, regionaler Künstler und kulturelle Veranstaltungen statt.
Arbeiterverein A Voz do Operário, *Rua Voz do Operário 13–15*

Industrialisierung und Vilas Operárias

info

Ab Mitte des 19. Jh. beginnt die Industrialisierung in Portugal. Angelockt durch neue Verdienstmöglichkeiten verlassen viele Arbeitssuchende das Hinterland und kommen in die Hauptstadt. Doch diese ist einem solchen Bevölkerungsansturm nicht gewachsen. So besetzt die neue Arbeiterschicht verlassene Paläste und schlägt in den Hinterhöfen wahre Zeltlager auf. Untragbare hygienische Verhältnisse führen 1894 zu einer Tuberkuloseepidemie. Es ist wohl eher die Angst vor Ansteckung, als das soziale Gewissen, die die Fabrikbesitzer und andere Wohlhabende der Stadt dazu bewegt, in privater Initiative Wohnanlagen für die Arbeiter zu bauen. Einige wurden komplett neu errichtet. Andere verstecken sich hinter den Fassaden alter Paläste. Die Wohnungen dieser Anlagen besitzen meist keinen direkten Zugang zur Straße und sind symmetrisch um einen Innenhof angelegt. Die Treppenhäuser führen typischerweise als Galerien außerhalb der Häuser entlang und sind oft mit schmiedeeisernen Gittern verziert. Jede Siedlung hat einen Namen – meist den des Besitzers oder eines Angehörigen. Viele dieser sogenannten *Vilas Operárias* gerieten in Vergessenheit. Rund 300 solcher Arbeitersiedlungen existierten einmal in der Stadt. Hier in der Graça waren es besonders viele.

Vila Sousa (4)

Die Vila Sousa gehört mit Sicherheit zu einer der schönsten Bauten dieser Zeit. Der ehemalige Palast wurde zu mehreren Wohnungen umgebaut, sein Äußeres mit auffällig blauen Kacheln dekoriert. Den Eingang ziert ein riesiges schmiedeeisernes Tor, durch das man in den Innenhof gelangt. Die Laterne in der Mitte des Platzes lässt die Anlage wie ein kleines Dorf inmitten der Stadt erscheinen.

Vila Berta (5)

Die Vila Berta wurde Anfang des 20. Jh. als eine Art Luxusanlage für Angestellte gebaut. Sie umfasst einen kompletten Straßenzug. Sehenswert sind die schmiedeeisernen Gitter der Balkone und die Kachelverzierungen im Jugendstil.

Estrela d'Ouro (6)

Die „Goldstern-Siedlung" ist eine typische Arbeitersiedlung: Zwei- bis dreistöckige Häuser, deren insgesamt 160 Wohnungen über Außengalerien zu betreten sind. Es gibt zwei Zugänge zur Siedlung, einen über die Rua da Senhora do Monte 14 und einen über die Rua da Graça. Die Bürgersteige sowie einige der Häuser sind mit Sternen (*estrelas*) bzw. Kacheln im Jugendstil verziert. Am Eingang der Siedlung befindet sich ein auffälliges Kachelschild, das den Namen des Inhabers – *Agapito da Serra Fernandes* – weithin sichtbar zeigt. Dieser residierte übrigens in gebührendem Abstand zur Fabrik und seinen Angestellten in einer imposanten Villa mit Gartenanlage und Sicht über ganz Lissabon.

Royal Cine – Ehemaliges Kino Royal Cine (7)

Die auffällige Jugendstil-Fassade des einstigen Kinos wurde ebenfalls von *Norte Júnior* entworfen. Es bot 900 Zuschauern Platz und verfügte als erstes Kino Lissabons über eine Lautsprecheranlage. Im Inneren weist ein Stern untrüglich darauf hin, dass es

Graça & Mouraria
Sehenswürdigkeiten
1 Igreja da Graça
2 Miradouro da Graça
3 Arbeiterverein "A Voz do Operário"
4 Vila Sousa
5 Vila Berta
6 Estrela d´Ouro
7 Ehemaliges Royal Cine
8 Miradouro e Capela da Nossa Senhora do Monte
9 Haus der *Severa*
10 Largo Martim Moniz
11 Arquivo Fotográfico
Rua Palma
LINIE 28
Rua de Benformoso
Largo das Olarias
Rua da Sra. do Monte
Rua de São Gens
Calçada do Monte
Rua Damasceno Monteiro
Rua do Terreirinho
Rua dos Lagares
LINIE 12
Rua de Mouraria
Rua do Capelão
Rua João de Outeiro
Rua da Guia
Largo da Graça
Rua Martim Moniz
MOURARIA
Rua Marquês de Ponte do Lima
Calçada de Santo André
Calçada da Graça
Travessa
Rua da Costa do Castelo
Rua do São Pedro Mártir
Rua do São Lorenço
Rua das Farinhas
Castelo de São Jorge
Castelo São Jorge
Rua dos Cegos
Rua d. São Tomé
Baixa
Sé & Castelo

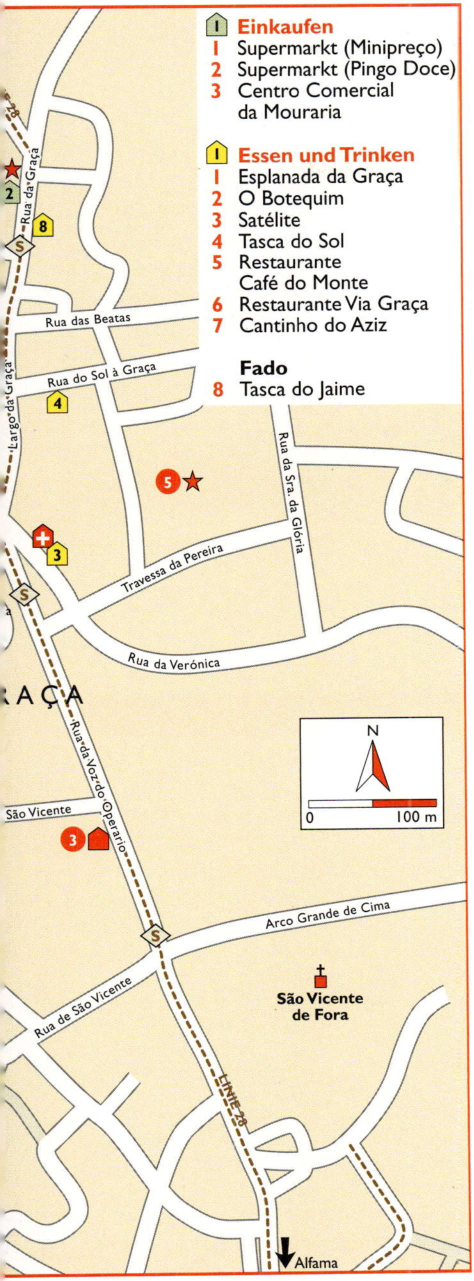

einst zum Komplex des Arbeiterviertels Estrela d'Ouro gehörte. In den 1980er-Jahren ist das komplette Innere den Umbauarbeiten zu einem Supermarkt zum Opfer gefallen.

Ehemaliges Royal Cine, *Rua da Graça 106–110*

Miradouro e Capela da Nossa Senhora do Monte – Aussichtspunkt und Kapelle Nossa Senhora do Monte (8)

Auf einem der **höchsten Hügel Lissabons gelegen**, hat man hier eine fantastische Sicht über die ganze Stadt. In der Mitte des Platzes befindet sich eine Marienstatue der „lieben Frau vom Berg" (*Nossa Senhora do Monte*), die von den Anwohnern immer reichlich mit frischen Blumen geschmückt wird. Etwas zurückgesetzt erhebt sich die gleichnamige Kapelle. Der Legende nach starb hier der erste Bischof Lissabons *São Gens* im 4. Jh. den Märtyrertod. Sein Bischofsthron steht noch heute hinter dem Altar und wird rege „benutzt". Denn Schwangeren, die sich auf den Bischofsthron setzen, soll dies zu einer leichten Geburt verhelfen. Angeblich haben auch schon Königinnen den Thron besucht. Das Innere der kleinen Kapelle ist reichlich mit Azulejos und vergoldeten Holzschnitzereien im barocken Stil verziert. Leider oft geschlossen.

Aussichtspunkt und Kapelle Nossa Senhora do Monte, *Largo do Monte*

Über die wohl steilste Treppe von Lissabon, der Calçada do Monte, geht es hinab in das Gassengewirr der Mouraria. Eigentlich ist es egal, welche der Gassen Sie nehmen.

Der schönste Aussichtspunkt Lissabons, der Miradouro de Nossa Senhora do Monte

Lassen Sie sich einfach treiben und erkunden Sie die Gegend. Wollen Sie direkt zum **Haus der Servera (9)**, folgen Sie am besten der Rua das Olarias.

info

Die erste Ikone des Fado – A Severa

Am Largo da Severa 2 erinnert eine Steintafel daran, dass hier die erste berühmte Fadosängerin wohnte. Unter dem Namen *Maria Severa Onofriana* im Jahre 1820 geboren, gilt sie als der **Inbegriff des Fado**. In die Geschichte ging sie vor allem wegen ihrer gar nicht standesgemäßen amourösen Beziehung zum Grafen *Vimioso* ein. Die Lissabonner waren zutiefst erschüttert, als sie mit nur 26 Jahren an Tuberkulose starb. Seitdem ist die Figur der *Severa* immer wieder Gegenstand von Kunst und Kultur. Zum Beispiel in dem Film „A Severa" von *Leitão de Barros* (1931). Noch heute tragen viele Fadosängerinnen in Gedenken an die *Severa* ein schwarzes Tuch um ihre Schulter. Im Zuge der Bemühungen von Stadtverwaltung und Anwohnern, das Viertel aufzuwerten, soll hier ein kleines Kulturzentrum zum Thema Fado entstehen.

Largo Martim Moniz – Platz Martim Moniz (10)

Lange Zeit wurde der Platz Martim Moniz als „Narbe der Stadt" bezeichnet. Viele Häuser und Geschäfte wurden im Zuge ehrgeiziger Pläne der 1950er- und 1960er-Jahre abgerissen. Zum Wiederaufbau kam es jedoch nicht. Erste Wiederbelebungsversuche des einstigen Zentrums der Mouraria fanden erst in den 1980er-Jahren statt. Zwei Einkaufszentren wurden gebaut, der Platz mit Brunnenanlagen und einigen Kiosken verschönert. Bis in die 1990er-Jahre gab es an der Westseite des Platzes noch eines der wenigen illegalen Wohnviertel direkt im Stadtzentrum. Heute ist hier ein moderner Komplex entstanden, mit Eigentumswohnungen, die vergleichsweise günstig an Leute unter 40 verkauft werden. Der Steinquader, welcher noch in Ansätzen zu erkennen ist, ist übrigens ein Wachturm der mittelalterlichen Stadtmauer Lissabons.

Platz Martim Moniz, *Metro Martim Moniz, Straßenbahn 12, 28*

Martim Moniz – eine der vielen Legenden Lissabons

info

Der Legende nach war *Martim Moniz* einer der tapfersten Ritter während der Rückeroberung Lissabons. Als er bemerkte, dass sich das Burgtor wieder schließen sollte, warf er sich dazwischen und konnte so den Einlass der christlichen Ritter und dadurch die Eroberung Lissabons sichern. Seinen heroischen Alleingang musste er mit seinem Leben bezahlen. Sowohl eine Büste in der Nähe des Burgtors als auch der Platz Martim Moniz erinnern an diesen Helden, der nur in der Legende zu finden ist. In der gleichnamigen Metrostation wird an ihn und weitere Helden der *Reconquista* in Form von modernen Reliefs erinnert.

Arquivo Fotográfico – Fotoarchiv Stadt Lissabon (11)

Gleich um die Ecke des Largo Martim Moniz befindet sich das historische Fotoarchiv Lissabons. Zu sehen sind wechselnde Fotoausstellungen. Das Archiv beherbergt digitalisierte Fotos aus Lissabons vergangenen Zeiten. Im Innenhof des Gebäudes befindet sich eine sehr gemütliche Cafeteria.

Fotoarchiv Stadt Lissabon, *Rua da Palma 246, arquivomunicipal.cm-lisboa.pt (nur port.), ☏ 2 18 84 40 60, Mo–Sa 10–19 Uhr. Metro Martim Moniz, Straßenbahn 12, 28*

Reisepraktische Informationen

(Karte s. S. 154/55)

Einkaufen

Touristisch besonders interessante Geschäfte bieten beide Viertel kaum. In der Graça versorgen kleinere Supermärkte und Gemischtwarenläden die Anwohner mit Nützlichem. Im Shoppingcenter **Centro Comercial da Mouraria (3)** *am Largo Martim Moniz und in den umliegenden Straßen befinden sich vor allem Geschäfte mit Billigimporten aus Fernost. Auf der Rückseite des Shoppingcenters in der Rua da Mouraria, gibt es einige Geschäfte, in denen Perlen und ähnliches für die Herstellung von Modeschmuck zu finden sind. Ganz interessant sind auch die exotischen Supermärkte, die Lebensmittel und Gewürze aus der afrikanischen und asiatischen Küche bieten.*

Weitere Supermärkte

Minipreço (1), *Largo da Graça 101, tgl. 9–21 Uhr.*

Pingo Doce (2), *im ehemaligen* **Royal Cine**, *Rua da Graça 106, tgl. 8.30–21 Uhr.*

Essen und Trinken

Entsprechend der Bevölkerungszusammensetzung der Viertel gibt es vornehmlich einfachere Restaurants mit bodenständiger Küche.

Esplanada am Miradouro da Graça

Esplanada da Graça (1), *Largo da Graça, tgl. ab ca. 10.30 Uhr. Sehr nettes Café direkt auf dem Miradouro da Graça. Neben Getränken auch kleinere Snacks und Gerichte. Die winzige Küche ist in einem von zwei Kiosken untergebracht. Auch bei Lissabonnern sehr beliebt. Gerade im Sommer sehr angenehm, da schattig und meist windig. Der Kiosk ist ganzjährig geöffnet und schließt gegen Mitternacht, bei schlechtem Wetter früher, in lauen Sommernächten auch mal später. Ein schöner Ort zum Chillen im ansonsten an Nachtleben armem Viertel.*

O Botequim (2), *Largo da Graça 79–80, ☏ 2 18 88 85 11, Mo–Fr 16.30–2 u. Sa–So 14–2 Uhr. Direkt in der Villa Sousa, kleine Café-Bar mit gemütlicher Einrichtung, leckere Toasts und andere Kleinigkeiten. Konzerte und andere Kulturveranstaltungen.*

€€€€ **Restaurante Via Graça (6)**, *Rua Damasceno Monteiro 9 B, www.restauranteviagraca.com, ☏ 2 18 87 08 30, Mo–Fr 12.30–15 u. tgl. 19.30–23 Uhr. Das Haus ist nicht sonderlich schön und einladend, aber vom Restaurant mit den langen Panoramafenstern hat man eine der schönsten Aussichten auf Lissabon. Gute, moderne port. Küche mit Fusion-Einflüssen. Am besten mit dem Taxi zu erreichen, da etwas ab vom Schuss gelegen.*

€ **Tasca do Sol (4)**, *Rua do Sol à Graça 71–73, ☏ 9 69 98 41 44, Di–Sa 19–24 Uhr. Ehemaliger Metzgerladen, nur einige wenige Tische, sehr leckere und liebevoll angerichtete port. Kleinigkeiten, selbst gebackenes Brot, guter Hauswein und netter Service.*

€ **O Satélite (3)**, *Largo da Graça 41, ☏ 2 18 86 26 79, Di–So 10.30–22.30 Uhr. Schmackhafte und bodenständige port. Küche. Der vordere Raum besteht hauptsächlich aus Theke, im hinteren Speiseraum sitzt man schöner. Die obligatorischen Fernseher, vor allem für die wichtigen Fußballspiele, fehlen natürlich nicht.*

€ **Restaurante Café do Monte (5)**, *Rua de São Gens 1, ☏ 9 16 30 76 53, Di–So 10.30–22.30 Uhr. Ganz in der Nähe des Miradouro da Nossa Senhora do Monte. Freundliches Ambiente, vorherrschende Farbtöne sind Gelb und Rot. Leichte Gerichte und Snacks. Die Salate und Käseplatten sind sehr lecker.*

€ **Cantinho do Aziz (7)**, *Rua de São Lorenço 3–5, www.cantinhodoaziz.com, ☏ 2 18 87 64 72, tgl. 11–23 Uhr, So nur abends. Gute, preisgünstige mosambikanische Küche. Sehr einfache Einrichtung, netter Service. Mit viel Glück kommen die Nachbarn mit der Gitarre ausgerüstet vorbei.*

Fado

Tasca do Jaime (8), *Rua da Graça 91, ☏ 2 18 88 15 60. Am Wochenende und feiertags ab 16 Uhr Fado Vadio. Winziger Laden, direkt an der Linie 28. Hier kommt auch noch die Nachbarschaft vorbei. Die Pasteis de Balcalhau sind sehr zu empfehlen.*

Baixa

Schauplatz des großen Erdbebens von 1755 und des Aufbaus unter Marquês de Pombal

Die Baixa, Lissabons Unterstadt, erstreckt sich im Tal zwischen dem Burgberg und dem sogenannten siebten Hügel, auf dem das Viertel Chiado liegt. Hier haben nicht nur viele Ministerien, Banken und Firmen ihre Sitze, sondern auch einige der traditionsreichsten Geschäfte der Landeshauptstadt. Tagsüber sind die Straßen stark befahren und **es herrscht reges, geschäftiges Treiben**. In der Rua Augusta, der **Fußgängerzone mit den für Lissabon so typischen schwarzen und weißen Pflastersteinen**, der *Calçada Portuguesa*, tummeln sich Geschäftsleute und Familien beim Einkauf, genauso wie Touristen und Straßenkünstler.

Bei einem Spaziergang durch die symmetrisch angelegten Straßen lässt sich der früher mittelalterliche Charakter des Stadtkerns nicht mehr erahnen. Bis zum Erdbeben 1755 war die Stadt geprägt von dem typischen Wirrwarr aus engen und dunklen Gassen, durch die nur schwerlich eine Kutsche passte. Händler aus aller Herren Länder boten hier Waren aus den Kolonien an. Edelmänner, Handwerker, Sklaven und Bettler tummelten sich in den Straßen. Inmitten des Chaos standen unzählige prunkvolle Klöster, Kirchen und Paläste. Raum boten nur zwei große Plätze am Nord- bzw. Südende der Stadt. Das war am Flussufer der **Terreiro do Paço** (der heutige Praça do Comércio), auf dessen Westseite sich der Königspalast, die Oper und die königliche Bibliothek befanden. Und im Norden der **Rossio**, Marktplatz sowie **Bühne für Ketzerverbrennungen und Stierkämpfe**. Dies alles wurde beim großen Erdbeben am 1. November 1755 zerstört.

Redaktionstipps

- Bummel durch das Einkaufsviertel, mit seinen typischen pombalinischen Bauten, vielen traditionellen Geschäften und Cafés.
- Eine Fahrt mit dem Aufzug Santa Justa und die herrliche Aussicht in luftiger Höhe genießen (S. 165).
- Mystische Atmosphäre in der Kirche São Domingos erleben (S. 167).
- Eine Ginjinha trinken, den typisch portugiesischen Kirschlikör (S. 167).
- Fischkonserven im 1930er-Jahre-Design kaufen, in der *Conserveira de Lisboa* (S. 170).

Information

So kommt man hin: Metro Terreiro do Paço (blaue Linie), Baixa/Chiado (blaue und grüne Linie), Rossio (grüne Linie); Straßenbahn 15, 25, 28; Zug Bahnhof Rossio.

Dauer des Spaziergangs: In 3–4 Std. können Sie alle Sehenswürdigkeiten der Unterstadt erkunden, ausgedehnter Schaufensterbummel, Mittagessen und Café-Besuch nicht eingerechnet.

So geht's weiter: Chiado, Avenida da Liberdade oder Sé & Castelo.

Rossio – „Das Wohnzimmer“ der Lissabonner

Marquês de Pombal, Premierminister unter König *José I.*, kam die Aufgabe zu, die öffentliche Ordnung wieder herzustellen und die Stadt neu aufzubauen. Die komplette Innenstadt wurde in nüchterner Symmetrie, einem Schachbrett gleich, geplant – ein Paradebeispiel der Stadtplanung im 18. Jh. Öffentliche Gebäude, Kirchen und Plätze wurden auf dem Reißbrett entworfen. Einzig der Rossio, der mittelalterliche Hauptplatz, sollte seine ursprünglichen Ausmaße beibehalten. Die Straßen wurden zweckmäßig den verschiedenen Handwerkern und Zünften zugesprochen, ihre Namen haben viele bis heute beibehalten. Etwa die Straße der Tuchmacher (Rua dos Fanqueiros), die der Silberschmiede (Rua da Prata) oder die der Schuhmacher (Rua dos Sapateiros). Obwohl die strenge Anordnung der Geschäfte mittlerweile aufgeweicht ist, finden sich immer noch einige von ihnen in den ehemaligen Straßen ihrer Zunft.

Jahrzehntelang wurden viele Gebäude der *Baixa Pombalina* kaum instand gehalten. Das Ergebnis ist noch heute zu sehen: Über vielen Geschäften im Erdgeschoss sind die oberen Etagen verwaist und verfallen. Viele ehemalige Besitzer und Mieter zogen es vor, in die Wohnanlagen der Vorstädte mit ihren modernen Sanitäreinrichtungen und ausreichendem Parkplatzangebot zu ziehen. Im Jahr 2005 wohnten im Viertel nur noch etwa 2000 Menschen. Erst seit einigen Jahren gibt es Initiativen, die Bausubstanz zu restaurieren und wieder neue Mieter anzusiedeln.

info

Das Erdbeben von 1755 – „Die Toten begraben, den Lebenden helfen."

Der 1. November 1755 ist ein milder Herbsttag. Es ist Allerheiligen und die Lissabonner sind auf dem Weg in die Kirchen oder schon in den Messen, als um halb zehn die Erde zu grollen beginnt. Es ist nicht das erste Erdbeben, das Lissabon erschüttern wird und auch nicht das letzte, aber es ist das schwerste.
Drei heftige Beben verwandeln die Stadt innerhalb von zehn Minuten in ein Chaos. Viele Kirchen halten den Erschütterungen nicht Stand, die Menschen geraten in Panik. Um der bebenden Erde zu entkommen, versuchen viele, sich auf die Boote im Hafen zu retten, was wenige Minuten später die nächste Katastrophe auslösen wird. Denn das Epizentrum des Bebens liegt weit draußen im Meer, rund 200 Kilometer vor dem Kap São Vicente. Dort zieht sich eine riesige Wassermenge zusammen. In Lissabon sehen die verschreckten Menschen, wie sich das Wasser im Fluss zum Meer hin zurückzieht. Die Schiffe liegen trocken. Plötzlich beginnt das Wasser wieder zu steigen. Eine riesige Welle, eine Wand aus Wasser, überflutet die ganze Unterstadt bis hoch zum Rossio. Das Seebeben, **nach heutigen Maßstäben auf Stärke neun** nach der Richterskala geschätzt, ist so stark, dass es an der ganzen Atlantikküste von Afrika bis Nordeuropa und Amerika zu spüren ist.

Das Erdbeben auf einem alten Kupferstich

Aber am schlimmsten trifft es Lissabon: Nach Beben und Flutwelle entfachen Kerzen und die offenen Feuerstellen Brände, die tagelang wüten. Am Ende werden nach heutigen Schätzungen **10 000–30 000 Menschen** in dem Unglück **umkommen.** Zwei Drittel der Stadt sind zerstört. Am schlimmsten sieht es in der Unterstadt aus. Die einfachen Häuser sind ebenso betroffen wie die Kirchen und die Prachtbauten am Tejo, die riesige Staatsbibliothek mit ihren unschätzbaren Werten und der Königspalast. König *José I.* selbst weilt außerhalb der Stadt und überlebt die Katastrophe unbeschadet. Aus Angst vor einem neuen Beben betritt er das Zentrum erst Jahre später wieder.
Es ist Premierminister *Marquês de Pombal*, der direkt eine Prioritätenliste aufstellt: die Toten begraben und den Lebenden helfen. Mit eiserner Hand organisiert er den Wiederaufbau. Finanziert wird der mit Spenden, einem Sonder-Zoll und mit brasilianischem Gold und Diamanten.

info

Auch international entwickelt das Erdbeben eine enorme Wirkung. Es stürzt das bestehende Weltbild in eine Krise. Wie kann ein allmächtiger und wohlwollender Gott eine solche Katastrophe zulassen? Und warum ausgerechnet an Allerheiligen? Warum werden so viele Kirchen und Klöster zerstört und gerade der „Sündenpfuhl" der Alfama bleibt weitgehend verschont? Philosophen wie *Rousseau* und *Kant* diskutieren das Ereignis. *Voltaire* veranlasst es, seinem Roman „Candide" zu schreiben. *Goethe* wird später in seinen Kindheitserinnerungen schreiben: „Am ersten November 1755 ereignete sich das Erdbeben von Lissabon, und verbreitete über die in Frieden und Ruhe schon eingewohnte Welt einen ungeheuren Schrecken."
Im kollektiven Gedächtnis der Lissabonner stellt der 1. November 1755 eine der wichtigsten Zäsuren dar. Noch heute sortiert sich die Baugeschichte in „vor Erdbeben", „im Erdbeben zerstört" und „nach Erdbeben".

Spaziergang durch die Baixa

Praça do Comércio (1)

Imposant und einladend öffnet sich der Praça do Comércio („Handelsplatz") demjenigen, der über den Fluss nach Lissabon kommt. Früher stand hier der Königspalast. Er gab dem Platz seinen damaligen Namen, Terreiro do Paço, Platz des Palasts, der heute auch noch verwendet wird. Sogar die relativ neue Metrostation heißt so. Im 16. Jh. legten hier, am Cais das Colunas, Handelsschiffe und internationale Delegationen an. Er war das neue, prächtige Stadtzentrum Lissabons. Nach dem großen Erdbeben 1755 versuchte man die ehemalige Eleganz wiederherzustellen. Prächtige gelbe Häuser mit Arkadengängen zieren die vom Fluss abgewandten Seiten des Platzes.

Prunkvoller Platz

In seiner Mitte befindet sich das Reiterdenkmal von König *José I.*, das anlässlich des Geburtstags des Herrschers 1775 aufgestellt wurde. Das Pferd trampelt auf eine Schlange und besiegt so symbolisch das Erdbeben, der Elefant repräsentiert das portugiesische Weltreich. Auf dem Sockel befindet sich ein Medaillon, auf dem *Marquês de Pombal* abgebildet ist. Während der Herrschaft *Maria I.*, einer ausgesprochenen Gegnerin des Ministers, wurde dieses zeitweilig entfernt und erst 1833 wieder angebracht.

Denkmal José I.

Am Nordende erhebt sich der erst 1873 fertiggestellte **Triumphbogen** und lädt zum Betreten der Unterstadt ein. Die Statuen ehren Helden der portugiesischen Geschichte: *Viriatus*, den Anführer der Lusitaner im Kampf gegen die Römer; den großen Seefahrer *Vasco da Gama*, *Marquês de Pombal* und *Álvares Pereira*, der die portugiesische Unabhängigkeit gegen die Spanier im 14. Jh. verteidigte (von links nach rechts). Die Statuen der bärtigen Männer repräsentieren die Flüsse Tejo (links) und Douro. Die allegorische Figurengruppe zeigt Gloria, wie sie Genie und Tapferkeit krönt.

Portugiesische Helden

Nach Jahren des Umbaus bemüht sich die Stadt seit einiger Zeit, diesen zentralen Platz für Einheimische und Touristen attraktiver zu machen. Inzwischen gibt es eine Reihe von Cafés und Restaurants und der Platz wird vermehrt für Veranstaltungen genutzt. Am Wochenende findet unter den Arkaden ein kleiner Kunsthandwerksmarkt statt.

Câmera Municipal – Rathaus (2)

Zweimal wurde das Rathausgebäude durch einen Brand zerstört. Der heutige Bau wurde 1880 fertiggestellt, die Fassade nüchtern neo-klassisch gestaltet. Im Giebel ist in der Mitte das Stadtwappen abgebildet, umgeben von den personifizierten Darstellungen des Amor und der Freiheit sowie der Wissenschaft, Seefahrt, Industrie und des Handels. Das geschichtsträchtigste Ereignis spielte sich am **5. Oktober 1910** ab, als vom Balkon des Rathauses die **Republik ausgerufen** wurde. Im Inneren beeindruckt der riesige Treppenaufgang aus Marmor, der kunstvoll von einem Oberlicht sowie einem riesigen Lüster beleuchtet wird. Ebenso ist die Deckenbemalung der Künstler *José Malhoa* und *Columbano Bordalo Pinheiro* einen Besuch des Rathauses wert.

Kunstvoll dekoriert

Der Vorplatz ist mit der typischen *Calçada Portuguesa* gepflastert, die Mitte ziert ein *Pelourinho*, ein symbolischer Schandpfahl. Im 18. Jh. aus einem einzigen Stein gemeißelt, diente er weniger der Schändung von Gefangenen, sondern symbolisiert bis heute kunstvoll die herrschende Rechtsprechung. Die ehemalige Kirche neben dem Rathaus war über mehrere Jahre ein Parkhaus, inzwischen hat die portugiesische Nationalbank hier das neue **Geldmuseum** eingerichtet (s. S. 85).

Rathaus, *Paços do Concelho, Praça do Município, ☏ 2 13 23 62 00, geführte Touren (auch auf Englisch) regelmäßig jeden 1. So um 11 Uhr, Eintritt kostenlos. Metro Baixa/Chiado, Terreiro do Paço; Straßenbahn 15, 18, 25*

Igreja da Conçeição Velha – Kirche Conçeição Velha (3)

Die regelmäßigen Fassaden der typischen pombalinischen Häuser werden hier unvermittelt durch das Hauptportal der Kirche Conçeição Velha unterbrochen. Die Kirche wurde im Erdbeben komplett zerstört, nur das **manuelinische Portal** blieb erhalten. Dieses stellt in eindrucksvoller Weise den Reichtum der Baixa vor dem Erdbeben dar. Besonders interessant ist die Figurengruppe über der Eingangstür: Unter dem schützenden Mantel *Marias* sind König *Manuel I.* und der Papst *Alexander VI.* in Augenhöhe dargestellt. Die **Figur des Erzengels Michael**, des Hüters der Pforte zum Paradies, stammt übrigens aus der nahe gelegenen Synagoge, die Ende des 15. Jh. nach der Zwangskonvertierung der jüdischen Bevölkerung abgerissen wurde. Abgesehen von der Deckenbemalung ist das Innere weniger spektakulär und ähnelt dem anderer Kirchen in der Baixa.

Ehemalige Pracht

Kirche Conçeição Velha, *Rua da Alfândega, Mo–Fr 9–17, So 10–12.30 Uhr. Metro Terreiro do Paço; Straßenbahn 15, 18*

Igreja da Madalena – Magdalena-Kirche (4)

Am östlichen Ende der Baixa befindet sich die Igreja da Madalena. Zu römischen Zeiten soll hier ein Tempel gestanden haben. Quellen aus dem 12. Jh. belegen eine einfache Pfarrkirche an dieser Stelle. Die aktuelle Kirche wurde nach dem Erdbeben in spät-barockem Stil erbaut, aber **erst 1833 fertiggestellt**. Auffällig ist vor allem das neo-manuelinische Portal. Lange Zeit wurde fälschlicherweise angenommen, dass dieses Portal aus dem 16. Jh. stammt und ursprünglich ein Seitenportal der nahe gelegenen Kirche Conceição Velha sei. Die Decke der einschiffigen Kirche ist kunstvoll von *Pedro Alexandrino* (1730–1810) bemalt worden. In früheren Zeiten sollen hier übrigens die Gefangenen des in der Nähe liegenden Gefängnisses Limoeiro um Gnade gebetet haben.

Römische Ursprünge

Magdalena-Kirche, *Metro Baixa/Chiado, Terreiro do Paço; Straßenbahn 12, 28*

Baixa
Avenida da Liberdade
Av. da Liberdade
Coliseu
Rua das Portas de Sto. Antão
Graça & Mouraria
Rua da Palma
Rua Mouraria
Restauradores
R. d. Jardim
d. Regedor
Pç. dos Restauradores
Rua Arco da Graça
B. Queiros
Rua Marg. P. Lima
Rossio
Praça Dom Pedro IV
Praça da Figuera
Rossio
P. d. Borratem
R. do Duque
Rua Condessa
Rua Oliveira
R. Nova Trindade
Ruinas do Carmo
L. do Carmo
L. Rafael Bordalo Pinheiro
I°Dez.
Rua Sta. Justa
Rua dos Douradores
Rua dos Fanqueiros
Costa do Castelo
Castelo São Jorge
Rua da Madalena
SÉ & CASTELO
Rua Carmo
Rua dos Sapateiros
Rua Augusta
Rua Assunção
Rua dos Correeiros
Rua da Prata
Rua do Ouro
Chão Lour.
L. do Chiado
Rua Garret
Baixa/Chiado
CHIADO
Rua Serpa Pinto
Rua Ivens
Rua Nova do Almada
Rua da Vitória
Denkmal der Calceteiros
Igreja São Nicolau
Rua de S. Mamede
Rua Pedras Negras
Rua de São Nicolau
C. S. Belas Artes
Rua da Conceição
Rua da Conceição
L. Sto. Ant.
Museu do Dinheiro
Rua São Julião
LINIE 28
Rua Vítor Cordon
Rua do Comércio
Sé (Kathedrale)
Rua Bacalhoeiros
Rua da Alfândega
LINIE 15, 18, 25
Rua do Arsenal
Lisboa Story Centre
Alfama
Vini Portugal
Praça do Comércio
Terreiro do Paço
Av. Infante Dom Henrique
Av. Ribeira das Naus
Terreiro do Paço
Cais das Colunas
N
0
100 m
Fähranleger
TAXI
© igraphic

Sehenswürdigkeiten
1 Praça do Comércio
2 Câmera Municipal
3 Igreja da Conçeição Velha
4 Igreja da Madalena
5 Museu do Design e da Moda (MUDE)
6 Elevador Santa Justa
7 Praça da Figueira
8 Igreja São Domingos
9 Palácio da Independência/ Palácio Primeiro de Dezembro
10 Ginjinha
11 Rossio - Praça D. Pedro IV
12 Teatro Nacional Dona Maria II
13 Bahnhof Rossio

Einkaufen:
1 Conserveira de Lisboa
2 Loja PortugueZa
3 Napoleão Wine Shop
4 Santos Ofícios
5 Papabubble
6 Pollux
7 Mercado do Figueira
8 Hospital das Bonecas
9 Loja do Mel
10 Pérola do Rossio
11 Casa Perreira da Conceição
12 Tabacaria Mónaco
13 Celeiro Dieta
14 Supermarkt (Pingo Doce)

Essen und Trinken
Cafés
2 Castella do Paulo
7 Confeitaria Nacional
8 Pastelaria Suiça
9 Café Nicola
14 A Camponeza

Restaurants
1 Martinho da Arcada
3 Restaurante Alfândega
4 Néctar Wine Bar
5 Tasquinha do Celeiro
6 João do Grão
10 Gambrinus
11 Casa do Alentejo
12 Pinóquio
13 Leão d'Ouro
15 A Merendinha
16 O Bacalhoeiro/ A Licorista

Auf römischen Spuren
R1 BCP Bank
R2 Einstiegsluke Galerías Romanas
R3 Igreja da Madalena
R4 Gedenktafeln
R5 Travessa das Pedras Negras
R6 Römisches Theater
R7 Casa dos Bicos

Museu do Design e da Moda (MUDE) – Museum für Design und Mode (5)

Das aus dem Kulturzentrum in Belém zwangsweise ausgelagerte, angesehene Design- und Modemuseum ist seit 2010 in der Baixa angesiedelt. In der ehemaligen Bank sind neben einer festen Ausstellung zu Mode und Gebrauchsdesign aus verschiedenen Jahrzehnten oft interessante Wechselausstellungen zu sehen.

Museu do Design e da Moda (MUDE), *Rua Augusta 24, www.mude.pt, ☏ 2 18 88 61 17, Di–So 10–18 Uhr, freier Eintritt. Metro Baixa/Chiado, Terreiro do Paço; Straßenbahn 15, 18, 25*

Elevador Santa Justa – Aufzug Santa Justa (6)

Der Kopf dieses auffälligen Bauwerks ist von vielen Punkten der Stadt aus zu sehen. Der Aufzug verbindet die Unter- mit der Oberstadt. 1902 vom Eiffel-Schüler *Posier de Mensard* im Jugendstil erbaut, galt er damals als Symbol des technischen Fortschritts. Bequem konnte man nun die Oberstadt aufsuchen, ohne den mühsamen Weg zu Fuß zurücklegen zu müssen. In einer Kabine wird man 32 m in die Höhe befördert, bevor man auf der oberen Plattform die 360-Grad-Aussicht über die Unterstadt bis hin zum Burgberg genießen kann. Über eine Brücke gelangt man zu den Ruinen der Carmo-Kirche.

360-Grad-Aussicht

Aufzug Santa Justa, *Rua da Santa Justa, tgl. 7–22 Uhr, im Sommer bis 23 Uhr, es gelten die Tickets 7Colinas/VivaViagem, Ticket im Aufzug 5 € inkl. Eintritt Plattform, Plattform: tgl. 8.30–20.30 Uhr, Einzelticket Plattform 1,50 €*

Aufzug Santa Justa

Praça da Figueira (7)

Den nördlichen Abschluss der Rua da Prata bildet der Praça da Figueira, der Platz des Feigenbaums. Hier fand früher ein täglicher Markt statt; allerdings erst nach dem großen Erdbeben. Denn bis Mitte des 18. Jh. befand sich hier das größte Krankenhaus Portugals, das Hospital de Todos–os–Santos, das Allerheiligen-Krankenhaus. Komplett durch das Erdbeben zerstört, sah man von einem Wiederaufbau ab. Stattdessen legte man einen weiteren großen Platz an. Die wunderschöne Markthalle von 1885 fiel den Baumaßnahmen der 1950er-Jahre zum Opfer. Auf dem kahlen Platz wurde ein Reiterstandbild von *Dom João I.*, dem ersten König der Dynastie *Aviz*, aufgestellt, obwohl diese eigentlich für den Nachbarplatz Martim Moniz vorgesehen war.
Praça da Figueira, *Metro Baixa/Chiado, Rossio.Straßenbahn 15*

Igreja São Domingos – Kirche São Domingos (8)

Unweit der Praça da Figueira befindet sich die Igreja São Domingos, die ehemals zum Komplex des Allerheiligen-Krankenhauses gehörte und bereits im 13. Jh. erbaut wurde. Bis zum 18 Jh. wurden hier die Anklagen der Inquisition verlesen; ebenso begann hier das Judenpogrom von 1506. Nach dem Erdbeben in barockem Stil wiederaufgebaut, wurde die reich mit Azulejos verzierte Kirche Schauplatz königlicher Hochzeiten und Taufen.

1959 fast komplett durch einen Brand zerstört, wurde sie nach langjährigen Bauarbeiten erst Anfang der 1990er-Jahre wiedereröffnet. Die kahlen, dunkelroten Wände, mit letzten Rauchspuren des Brandes sowie der fast geschmolzene steinerne Altar schaffen eine ganz besondere Atmosphäre.

Das Pogrom 1506

info

Auf dem Kirchvorplatz befindet sich seit April 2008 ein Denkmal, das der etwa 2000 Juden gedenkt, die dem Pogrom 1506 zum Opfer gefallen sind. Während der Messe in der Kirche São Domingos vermeinte einer, das Gesicht Jesus am Altar erleuchtet zu sehen. Dies wurde als göttliches Zeichen gedeutet, das Land von der 1506 heimgesuchten Dürre, dem Hunger und der Pest zu erlösen. Auf die neutrale Gegenerklärung eines Messebesuchers, es handelte sich nur um einen Sonnenstrahl, wurde dieser als Neu-Christ (zwangskonvertierter Jude oder Maure) beschimpft. Geistliche wie Kirchenbesucher stürzten sich sofort auf ihn. Die aufgebrachte Masse stürmte aus der Kirche, das Morden und Plündern hielt fünf Tage an. Man hatte einen Sündenbock für die anhaltende Dürre gefunden. Die Drahtzieher, dominikanische Mönche, wurden von König *Manuel I.* zum Tod verurteilt, weitere Beteiligte zur Verantwortung gezogen und enteignet.
Buchtipp zum Thema: „Der Kabbalist von Lissabon“ von *Richard Zimler.*

Palácio da Independência/Palácio Primeiro de Dezembro (9)

Die nördliche Seite des Largo São Domingos wird vom Palácio da Independência abgeschlossen. Im 15. Jh. direkt über die mittelalterliche Stadtmauer gebaut, wurde er im Laufe der Jahrhunderte mehrmals erweitert. Von der ursprünglichen Bausubstanz sind neben einigen Toren nur noch zwei kegelförmige Kamine übrig geblieben, die stark an diejenigen des Königspalasts in Sintra erinnern. Ab dem 17. Jh. galten diese lange Zeit als Symbol für das unabhängige Portugal. Denn in diesem Palast sollen sich die adeligen Verschwörer getroffen haben, die die Aufstände gegen den spanischen König *Filipe II.* anzettelten und so Portugal, nach 60 Jahren Fremdherrschaft durch die Spanier, am 1. Dezember 1640 die Unabhängigkeit bescherten.

Ginjinha – Lissabonner Traditionslikör

info

Auf dem Vorplatz der Kirche São Domingos trifft sich die afrikanische Gemeinschaft Lissabons. Schuhputzer warten auf Kundschaft und vor einem winzigen Laden steht zu fast jeder Tageszeit eine bunte Mischung aus Geschäftsleuten, Bauarbeitern und Touristen. Denn hier in der **Ginjinha (10)** wird einzig und

info

allein der gleichnamige Kirschlikör verkauft. Die bunten Werbeplakate stammen noch aus der Gründungszeit der 1840er-Jahre und versprechen Schönheit, Erfolg und Gesundheit bei regelmäßigem Genuss. Bestellt man das typische Lissabonner Getränk, wird man *com ou sem elas* gefragt, was bedeutet „mit oder ohne Kirschen". Die einen spucken die Kerne dann einfach auf den Boden, die anderen machen Kirschkernweitspucken, indem sie versuchen, die Kerne ins Glas zurückzubefördern, das man mit ausgestrecktem Arm vor sich hält. Das süße Likörchen hat es in sich. Der Laden am Largo São Domingos 8 hat eigentlich täglich von 10–22 Uhr geöffnet, an Sonn- und Feiertagen ist er manchmal geschlossen. Auch in fast allen Restaurants und Cafés kann man übrigens *Ginjinha* bestellen.

Rossio – Praça D. Pedro IV (11)

Der Praça D. Pedro IV, von den Lissabonnern schlicht Rossio (großer Platz) genannt, ist **das Herz der Unterstadt**: Treffpunkt für Touristen und Geschäftsleute. Aber auch die meisten Stadtbusse halten hier und Autokolonnen quälen sich über den Platz. Bis ins 19. Jh. bildete er das nördliche Ende Lissabons. Hier fanden Markt, Ketzerverbrennungen und Stierkämpfe statt. Während des 19.Jh. zogen die unzähligen

Straßencafés

Straßencafés Lissabons Künstler und Literaten an. Viele der traditionellen Cafés wurden in den 1970ern geschlossen. Einige haben aber überlebt und neue sind dazugekommen. Wer es schafft, den meist starken Autoverkehr auszublenden, kann hier gemütlich den Blick über das bunte Treiben, die barocken Springbrunnen und die *Calçada Portuguesa* schweifen lassen.

In der Mitte thront auf einer Säule hoch oben die Statue von ***Dom Pedro IV.*** (1798-1834), dem **Namensgeber des Platzes**. Seinen Beinamen „der Ehrliche" erhielt er, nachdem er erfolgreich die liberale Verfassung gegen seinen Bruder *Miguel* verteidigte. Bereits Kaiser des unabhängigen Brasiliens, kehrte er eigens dafür 1828 mit einem kleinen Heer nach Portugal zurück. Lange Zeit rankten sich Gerüchte um die

Original oder Fälschung?

Authentizität der Statue: Angeblich sollte die abgebildete Person nicht *Pedro IV.* sondern *Maximilian von Mexiko* darstellen. Demnach sollte die Statue im Jahr 1867 nach Mexiko verschifft werden, als die Nachricht der Absetzung des Kaisers eintraf. Da keiner Ansprüche auf die Statue erhob, soll diese dann einfach auf den eben fertiggebauten Platz in sicherer Höhe auf die Säule gestellt und als *Pedro IV.* ausgegeben worden sein. Erst bei der Restaurierung im Jahre 2000 konnte man das Gerücht über die „Bauernschläue" der Portugiesen entkräften, denn sogar die bronzenen Knöpfe der Statue tragen das portugiesische Wappen.

Rossio, *Metro Baixa/Chiado, Rossio; Zug Bahnhof Rossio*

Teatro Nacional Dona Maria II – Nationaltheater Dona Maria II (12)

Die gesamte Nordseite des Rossio wird von einem klassizistischen Gebäude begrenzt, dem Nationaltheater Dona Maria II. Bevor das Theater auf Initiative von *Almeida Garett* 1842 gebaut wurde, befand sich hier der **Hauptsitz der Inquisition**. Auf dem Giebel wird mit einer Statue *Gil Vicente*, dem Urvater des portugiesischen Theaters des 16. Jh. gedacht. Umgeben ist er von den figürlichen Darstellungen der Komödie und Tragödie. Nachdem das Gebäude 1964 komplett ausbrannte, zählt es heute, nach einer 15-jährigen Renovierungsphase, zu einem der **technisch am besten ausgestatteten Theater** des Landes. Angeschlossen ist ein Café, in das man sich gut vor dem Lärm und regen Treiben des Rossio zurückziehen kann.

Nationaltheater Dona Maria II, *Praça D. Pedro IV., www.teatro-dmaria.pt, ☏ 8 00 21 32 50 (kostenlose Hotline für Infos und Reservierungen, hauptsächlich port. Vorstellungen, seltener ausländische Gastspiele), Preise: ab 8 € je nach Platz und Vorstellung*

Estação do Rossio – Bahnhof Rossio (13)

Unweit des Theaters befindet sich der Bahnhof Rossio. Ende des 19. Jh. von *José Luís Monteiro* erbaut, ist es eins der wenigen im neomanuelinischen Stil gehaltenen, öffentlichen Gebäude Lissabons. **Zwei riesige Hufeisen bilden den Eingang**, dazwischen befindet sich die Statue von *São Sebastião*. Heute fahren hier die Züge nach Sintra ab.

Rua Augusta – die Fußgängerzone

Immer wieder wurde der Bahnhof Schauplatz geschichtsträchtiger Ereignisse: So fiel hier am 21. Dezember 1918 der portugiesische Präsident, *Sidónio Pais*, einem Anschlag zum Opfer. Während des Zweiten Weltkriegs, als der Bahnhof noch an das internationale Schienennetz angeschlossen war, kamen hier Flüchtlinge aus ganz Europa an. In der deutschen Literatur ist der Bahnhof durch *Thomas Mann* verewigt: Er lässt hier Hochstapler *Felix Krull* in Lissabon ankommen.
Die **Schuhputzer in der Baixa** gehören übrigens unbedingt mit zum Ambiente der Unterstadt. Vielen werden hier die Schuhe zum Glänzen gebracht: den Schauspielern aus dem nahe gelegenen Theater, Politikern, Touristen und dem „ganz normalen Volk". Neben glänzenden Schuhen, erhält man auch immer die neuesten Nachrichten.

Reisepraktische Informationen

(Karte s. S. 164)

Tourismusinformation

Lisboa Welcome Center, *Praça do Comércio, www.visitlisboa.com, ☏ 2 10 31 28 10, tgl. 9–20 Uhr. Eine Zweigstelle befindet sich z. B. in der Rua do Jardim do Regedor 50, ☏ 2 13 47 21 34, tgl. 10–19 Uhr, sowie am Rossio, tgl. 10–13 u. 14–18 Uhr.*

Am Praça do Comércio

Nachdem ein Teil der früher hier angesiedelten Ministerien umgezogen ist, haben sich inzwischen direkt am **Praça do Comércio** *eine ganze Reihe von Cafés und Restaurants mit Außengastronomie angesiedelt. Darunter ein Restaurant mit angeschlossenem Biermuseum, eine Pizzeria und Eisdielen. Auch wenn diese nicht zu den günstigsten gehören, gewinnt der Platz nach Jahren des Umbaus so an Leben. Einige der neuen Locations haben vor allem im Sommer auch schon mal bis spät in die Nacht geöffnet. Eine Dependance der Vermarktungsgesellschaft* **Vini Portugal** *bietet die Verkostung portugiesischer Weine an*

(Di–Sa zur vollen Stunde, kostenlos). Außerdem wurde hier 2012 das **Lisboa Story Centre** eröffnet (tgl. 10–20 Uhr, Eintritt 9, Kinder 5 €). Ein multimedial und interaktiv aufbereiteter Rundgang (ca. 1 Std.) gibt Einblick in Highlights der Lissabonner Stadtgeschichte. Eher populärwissenschaftlich, aber ganz nett, um einen ersten Eindruck zu bekommen. **Audioguides** gibt es auch auf Deutsch (wundern Sie sich nicht, port. Eigennamen sind in der deutschen Fassung zum Teil noch falsch ausgesprochen). Das Schild „The Sexiest WC on Earth" weist übrigens auf eine öffentliche Toilette hin, die der portugiesische Toilettenpapierhersteller Renova hier mit kleinem Shop eingerichtet hat. Die Benutzung kostet 50 Cent.

Einkaufen

Im Zentrum der Stadt findet man alles, was Fußgängerzonen anderer europäischer Großstädte in der Regel auch bieten. Allerdings haben die Einkaufsstraßen trotzdem immer noch ihren eigenen Charakter erhalten: durch das ganz eigene Flair der schwarz-weiß gemusterten Calçada Portuguesa, die pombalinischen Häuser und durch einige dem Einerlei der Großstädte trotzende Traditionsgeschäfte. So gibt es ausgefallene Herrenausstatter und Hutmacher, die hier schon seit über hundert Jahren ihren Sitz haben. In der Rua da Conçeição sind die Kurzwarengeschäfte sehenswert, die ebenfalls oft auf eine hundertjährige Tradition blicken.

Conserveira de Lisboa (1), Rua dos Bacalhoeiros 34. Sehenswerter Traditionsladen, der seit 1930 Fischkonserven verkauft. Im kleinen Laden, der vom Boden bis zur Decke mit Dosen im Original-Design der 1930er-Jahre voll steht, kann man z. B. auch leckeres Olivenöl erstehen. Hier werden die Dosen noch von Hand in das Etikettenpapier eingewickelt.

Loja PortugueZa (2), Rua dos Fanqueiros 32. In diesem netten Eckladen gibt es Konserven, Seifen und andere typische und traditionelle port. Produkte zu relativ günstigen Preisen.

Napoleão Wine Shop (3), Rua dos Fanqueiros 70 u. Rua da Conceição 12. Gut sortierter Weinladen, fachmännische Beratung und kostenlose Portwein-Probe. Im Laden gegenüber gibt es port. Spezialitäten, Azulejos und andere Mitbringsel.

Santos Ofícios (4), Rua da Madalena 87. Keramik und anderes Kunsthandwerk aus allen Regionen Portugals. Sehr schönes Design und kein Touristenkitsch.

Papabubble (5), Rua da Conceição 117–119. Bonbons und Lutscher in allen möglichen Farben, Formen und Geschmacksrichtungen. Süß und lecker. Produktion vor Ort im hinteren Teil des Geschäfts.

Pollux (6), Rua dos Fanqueiros 276–286. Haushaltswaren auf acht Stockwerken. Tipp: Trinken Sie einen Kaffee im Obergeschoss – Sie haben eine herrliche Aussicht auf die Baixa und den Elevador Santa Justa.

Hospital das Bonecas (8), Praça da Figueira 7. Bereits 1830 eröffnet, zählt es zu den ältesten Geschäften Lissabons. Hier werden Puppen und anderes Spielzeug repariert und restauriert. Die Werkstadt befindet sich im selben Gebäude.

Loja do Mel (9), Rua das Portas do Santo Antão 4. Im Erdgeschoss des Palácio da Independência: port. Honig und alles was sich sonst noch aus Honig herstellen lässt. Außerdem Kunsthandwerk, Naturkosmetik-Produkte und Souvenirs.

Pérola do Rossio (10), Praça Dom Pedro IV. 105. Traditionsreicher Laden mit großer Auswahl an Kaffeesorten. Auch verschiedene Tees, Spirituosen und Espresso-Tassen.

Casa Perreira da Conceição (11), Rua Augusta 102. Große Auswahl an Kaffee, Tee und Spirituosen. Lassen Sie sich die Kaffeebohnen frisch malen – die Verpackungen sind wunderschön mit antiken Mustern designt.

Der Praça do Comércio

Tabacaria Mónaco (12), *Pç. Dom Pedro IV 21. Der kleine Eingang ist mit Kacheln von Bordalo Pinheiro verziert, die Inneneinrichtung aus Holz sowie die Gemälde zählen zur Erstausstattung aus dem Jahr 1893. Dieser Tabakladen war Treffpunkt von Literaten und diente zum Nachrichtenaustausch in der Salazar-Zeit. Auch deutsche Zeitungen.*

Supermärkte:
Mercado do Figueira (7), *der Eingang liegt hinter dem vermeintlichen Obststand versteckt, große Weinauswahl.*
Celeiro Dieta (13), *Bio-Supermarkt mit breitem Angebot an gesunden Snacks.*
Pingo Doce (14), *mit großer Auswahl an belegten Brötchen, Obst und kalten Getränken.*

Essen und Trinken

Cafés

Confeitaria Nacional (7), *Pç. da Figueira 18 B, www.confeitarianacional.com, tgl. 8–20 Uhr. Eine der traditionsreichsten Konditoreien der Stadt. Die heutige Einrichtung stammt von 1865, als die Konditorei um den sich im 2. Stock befindlichen Teesalon erweitert wurde. Ältere port. Damen treffen sich zu Kaffee und Kuchen. Man sagt, hier wurde der Bolo Rei (Königskuchen), der traditionell in der Weihnachtszeit gegessen wird, erfunden.*
Café Nicola (9), *Praça Dom Pedro IV 24/25, Mo–Fr 8–22, Sa 9–22, So 10–19 Uhr. Dieses Traditionscafé wurde 1787 von einem Italiener namens Nicola gegründet. Norte Júnior fertigte die wunderschöne Jugendstil-Fassade 1929 anlässlich der Neueröffnung des Cafés an. Früh wurde es zum Treffpunkt der intellektuellen Szene: der Dichter Bocage (1765–1805), der auf der Fassade zu sehen ist, Fernando Pessoa und Gegner der Salazar-Regierung trafen sich hier. Heute sind es Touristen und Einheimische gleichermaßen, denn von der Terrasse lässt sich hervorragend das bunte Treiben der Stadt beobachten.*

Pastelaria Suiça (8), *Praça Dom Pedro IV 96–104, www.casasuica.pt, tgl. 7–22 Uhr. Die Pastelaria Suiça entstand 1922 und ist eines der berühmtesten Cafés Lissabons. Nicht nur wegen seiner riesigen Auswahl an sehr leckeren Kuchen und Teilchen, sondern auch wegen der Terrassen vor den Türen: Die eine bietet einen hervorragenden Blick auf den Rossio, die auf der Rückseite ist etwas ruhiger, mit Blick auf das Kastell. Während des Zweiten Weltkriegs trafen sich hier Flüchtlinge aus ganz Europa. Die Lissabonner staunten über die neueste Mode und auch darüber, dass Frauen ohne Begleitung ihrer Männer im Café saßen.*

A Camponeza (14), *Rua dos Sapateiros 155–157, Mo–Fr 9–19 Uhr. Jugendstilcafé mit wunderschöner Fassade und Stuck aus dem Jahr 1907. Die blau-weißen Azulejos an den Wänden zeigen das Leben auf dem Land, vor allem Kühe. Denn früher war hier ein Milchgeschäft. Heute ziemlicher Stilmix in der Einrichtung. Sehr leckere Kleinigkeiten, z. B. warmes Baguette mit Käse und rohem Schinken, angenehme Preise.*

Castella do Paulo (2), *Rua da Alfândega 120, www.castella.pt, Mo–Fr 7.30–19.30, Sa 12–19.30 Uhr. Der Kuchen Castella wurde von port. Geschäftsleuten Mitte des 16. Jh. nach Japan gebracht und fast 500 Jahre später von Paulo Duarte reimportiert. Der Castella ähnelt einem Sandkuchen und ist in verschiedenen Varianten erhältlich, so z. B. klassisch oder mit grünem Tee. Außerdem stehen Sushi und Salate sowie japanische Tees und andere japanische süße Köstlichkeiten auf der Speisekarte.*

Restaurants

€€€€–€€€€€ **Gambrinus (10),** *Rua das Portas de Santo Antão 23, www.gambrinuslisboa.com, ☏ 2 13 42 14 66, tgl. 12–1.30 Uhr. Eine der ersten Adressen der Stadt. 1936 wurde aus einer typischen Tasca ein Luxus-Restaurant: exotisches Holz, Teppiche, Granit und Glasgemälde. Der Eingang ist klein und unscheinbar; sehr beliebt bei Politikern und anderen Berühmtheiten. Täglich wechselndes Tagesmenü und große Weinauswahl.*

€€€–€€€€ **Martinho da Arcada (1),** *Praça do Comércio 3, ☏ 2 18 87 92 59, Mo–Sa 7–23 Uhr. Ursprünglich handelte es sich hier um die erste „Eisdiele Lissabons", die Casa da Neve – „das Schneehaus". Es wurde bereits 1782 unter den Arkaden eröffnet. Hohe Gewölbedecken, Kacheln aus dem 18. Jh. und eine Fotogalerie des berühmtesten Gastes – Fernando Pessoa – zieren die Wände. Das Essen ist klassisch port. und genießt einen guten Ruf.*

€€–€€€€ **Leão d'Ouro (13),** *Rua 1° de Dezembro 103/107, www.restauranteleaodouro.com.pt, ☏ 2 13 42 61 95, tgl. 12–24 Uhr. Im „Golden Löwen" gleich neben dem Rossio-Bahnhof scheint die Zeit stehen geblieben zu sein. Gewölbebögen, antike Möbel, die charakteristischen blau-weißen Kacheln an den Wänden. Typisch port. Küche in gediegenem Ambiente. Hier ließ es sich übrigens auch Fernando Pessoa schmecken.*

€€ **Casa do Alentejo (11),** *Rua das Portas de Santo Antão 58, ☏ 2 13 40 51 40, tgl. ab 12 Uhr. Hinter der schlichten Fassade eines Stadtpalasts aus dem 17. Jh. verbirgt sich ein wahres Schmuckstück. Für den 1919 eröffneten Majestic Club, eine Art Kasino-Club, wurde das Innere des Gebäudes neu gestaltet. Ein neo-maurischer Patio, der sehr an die Alhambra in Granada erinnert, ein prunkvoller Ballsaal mit riesigen Spiegeln und Lüstern sowie Verbindungsgänge im Jugendstil. Im Restaurant gibt es Spezialitäten aus dem Alentejo wie z. B. Porco Preto (schwarzes Schwein). Die Bar bietet kleine, günstige Snacks. Getränke und Speisen (ab 4 €) werden am Tresen abgeholt. Man kann diese dann im Innenhof genießen.*

€€ **Néctar Wine Bar (4),** *Rua dos Douradores 33, ☏ 2 18 87 90 97, tgl. 12–2 Uhr. Wein ab 2 €. Zur Auswahl stehen über 50 port. Weine. Wer sich bei der Wahl unsicher ist, kann diese zunächst im Miniglas testen. Für den kleinen Hunger gibt es Tapas, für den großen Hunger gibt es traditionelle port. Küche.*

€–€€ **Restaurante Alfândega (3)**, *Rua da Alfândega 98, ☏ 9 12 17 80 68, Di–Sa 12–16 und 19–24 Uhr, am Wochenende manchmal länger. Mittagsmenü für 7,50–9,50 €. Einrichtung hell und freundlich. Sehr nette Chefin. Gelegentlich Koch-Events und Spontan-Partys. Port. Küche mit modernem Einfluss. Zur Mittagszeit oft sehr voll.*

€€€–€€€€ **Pinóquio (12)**, *Praça dos Restauradores 79, ☏ 2 13 46 51 06, tgl. 10–23 Uhr. Hervorragendes Restaurant für Fisch und Meeresfrüchte. Die Spezialität des Hauses sind Gambas (gekocht und mit grobem Meersalz bestreut). Hervorragendes frisch gezapftes Bier, einige Tische draußen.*

€–€€ **João do Grão (6)**, *Rua dos Correeiros 222–226, ☏ 2 13 42 47 57, tgl. 12–15 u. 18–22 Uhr. Der „Johannes der Kichererbse" ist auf Stockfisch spezialisiert, in Anlehnung an Bacalhau com Grão – Stockfisch mit Kichererbsen. Traditionelles port. Restaurant, bei Touristen und Einheimischen gleichermaßen beliebt. Einige Tische auf der Straße.*

Die Casa do Alentejo

€ ***Tasquinha do Celeiro (5)**, Rua 1° de Dezembro 51, Mo–Fr 9–18 Uhr u. Sa 9–17 Uhr. Direkt neben dem gleichnamigen Bio-Supermarkt. Selfservice-Restaurant mit eher nüchterner Einrichtung. Am Büfett gibt es neben typisch port. Küche, eine größere Auswahl an vegetarischen und makrobiotischen Gerichten.*

€ **O Bacalhoeiro/A Licorista (16)**, *Rua dos Sapateiros 222–224, ☏ 2 13 43 14 15, Mo–Sa 12–15 u. 19–23 Uhr. Zwei Restaurants – eine Küche. Der „Bacalhoeiro" (links) mit Fotos vom Stockfischfang ist etwas feiner eingerichtet, der Licorista mit seinem Natursteingewölbe, Sitzbänken und Fernseher eher bodenständig. Das Essen ist typisch port. mit wechselnder Tageskarte, die Portionen reichlich. Als Nachtisch gibt es auf Kosten des Hauses Ginjinha für die Damen und Schnaps für die Herren. Freitags gibt es Cabidela – Huhn, im eigenen Blut gekocht. Hinter dem Tresen der Licorista hängt das berühmte Bild von Pessoa – auch hier hat der große Dichter gerne mal ein Gläschen zu sich genommen. Fragen sie den Wirt, er zeigt ihnen das Foto mit großem Stolz.*

€ **A Merendinha (15)**, *Rua dos Condes de Monsanto 4A, Mo–Sa 7–19.30 Uhr. Sehr netter kleiner Imbiss mit Azulejos aus den 1890er-Jahren mit republikanischer Ästhetik und Darstellungen von Feld- und Fabrikarbeit. Spezialität sind die Sandwiches mit Spanferkel. Sehr lecker und günstig. Der Wahlspruch ist nichts für Kostverächter: „Schütze Dich vor Grippe und Erkältung mit einem Spanferkel-Sandwich und einem Wein aus der Region."*

Chiado & Cais do Sodré

Damals und heute: Literatenviertel Chiado und Verkehrsknotenpunkt am Cais do Sodré

Redaktionstipps

- Largo do Carmo – Schauplatz der Nelkenrevolution an den Ruinen der Carmo-Kirche, im Frühjahr mit wunderschön blühenden Palisanderbäumen (S. 177).
- Bummel durch das Literatenviertel mit seinen traditionsreichen Buchhandlungen und Cafés.
- Eine Tasse Kaffee in der *Brasileira* (S. 178).
- Handbemalte Azulejos der *Fábrica Sant'Anna* ansehen und/oder kaufen (S. 181).
- Moderne Kunst gibt es im Museu do Chiado zu sehen (S. 179), frischen Fisch und viel Gemüse am angrenzenden Cais do Sodré im Mercado da Ribeira (S. 180).
- Eine herrliche Aussicht lässt sich bei einem Glas Wein auf der Terrasse des Hotel do Chiado genießen (S. 181).

Seit Mitte des 19. Jh. ist das Viertel Chiado **Sinnbild des kosmopolitischen Lissabons**. Es wurde zum Treffpunkt von Künstlern und Literaten, Intellektuellen, Liberalen und Modernisten. Hier entstanden nach und nach edle Läden im Pariser Chic, kunstvoll geschwungene Jugendstil-Fassaden, exquisite Boutiquen, traditionsreiche Buchhandlungen, mondäne Cafés sowie das erste Kaufhaus der Stadt. Dennoch blickt dieser Stadtteil auf eine viel längere Geschichte zurück. Bereits 1567 tauchte der Name zum ersten Mal auf. Unklar ist, ob er von dem Begriff *chiar*, dem Quietschen der Wagenräder auf den steilen Straßen, abgeleitet ist oder von dem Künstlernamen des Schauspielers und Satirikers *António Ribeiro* (1521–91), der *O Chiado* genannt wurde. Heute erinnert so manches an die edlen Künste. Auf der Rua Garrett, benannt nach dem bekannten Schriftsteller des 19. Jh., finden sich gleich zwei Statuen von wichtigen portugiesischen Künstlern. *António Ribeiro* ist hier ebenso verewigt wie *Fernando Pessoa*, der berühmteste portugiesische Literat des 20. Jh. Das westliche Ende des Viertels markiert der Platz Luís de Camões. Hoch oben steht heroisch die überlebensgroße Statue des Nationaldichters *Camões*. Den Sockel umgeben nationale Persönlichkeiten aus Forschung und Dichtung.

Am nördlichen Ende befinden sich die **Ruinen der Carmo-Kirche**, deren gotische Bögen das Lissabonner Stadtbild prägen. Der Kirchvorplatz wurde 1974 zu einem der Hauptschauplätze der Nelkenrevolution. Ein weiteres Mal geriet das Viertel 1988 international in die Schlagzeilen, als ein Großteil des Chiado den Flammen zum Opfer

Information

So kommt man hin: Metro Baixa/Chiado (blaue u. grüne Linie), Cais do Sodré (grüne Linie); Straßenbahn 28; Aufzug Santa Justa; Zug Bahnhof Cais do Sodré.
Dauer des Spaziergangs: inkl. Schaufensterbummel und Pause im Straßencafé etwa ein halber Tag.
So geht's weiter: Baixa oder Bairro Alto.

fiel. Die erschreckenden Bilder gingen um die Welt. Nach jahrelangen Wiederaufbauarbeiten unter Leitung des berühmten portugiesischen Architekten *Álvaro Siza Vieira*, erstrahlt der Chiado nun aber wieder in altem Glanz. Auf einem Spaziergang Richtung Fluss kommt man zum Cais do Sodré mit seinem Fähranleger sowie zum wichtigsten Markt der Stadt.

Ruinen der Igreja do Carmo

Spaziergang vom Largo do Carmo über den Chiado zum Cais do Sodré

Ruínas do Carmo und Museu Arqueológico – Ruinen der Carmo-Kirche und Archäologisches Museum (1)

Der Bau der Carmo-Kirche war **die Erfüllung eines Gelübdes**: Sollte *Álvarez Pereira*, Ritter unter König *João I*, die Spanier vertreiben und somit Portugals Unabhängigkeit verteidigen können, würde er die größte und prächtigste Kirche errichten lassen. 1389 wurde, vier Jahre nach der berühmten Schlacht von Aljubarrota, mit der Grundsteinlegung begonnen. Beim großen Erdbeben 1755, wurde das Dach der Kirche vollkommen zerstört. Aufgrund ihrer Baufälligkeit blieb die Kirche lange Zeit ungenutzt bzw. wurde zum Lagerhaus umfunktioniert. Zunächst waren es die fehlenden finanziellen Mittel, die eine Restaurierung verhinderten. Im 19. Jh. entschied man, das ehemalige Gotteshaus als **Mahnmal für das Erdbeben** als Ruine stehen zu lassen.

Heute befindet sich hier ein Archäologisches Museum, das in den ehemaligen Räumen des Refektoriums untergebracht wurde. Zu sehen sind archäologische Funde aus Portugal und Südamerika. Interessant ist das Modell, das die Kirche vor dem Erdbeben in ihrer ganzen Pracht zeigt.

In den Sommermonaten kann man gelegentlich Konzerte in der einzigartigen Atmosphäre der Ruinen hören. Infos zu den Konzertterminen sind in der Tagespresse und am Eingang der Kirche zu finden.

Ruinen der Carmo-Kirche und Archäologisches Museum, *Largo do Carmo, Mo–Sa 10–18 im Winter, bis 19 Uhr im Sommer. Metro Baixa/Chiado; Straßenbahn 28; Aufzug Santa Justa*

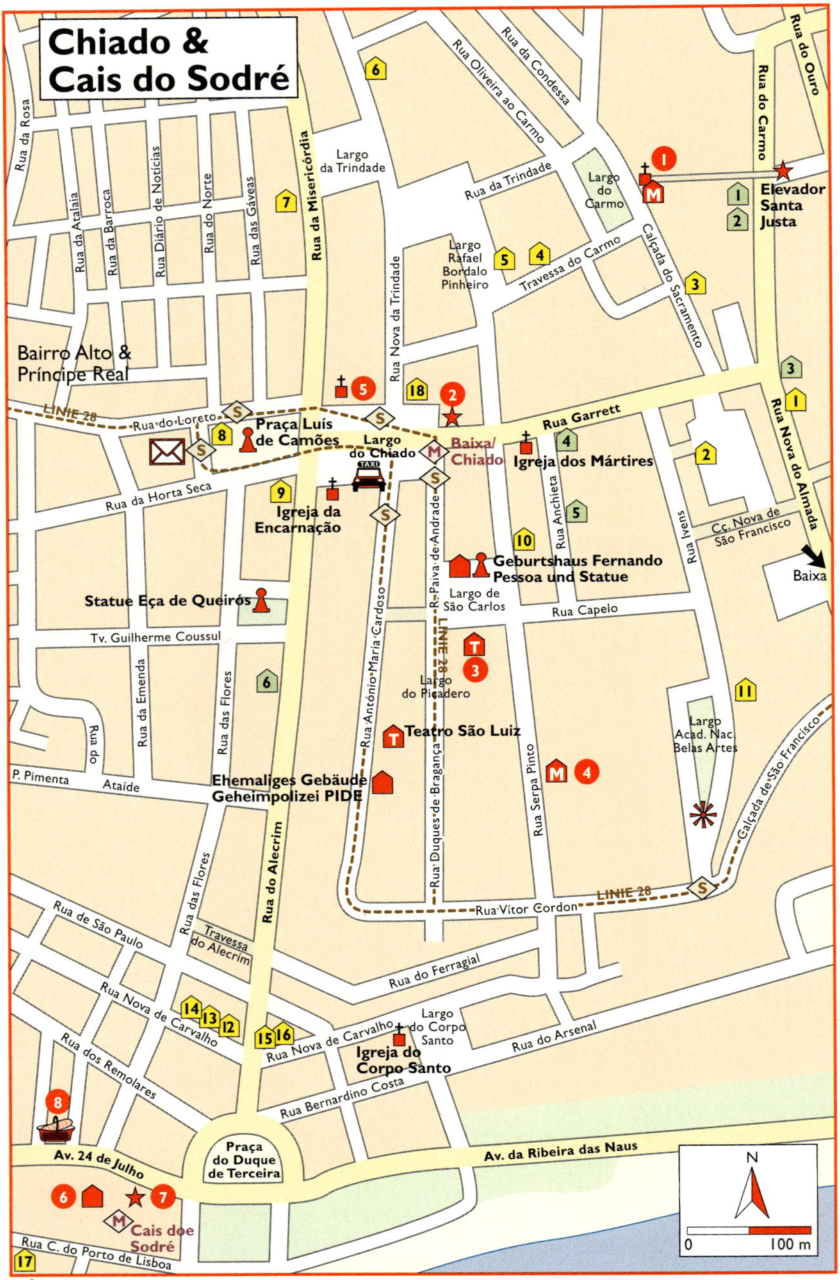
Chiado & Cais do Sodré
Bairro Alto & Príncipe Real
Rua da Rosa
Rua da Atalaia
Rua da Barroca
Rua Diário de Notícias
Rua do Norte
Rua das Gáveas
Rua da Misericórdia
Largo da Trindade
Rua Oliveira ao Carmo
Rua da Condessa
Rua da Trindade
Largo do Carmo
Rua do Carmo
Rua do Ouro
Elevador Santa Justa
Largo Rafael Bordalo Pinheiro
Travessa do Carmo
Calçada do Sacramento
Rua Nova da Trindade
LINIE 28
Rua do Loreto
Praça Luís de Camões
Largo do Chiado
TAXI
Baixa/ Chiado
Rua Garrett
Igreja dos Mártires
Rua Nova do Almada
Rua da Horta Seca
Igreja da Encarnação
Rua Anchieta
Rua Ivens
Cc. Nova de São Francisco
Baixa
Geburtshaus Fernando Pessoa und Statue
Largo de São Carlos
R. Paiva de Andrade
Rua Capelo
Statue Eça de Queirós
Tv. Guilherme Coussul
Rua António Maria Cardoso
Largo do Picadero
Teatro São Luiz
Rua da Emenda
Rua das Flores
Rua do Ataíde
P. Pimenta
Largo Acad. Nac. Belas Artes
Calçada de São Francisco
Rua Serpa Pinto
Rua Duques de Bragança
Ehemaliges Gebäude Geheimpolizei PIDE
Rua do Alecrim
Rua Vítor Cordon
Rua de São Paulo
Travessa do Alecrim
Rua do Ferragial
Rua Nova de Carvalho
Largo do Corpo Santo
Igreja do Corpo Santo
Rua do Arsenal
Rua dos Remolares
Rua Bernardino Costa
Praça do Duque de Terceira
Av. 24 de Julho
Av. da Ribeira das Naus
Cais doe Sodré
Rua C. do Porto de Lisboa
N
0
100 m
© igraphic

Sehenswürdigkeiten
1 Ruínas do Carmo und Museu Arqueológico
2 A Brasileira
3 Teatro Nacional São Carlos
4 Museu do Chiado
5 Igreja do Loreto
6 Cais do Sodré
7 Metrostation Cais do Sodré
8 Mercado da Ribeira

Einkaufen
1 Ana Salazar
2 Luvaria Ulisses
3 Armazéns do Chiado
4 Livraria Bertrand
5 A Vida Portuguesa
6 Fabrikverkauf Sant'Anna

Essen und Trinken
Cafés
4 Café Vertigo
5 Royale Café
8 Refrescos do Camões

Restaurants
1 Bar Entretanto
2 Mezzogiorno
3 Jardim das Cerejas
6 Cervejaria Trinidade
7 Tavares
9 La Brasserie de L' Entrecôte
10 Belcanto
11 Tágide Restaurant
17 Meninos do Rio

Ausgehen
12 Pensão Amor
13 Bar da Velha Senhora
14 Sol e Pesca
15 Music Box
16 Jamaica
18 Fado in Chiado

Die Nelkenrevolution am 25. April 1974 – Das Ende der Diktatur

info

Das Salazar-Regime reagiert mit Krieg auf die ab Anfang der 1960er-Jahre erstarkenden Unabhängigkeitsbewegungen in Angola, Mosambik und Guinea-Bissau. Die verlustreichen Kolonialkriege verschlingen Unsummen. Portugal verarmt zusehends, machen die Kriegskosten Anfang der 1970er-Jahre doch fast die Hälfte des Staatsbudgets aus. Da die Regierung unter dem Salazar-Nachfolger **Marcello Caetano** unnachgiebig an dieser Kolonialpolitik festhält, beschließen einige Offiziere das Ende der Kriege selbst herbeizuführen, über den Sturz der Regierung. 1973 wird die Bewegung der Streitkräfte MFA (*Movimento das Forças Armadas*) gegründet. Am 25. April 1974 sendet *Rádio Renascença* kurz nach Mitternacht das verbotene Lied **Grândola, vila morena** von *Zeca Afonso*. „In dir, oh Stadt, regiert das Volk" singt *Zeca*. Für die Aufständischen ist es **die geheime Bestätigung** – der Umsturz hat begonnen, doch auch die Bevölkerung versteht die Botschaft.

Largo do Carmo – hier entschied sich die Revolution

Im Morgengrauen treffen mehrere MFA-Einheiten aus dem nahe gelegenen Santarém in Lissabon ein, der Flughafen und das staatliche Fernsehen werden besetzt. Ministerpräsident *Caetano* und einige Kabinettsmitglieder verschanzen sich am Largo do Carmo im Hauptquartier der als regimetreu

info

geltenden Nationalmiliz GNR. Als gegen Mittag die aufständischen Offiziere unter Leitung des Hauptmanns *Salgueiro Maia* Diktator *Caetano* ein Ultimatum stellen, sich zu ergeben, ist der Carmo-Platz bereits übervoll mit Zivilisten, die lauthals das Ende des Regimes fordern. Nach zähen Verhandlungen erklärt sich *Caetano* zum Rücktritt bereit. Jedoch nur unter der Voraussetzung, dass General *Spínola*, der nicht der MFA angehört, die Regierung übernimmt. Als General *Spínola* eintrifft, verlässt der gestürzte Diktator die Carmo-Kaserne in einem Panzer.
Zum Symbol der **weitgehend friedlichen Revolution** werden Nelken. Den ganzen Tag über verteilt die Bevölkerung die roten Frühjahrsblumen. Sie stecken in Gewehrläufen, zieren Uniformen und Panzer. Als eine kleine Gruppe die Freilassung politischer Gefangener vor dem Hauptquartier der gefürchteten Geheimpolizei PIDE fordert, fallen Schüsse. Vier Menschen kommen ums Leben, die einzigen Toten der Revolution. Zum Jahrestag der Nelkenrevolution finden 1975 die ersten freien Wahlen statt. Heute erinnert eine Bodenplatte vor der Carmo-Kaserne an Hauptmann *Salgeiro Maia*. Das ehemalige Gebäude der Geheimpolizei PIDE in der Rua António Maria Cardoso wurde mittlerweile, trotz Protesten der Bevölkerung, in eine Luxus-Apartmentanlage verwandelt.

A Brasileira – Das berühmteste Café der Stadt (2)

Die *Brasileira* ist so berühmt, dass sie einen Eintrag unter den Sehenswürdigkeiten wert ist. 1905 wurde sie als erste Verkaufsstelle für brasilianischen Kaffee eröffnet, daher der Name die „Brasilianerin". Später wurde der Laden zum Kaffeehaus umgewandelt. Schnell avancierte es zum Künstlertreff sowie Ausstellungsraum für zeitgenössische Kunst. Ihre heutige Berühmtheit hat die Brasileira letztlich aber dem großen Dichter *Fernando Pessoa* zu verdanken, der sich auch hier im Reigen Gleichgesinnter getroffen hat. In Erinnerung daran sitzt er auch heute noch auf der viel besuchten Terrasse – als lebensgroße Statue. Diese wurde 1988 zu seinem 100. Geburtstag von *Lagoa Henriques* geschaffen.
A Brasileira, *Rua Garrett 120–122, ☎ 2 13 46 95 41, tgl. 8–2 Uhr*

info

Bica – So wird der Espresso in Lissabon genannt

Eine der Theorien zur Entstehung des Begriffs *bica* besagt, dass er in der *Brasileira* geprägt wurde. Demnach wollte dieses schwarze Heißgetränk anfangs den Lissabonnern aufgrund seines bitteren Geschmacks nicht so recht munden. Geschäftstüchtig wird ein Schild mit der Aufschrift **Beba Isso Com Azúcar**, „Bitte mit Zucker trinken", aufgestellt. Der wohl aus den Anfangsbuchstaben dieser Aufschrift gebildete Name *BICA* sowie der köstliche Geschmack des nun süßen Kaffees sind bis heute nicht mehr aus dem Alltagsleben Lissabons wegzudenken. Und die Portugiesen trinken ihre *bica* in der Regel ziemlich süß. Deshalb steckt in den Zuckerpäckchen ungefähr doppelt so viel Zucker wie z. B. in Deutschland.

Teatro Nacional São Carlos – Nationaltheater São Carlos (3)

Das Nationaltheater São Carlos ist in einem sehenswerten **neo-klassizistischen Gebäude** untergebracht und gleichzeitig das einzige Opernhaus Lissabons. Als Vorbilder dienten die Mailänder Scala sowie das Theater San Carlo in Neapel.

Auf dem sonnigen Vorplatz kann man herrlich sitzen und sich im Restaurant des Theaters stärken. Im Haus Nr. 8 schräg gegenüber wurde übrigens der große Dichter *Fernando Pessoa* 1888 geboren.
Nationaltheater São Carlos, *Rua Serpa Pinto 9, www.saocarlos.pt (nur port.), ☏ 2 13 25 30 45/6, Spielzeit Nov.–Juni, 2 Std. vor der Vorstellung gibt es die Restkarten zu vergünstigten Preisen. Metro Baixa-Chiado; Straßenbahn 28*

Museu do Chiado – Museum für Moderne Kunst (4)

Schräg gegenüber befindet sich das Museum für Moderne Kunst. Der Bau, ehemals ein Franziskanerkloster, wurde im 19. Jh. zu einer Brot- und Keksfabrik umgewandelt. Seit 1994 beherbergt er das Museum: Die alten Strukturen wie z. B. die ehemaligen Backöfen sind noch erhalten und schaffen ein besonderes Ambiente. Zu den ständigen Ausstellungsstücken zählen **Werke einflussreicher portugiesischer Künstler** ab dem 19. Jh. In den anderen Räumen finden wechselnde Ausstellungen statt. Ein kleines, aber sehenswertes Museum. Angeschlossen ist eine Cafeteria im Museumshof, mit Skulpturen-Park und Brunnenanlage.
Museu do Chiado, *Rua Serpa Pinto 4, www.museudochiado-ipmuseus.pt, ☏ 2 13 43 21 48, Di–So 10–18 Uhr*

Igreja do Loreto – Loreto-Kirche (5)

Diese Kirche wurde 1517 von in Lissabon lebenden italienischen Kaufleuten in Auftrag gegeben und heißt deswegen auch heute noch die „Kirche der Italiener" (*Igreja dos Italianos*). Aufgrund ihrer pompösen Dekoration galt sie damals als eine der reichsten Kirchen der Stadt. Beim großen Erdbeben 1755 wurde sie fast vollkommen zerstört. Die zwölf Kapellen sind mit italienischem Marmor ausgekleidet und den zwölf Aposteln gewidmet.

Cais do Sodré (6)

Eine steile Straße mit Blick auf den Tejo, die Rua de Alecrim, die Rosmarinstraße, führt den Berg hinunter und endet an der Praça Duque da Terceira. Eine Statue des Fürsten ziert seit 1875 die Mitte des Kreisverkehrs. Die Lissabonner nennen diese Gegend einfach nur Cais do Sodré. Dieser Name geht bis in 15. Jh. zurück, auf die dort ansässige Handelsfamilie *Sodré* aus England. Wie so oft in Lissabon, wurde die ursprüngliche Bezeichnung einfach bis heute beibehalten.
Der Cais do Sodré ist einer der **neuralgischen Verkehrsknotenpunkte Lissabons**: Die Endhaltestelle der grünen Metrolinie, der Kopfbahnhof für die Züge nach Cascais, der Fähranleger für die Überfahrt nach Cacilhas, Seixal und Montijo auf der anderen Tejo-Seite, eine mehrspurige Schnellstraße Richtung Belém und Cascais sowie Busse und Taxen treffen hier aufeinander. Inzwischen hat sich das ehemalige Rotlichtviertel zu einem der Hotspots des Lissabonner Nachtlebens entwickelt. Die dunkelsten Ecken sollte man spät nachts aber trotzdem besser meiden.
Cais do Sodré, *Metro Cais do Sodre. Straßenbahn 15, 18; Zug Cais do Sodré*

Metrostation Cais do Sodré (7)

Diese 1998 eingeweihte Station ist **die größte Lissabons**. Zu Beginn der Bauarbeiten wurde hier der Rumpf eines großen iberischen Handelsschiffs gefunden, das auf Ende des 15. bzw. Anfang des 16. Jh. datiert werden konnte. Das Innere der Haltestelle wurde komplett mit Azulejos dekoriert. Sie zeigen Hasen, die mit einer Stoppuhr in der Pfote die Wände entlanghasten.

Ende eines Markttags im Mercado da Ribeira

Mercado da Ribeira (8)

Der Mercado da Ribeira ist auf jeden Fall einen Besuch wert. Die Markthalle, eine schöne Eisenkonstruktion, stammt aus dem 19. Jh. Hier werden frischer Fisch, Fleisch und Gemüse aus der Umgebung angeboten. Außerdem gibt es eine große Blumenabteilung. Im ersten Stock ist seit einiger Zeit ein Kulturzentrum untergebracht, mit Tanzveranstaltungen, Sammlermärkten, Konzerten und einem Souvenirshop mit portugiesischen Produkten und Büchern. Sonntags findet beispielsweise ein Markt für Antiquariat, Münzen, Briefmarken und Uhren statt, die **Feira de Coleccionismo** (9–14 Uhr). Mehr Infos finden Sie auf der Homepage.
Mercado da Ribeira, *Av. 24 Julho, www.espacoribeira.pt, Di–Sa ca. 5–14 Uhr, Kulturzentrum u. Shops länger*

Reisepraktische Informationen

(Karte s. S. 176)

Einkaufen

Ana Salazar (1), *Rua do Carmo 85–87, www.anasalazar.pt, Mo–Sa 10–14 u. 15–19 Uhr. Einer von zwei Läden der wohl berühmtesten Modedesignerin Portugals. Edle Stoffe und Paillettenapplikationen sind ihr Markenzeichen. Neben Kleidung gibt es auch Schuhe und Taschen. Vor allem im Schlussverkauf lassen sich exklusive Designerstücke zum kleinen Preis erwerben.*
Luvaria Ulisses (2), *Rua do Carmo 87 A, www.luvariaulisses.com, Mo–Sa 10–19 Uhr. Einer der kleinsten und zugleich traditionsreichsten Fachgeschäfte Lissabons. Hinter der neoklassischen Fassade befindet sich ein winziger Laden. Zu kaufen gibt es ausschließlich Handschuhe und das seit 1925.*

Armazéns do Chiado (3), *Rua Nova do Almada, www.armazensdochiado.com, tgl. 10–22 Uhr (Geschäfte), Restaurants bis 23 Uhr. Eines der ersten Kaufhäuser Lissabons im heutigen Sinne. Das Gebäude wurde teilweise durch den Großbrand 1988 zerstört. Im Untergeschoss ist das Buch- und Musikgeschäft FNAC untergebracht. Zwei weitere Etagen bieten Mode und Kosmetik europäischer Marken. Das Obergeschoss, mit herrlicher Aussicht auf die Baixa sowie das Kastell, ist Restaurants und Cafés vorbehalten.*

Livraria Bertrand (4), *Rua Garrett 76, www.bertrand.pt. 1732 gegründet und seit 1773 in der Rua Garrett ansässig, ist die Livraria Bertrand die älteste Buchhandlung Lissabons und zugleich auch eine der weltweit ältesten. Eine große Auswahl an englischsprachiger Lektüre steht zur Verfügung.*

A Vida Portuguesa (5), *Rua Anchieta 11, www.avidaportuguesa.com, Mo–Sa 10–20 Uhr. Im liebevoll restaurierten Laden „Das portugiesische Leben" gibt es traditionsreiche Produkte mit Geschichte. Zu jedem Produkt gibt es eine kurze Beschreibung. So z. B. Handcreme, die auch von der letzten portugiesischen Königin Dona Amélia benutzt wurde.*

Fabrikverkauf Sant'Anna (6), *Rua do Alecrim 95, Mo–Fr 9.30–19 u. Sa 10–14 Uhr. Verkaufsladen der traditionsreichen Azulejo-Fabrik. Es gibt Reproduktionen von Kacheln aus dem 16.–18. Jh. sowie Porzellan. Alles ist handbemalt und signiert. Sollten Sie Ihrer Kauflust nicht Einhalt gebieten können, so können Sie sich auch alles nach Deutschland schicken lassen. Ein Paradies für Azulejo-Freunde. Die Bedienung ist sehr nett und fachkundig. Fabrikbesuch möglich, s. S. 264.*

Essen und Trinken

Extra-Tipps

Bar Entretanto (1), *Hotel do Chiado, Rua Nova do Almada 114. Gut sortierte Weinkarte: Glas ab 3, Flasche ab 12 €. Eine atemberaubende Aussicht auf das Kastell sowie die Unterstadt erwartet Sie von der Terrasse des Hotel do Chiado. Ein ruhiger Ort, um dem Trubel der Stadt zu entfliehen und bei einem guten Glas Wein die Aussicht zu genießen.*

Refrescos do Camões (8), *Largo Camões, www.quiosquederefresco.pt, tgl. 7.30–1 Uhr. Hier werden Traditionen des 19. Jh. wiederbelebt, die schon fast vergessen waren. Beispielsweise Refresco (hausgemachtes Erfrischungsgetränk nach Großmutters Rezept) oder Horchata (kalte Mandelmilch).*

Cafés

Café Vertigo (4), *Travessa do Carmo 4, Mo–Do 11–22, Fr–Sa 11–24 u. So 12–19 Uhr. Antiquitäten, Fotos aus den 1930–40er-Jahren und eine wunderschöne Tiffany-Decke. Gemütlich v. a. in der kalten Zeit des Jahres. Neben vielen verschiedenen Tees und kleinen Snacks gibt es eine große Auswahl an Salaten sowie einen sehr leckeren Schokoladenkuchen.*

Royale Café (5), *Largo Rafael Bordalo Pinheiro 29, www.royalecafe.com, Mo–Sa 11–24, So 11–20 Uhr. Modernes Café mit einladender Terrasse. Salate, kleine Gerichte und Kuchen.*

Restaurants

€€€€€ **Tavares (7)**, *Rua da Misericórdia 35, www.restaurantetavares.net, ☏ 2 13 42 11 12, Di–Sa 12.30–14.30 u. 19.30–23 Uhr, Menüs 60–120, mittags 35–50 €. Seit das älteste Restaurant des Landes 1784 eröffnete, haben hier nationale und internationale Größen getafelt, wie z. B. Eisenhower und Fellini. Sehenswert ist auf jeden Fall die Einrichtung: riesige Lüster, Spiegel und jede Menge vergoldeter Stuck. Die Ausrichtung ist port. mit internationalen Einflüssen. In der ersten Etage kann man nachmittags im Tearoom Tee und die prachtvolle Einrichtung genießen.*

€€€€€ **Belcanto (10)**, *Largo de São Carlos 10, www.joseavillez.pt, ☏ 2 13 42 06 07, Di–Sa 12.30–15 u. 19.30–23 Uhr. 3-Gänge-Menü um die 60 €. Seit Januar 2012 kocht hier der hoch dekorierte José Avillez und hat gleich wieder einen Michelin-Stern ergattern können. Kleines gemütliches Restaurant, moderne port. Küche mit internationalem Einfluss, viele Fischgerichte. Wer Kleinigkeiten des Starkochs probieren möchte, kann das im Cantinho do Avillez, in der Rua dos Duques de Bragança 7, eine Straße weiter.*

€€€–€€€€ **Tágide Restaurant (11)**, *Largo da Academia Nacional de Belas Artes 18/20, www.restaurantetagide.com, ☏ 2 13 40 40 10, Mo–Sa 12.30–15 u. 20–24 Uhr. Mittagsmenü unter 25 €. Eines der Traditionshäuser Lissabons, in einem schönen Gebäude des 18. Jh. untergebracht mit herrlicher Sicht auf die Stadt. Der Raum ist hell und luftig, mit Azulejos an der Wand. Das Mittagsmenü wechselt täglich und bietet ein hervorragendes Preis-Leistungs-Verhältnis, am besten einen Tisch am Fenster reservieren.*

€€€–€€€€ **La Brasserie de L'Entrecôte (9)**, *Rua do Alecrim 117, www.brasserieentrecote.pt, ☏ 2 13 47 36 16, tgl. 12.30–15 u. 19.30–23.30 Uhr. Klassische Französische Küche reduziert auf ein einziges Gericht: Entrecôte in Kräutersoße, mit Salat und ausreichend Pommes Frites – inzwischen auch in einer vegetarischen Variante als Entrecôte de Seitan angeboten. Hohe Granitbögen, große Spiegel, stilvolle Einrichtung.*

€€ **Mezzogiorno (2)**, *Rua Garrett 19, www.pizzeriamezzogiorno.com, ☏ 2 13 42 15 00, Mo–Sa 12.30–15.30 u. 19.30–23 Uhr. Italienisches Restaurant mit Innenhofterrasse. Fernab des Tumults gibt es Pizza vom Steinofen und täglich wechselnde Nudelgerichte.*

€€–€€€€ **Cervejaria Trinidade (6)**, *Rua Nova da Trindade 20C, www.cervejariatrindade.pt, ☏ 2 13 42 35 06, tgl. 10–24, Fr und Sa bis 1 Uhr. Im ehemaligen Refektorium des Konvents der Dreifaltigkeit wurde 1836 die erste Brauerei Lissabons gegründet. Lediglich das Gewölbe lässt die ursprüngliche Struktur des Klosters erkennen, die Wände wurden Ende des 19. Jh. mit kunstvollen Azulejos des berühmten Malers Luís Ferreira verziert. Gute, traditionelle port. Küche, bei Touristen und Einheimischen gleichermaßen beliebt.*

€–€€€ **Meninos do Rio (17)**, *Rua da Cintura do Porto de Lisboa, http://meninosdorio.com, ☏ 2 13 24 29 10, tgl. ab 12.30 Uhr. Wunderschöne Terrasse direkt am Flussufer. Ideal für ein leichtes Mittagessen, die Salate sind hervorragend. Auch ideal für einen geruhsamen Nachmittag mit Lektüre und Sicht auf den Fluss.*

€ **Jardim das Cerejas (3)**, *Calçada do Sacramento 36, ☏ 2 13 46 93 08, tgl. 12–15 u. 19–23 Uhr. Sympathisches Restaurant, vegetarisches Büfett, mittags günstiger. Zu empfehlen sind auch die frisch gepressten Obstsäfte.*

Ausgehen

Seit November 2011 haben sich in der Nähe des Cais do Sodré entlang der Rua Nova de Carvalho eine ganze Reihe neuer Bars angesiedelt, die gerade total angesagt sind. Gleichzeitig sind noch letzte Reste des ehemaligen Rotlichtviertels zu finden, was eine skurrile Mischung ergibt. Bis 22 Uhr gehört die mittlerweile verkehrsberuhigte Straße eher denjenigen, die sich auf einen Drink und portugiesische Tapas treffen. Später am Abend drängeln sich vor allem am Wochenende die Nachtschwärmer vor den Lokalen.

Pensão Amor (12), *Haupteingang über Rua do Alecrim, ehemaliges Stundenhotel, liebevoll umgestaltet, jeder Raum anders dekoriert, von rotem Plüsch mit Kronleuchter über Tigerfell-Deko bis zu Dessous-Laden und Bibliothek. Gelegentlich Live-Konzerte und andere kulturelle Veranstaltungen. Preise nicht ganz günstig.*

Bar da Velha Senhora (13), *in altem Gewölbe, offene Küche, bunt gemixtes Geschirr, sehr liebevoll angerichtete und leckere port.. Tapas, z. B. Sabores do Campo: Entenbrustschinken, Olivenpaste, Käse und Leberpastete für 6 €.*

Sol e Pesca (14), *die Dekoration stammt aus den Zeiten, als die Bar noch ein Geschäft für Anglerbedarf war. Spezialität des Hauses sind Fischkonserven (ab 2 €), die man kaufen oder direkt vor Ort essen kann.*

Alteingesessene Locations für Konzerte und zum Tanzen

Music Box (15), *kleiner Club mit Bühne und Natursteinbögen. DJs sorgen für Musik von Rock und Pop bis Dub, Live-Konzerte vor allem port. Bands. Gemischtes Publikum und entspannte Atmosphäre.*

Jamaica (16), *das Jamaica gibt es seit 1971 und ist immer noch gut besucht. Die kleine Tanzfläche und die unprätentiöse Einrichtung erinnern eher an ein Jugendzentrum. Gespielt wird sehr tanzbare Musik aus den 1970–90er-Jahren. Es empfiehlt sich vor 2 Uhr zukommen, die Warteschlange ist dann noch kürzer.*

Fado

Fado in Chiado (18), *Rua da Misericordia 14, 2. Stock, www.fadoinchiado.com, ☎ 961 71 77 78, Mo–Sa 19 Uhr, Eintritt: 16 €. Reine Fado-Show, ausschließlich auf Touristen ausgerichtet, ohne Verzehrzwang. Okay für einen ersten Eindruck. In einer knapp einstündigen Vorführung werden einige musikalisch gelungene Beispiele der Lissabonner Musik präsentiert. Natürlich nicht mit der Atmosphäre eines Fado-Lokals zu vergleichen.*

Bairro Alto & Príncipe Real

Tagsüber Wohnviertel mit kleinen Geschäften und abends Ausgehviertel

Als die Unterstadt im 16. Jh. förmlich aus allen Nähten platzte, begann die **organisierte Besiedlung des Hügels** außerhalb der Stadtmauern. Das Gelände kam in den Besitz der Familie *Andrade*. Sie legte Straßen an und verkaufte das Gelände in Parzellen. Das so entstandene Straßennetz gilt als die erste moderne Planung eines Stadtviertels in Lissabon. Obwohl das Terrain durch größere Höhenunterschiede geprägt ist, wurde auf Treppen verzichtet. Pferde und Kutschen konnten ungehindert

i Information

So kommt man hin: Metro Baixa/Chiado (grüne u. blaue Linie); Straßenbahn 28; Aufzüge Elevador da Glória, Elevador da Bica. Hinweis für Autofahrer: Der Kernbereich des Viertels ist für den Durchgangsverkehr gesperrt.

Dauer des Spaziergangs: Für die kunsthistorisch interessanten Sehenswürdigkeiten reicht ein halber Tag, für Zwischenstopps auf Aussichtspunkten, ein Abendessen und das Club-Hopping im Ausgehviertel entsprechend mehr.

So geht's weiter: Chiado, Der Westen des alten Lissabons, Av. da Liberdade oder Estrela & Campo de Ourique.

Redaktionstipps

➤ Besuch in einer der prächtigsten Kirchen der Stadt, der Igreja de São Roque (S. 184).
➤ Am Miradouro São Pedro de Alcântara die tolle Aussicht genießen (S. 188).
➤ Mit einem der beiden historischen Aufzüge fahren.
➤ Bummel durch Antiquitätengeschäfte oder durch junge und hippe Läden.
➤ Sonnenuntergang am Miradouro de Santa Catárina (S. 191).
➤ An kälteren Tagen Tee oder Cocktails im *Pavilhão Chinês* trinken (S. 196).
➤ Für Nachtschwärmer: Club-Hopping.

passieren. Die gerade Ausrichtung der Straßen zum Fluss hin sorgt für gute Belüftung, optimale Sonneneinstrahlung und ein einfaches Abfließen des Schmutzwassers.

Zunächst wurde das Viertel nach den Erbauern Vila Nova de Andrade genannt. Erst später, nach dem Bau der sehr steilen Travessa da Queimada, setzte sich die Bezeichnung Bairro Alto (Oberstadt oder wörtlich „hohes Viertel") durch.

Ein wichtiger Anziehungspunkt für das neue Viertel entstand, als der Jesuitenorden hier ab Mitte des 16. Jh. seinen Hauptsitz errichtete, die prunkvolle Igreja de São Roque. Es galt als schick und modern, in der Oberstadt zu wohnen, statt in den stinkenden engen Gassen von Unterstadt und Alfama. Aber auch viele Handwerker, Händler und Seeleute ließen sich hier nieder.

Ab dem 17. Jh. wuchs die Bebauung über das ursprüngliche Viertel hinaus. Das heute Príncipe Real genannte Viertel entstand. Im Süden schließt sich das Viertel Santa Catarina an, das wegen des Ende des 19. Jh. dort erbauten Aufzugs oft auch Bica genannt wird. Beim Erdbeben 1755 wurde das Gebiet stark zerstört, die ursprünglichen Straßenzüge blieben jedoch erhalten. In den 1860er-Jahren lebte das Viertel neu auf, als sich hier die ersten Tageszeitungen der Stadt ansiedelten. Das **Bairro Alto wurde zum Viertel von Journalisten, Druckereien und Verlagen**. Gleichzeitig eröffneten die ersten Cafés und Restaurants. In den letzten Jahrzehnten des 20. Jh. sind die Redaktionen der meisten Tageszeitungen zwar in andere Viertel abgezogen. Geblieben sind ein paar kleinere Druckereien und einige Straßennamen wie die der Rua do Diário de Notícias und der Rua do Século.

Seit den 1980er-Jahren durchlief das Bairro Alto einen erstaunlichen Wandel. Immer mehr Restaurants, Fado-Lokale, Kneipen, Bars und Clubs wurden eröffnet und das Viertel verwandelte sich in DIE Ausgehmeile der Stadt. Gleichzeitig funktioniert es aber auch noch als normales Wohnviertel. Die damit verbundenen Probleme der Lärmbelästigung für die Anwohner versuchte die Stadtverwaltung 2008 dadurch zu beheben, dass die Sperrstunde auf 2 Uhr vorverlegt wurde. Am Wochenende schließen die meisten Bars und Clubs jetzt um 3 Uhr. Das kleine Bica-Viertel ist mit in den Sog der Erneuerung des Bairro Alto gezogen worden und bietet heute ebenfalls zahlreiche Restaurants und Clubs. Etwas ruhiger geht es im Príncipe Real zu: Wohnhäuser, einige alte Stadtpaläste, kleine Geschäfte, Cafés und Restaurants.

Spaziergang von der Igreja de São Roque über den Príncipe Real bis zum Miradouro de Santa Catarina

Igreja de São Roque – Kirche São Roque (1)

Die schlichte Fassade der Igreja de São Roque am Largo Coelho lässt kaum vermuten welch üppige Pracht sich im Inneren verbirgt. Tatsächlich gehört die einschiffige Kirche zu den am prächtigsten ausgestatteten der Stadt, und sie ist die einzige, in der noch eine der großen bemalten manieristischen Holzdecken zu bewundern ist.

Es gibt sie noch, die kleinen traditionellen Geschäfte im Bairro Alto

Vor der heutigen Kirche stand **an gleicher Stelle eine kleine Kapelle**, die dem *Heiligen Rochus*, dem Schutzpatron der Pestkranken, geweiht war. Diese Kapelle ließ König *Manuel I.*, damals noch außerhalb der Stadtmauern, hier ab1506 erbauen samt einem Friedhof für die Pestopfer. Im Jahr 1553 übernahm der Jesuitenorden die Kapelle und errichtete an gleicher Stelle nach Plänen von *Felipe Terzi* die heutige Kirche.
Im Gegensatz zu der jesuitisch strengen Struktur des Hauptraums sind die Seitenkapellen überaus reich ausgeschmückt. Sie entstanden zum größten Teil erst im Lauf des 17. und 18. Jh.: kunstvolle Fliesengemälde, wunderschöne Steinmosaike, vergoldete Altäre und viel Marmor.
Ein Beispiel für den Überfluss in dem sich die Herrschenden der Zeit wähnten ist die **Kapelle für Johannes den Täufer**. Sie gilt heute als ein Juwel der europäischen Kunst und markierte für Portugal den ersten Kontakt mit dem Neo-Klassizismus. König *João V.* gab die Kapelle 1740 in Rom in Auftrag. Über hundert italienische Künstler und Handwerker sollen an ihr gebaut haben. Verwendet wurden nur die edelsten Materialien: Bronze, Silber, Gold und verschiedene Marmorarten. Besonders bemerkenswert sind die Steinmosaike, die mit Halbedelsteinen versehen wurden. Nach rund vier Jahren Bauzeit war die Kapelle fertig. Sie wurde von Papst *Benedikt XIV.* geweiht, komplett in ihre Einzelteile zerlegt, auf mehreren Schiffen nach Lissabon transportiert und hier wiederaufgebaut. Die offizielle Einweihung 1752 erlebte ihr Auftraggeber nicht mehr: König *João V.* starb zwei Jahre zuvor.

Sehenswürdigkeiten

1 Igreja de São Roque
2 Museu de São Roque
3 Miradouro de São Pedro de Alcântara
4 Praça e Jardim do Príncipe Real
5 Reservatório da Patriarcal
6 Jardim Botânico
7 Praça das Flores
8 Convento dos Cardaes
9 Museu da Fármacia
10 Miradouro de Santa Catarina
11 Elevador da Bica

Einkaufen

1 Tereza Seabra
2 Fábrica dos Chapéus
3 Lena Aires
4 Fátima Lopes
5 Cork & Co.
6 21PR Concept Store
7 Claudio Corallo

Sonstiges

8/9 Supermarkt (Minipreço)
10 Schnellreinigung (5 À Sec)

Essen und Trinken

Probieren und Mitnehmen

16 Garrafeira Alfaia
19 BA Wine Bar
21 Portweininstitut Solar do Vinho do Porto

Cafés

1 Quiosque Português Café
2 Catedral do Pão
4 Lost In
5 Orpheu Caffé
6 Pão de Canela
17 Quiosque am Miradouro de Santa Catarina
18 Noobai Café

Restaurants

3 La Paparrucha
7 Terra
8 Adega do Teixeira
9 100 Maneiras
10 The Decadente
11 Império dos Sentidos
12 Pap´Açôrda
13 Alfaia
14 Fidalgo
15 Vá e Volte
20 Toma Lá Dá Cá
34 Restaurante Pharmacia
35 Príncipe do Calhariz
36 Cantinho Do Bem Estar

Ausgehen

22 Pavilhão Chinês
23 Mezcal
26 Páginas Tantas Bar
28 Galeria Zé dos Bois
29 Frágil
30 As Primas
31 Mahjong
32 Bicaense
33 Baliza

Fado

24 O Faia
25 Caldo Verde
27 Tásca do Chico

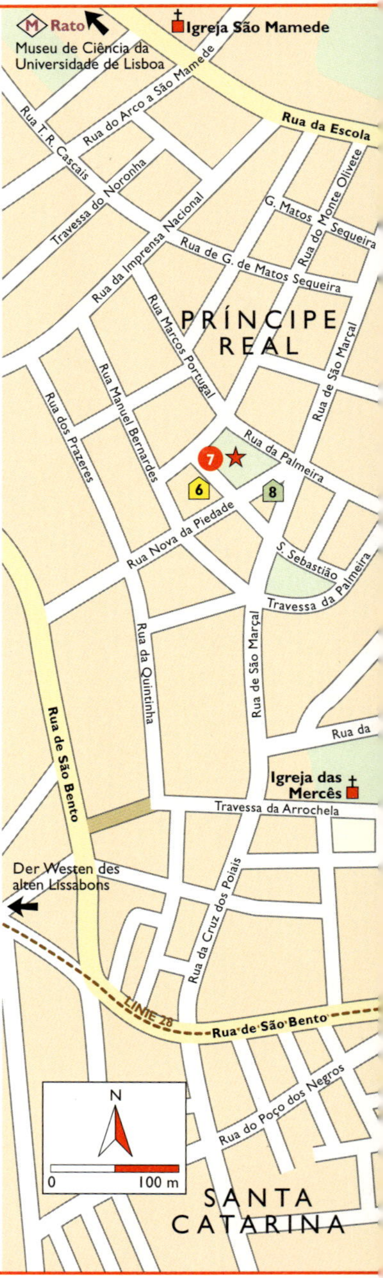

Bairro Alto & Príncipe Real
Avenida da Liberdade
Avenida
Restauradores
Elevador da Glória
R. da Conceição da Glória
Rua Mãe de Água
Rua da Glória
Rua de Santo António da Glória
Rua das Taipas
Rua Dom Pedro V
Igreja do Convento de S. Pedro de Alcântara
Praça Príncipe Real
Rua Luísa Todi
Tv. do Conde de Soure
Travessa de São Pedro
Rua do Teixeira
Rua de São Pedro De Alcântara
Calçada da Glória
Rua da Palmeira
Rua do Século
Rua Vinha
R. Nova do Loureiro
S. Boaventura
Rua da Rosa
Travessa da Cara
Calçada do Tijolo
Travessa da Conceição
Rua da Atalaia
Travessa da Boa Hora
Travessa da Água da Flor
Travessa do Grémio Lusitano
BAIRRO ALTO
Ciências
Museu Geológico
Museu Maçónico Português
Largo Trindade Coelho
Rua Nova da Trindade
Travessa da Queimada
Rua do Diário de Notícias
Rua do Norte
Rua Pereira
da Rosa
Rua dos Caetanos
Rua Luz Soriano
Travessa do Poço da Cidade
Rua da Barroca
Rua das Gáveas
Tv. dos Fiéis de Deus
Eremida dos Fiéis de Deus
Igreja de Santa Catarina
Travessa das Mercês
Travessa Espera
Rua da Misericórdia
Calçada do Combro
Rua das Salgadeiras
Rua da Hera
R. Loreto
Elevador da Bica
Pç. Luís de Camões
LINIE 28
Chiado
Travessa do Sequeiro
Rua das Chagas
Rua da Horta Sêca
Rua da Emenda
Rua das Flores
R. M. Saldanha
Rua Bica D. Belo
Travessa da Laranjeiro
Travessa da Portuguesa
Rua Sta. Catarina
CHIADO
Cais do Sodré

Der vergoldete Hauptaltar stammt aus den 1620er-Jahren. In den beiden Seitenaltären ist eine der bedeutendsten Reliquiensammlungen der Stadt untergebracht. Neben den Eingängen am Hauptportal finden sich zum Teil noch Beispiele von Fliesen aus dem 16. Jh. Sie gelten als die ersten, die in Portugal hergestellt wurden.
Kirche São Roque, *Largo Trindade Coelho, ☏ 2 13 23 54 21, Mo 14–18 u. Di–So 9–19, Do bis 21 Uhr, Führungen auf Englisch u. kostenlos, nur für Gruppen u. nach Vereinbarung, Anfrage an das angeschlossene Museum: info@museu-saoroque.com. Aufzug Elevador da Glória*

Museu de São Roque – Museum für Sakrale Kunst (2)

Direkt neben der Kirche befindet sich das Museum für Sakrale Kunst untergebracht. In der permanenten Ausstellung sind zahlreiche aufwendig gearbeitete Priestergewänder, sehr schöne italienische Schmiedearbeiten und Gemälde sowie Statuen aus dem 16.–18. Jh. zu sehen.
Museu de São Roque, *www.museu-saoroque.com, Di–Mi u. Fr–So 10–18, Do 14–21 Uhr*

info

Santa Casa da Misericórdia und die barmherzige Lotterie

Bereits 1498 gründet *Dona Leonor* (Witwe von König *João II.*) einen Orden, der sich der Mildtätigkeit widmen soll. Daraus entsteht die *Santa Casa da Misericórdia de Lisboa. Dona Leonor* verhalf ihr soziales Engagement zu ungeheurer Beliebtheit im Volk. Nach der Ausweisung der Jesuiten wird die Kirche São Roque samt Nebengebäuden 1768 der *Santa Casa* als Schenkung überlassen. Aber auch in dem neuen Hauptsitz plagt die Organisation ein Problem: Es fehlt an Mitteln. Unter Königin *Maria I.* (1777–1816) wird der Organisation deshalb 1783 erlaubt, ihre Einnahmen mit Lotterien aufzubessern. Es sind **die ersten nationalen Lotterien**. Noch heute ist die Organisation eine der wichtigsten in Lissabon/Portugal und betreibt unter dem Namen *Jogos Santa Casa* auch noch drei sehr beliebte Lotterien. 20 % des Umsatzes gehen an soziale Einrichtungen. Den emsigen Losverkäufern, den *cauteleiros*, ist auf dem Largo Trindade Coelho eine Bronzestatue gewidmet. An den polierten, glänzenden Stellen lässt sich erkennen, dass die Figur als Glücksbringer gilt.

Miradouro de São Pedro de Alcântara – Aussichtspunkt São Pedro de Alcântara (3)

Der Aussichtspunkt São Pedro de Alcântara ist ein in zwei Terrassen angelegter Garten mit einem herrlichen Ausblick über die Stadt. Eine Fliesentafel erklärt die markantesten Punkte der Aussicht.
Que bom fresco aqui! – „Welch herrliche Kühle hier“ ließ der Romancier *Eça de Queirós* eine seiner Romanfiguren in „Primo Basílio“ („Vetter Basilio“) den kleinen Park charakterisieren. Und tatsächlich, insbesondere im oberen Teil bieten Bäume herrlich kühlenden Schatten. Dort sorgt auch ein kleiner Kiosk für Erfrischungen.
Aussichtspunkt São Pedro de Alcântara, *Rua de São Pedro de Alcântara, Ecke Calçada da Glória, Aufzug Elevador da Glória*

Aussicht vom Miradouro de São Pedro de Alcântara

Praça e Jardim do Príncipe Real (4)

Die Rua Dom Pedro V den Berg hoch folgend, erreicht man den Praça do Príncipe Real. Nach dem Erdbeben 1755 waren hier die Truppen stationiert, die für die Aufräumarbeiten im Bairro Alto abkommandiert waren. Der kleine Park auf dem Platz wurde in den 1860er-Jahren angelegt und verfügt über einen schönen Bestand an europäischen und exotischen Bäumen, im Zentrum eine uralte Zeder, die ein 25 m breites „Sonnendach" bildet. Umgeben ist der Platz von einigen Stadtpalästen, vornehmlich aus dem späten 19. Jh. Am auffälligsten ist der Palácio Ribeiro da Cunha mit seinen Kuppeln im neo-maurischen Stil. Seit 1915 heißt der Park offiziell *Jardim França Borges*, benannt nach dem Begründer der Zeitschrift *O Mundo*. Die Lissabonner verwenden aber – wie so oft – weiterhin die alte Bezeichnung. Ein kleiner Kiosk und ein Café-Restaurant offerieren Getränke und Snacks.

Reservatório da Patriarcal – Wasserreservoir (5)

Unter dem Jardim do Príncipe Real befindet sich ein in den 1860er-Jahren angelegtes Wasserreservoir. Bis in die 1940er-Jahre wurden damit Teile der Unterstadt und des Bairro Alto mit Wasser versorgt. Das Reservoir fasst knapp 900 m³ Wasser und seine 31 Säulen von über 9 m Höhe lassen den Raum wie ein Kirchengewölbe wirken. Seinen Namen hat es übrigens, weil hier im 18. Jh. kurzzeitig eine neue Sé Patriarcal (Kathedrale) gestanden hatte. Die Holzkonstruktion fiel den Flammen noch in der Bauphase zum Opfer. Der Wasserspeicher war an das Versorgungssystem des Aquädukts angeschlossen und ist heute Teil des Wassermuseums (s. S. 266). Gelegentlich finden hier Ausstellungen, Konzerte und andere Veranstaltungen statt.

Wasserreservoir Reservatório da Patriarcal, *Jardim do Príncipe Real, museudaagua.blogspot.pt (nur port.),* ☏ *2 18 10 02 15, Mo–Sa 10–18 Uhr, Eintritt: 1 €*

Jardim Botânico – Botanischer Garten (6)

Wer Lust auf viel Grün hat, dem sei der Botanische Garten unweit des Praça do Príncipe Real empfohlen. Er ist einer von drei botanischen Gärten der Stadt und feiert 2013 sein 135-jähriges Bestehen. Der heutige Betreiber, das Nationale Museum für Naturgeschichte der Universität Lissabon, schätzt den aktuellen Bestand auf knapp 1500 unterschiedliche Pflanzenarten aus allen Kontinenten. Er wirkte zuletzt allerdings etwas ungepflegt. Auf dem Gelände ist auch das Museu Nacional de História Natural (Nationalmuseum für Naturgeschichte) untergebracht.

Botanischer Garten, *Rua Escola Politécnica 58, ☏ 2 13 92 18 00, tgl. 9–20 Uhr, Nov.–März bis 18 Uhr, Eintritt: 2 €, der Seiteneingang an der Rua da Alegria ist nicht immer geöffnet. Bus 202, 758, 773; Metro Rato*

Praça das Flores (7)

Die Rua São Marçal führt vom Jardim Botánico am Praça das Flores vorbei. Der kleine Platz verbreitet eine sehr nette, ruhige Wohnviertel-Atmosphäre: wenig Autoverkehr, einige Bäume und ein Brunnen in der Mitte. Direkt auf dem Platz bietet ein kleiner Kiosk Erfrischungen. Drumherum gibt es ein paar nette Cafés und Restaurants, zum Teil mit Terrassen.

Convento dos Cardaes – ehemaliges Karmeliterinnenkloster (8)

Dona Luísa de Távora gab den Bau des Karmeliterinnenklosters 1677 in Auftrag. Nach dem Tod ihres Mannes hatte sich die wohlhabende Witwe – sie zählte damals zu den reichsten Frauen der Stadt – dem Glauben verschrieben. Die Schwestern des Karmeliterordens lebten hier in Abgeschiedenheit, verließen das Kloster nicht und saßen während der Messen hinter einem Vorhang, damit sie von den Gläubigen nicht gesehen wurden. Ab 1877 übernahmen Schwestern des Dominikanerordens den Konvent. Kunsthistorisch interessant ist der Gebäudekomplex, weil er im Erdbeben von 1755 wenig zerstört wurde und so z. B. die ursprünglichen Fliesengemälde des Holländers *Jan van Oort* (1645–99) erhalten sind. Für Azulejo-Fans ein wahres Fest.

Convento dos Cardaes, *Rua do Século 123, www.conventodoscardaes.com/visite.html, ☏ 2 13 42 75 25, Mo–Sa 14–17.30 Uhr, Führungen in Englisch oder Deutsch auf Anfrage, im August geschl. Bus 202, 758, 773*

Museu da Farmácia – Apothekenmuseum (9)

In einem wunderschönen Palast, direkt gegenüber dem Miradouro de Santa Catarina, ist seit 1996 das Apothekenmuseum untergebracht. Es bietet eine hervorragende Sammlung zur Geschichte der Apotheke. In einem Flügel sind authentische historische Apotheken sowohl aus verschiedenen Epochen als auch aus den unterschiedlichsten Gegenden der Welt aufgebaut. Erwähnenswert sind z. B. eine mittelalterliche Apotheke und eine aus der ehemaligen Kolonie Macau. Die Sammlung umfasst Stücke von der Antike bis zur Neuzeit und wurde schon mehrfach als bestes Museum Portugals ausgezeichnet. Im angeschlossenen Shop lassen sich schöne Reproduktionen historischer pharmazeutischer Gegenstände erwerben. Im Erdgeschoss kann man seit 2011 im *Restaurante Pharmacia* Apotheken-Desgin auch während des Essens genießen.

Apothekenmuseum, *Rua Marechal Saldanha 1, ☏ 2 13 40 06 88, Mo–Fr 10–18, letzter So im Monat 14–18 Uhr. Straßenbahn 28; Aufzug Elevador da Bica*

Miradouro de Santa Catarina – Aussichtspunkt Santa Catarina (10)

Seit den 1880er-Jahren existiert der in zwei Terrassen angelegte Aussichtspunkt. Lissabonner wie Touristen schätzen diesen Miradouro. Und mit Recht: Er bietet von der Anhöhe hinunter einen wunderschönen Blick auf den Fluss, die gegenüberliegende Uferseite, die Tejo-Brücke und die Hafenanlagen. Ein paar Bäume auf der oberen Ebene bieten Schatten, ein Kiosk verkauft Getränke und Snacks. Eine Statue des Adamastor, einem Seeungeheuer aus dem Nationalepos „Os Lusíadas", wacht mit etwas grimmigem Blick über die Besucher.

Aussichtspunkt Santa Catarina, *Alto de Santa Catarina. Straßenbahn 28; Aufzug Elevador da Bica*

„Haschisch?" – Tourismus und Drogen

info

Wo viele und vor allem junge Touristen zu finden sind, wittern Drogendealer ein Geschäft. Spätestens bei Einbruch der Dunkelheit ziehen sie im Bairro Alto und rund um den Miradouro de Santa Catarina ihre Runden. Wie auch auf dem Praça do Comércio und in der Fußgängerzone wird man hier direkt angesprochen, meist mit einem dahin genuschelten „Haschisch?". Die einzig sinnvolle Antwort darauf kann nur ein entschiedenes *„Não, obrigado!"* oder ein entsprechendes Kopfschütteln sein. Neben den bekannten Gründen, die eindeutig gegen einen Drogenerwerb sprechen, gibt es auch noch einen ganz banalen: Hier wird Ihnen nur Schrott angeboten. Es kursiert die Geschichte, dass die Polizei deshalb nichts unternimmt, weil die angebotene Ware nicht mal genug wirksame Substanzen enthält, um unter das Betäubungsmittelgesetz zu fallen.

Elevador da Bica – Historischer Aufzug Bica (11)

Seit 1892 kämpft sich der historische Aufzug (eigentlich eine Standseilbahn) den Hügel von der Flussseite her ins Viertel hinauf. Nach einem schweren Unfall 1916 wurde der Betrieb für einige Jahre eingestellt. Seit 1927 funktioniert er aber wieder zuverlässig. Er verbindet das Bairro Alto bzw. das Viertel Bica/Santa Catarina mit der Rua de São Paulo nahe dem Cais do Sodré, unten am Flussufer.

Historischer Aufzug Bica, *Rua da Bica de Duarte Belo/Rua de São Paulo (Talstation), Mo–Sa 7–21, So u. Fei ab 9 Uhr, Fahrkarte 7 Colinas/Viva Viagem, Ticket direkt beim Fahrer für 3,60 € (zwei Fahrten)*

Reisepraktische Informationen

(Karte s. S. 186)

Einkaufen

In trendigen Läden, v. a. auf und um die Rua do Norte und die Rua da Atalaia, gibt es neben Bekleidung auch Schuhe, Taschen und allerlei Accessoires. Da die Geschäfte die Nachtschwärmer im Kneipenviertel ansprechen wollen, öffnen viele erst am Nachmittag und schließen dafür erst spät am Abend. Tagsüber gehört das Viertel noch weitgehend den Anwohnern. So finden sich auf der Rua da Rosa kleine Supermärkte, Gemüseverkäufer und Krämerläden.

Steile Gasse im Bica-Viertel

Auf der Av. Dom Pedro V und der Rua de São Pedro de Alcântara findet man viele Antiquitätengeschäfte und Antiquariate. In den vergangenen Jahren sind eine Reihe neuer Modegeschäfte, Ateliers und Kunstgalerien dazugekommen. Auch ein paar bekanntere portugiesische Designer haben Filialen im Bairro Alto. Das Viertel ist so übersichtlich, dass es kein Problem ist, innerhalb von kurzer Zeit einfach die Straßen und Geschäfte abzuschlendern. Deshalb hier nur ein paar Tipps.

Tereza Seabra (1), *Rua da Rosa 158–160A, ☏ 2 13 42 53 83, Mo–Fr 11–13 u. 15–19 Uhr. Schmuck-Atelier, Geschäft, Galerie und Werkstatt in einem. Neben eigenen Stücken von Tereza Seabra gibt es hier auch Schmuck anderer Künstler.*

Fábrica dos Chapéus (2), *Rua da Rosa 118, www.afabricadoschapeus.com, Mo–Do 11–20.30, Fr u. Sa 11.30–21 Uhr. Hüte sind ja angeblich wieder schwer im Kommen. Hier gibt es eine kleine Auswahl an Hut-Stilen verschiedener Provenienz. Angeschlossen ist ein kleines Atelier in dem Hüte nach Maß angefertigt werden.*

Lena Aires (3), *Rua da Atalaia 96, www.lena-aires.com. Port. Designerin, die hier seit mehr als 20 Jahren ihren ausgefallenen Schick anbietet.*

Fátima Lopes (4), *Rua da Atalaia 36, www.fatima-lopes.com. Mischung aus Showroom und Bar. Die port. In-Designerin Fátima Lopes stellte 1992 ihre erste Kollektion vor und hat seitdem eine steile Karriere hingelegt. 2000 überraschte sie die Modewelt, als sie bei einer Modenschau in Paris selbst ihren „teuersten Bikini der Welt" präsentierte. Das gute Stück mit Gold und Diamanten kostete 1 Mio. Dollar. Aber es geht auch bodenständiger: Für die Fußball-WM in Deutschland entwarf sie die Ausgehuniformen der port. Nationalmannschaft.*

Cork & Co. (5), *Rua das Salgadeiras 10, www.corkandcompany.pt. Produkte aus Kork haben in Portugal eine lange Tradition. Seit einigen Jahren wird dieses Naturprodukt auch von* *jüngeren Designern verwendet. Im Cork & Co gibt es vom Stuhl über Taschen bis hin zum Regenschirm alles Mögliche aus dem erstaunlich vielseitigen Material.*

21PR Concept Store (6), *Praça do Príncipe Real 21, ☏ 2 13 46 94 21, Mo–Sa 10.30–20 Uhr. Kleine Ladengalerie mit sechs Geschäften von Mode über Schmuck bis port. Feinkost.*

Claudio Corallo (7), *Rua Cecílio de Sousa 85, www.claudiocorallo.com, ☏ 2 13 86 21 58, Mo–Sa 10–19.30 Uhr. Der Italiener Claudio Corallo hat sich seit Jahrzehnten dem Kaffee- und Kakaoanbau verschrieben. Die Ergebnisse dieser Leidenschaft lassen sich seit 2008 in seinem Laden in Lissabon verkosten – alles sehr lecker. Selbst wenn Sie nichts kaufen möchten, lohnt es sich, z. B. das Schokoladeneis, die selbst gemachte heiße Schokolade oder einen Espresso mit einem Stückchen Schokolade nach Wahl (1 €) zu probieren.*

Märkte

Feira do Príncipe Real, *Praça do Príncipe Real 4. Markt für Antiquitäten, Kunsthandwerk und Souvenirs, letzter Sa u. Mo im Monat 10–19 Uhr.*

Feira de Produtos Biológicos, *Praça do Príncipe Real 4. Auf diesem Bio-Markt gibt es neben Gemüse, Obst, und Kräutern auch Konfitüren, Trockenfrüchte und Olivenöl, Sa 9–14 Uhr.*

Sonstiges

Supermärkte Minipreço: *z. B. Praça das Flores 1* **(8)**, *Largo do Calhariz 10* **(9)**.

Schnellreinigung: 5 À Sec – Príncipe Real (10), *Rua Dom Pedro V. 106, ☏ 2 13 22 52 69.*

Essen und Trinken

Das Angebot an Restaurants, Bars und Clubs im Bairro Alto ist riesig. Einige gibt es schon seit Jahrzehnten. Jede Woche kommen neue hinzu, von denen einige aber nicht mehr als ein oder zwei Saisons überstehen.

„Probieren und Mitnehmen"

Portweininstitut Solar do Vinho do Porto (21), *Rua de São Pedro de Alcântara 45, ☏ 2 13 47 57 07/8, Mo–Sa 11–24 u. Sa erst ab 14 Uhr. In gepflegter Couch-Atmosphäre kann man sich hier durch die verschiedensten Portweine und Jahrgänge testen. Das Gläschen ist ab 1,50 € zu haben. Gegen den Hunger gibt es z. B. Käse- und Schinkenplatten. Das Institut ist die Lissabonner Vertretung der Weine aus der Douro-Region. Die Vorläuferorganisation entstand 1756 auf Anweisung von Marquês de Pombal, der die Qualität und Vermarktung des urportugiesischen Likörweins verbessern wollte. Das Gebäude des* ***Palácio Ludovice*** *gehörte ursprünglich dem deutschen Baumeister Johann Friedrich Ludwig, der ab 1717 den Bau des königlichen Klosterpalasts in Mafra leitete.*

Garrafeira Alfaia (16), *Rua do Diário de Notícias 125, www.garrafeiraalfaia.com, ☏ 2 13 43 30 79, Mo–Fr 14–1 u. Sa–So 16–1 Uhr. Hier kam man bei kleinen port. Leckereien Wein probieren und kaufen. Bei gutem Wetter stehen zwei kleine Tische auf der Straße. Die Garrafeira gehört zum Restaurant Alfaia schräg gegenüber.*

BA Wine Bar do Bairro Alto (19), *Rua da Rosa 107, ☏ 2 13 46 11 82, Di–So 17–24 Uhr. Wer port. Weine kennenlernen möchte, ist in dieser kleinen Bar mit gut 200 Weinen gut aufgehoben. Das Konzept: Alle Weine gibt es offen (Glas ab 3 €), gerne präsentiert das Personal neben allem Wissenswerten über die Weine eine Auswahl zum Probieren. Für den Hunger gibt es leckere port. Käse, Schinken und Wurstvariationen.*

Cafés

Quiosque Português Café (1), *Jardim São Pedro de Alcântara, tgl. 10–23, Do–Sa bis 2 Uhr. Direkt am* ***Miradouro de São Pedro de Alcântara.*** *Neben Kaffee, Bier und Softdrinks auch kleine Snacks. Schöner Blick über die Stadt.*

Catedral do Pão (2), *Rua Dom Pedro V 57 B, tgl. 7–19 Uhr. Die „Kathedrale des Brots" ist ein fast runder Raum mit Säulen, dekoriert mit Spiegeln und Azulejos im Jugendstil. Trotzdem ein bodenständiges Café, in dem die Nachbarschaft ihre frischen Brötchen kauft oder die süßen Teilchen bei einem Milchkaffee an Ort und Stelle verzehrt.*

Lost In (4), *Rua D. Pedro V 56D, www.lostin.com.pt, ☏ 9 17 75 92 82, Di–So 12.30–24 u. Mo ab 16 Uhr. Indisches Ambiente, atemberaubende Aussicht über Baixa und Burgberg, sehr schöne Terrasse, idealer Ort zum Ausspannen, kleine Snacks, Tageskarte. Angeschlossen ist ein indischer Laden.*

Orpheu Caffé (5), *Praça do Príncipe Real 5A, ☏ 2 18 04 44 99, Di–Sa 11–24 u. So 11–20 Uhr. Nettes, gemütlich eingerichtetes Café mit kleiner Terrasse im Hof. Wechselnde Tagesgerichte (ab 5,50 €), sonntags Brunch (13 €).*

Pão de Canela (6), *Praca das Flores 27–28, www.paodecanela.com (nur port.), ☏ 2 13 97 22 20, tgl. 8–23 Uhr. Direkt an der Praça das Flores. Schöne Terrasse, große Auswahl an Kuchen und Torten, aber auch an herzhaften Salaten und Snacks. Gleich nebenan, das dazugehörige Restaurant (s. Tipps Essen).*

Quiosque Miradouro de Santa Catarina (17), *typischer Kiosk mit Tischen und Stühlen direkt auf dem Miradouro de Santa Catarina. Bei gutem Wetter und am Wochenende bis 2 Uhr nachts geöffnet. Sehr beliebt bei Einheimischen wie Touristen. Getränke und Snacks zu fairen Preisen. Die wunderbare Aussicht samt Sonnenuntergang gibt es gratis dazu.*

Noobai Café (18), *Miradouro de Santa Catarina, www.noobaicafe.com, Di–Do 12–22, Fr, Sa 12–24 u. So 12–20 Uhr. Gleich nebenan über den Dächern des Bica-Viertels mit wunderbarer Aussicht. Zwei Terrassen und gemütlich eingerichteter Raum. Oft sehr voll, daher etwas längere Wartezeiten. Beliebter Ausgangspunkt für eine Tour durch das Ausgehviertel.*

Restaurants

€€€€€ **100 Maneiras (9)**, *Rua do Teixeira 35, www.restaurante100maneiras.com, ☏ 2 10 99 04 75, tgl. 20–2 Uhr. Für die port.-internationale Autoren-Küche zeichnet Starkoch Ljubomir Stanisic verantwortlich. Es gibt kein Essen à la Carte, sondern ein 4-Gänge-Menü für 45 € bzw. eine reine Wein-Degustation zum Festpreis für 35 €. Schlichte aber einladende Holz-Vertäfelung in Weiß, sehr angesagt, einen Bistro-Ableger gibt es am Largo da Trindade. Reservierung empfohlen.*

€€€€ **Pap'Açôrda (12)**, *Rau da Atalaia 57–59, ☏ 2 13 46 48 11, Di–Sa 12.30–14.30 u. 20–22.30 Uhr. Eines der edleren Restaurants im Bairro Alto. Hat seit den 1990er-Jahren den Ruf, cool zu sein, und dementsprechend gut besucht ist das kleine Restaurant. Unter Kronleuchtern kann man entspannt genießen. Z. B. den „Lobster Açôrda", der dem Restaurant den Namen gab. Das ist ein eintopfähnlicher Brotbrei mit Hummerfleisch.*

€€€ **La Paparrucha (3)**, *Rua Dom Pedro V. 18, www.lapaparrucha.com, ☏ 2 13 42 53 33, tgl. 12–15 u. 19–2 Uhr, Sa, So mittags bis 16 Uhr. Das La Paparrucha ist argentinisch und das bedeutet: viel leckeres Fleisch. Die Inneneinrichtung ist nichts Besonderes, aber die Terrasse ist sehr schön.*

€€–€€€ **Restaurante Pharmacia (34)**, *Rua Marechal Saldanha 1, ☏ 2 13 46 21 46, Di-So 13–1 Uhr. Direkt im Pharmazie-Museum mit großer, sehr schöner Terrasse. Dekoration des Restaurants macht dem Namen alle Ehre – von der Tapete bis hin zum Wein-*

kühler. Port. Tapas (7–13 €), „medizinische" Cocktails ab 4,50 €, abends 5-Gänge-Überraschungsmenü für 28 €.

€€–€€€ **Adega do Teixeira (8)**, *Rua do Teixeira 39, ☏ 2 13 42 83 20, Mo–Sa 12.30–15 u. 19.30–23 Uhr. In einer kleinen Nebenstraße mit überdachter Terrasse. Das Essen ist traditionell port., die Portionen sind groß, der Service nett.*

€€–€€€ **Cantinho Do Bem Estar (36)**, *Rua do Norte 46, ☏ 2 13 46 42 65, Di–Sa 12–14.30 u. 19.30–23.30 Uhr. Winziges Restaurant, besonders beliebt sind die wechselnden Fischgerichte. Sehr große Portionen, große Auswahl an Nachspeisen, v. a. Kuchen. Reservierung empfohlen.*

€–€€ **The Decadente (10)**, *Rua São Pedro de Alcântara 81, thedecadente.pt, ☏ 2 13 46 13 81, tgl. 12–24 Uhr, Wochenende länger, Mittagessen Mo–Fr, So 12–17 Uhr Brunch. Gehört zum Hostel The Independente (s. S. 112). Stilvoll, aber gemütlich eingerichtet, mit kleiner, überdachter Gartenterrasse. Port.-internationale Küche, auch Kleinigkeiten, alles liebevoll angerichtet.*

€€ **Império dos Sentidos (11)**, *Rua da Atalaia 35, www.imperiodossentidos.com.pt, ☏ 2 13 43 18 22, Di–So 19.30–2 Uhr. Das „Imperium der Sinne" ist ein Galerie-Restaurant und bietet neben Gaumenfreuden auch etwas für Auge und Geist. Die Küche ist eine originelle Mischung aus port. und international. Pasta und vegetarische Gerichte stehen ebenfalls auf der Karte. Tipp: eine Vorspeisenplatte teilen.*

€€ **Alfaia (13)**, *Travessa da Queimada 24, ☏ 2 13 46 12 32, 12–2 Uhr, So nur abends. Eines der ältesten und bekanntesten Restaurants im Bairro Alto. Traditionelle port. Küche in guter Qualität. Relativ große Weinauswahl. Im Sommer mit kleiner Terrasse. Die dazugehörige Garrafeira Alfaia liegt gleich schräg gegenüber (s. „Probieren und Mitnehmen").*

€€ **Fidalgo (14)**, *Rua da Barroca 27, www.restaurantefidalgo.com, ☏ 2 13 42 29 00, Mo–Sa 12–15 u. 19–23 Uhr. Ein Fidalgo (Edelmann) aus Metall lädt die Gäste zum Betreten des kleinen netten Restaurants ein. Die Wände sind mit Weinregalen dekoriert. Der „Polvo a Lagreiro" (Oktopus aus dem Ofen mit Knoblauch und Olivenöl) wurde schon als der beste der Stadt geadelt.*

€€ **Terra (7)**, *Rua da Palmeira 15, www.terra.vg, ☏ 2 13 42 14 07, Di–So 12.30–15.30 u. 19.30–24 Uhr. Vegetarisches Restaurant mit einem wunderschönen Innenhof mit Brunnen. Hier werden die üblicherweise doch sehr fleisch- und fischlastigen port. Gerichte als vegetarische Varianten angeboten. Die meisten Zutaten stammen aus kontrolliertem, biologischem Anbau, angeschlossen ist ein kleiner Laden. Gilt als einer der besten Vegetarier der Stadt und hat es bei einem Wettbewerb unter die 50 besten Restaurants Lissabons geschafft.*

€–€€ **Restaurante Vá e Volte (15)**, *Rua do Diário de Notícias 100, restauranteva evolte.pai.pt, ☏ 2 13 42 78 88, tgl. 12–1 Uhr. Typisch port. Küche in typisch port. Restaurant, mit Azulejos und Papierschutz für die Tischdecken. Eine nette Abwechslung zu den durchgestylten neueren Restaurants, die das Viertel mittlerweile erobert haben. Seit 1937 gibt es das „Geh und Komm Wieder". Bei gutem Wetter kann man auch draußen sitzen.*

€–€€ **Toma Lá Dá Cá (20)**, *Travessa do Sequeiro 38, ☏ 2 13 47 92 43, Mo–Sa 12–15 u. 19.30–23 Uhr. Gute port. Küche und sehr gutes Preis-Leistungs-Verhältnis. Ausgesprochen beliebt und deshalb oft proppenvoll.*

€ **Príncipe do Calhariz (35)**, *Calçada Combro 28–30, principedocalhariz.com, ☏ 2 13 42 09 71, So–Fr 12–15.30 u. 19–22.30 Uhr. Traditionelles Restaurant mit gutem port. Essen. Reichhaltige Portionen, flotter Service, günstig.*

Ausgehen

Auch nachdem mit den Bars und Diskotheken an den Docas und auf der Rua das Janelas Verdes das Bairro Alto nicht mehr das einzige Ausgehviertel der Stadt ist, bleibt es weiter beliebt. Der Großteil der Party findet auf der Straße statt, sodass es am Wochenende ab Mitternacht aufgrund der Masse an Feiernden oft kaum ein Durchkommen gibt. Sonntags und montags ist es etwas ruhiger, da haben viele Bars und Clubs Ruhetag. Das Preisniveau ist zum Teil sehr unterschiedlich. Etwas neuer sind die Bars entlang der Rua da Bica. Hier ist das Publikum im Schnitt etwas älter. Die Auswahl an Bars und Clubs ist insgesamt riesig, die Fluktuation hoch. Hier ein paar Tipps.

Pavilhão Chinês (22), *Rua Dom Pedro V 89, Mo–Sa 18–2, So 21–2 Uhr. Am Rand der Partymeile hat sich seit den 1980er-Jahren der* **Pavilhão Chinês** *schnell zu einer Institution in Lissabon gemausert. Die eher kleinen Fenster zur Straße hin lassen nicht erahnen, welch wundersame Welt sich dahinter verbirgt. Dieses ehemalige Geschäft mit Produkten wie Tee und Gewürzen aus Asien besteht aus fünf Räumen und ist vollgestopft mit Antiquitäten und Tinnef aus aller Herren Länder. Der auffällig militärische Touch vieler Exponate rührt daher, dass ein Großteil der Dekoration aus einer privaten Militärsammlung stammt. Spezialität des Hauses sind Cocktails und ein weit gefächertes Teeangebot. Die Preise sind relativ hoch – ein Bier kostet 3 €, ein Cocktail 7,50 €. Aber in den Sesseln und Sofas kann man wunderbar hocken und die Deko bewundern. Sehr freundliche livrierte Ober.*

Mezcal (23), *Travessa da Água da Flor 20. Winzige mexikanische Kneipe mit sehr großer Auswahl an Tequilla und – wie der Name erahnen lässt – an Mezcal. Faszinierend ist der uralte elektrische Eis-Crusher, der eher einem Fleischwolf ähnelt.*

Páginas Tantas Bar (26), *Rua Diário das Notícias 85. Jazz-Bar-Lounge mit angenehm ruhiger Atmosphäre. Netter Service, älteres Publikum.*

Frágil (29), *Rua da Atalaia 126. Das Frágil sei hier vor allem erwähnt, weil es als der Pionier im Bairro Alto gilt. Es war die erste Diskothek, die hier in den 1980er-Jahren eröffnete und für Furore sorgte. Auch heute noch wird hier von dienstags bis samstags getanzt, wenn auch die berühmtesten Tage vorbei sind.*

As Primas (30), *Rua da Atalaia 154–156. Traditionsreiche Bar, entspannte, fast familiäre Atmosphäre, oft gut besucht, beliebt ist auch der Kicker. Faire Preise. Gay-friendly.*

Mahjong (31), *Rua da Atalaia 3. Nüchtern eingerichteter Raum, mit großem Tresen, nette Details sind die Lampen in Form von hängendem Chinakohl. Eher älteres Publikum, manchmal bekannte Gesichter aus TV und Theater. Musik: Pop, Rock, Alternativ.*

Bicaense (32), *Rua da Bica 42. Wechselnde Musikrichtungen: Jazz-Sessions, Afro-Blues ebenso wie DJs eher elektronischer Ausrichtung. Sehr tanzbare Musik, oben Bar, im Keller Tanzfläche. Angenehme unkomplizierte Atmosphäre.*

Baliza (33), *Rua da Bica 51, Mo–Sa ab 20 Uhr. Kleine Bar, deshalb auch oft auf die Straße erweitert. Spezialität sind kleine Leckereien und Caipirinhas aus verschiedenen Früchten.*

Galeria Zé dos Bois (28), *Rua da Barroca 59, www.zedosbois.org. Ausstellungen und Live-Musik, die von Alternativ über Rock und Pop bis zu House und Jazz reichen kann.*

Fado

Einige Fado-Lokale säumen die Straßen des Bairro Alto. Die meisten sind auf Touristen eingestellt.

O Faia (24), *Rua Barroca 48–56, ☏ 2 13 42 19 23, Mo–Sa 20–2 Uhr. Traditionshaus mit Geschichte, 1947 als Adega da Lucília eröffnet. Inhaberin war die damals sehr bekannte*

Fadista Lucília do Carmo, Mutter der heutigen Fado-Größe Carlos do Carmo. Großer, aber gemütlich eingerichteter Raum, typisch port. Essen, festes Sänger-Ensemble. Gehobene Preisklasse.
Caldo Verde (25), *Travessa do Poço da Cidade 40, ☏ 2 13 42 20 91. Fado Vadio, moderate Preise und meist eine gesunde Mischung aus Einheimischen und Touristen machen aus diesem Lokal ein angenehmes Fado-Ereignis bis 2 Uhr früh.*
Tásca do Chico (27), *Rua Diário de Notícias 39, ☏ 9 65 05 96 70. Fado Vadio gibt es montags und mittwochs ab 21 Uhr, samstags ab 18.30 Uhr mit jungen Sängern. Das Lokal ist voll gehängt mit Bildern von Fado-Stars und Fußballschals. Untere Preisklasse.*

Lapa, Madragoa & Santos – Der Westen des alten Lissabons

Hohe Politik im Parlament, Pracht alter Paläste, schöne Museen, Ausgehmeile und Altstadtflair

Der Westen des alten Lissabons mit seinen Stadtvierteln Lapa, Madragoa und Santos vereint sehr unterschiedliche Realitäten des Lissabonner Lebens. Zum einen das **schicke Lapa**, mit Parlament, Botschaften und Palästen; zum anderen das **sehr einfache Viertel Madragoa** mit seinen mittelalterlichen Gassen. Und dann noch **Santos**, das tagsüber **Kultur** und **abends Nightlife** bietet. Für Nachtschwärmer ist außerdem noch ein **Abstecher ins benachbarte Alcântara** interessant.
Der Name Lapa lässt sich auf einen Felsen zurückführen, der *Lapa da Moura* genannt wurde („Höhle der Maurin"). Die Gegend bestand eigentlich nur aus einer großen Klosteranlage mit ihren riesigen

Redaktionstipps

- Das portugiesische Parlament besichtigen (S. 199).
- Besuch im Museum für Alte Kunst oder im Museu do Oriente (S. 203).
- Für Freunde des Puppentheaters lohnt sich ein Besuch des Marionettenmuseums (S. 202), für Fado-Fans ein Besuch im kleinen Museum Amália Rodrigues (S. 200).
- In der Rua São Bento in den unzähligen Antiquitätenläden stöbern (s. S. 204).

Information

So kommt man hin: Straßenbahn 15, 18, 28; Zug Santos.
Dauer des Spaziergangs: 2–3 Std., Museumsbesuche und ein ausgedehntes Stöbern in den Antiquitätenläden nicht mit eingerechnet.
So geht's weiter: Bairro Alto oder Estrela & Campo de Ourique.

São Bento – kleine Straße mit Blick auf das Parlament

Nutzgärten, denn sie lag weit außerhalb der Stadtmauern. Erst nach dem Erdbeben wurde das Viertel in die Stadt integriert und erweitert. Wegen seiner guten Lage und der vielen Grünflächen zog es vor allem die Reichen der Stadt an, es entstanden prunkvolle Paläste und Sommersitze. Mit der Säkularisierung wurden die religiösen Bauwerke anderen Zwecken zugeführt. So z. B. das Kloster São Bento, in dem das portugiesische Parlament untergebracht ist. Botschaften bezogen **viele der schicken Stadtpaläste**, die meist nur von außen zu besichtigen sind.
Das angrenzende Viertel Madragoa dagegen entstand bereits im frühen 16. Jh. Um die heutige Rua da Esperança, die die Verbindung vom Bairro Alto nach Belém darstellte, sie-

delten sich Fischer, Seeleute, Handwerker und Sklaven an. Das Viertel nannte man *Moçambo* – Ansiedlung der Schwarzen. Der Straßenname Rua dos Poços Negros erinnert noch heute an das Schicksal der Sklaven. Warf man sie früher nach ihrem Tod einfach in den Tejo, ließ man 1515 hier aus hygienischen Gründen einen riesigen Graben (*poço*) ausheben, in den die Leichen geworfen wurden. Später nannte man das Viertel Madragoa, angeblich zu Ehren der *Dona Madragão*, einer reichen Einwanderin aus Madeira, die hier lebte. Das Erdbeben hat in diesem Viertel kaum Schäden hinterlassen. Kleine, verwinkelte Gassen sowie **einige der ältesten Häuser Lissabons** prägen das Bild. Im 19. Jh. kam es zu einer großen Einwanderungswelle aus Ovar, einer Stadt im Norden Portugals. Die neuen Bewohner prägten das Viertel nachhaltig. Während die Männer sich dem Fischfang widmeten, waren die Frauen, *ovarinas* oder *varinas* genannt, für den Verkauf zuständig. Mit **schwer beladenen Körben** auf dem Kopf liefen sie lauthals schreiend durch ganz Lissabon, um ihre frische Ware feilzubieten. Die *varinas* sind untrennbar mit Madragoa verbunden und werden oft im Fado besungen. Noch heute leben hier hauptsächlich einfache Arbeiter und Einwanderer aus den ehemaligen afrikanischen Kolonien.

Varina – Fischverkäuferin

Der Name des Viertels **Santos** (Heilige) gedenkt den Märtyrern *Veríssimus*, *Julia* und *Maxima*, die hier am einstigen Strand um 300 n. Chr. von den Römern hingerichtet wurden. An den Strand erinnert sonst nur noch der Straßenname Escadinhas da Praia („Treppe zum Strand"). Der Namensgeber des Viertels gedenkt die Kirche Santos-o-Velho, auf deren Portal die Märtyrer dargestellt sind. Berühmtester Bewohner im 16. Jh. war mit Sicherheit König *Manuel I.*, der in der Rua Santos-o-Velho einen prunkvollen Stadtpalast besaß. Rauschende Feste und eine der ersten Theateraufführungen Portugals, ein Stück von *Gil Vicente* (s. S. 44), fanden hier statt. Heute beherbergt die französische Botschaft das Gebäude. Auch die Adelsgesellschaft zog es im 17. und 18. Jh. in das Viertel. So wurde z. B. der Palast Alvor errichtet, der aufgrund seiner grünen Fensterläden der Straße Rua das Janelas Verdes ihren Namen gab. Heute ist hier das **Nationalmuseum für Alte Kunst** untergebracht. Abends verwandelt sich das Viertel zu einem der **Treffpunkte im Lissabonner Nachtleben** ähnlich wie das Arbeiterviertel **Alcântara**. Die alten Fabriken und Lagerhallen rund um die Hafenanlagen, die hier nicht abgerissen wurden, werden mittlerweile in edle Apartments, Restaurants und Diskotheken verwandelt. Andere warten noch auf die Verwirklichung der städtebaulichen Umwandlungen. Tagsüber ist das Viertel vor allem von Autokolonnen im *stop-and-go* geprägt, denn hier befindet sich der Zubringer zur Brücke 25 de Abril, die Lissabon mit der anderen Flussseite verbindet.

Spaziergang durch den Westen des alten Lissabons

Palácio da Assembleia Nacional/Palácio São Bento – Nationalparlament (1)

Seit der Auflösung der Klöster 1834 tagt im ehemaligen Benediktinerkloster das Nationalparlament. Die vielen umfangreichen Umbaumaßnahmen, die im Lauf der

Jahre durchgeführt wurden, lassen nur noch wenig von den Strukturen des ursprünglichen Baus aus dem 16. Jh. erkennen. Auffallend ist vor allem das riesige neo-klassizistische Portal und der breite Treppenaufgang, der von zwei Löwen bewacht wird. Im Inneren sind beispielsweise die pombalinischen Azulejo-Vertäfelungen im ehemaligen Refektorium sehenswert. Die Gartenanlage sowie die hinteren Gebäude sind offizieller Sitz des portugiesischen Premierministers und nicht öffentlich zugänglich.

Nationalparlament, *Praça São Bento, www.parlamento.pt, ☏ 2 13 91 96 25, Besichtigungen nach Voranmeldung jeden letzten Sa im Monat jeweils um 15 u. 16 Uhr. Gebäude gelegentlich bei Sonderausstellungen zugänglich, Programm s. Internetseite, Führungen auch auf Englisch, Voranmeldung notwendig. Straßenbahn 28*

Casa Museu Amália Rodrigues – Wohnhaus und Museum Amália Rodrigues (2)

Seit 2001 ist das Haus, in dem die Fado-Legende *Amália Rodrigues* seit den 1950er-Jahren bis zur ihrem Tod 1999 lebte, als Museum zu besichtigen. Nach Angaben der Kuratorin ist „alles fast so, wie es die Diva hinterlassen hat“. Am Eingang begrüßt ein lebensgroßes Gemälde der Hausherrin die Gäste, verschiedene Fotos der wohl berühmtesten Fado-Sängerin Portugals zieren die Wände. Die Führungen sind auf Englisch und Portugiesisch. Angeschlossen ist ein Museumsshop.

Wohnhaus und Museum Amália Rodrigues, *Rua de São Bento 193, www.amaliarodrigues.pt (nur port.), ☏ 2 13 97 18 96, Di–So 10–13 u. 14–18 Uhr, nur geführte Besichtigungen möglich. Metro Rato; Straßenbahn 28*

© igraphic

Essen und Trinken:

Cafés

13 Le Chat

Restaurants

1 Frade dos Mares
2 Petiscaria Ideal
3 Madragoa Café
4 A Travessa
5 Alma
6 Porão de Santos
8 Fonte da Arcada
9 Clube de Jornalistas
10 A Viúva
12 Picanha
18 Restaurants an den Docas
20 Espaço Lisboa – Assedores de Alcântara
21 Alcântara Café

Ausgehen

7 Matiz Pombalina Bar
11 Bar Pérola
14 Speakeasy
15 K Urban Beach
16 Left
17 LX Factory
19 Op Art Café
22 Paradise Garage

Erinnnerungen an die Fado-Legende im Casa Museu Amália Rodgrigues

Museu da Marioneta – Marionettenmuseum im Convento das Bernardas (3)

Im 2001 eröffneten Museum sind über tausend Puppen aus verschiedenen Ländern und Epochen zu sehen. Außerdem können Bühnenbilder, Kostüme, sowie eine Wind- und Wellenmaschine aus dem 18. Jh. besichtigt werden. Der Fokus der Sammlung liegt auf der Geschichte des portugiesischen Marionettentheaters. Sie ist die einzige ihrer Art im Land.

Aber auch das Gebäude, das aus den Aufbauarbeiten nach dem Erdbeben von 1755 resultiert, ist an sich einen Besuch wert. Nach der Auflösung der Orden 1834 wurde das ehemalige Kloster u. a. als Schule und Kino genutzt, bis es letztlich komplett in eine Wohnanlage umgewandelt wurde. Hier lebten über hundert Familien in improvisierten Wohnungen, teilweise unter ärmsten Verhältnissen. Die Stadt erwarb das Gebäude 1999 und unterzog es einer Kernsanierung. Ein Teil des Innenhofs sowie das alte Refektorium werden heute von dem sehr edlen Restaurant *A Travessa* genutzt (s. Restaurants S. 205).

Marionettenmuseum im Convento das Bernardas, *Rua da Esperança 146, www.museudamarioneta.pt, ☏ 2 13 94 28 10, Di–So 10–13 u. 14–18 Uhr. Straßenbahn 15, 18, 25; Zug Santos*

Chafariz das Janelas Verdes (4)

Dieser Brunnen wurde 1755 von *Reinaldo M. Santos* als ein weiterer Teil des Wasserversorgungssystems des Aquädukts entworfen. Amor und Venus zieren den Brunnen. Für diese Konstruktion mussten damals sechs Häuser weichen und die Besitzer wurden erstaunlich hoch entschädigt. Heute fließt schon lange kein Was-

ser mehr in die alten Becken, dennoch lässt es sich auf einer der Bänke hervorragend ausruhen.
Chafariz das Janelas Verdes, *Largo Doutor José Figueiredo*

Museu Nacional de Arte Antiga – Nationalmuseum für Alte Kunst (5)

Portugals **größte Sammlung** für Alte Kunst ist im Palast Alvor aus dem 17. Jh. sowie einem modernen Anbau aus den 1940er-Jahren untergebracht. Zu den bedeutendsten Ausstellungsstücken zählen *Boschs* „Die Versuchung des Hl. Antonius", „Der Hl. Jeronimus" von *Dürer* sowie die „Painéis de São Vicente" von *Nuno Gonçalves* (s. S. 46). Im Skulpturenbereich ist ein Hauptaugenmerk auf Krippen aus dem 18. Jh. gelegt.
Das Museum beherbergt zudem eine wichtige Kollektion von europäischen und **portugiesischen Silberstücken und Schmuck**. Wohl einzigartig in Europa ist die **Abteilung der Nambam-Kunst**. Nambam bezeichnet Kunstwerke aus Japan, die die ersten Kulturkontakte mit den Portugiesen ab Ende des 16. Jh. darstellen. Am Eingang bekommt man einen guten Lageplan des Museums.
Bei schönem Wetter lohnt es sich, auch die Gartenanlage mit Springbrunnen und klassischen Skulpturen zu besuchen. Den sich bietenden Blick über den Tejo kann man mit einem Kaffee oder auch relativ preisgünstigem Mittagessen genießen.
Nationalmuseum für Alte Kunst, *Rua das Janelas Verdes, www.mnarteantiga-ipmuseus.pt (nur port.), ☏ 2 13 91 28 00, Di 14–18, Mi–So 10–18 Uhr. Straßenbahn 15, 18, 25; Zug Santos*

Palácio Real e Tapada das Necessidades – Königspalast und Park (6)

Wer sich gerade in der Nähe befindet und Lust auf Grün, eine schöne Aussicht auf Stadt und Fluss hat oder Ruhe sucht, dem sei ein Abstecher in den Park am Palácio Real das Necessidades empfohlen. Anstelle einer kleinen Kapelle ließ König *João V.* 1742 eine **neue Kirche samt Kloster und Palast** erbauen. Als königliche Residenz wurde der Palast jedoch nur von wenigen Königen genutzt. Mit dem Ende der Monarchie ging das Gelände in Staatsbesitz über. Seit 1916 ist in dem Palast das Außenministerium untergebracht, sodass er Besuchern nicht zugänglich ist. Der Park mit seinen Skulpturen und dem See mit riesiger Fontäne war lange ziemlich verwildert, erst Ende des 20. Jh. wurde er „restauriert". Von den Lisboetas bleibt er bislang allerdings wenig beachtet.
Palácio Real e Tapada das Necessidades, *Largo do Rilvas/Largo das Necessidades, Park tgl. 10–19 (im Winter nur bis 18 Uhr), außer Weihnachten, Silvester, Neujahr und Ostern. Der Palast ist nicht zu besichtigen. Straßenbahn 28*

Museu do Oriente – Orient-Museum (7)

Das auffällige Gebäude wurde in den 1930er-Jahren für die Büros der Regulierungsstelle des Bacalhau-Handels gebaut und diente gleichzeitig als Lagerhalle für den Trockenfisch. Seit 2008 ist hier das **Museu do Oriente** untergebracht. Auf drei Etagen wird sich dem Thema Orient auf historische, religiöse, anthropologische und artistische Weise genähert. Interessant ist vor allem die etwa 1400 Exponate umfassende Sammlung, die die portugiesische Präsenz im asiatischen Raum aufarbeitet: die ersten Kulturkontakte mit Japan, religiöse Gegenstände aus Goa und sonstige Gebrauchsgegenstände.

Garten und Café im Museum für Alte Kunst

Orient-Museum, *Av. Brasília/Doca de Alcântara, www.museudooriente.pt, ☏ 2 13 58 52 00, Di–So 10–18, Fr 10–22 Uhr, ab 18 Uhr freier Eintritt. Straßenbahn 15, 18, 25; Zug Santos*

Reisepraktische Informationen

(Karte s. S. 201)

Einkaufen

Die Rua de São Bento ist ein Mekka für Antiquitätensammler und Kunstliebhaber. Hier befindet sich die höchste Dichte an Antiquitäten-Geschäften des Landes. Von mittelalterlicher sakraler Kunst, über chinesische Möbel bis hin zum Designer-Sessel aus den 1930er-Jahren lässt sich hier alles finden. Spezielle Geschäfte haben wir nicht aufgeführt, schlendern Sie einfach die Straße entlang.

Ende September finden die Noites de São Bento (Nächte von São Bento) statt. Die Straße verwandelt sich für ein Wochenende in eine riesige Bühne mit Musik und Kunstinstallationen, alle Geschäfte sind bis spät in die Nacht geöffnet.

Bücherfreunden *kann man den Shop des* **Museums für Alte Kunst (5)** *empfehlen. Hier gibt es eine große mehrsprachige Auswahl an Kunstführern und auch Postkarten.*

Essen und Trinken

Cafés

Café-Restaurant im Nationalmuseum für Alte Kunst (5), *Rua das Janelas Verdes, Di 14–17.30 u. Mi–So 10–17.30 Uhr. Drinnen etwas nüchtern, aber bei gutem Wetter allein schon wegen des herrlichen Gartens mit Aussicht über den Hafen einen Besuch wert. Neben Kaffee und Snacks gibt es mittags relativ günstige Tagesgerichte.*

Le Chat (13), *Jardim 9 de Abril, ☏ 9 66 53 73 87, Di–So 12–24 u. Do–Sa bis 3 Uhr. Direkt neben dem Museum für Alte Kunst. Moderne Glaskonstruktion mit Terrasse und herrlichem Blick über Tejo und Hafen bis hin zur Brücke.*

Restaurants

€€€€€ **A Travessa (4)**, *Travessa do Convento das Bernardas 12, www.atravessa.com, ☏ 2 13 90 20 34, Di–Fr 12.30–15 u. 20–24 Uhr, Mo u. Sa nur abends. Dieses Edelrestaurant befindet sich auf der Rückseite des Marionettenmuseums, Ecke Rua Vicente Borges. Unter dem Säulengewölbe stehen schön gedeckte Tische, im Sommer kann man im Innenhof des ehemaligen Kreuzgangs sitzen. Moderne port. Küche.*

€€€€–€€€€€ **Alma (5)**, *Calçada Marquês de Abrantes 92, www.alma.co.pt, ☏ 2 13 96 35 27, Di–Sa 19.30–1 Uhr. Der port. Fernsehkoch Henrique Sá Pessoa hat seinem Restaurant in Madragoa den Namen „Seele" gegeben. Bekannt ist er für seine innovative port. Küche. Das Restaurant ist ganz in weiß gehalten, ohne kalt zu wirken. Bislang bekanntester deutscher Gast dürfte Schauspieler Axel Prahl gewesen sein. Hauptgerichte ab 23 €, 3-Gänge-Menü ab 36 €, ohne Getränke.*

€€€€ **Restaurante do Clube de Jornalistas (9)**, *Rua das Trinas 129, ☏ 2 13 97 71 38, Mo–Sa 12.30–15 u. 19.30–23 Uhr. Das Restaurant ist in einem charmanten Gebäude des 18. Jh. untergebracht, gleich neben dem Journalistenverband. Neben einigen Speiseräumen gibt es einen wunderschönen Innenhof. Seit 2010 kocht hier Ivan Fernandes, der seine brasilianischen Wurzeln mit der port. Küche und anderen internationalen Einflüssen verbindet. Übrigens, das leckere Brot ist hausgemacht.*

€€€€ **Alcântara Café (21)**, *Rua Maria Luísa Holstein 15, www.alcantaracafe.com, ☏ 2 13 62 12 26, Di–So 20–1 Uhr, Cocktails ab 7,50 €. Aus einer ehemaligen Fabrikhalle wurde eins der beliebtesten Restaurants Lissabons: wunderbare Einrichtung, guter Service und sehr gutes Essen. Moderne port. Küche. Das Publikum: Lissabonner Schick-Szene, Politiker und TV-Sternchen. Reservierung empfohlen.*

€€–€€€€ **Espaço Lisboa – Assadores de Alcântara (20)**, *Rua da Cozinha Económica 16, www.espacolisboa.pt, ☏ 2 13 61 02 12, tgl. 19.30–24 Uhr, in unmittelbarer Nähe des Alcântara Café. Ebenfalls in einer ehemaligen Fabrikhalle. Hinter der langen Theke aus Marmor stehen drei Öfen, in denen frisches Brot gebacken sowie einige typisch port. Gerichte zubereitet werden. Reservierung empfohlen.*

€€–€€€ **Frade dos Mares (1)**, *Av. D. Carlos 55 A, www.fradedosmares.com, ☏ 2 13 90 94 18, Mo–Sa 12–15 u. 20–23.30 Uhr, Sa nur abends. In diesem modern und hell eingerichteten Restaurant kann man hervorragend Fisch essen. Auch vegetarische sowie Fleisch- und Nudel-Gerichte stehen auf der Speisekarte. Zum krönenden Abschluss gibt es wunderbare Nachspeisen, eine Portion ist absolut ausreichend für zwei.*

€€–€€€ **Petiscaria Ideal (2)**, *Rua da Esperança 100, ☏ 2 13 96 27 44. Petiscar bedeutet mehrere kleine Gerichte zu essen, ähnlich wie bei den Tapas in Spanien. Das ist gerade in Lissabon schwer angesagt. Die Petiscaria Ideal folgt diesem Trend und bietet leckere Kleinigkeiten. Dass der Laden gerade sehr in ist, spiegelt sich deutlich in den Preisen wider. Trotzdem nettes Ambiente. Zwei Häuser weiter, in der Hausnummer 112–114, befindet sich das Stammhaus, die Taberna Ideal.*

€€ **Madragoa Café (3)**, *Rua da Esperança 134, ☏ 2 13 97 85 67, Mo–Sa 20–23 Uhr. In der offenen Küche kann man Köchin Cristina Pereira beim Zaubern zusehen. Regionale port. Küche, ausgesuchte Weine vor allem aus der Douro-Region, Spezialität des Hauses ist z. B. Bacalhau á Madragoa, überbackener Stockfisch. Sehr netter, zuvorkommender Service.*

€€ **Fonte da Arcada (8)**, *Rua do Guarda Mor 40, ☏ 2 13 90 50 21, Mo–Sa 9.30–16 u. 19–23 Uhr. Kleines, typisch port. Restaurant, mit langem Tresen und Fernsehern. Beliebt bei Portugiesen, die Portionen sind groß.*

€–€€ **Picanha (12)**, *Rua das Janelas Verdes 96, ☏ 2 13 97 54 01, tgl. 12–15 u. 19.30–1 Uhr, Sa–So nur abends. Brasilianisches Restaurant, einfach eingerichtet und mit blau-weißen Azulejos aus dem 18. Jh. dekoriert. Für rund 16,50 € kann man so viel Picanha (gegrillter Tafelspitz) essen wie man möchte, dazu werden Reis, Bohnen und Maniokmehl gereicht. Alternativ gibt es jeweils ein Fisch- und vegetarisches Gericht.*

€ **A Viúva (10)**, *Pátio do Pinzaleiro 28 B, ☏ 2 13 96 66 80, Do–Sa 19.30–4 Uhr. Wer zu später Stunde noch Hunger verspürt, wird bei der Viúva („Witwe") fündig. Großer rustikal eingerichteter Speisesaal, der oft von Gruppen genutzt wird. Es wird typisch port. Küche als Tagesmenü für 13 € inkl. Getränken serviert.*

€ **Porão de Santos (6)**, *Largo de Santos 1, ☏ 2 13 96 58 62, Mo 10–19, Di–Fr 10–4 u. Sa 19–4 Uhr. Port. Küche, reichlich und lecker, Tagesgerichte ab 5, Hauptgerichte ab 6 €. Nettes Ambiente, ein paar Tische draußen, freundlicher Service. Abends auch Bar.*

Ausgehen in Santos

In Santos gibt es eine Reihe netter Bars mit gemischtem Publikum. Die Bars in der Rua das Janelas Verdes sind dagegen alle sehr ähnlich und das Publikum meist sehr jung, oft unter 20. Weitere Treffpunkte für Nachtschwärmer finden sich in den alten Hafenanlagen. Zum einen an den Docas direkt in Santos, zum anderen direkt an der Brücke, den **Docas de Santo Amaro (18)**.

Left (16), *Largo Vitorino Damásio 3F, Di–Sa 22–4 Uhr. Kleiner Club, mit täglich wechselnden DJs. Je nach Act ist es oft sehr voll – die Straße verwandelt sich dann zur Terrasse. Gemischtes Publikum.*

Matiz Pombalina Bar (7), *Rua das Trinas 25, www.matiz-pombalina.pt, ☏ 2 14 04 37 03, Di–Sa 19–2 Uhr. Liebevoll eingerichtete Bar mit Wohnzimmer-Atmosphäre und sehr netter kleiner Raucher-Terrasse. Spezialität des Hauses sind Gin, Whiskeys und Cocktails. Für Unentschlossene gibt es zehn kleine Probier-Cocktails für 12 €.*

Bar Pérola (11), *Calçada Ribeiro dos Santos 25, ☏ 9 66 43 91 64, Mo–Sa 16–4 Uhr. Nette, einfache Bar ohne Schnick-Schnack, günstige Getränke, netter Service, ein paar Tische draußen. Gemischtes Publikum.*

Speakeasy (14), *Cais das Oficinas, Armazém 115, www.speakeasy-bar.com, ☏ 2 13 96 42 57, Di–Sa ab 20 Uhr. Bekannt für seine vielen Live-Konzerte, von Jazz bis R&B (freier Eintritt). Publikum vom Alter her gemischt, eher gemütliches Ambiente, Club und Restaurant in einem. Standesgemäß haben alle Hauptgerichte Namen berühmter Künstler.*

K Urban Beach (15), *Cais da Viscondessa, Rua da Cintura do Porto de Lisboa, www.grupo-k.pt, ☏ 2 13 95 71 01, tgl. ab 18 Uhr. Wie jede größere Stadt hat natürlich auch Lissabon eine Strandbar. Das Urban Beach ist auf edel getrimmt, in schickem Weiß, mit Pontons, die in den Fluss hineinreichen. Direkt dazu gehören zwei Restaurants, Sushi gibt es im Sakana, das Papagayo hat sich Gerichten vom Grill verschrieben.*

LX Factory (17), *Rua Rodrigues de Faria 103, www.lxfactory.com, ☏ 2 13 14 33 99. Seit 2007, eigentlich nur als Zwischennutzung gedacht, haben sich auf diesem alten Fabrikgelände verschiedene Ateliers, Werkstätten, Geschäfte, Cafés und Restaurants angesiedelt. Außerdem wird das Gelände für verschiedene Veranstaltungen genutzt, Programm s. Homepage.*

Op Art Café (19), *Doca de Santo Amaro, Di–So 15–2 Uhr. Dance Music, Alternative. Extravagante Glaswürfelkonstruktion am Fluss, bis Mitternacht Restaurant – danach Disco,*

Restaurantmeile direkt an der Brücke 25 de Abril

hier trifft sich die junge Schick-Szene Lissabons. Sehr schöne Terrasse, in direkter Nähe zur Brücke 25 de Abril. Wechselnde DJs.
Paradise Garage (22), *Rua João de Oliveira Miguéns 38/48, www.paradisegarage.pt, Do–So 24–6, After-hours 8–12 Uhr. Dance Music, Pop Rock. Große Diskothek, die für gute Live-Konzerte und After-Hours bekannt ist.*

Estrela & Campo de Ourique

Bürgerlicher Charme und Arbeiterviertel

Bis ins 18. Jh. lagen die heutigen Viertel Estrela und Campo de Ourique außerhalb des Stadtgebiets. Vom Erdbeben 1755 verschont, galten sie als sicheres Neubaugebiet. Ein erster Anziehungspunkt auf den Hügeln nordwestlich des Zentrums entstand mit dem Bau der Basílica da Estrela.

i Information

So kommt man hin: Endhaltestelle der berühmten Straßenbahnlinie 28, außerdem Straßenbahn 25 und Metro Rato (gelbe Linie).
Dauer des Spaziergangs: 2–3 Std., wegen des Marktes am besten vormittags
So geht's weiter: Lapa, Madragoa & Santos oder Avenida da Liberdade. Auch zum Aquädukt Águas Livres ist es nicht weit.

Rua Saraiva de Carvalho/Rua Domingues Sequeira

Redaktionstipps

- Mit der historischen Straßenbahnlinie 28 bis zum „Friedhof der Vergnügen“, dort dem Verständnis von Tod und Jenseits aus dem 19. Jh. nachspüren und ganz banal die Aussicht genießen.
- Markthalle, „Veedels-Feeling“ mit Straßencafés und viele Azulejo-Fassaden in Campo de Ourique.
- Spätbarocke Kirchenpracht in der Basílica da Estrela (S. 212).
- Grüne Oase mit bürgerlichem Charme – der Jardim da Estrela (S. 212).

Im 19. Jh. wuchs die Stadt weiter. Insbesondere mit der Industrialisierung strömten Massen von Arbeitern in die Hauptstadt. Viele der Arbeiter aus den Fabriken in Alcântara siedelten in Baracken und einfachen Häusern westlich und nördlich der Viertel Lapa, São Bento und Estrela. Zur Jahrhundertwende etwa entstanden die heute noch **typischen, schachbrettartigen Straßen** des Stadtteils Campo de Ourique. Die Anwohner leben oft schon seit Generationen hier. *Bairrismo* prägt das Gefühl vieler zu „ihrem“ Viertel. Der mittlerweile verstorbene, langjährige Leiter der Gemeindeverwaltung *Lourenço Bernardino*, charakterisiert sein Viertel so: „Es ist eine **kleine Stadt innerhalb der Stadt**. Wir hier in Campo de Ourique haben eine eigene Art Freunde zu begrüßen, wir verstehen es zu lächeln.“

Auch wenn der familiäre Charakter heute sicherlich nicht mehr vollständig erhalten ist, hat das Viertel mit seinem Markt, den Einkaufsstraßen und den vielen Cafés immer noch eine intakte Infrastruktur und einen eigenen Charme. Das in nördlicher Richtung angrenzende Viertel Amoreiras, in dem in den 1980er-Jahren das erste große Shoppingcenter des Landes entstand, gilt als erstes Arbeiterviertel der Stadt. Schon unter *Marquês de Pombal* entstanden hier Fabriken, wie z. B. die königlichen Seidenmanufakturen.

Spaziergang vom Prazeres-Friedhof durch Campo de Ourique und Estrela

Cemitério dos Prazeres – „Friedhof der Vergnügen“ (1)

Während eine Cholera-Epidemie in der Stadt wütete, wurde 1833 der „Friedhof der Vergnügen“ als **erster großer städtischer Friedhof** angelegt. Bis dahin wurden die Toten vornehmlich auf den Geländen von Kirchen und Klöstern beerdigt – zu unhygienisch in Zeiten von Epidemien. Der etwas befremdliche Name leitet sich wahrscheinlich von dem Gut und den Ländereien ab, auf denen der Friedhof errichtet wurde. Lange Zeit sollen allerdings die Anwohner der Umgebung den Friedhof – wegen seiner schönen Anlage und Aussicht auf Fluss und Stadt – auch zu Ausflügen und Picknicks genutzt haben. Rund 11 ha ist die Anlage groß. Über 7000 *jazigos* (Grabstätten) sind hier, typisch südländisch, entlang von Straßen angelegt. Viele der Grabstätten sind kleinen Häusern oder Kapellen nachempfunden und zum Teil unterkellert, um weiteren Familienmitgliedern Platz zu bieten. Entsprechend der früher bürgerlich vornehmen Wohngegend haben hier viele berühmte Lissabonner Familien ihre letzte Ruhestätte. Berühmte Persönlichkeiten wie der Maler *Rafael Bordalo Pinheiro* und der fühere portugiesische Präsident *Manuel de Arriaga* liegen auf diesem Friedhof begraben. Auch *Fernando Pessoa* fand hier eher unauffällig seine letzte Ruhestätte, bis seine Gebeine in den 1980er-Jahren nach Belém in das Jerónimos-Kloster überführt wurden.

Cemitério dos Prazeres – mit Aussicht auf den Fluss

Heute kümmert sich die Museumsabteilung und die Santa Casa da Misericórdia um nicht mehr gepflegte Grabstätten. Gelegentlich werden lange nicht gepflegte Gräber auch von der Stadt versteigert, so zuletzt 2006. Damals kamen 35 Gräber, die zum Teil 100 Jahre nicht genutzt wurden, unter den Hammer.

Angeschlossen ist ein kleines **Museum**, das wechselnde Ausstellungen zeigt. Auch die alte Pathologie ist zu besichtigen. Gerade bei nord-

Tipp

Fast zeitgleich wurde am damals östlichen Ende der Stadt der Ostfriedhof *Alto de São João* angelegt. Er liegt etwas abseits der touristisch interessanten Stadtteile und ist deshalb wesentlich weniger besucht. Zu erreichen ist der Ostfriedhof ab der Metrostation Praça Chile in ca. 15 Min. zu Fuß oder mit den Bussen 718, 742 (s. Karte E2). Öffnungszeiten wie Cemitério dos Prazeres.

Estrela & Campo de Ourique
Avenida Engenheiro Duarte Pacheco
Rua J. Gomes Ferreira
AMOEIRAS
Rua Arco do Carvalhão
Rua Maria Pia
Rua Campo de Ourique
Praça Afonso do Paço
Pereira e Sousa
Rua Correia Teles
Rua Carlos da Maia
Rua Azedo Gneco
F. Durão
Rua Francisco Metrass
Rua Tomás Anunciação
Rua Quatro Infantaria
Rua Ferreira Borges
Rua Infantaria
Rua Ten.
Rua Maria Pia
CAMPO DE OURIQUE
Rua Sampaio Bruno
Largo Paiol
Rua Silva Carvalho
Rua Almeida e Sousa
Rua Freitas Gasul
Rua Prazeres
Rua Luis Derouet
Rua Coelho Rocha
Rua Coelho Rocha
Rua Padre Francisco
Pr. S. João Bosco
LINIE 28
Rua Saraiva de Carvalho
Rua Domingos Sequeira
Rua Maria Pia
Rua do Patrocínio
Schweizerische Botschaft
Rua Possidónio da Silva
Rua Sto. Ant. à Estrela
Avenida Infante Santo
Rua Santana à Lapa
Cç. das Necessidades
Rua do Boria
Rua de Buenos Aires
Westen des alten Lissabons
© igraphic

Sehenswürdigkeiten

1 Cemitério dos Prazeres
2 Igreja de Santo Condestável
3 Mercado de Campo de Ourique
4 Casa Museu Fernando Pessoa
5 Basílica da Estrela
6 Jardim da Estrela
7 Cemitério Alemão
8 Reservatório da Mãe d'Água
9 Museu da Fundação Arpad Szenes-Vieira da Silva

Einkaufen

1 Brio
2 Garrafeira de Campo de Ourique
3/4 Supermärkte
5 Loja Portugal Rural
6 Amoreiras Shopping

Essen und Trinken

Cafés

1 Melhor Bolo de Chocolate do Mundo
3 Panificação Mecânica
7 Artisani
10 A Tentadora

Restaurants

2 Stop do Bairro
4 Restaurante Típico Ilha da Madeira
5 Retiro do Marisco
6 Cantina da Estrela
8 Restaurante Outro Tempo Bar
9 Tasca da Esquina

Ausgehen

11 A Paródia

europäischen Touristen ist der Friedhof beliebt, weil er eine so andere Bestattungskultur als die unsere zeigt. Die Verzierungen und Beigaben, der Prunk und die Gestaltung geben interessante Einblicke in die Vorstellungen von Tod und Jenseits.
Prazeres-Friedhof, *Praça de S. João Bosco, ☏ 2 13 96 15 11, tgl. 9–17, Mai–Sept. bis 18, Museum 9.30–16 Uhr. Straßenbahn 25, 28*

Igreja de Santo Condestável – Kirche Santo Condestável (2)

Den Schienen der Linie 28 vom Friedhof aus Richtung Stadt zurück folgend, kommt man an der Kirche Santo Condestável vorbei. Die 1951 fertiggestellte Kirche gilt als typisches Beispiel für die **Architektur des Salazar-Regimes**. Der Entwurf von *Vasco Regleira* im neu-gotischen Stil integriert diverse andere Elemente. Sehenswert sind die von *Almada Negreiro* gestalteten Fenster über den beiden Seitenaltären. Bevor die Kirche erbaut wurde, stand hier eine Ziegelfabrik.
Kirche Santo Condestável, *Rua Francisco Metras/Ecke Rua Saraiva de Carvalho*

Mercado de Campo de Ourique – Markthalle Campo de Ourique (3)

Die heute noch sehr rege von den Anwohnern genutzte Markthalle gleich schräg gegenüber der Kirche, wurde 1934 eröffnet und zuletzt 1991 restauriert. Sie hat 1998 einen Preis für die beste Qualität und Präsentation von Obst und Gemüse gewonnen. Die Markthalle ist ein prima Ausgangspunkt um die Straßen des Viertels zu erkunden.
Markthalle Campo de Ourique, *Rua Coelho Rocha, ☏ 2 13 96 22 72, Mo–Fr 7–14 u. Sa bis ca. 17 Uhr. Straßenbahn 25, 28*

Casa Museu Fernando Pessoa – Museum Fernando Pessoa (4)

Die letzte Wohnstätte *Fernando Pessoas*, des großen portugiesischen Literaten des 20. Jh., wurde 1993 zum Museum umgewandelt. Dafür wurde sie komplett saniert und strahlt jetzt weiße, strenge Modernität aus. Die ursprüngliche Einrichtung des Dichters ist nicht mehr komplett erhalten und so gestalten wechselnde Künstler das Arbeitszimmer des Poeten mit ihren „*Pessoa*-Interpretationen". Ausgestellt ist auch ein Teil seiner Privatbibliothek, einige seiner Möbel und eine der Truhen, in denen sich Jahre nach *Pessoas* Tod tausende Manuskriptseiten des zu Lebzeiten weniger bekannten Künstlers fanden. Wechselnde Ausstellungen, eine Bibliothek und Veranstaltungen ergänzen das Angebot des Museums, das sich gleichzeitig als Kulturstiftung versteht.
Museum Fernando Pessoa, *Rua Coelho da Rocha 16–18, casafernandopessoa.cm-lisboa.pt (nur port.), ☏ 2 13 91 32 70, Mo–Fr 10–18 Uhr, freier Eintritt. Straßenbahn 25, 28; Metro Rato*

Basílica da Estrela – Sternbasilika (5)

Die Sternbasilika mit ihrer großen weißen Kuppel erhebt sich über die umliegenden Gebäude und ist von vielen Punkten der Stadt aus zu sehen. Gebaut wurde sie zwischen 1779 und 1789. Initiatorin war Königin *Maria I.* Bei ihrer Hochzeit 1760 hatte sie ein Gelübde abgelegt: Sollte es ihr vergönnt sein, einen Sohn und Thronerben zur Welt zu bringen, würde sie eine Kirche und ein Kloster für den Karmeliterinnenorden erbauen. Bereits im Jahr nach der Hochzeit ging ihr Wunsch in Erfüllung. Ihr Gelübde erfüllte sie erst 1777, nach dem Tod ihres Mannes, König *José I.* Die spätbarocke Gestaltung, zu Baubeginn eigentlich schon nicht mehr modern, verleiht der

See im Jardim da Estrela

Kirche einen romantisierenden Charakter. Die klassizistischen Elemente, die vor allem die Fassade prägen, gehen auf *Reinaldo Manuel* zurück. Dieser gehörte der Bildhauerschule in Mafra an, weshalb die Kirche gelegentlich mit dem wesentlich pompöseren Klosterpalast in Mafra verglichen wird.

Der Innenraum der Kirche ist vollständig mit verschiedenfarbigem Marmor ausgestaltet. Die hohe Kuppel und die vielen Fenster geben dem Raum eine helle Leichtigkeit. Einige der Statuen stammen vom berühmtesten portugiesischen Bildhauer der Zeit, *Machado de Castro*.

Das Gelübde hat der frommen Königin übrigens wenig genützt. Ihr Sohn starb zwei Jahre nach Fertigstellung der Kirche. Der Sarkophag der Königin, ist in „ihrer" Kirche untergebracht, obwohl sich die Familiengruft der Dynastie *Bragança* eigentlich im Mosteiro de São Vicente de Fora befindet.

Sternbasilika, *Largo da Estrela, ☏ 2 13 96 09 15, tgl. 7.30–13 u. 15–20 Uhr. Straßenbahn 25, 28*

Jardim da Estrela – Park an der Basílica da Estrela (6)

Als romantischer Garten wurde Mitte des 19. Jh. der erste große Stadtpark Lissabons auf den früheren Nutzgärten eines Benediktinerklosters angelegt; ein Ort zum Erholen, Entspannen und Flanieren für die betuchten Bürger der Stadt. Mit seinem mittlerweile alten Baumbestand, mehreren Spielplätzen, seinen Teichen und seiner künstlichen Grotte ist der Estrela-Park auch heute noch bei den Lissabonnern sehr beliebt. Ein Musikpavillon, der zuvor im *Passeio Público* – der heutigen Avenida da Liberdade – stand, diente früher regelmäßig musikalischen Darbietungen. Auch heute finden hier noch gelegentlich Konzerte statt.

Park an der Basílica da Estrela, *Praça da Estrela, tgl. 7–24 Uhr, Haupteingang gegenüber der Basilika*

Cemitério Alemão – Deutscher Friedhof (7)

Sehr viel kleiner und weniger monumental gestaltet als die großen städtischen Friedhöfe ist der Deutsche Friedhof, der hier seit 1822 besteht. Der wohlhabende Lübecker Kaufmann *Nicolaus Berend Schlick* spendete das knapp 3000 m^2 große Gelände der deutschen evangelischen Gemeinde Lissabons. Kaufleute, Ärzte, Künstler und zahlreiche Diplomaten haben hier ihre letzte Ruhestätte gefunden. Er gehört heute immer noch der Deutschen Evangelischen Kirchengemeinde zu Lissabon, steht aber auch katholischen und jüdischen Deutschen und mit Deutschen verheirateten Portugiesen als Friedhof zur Verfügung. Ein ruhiger Ort, an dem sich die Spuren deutscher Einwanderer in Lissabon verfolgen lassen.

Deutscher Friedhof, *Rua do Patrocínio 59, ☏ 2 14 56 11 00, Di–Sa 9–13 u. 15–18, So 9–13 Uhr, Führungen nach Voranmeldung möglich*

Reservatório da Mãe d'Água – Wasserreservoir Mãe d'Água (8)

Das Reservoir „Mutter des Wassers" ist Teil des großen Wasserversorgungssystems, das im 18. Jh. die Stadt von ihrem Wassermangel befreien sollte. Es diente als Auffang- und Verteilstation für das Wasser, das über den Aqueduto das Águas Livres nach Lissabon geleitet wurde. Im barocken Stil von *Carlos Mardel* geplant, wurde es 1834 eröffnet und war bis 1967 in Betrieb. Die kathedralenartige Gewölbekonstruktion im Inneren fasste über 5000 m^3 Wasser. Von der Terrasse auf dem Dach bietet sich ein wunderbarer Blick über die Stadt. In der unterirdischen Halle finden gelegentlich Veranstaltungen statt. Heute ist das Reservoire Teil des Wassermuseums.

Wasserreservoir Mãe d'Água, *Praça das Amoreiras 10, museudaagua.blogspot.pt (nur port.), ☏ 2 18 10 02 15, Mo–Sa 10–18 Uhr, Eintritt 2 €. Metro Rato; Bus 774*

Tipp

Wenn Sie von hier aus direkt zum Aquädukt wollen: der hat von März–Okt. geöffnet, der Bus 753 führt in die Nähe des Eingangs an der Calçada da Quintinha. Weitere Infos s. S. 266.

Museu da Fundação Arpad Szenes-Vieira da Silva – Museum Arpad Szenes-Vieira da Silva (9)

In einer ehemaligen Seidenfabrik aus dem 18. Jh. ist seit 1994 das Museum der Stiftung Arpad Szenes-Vieira da Silva untergebracht. Die permanente Ausstellung ist dem ungarisch-portugiesischen Künstlerpaar gewidmet. *Maria Helena Vieira da Silva* (1908–92) ist eine der bekanntesten zeitgenössischen Künstlerinnen Portugals. Als Tochter einer wohlhabenden Lissabonner Familie heiratete sie 1930 den ungarischen Künstler *Arpad Szenes* (1897–1985), den sie im Paris der 1920er-Jahre kennengelernt hatte. Bis zu ihrem Tod lebten und arbeiteten beide in Paris – unterbrochen von einem Aufenthalt in Brasilien während des Zweiten Weltkriegs. Ihre Werke sind von verschiedenen Kunstströmungen beeinflusst und reichen vom Surrealismus bis hin zur abstrakten Malerei. In wechselnden Ausstellungen werden Künstler gezeigt, die mit dem Malerehepaar in persönlicher oder künstlerischer Beziehung standen.

In einer alten Seidenfabrik untergebracht: Museu da Fundação Arpad Szenes-Vieira da Silva

Museum Arpad Szenes-Vieira da Silva, *Praça das Amoreiras 56–58, www.fasvs.pt, ☏ 2 13 88 00 44, Mi–So 10–18 Uhr. Metro Rato; Bus 774*

Die nahe gelegene Metrostation Rato ist übrigens ebenfalls dem Künstlerehepaar gewidmet. Die Werke „Ville en Extension“ (*Vieira da Silva*, 1970) und „Banquet“ (*Arpad Szènés*, 1948) wurden von *Manuel Cargaleiro* kunstvoll auf Azulejos reproduziert.

Reisepraktische Informationen

(Karte s. S. 210)

Einkaufen

Die Rua Ferreira Borges ist so etwas wie die Einkaufsstraße in Campo de Ourique. Hier gibt es alles, was die Anwohner für den täglichen Bedarf benötigen. Der bürgerliche Charakter des Viertels findet sich auch in vielen Geschäften wieder.

Garrafeira de Campo de Ourique (2), *Rua Tomás da Anunciação 29 A, ☏ 2 13 97 34 94, Mo–Sa 9–19 Uhr. Seit 1988 werden hier Weine und andere alkoholische Getränke verkauft. Die dunklen Holzregale sind vollgestopft mit Flaschen. Netter Service.*

Loja Portugal Rural/Loja do Mundo Rural (5), *Rua Saraiva de Carvalho 115, www.lojaportugalrural.com, Mo–Fr 10–19 Uhr, August geschl. Sehr netter, moderner Laden mit Spezialitäten aus verschiedenen Regionen des Landes. Karten an den Regalbrettern erklären, woher das jeweilige Produkt stammt. Vom bedruckten Tuch, über traditionelle Seifenverpackungen gibt es bis zur Marmelade fast alles, was Portugal an Kunsthandwerk, Volkskunst und Essbarem bietet. Zum Probieren gibt es an kleinen Tischen mit bunten Stühlen wechselnde Leckereien.*

Amoreiras Shopping (6), *Av. Engenheiro Duarte Pacheco, www.amoreiras.com (nur port.), tgl. 10–23 Uhr. Metro Rato, Marquês de Pombal; Bus 711, 713, 723, 748, 753, 758, 774. Diese dunklen, eckig-futuristischen Türme, die im Nordwesten Lissabons in den Himmel stechen, gehören zum ersten großen Shoppingcenter des Landes. Das Amoreiras-Shopping wurde 1985 eröffnet. Rund 275 Geschäfte, Kinos und Restaurants sind auf zwei Etagen verteilt. In den oberen Etagen der Türme sind Büros und Wohnungen untergebracht. Auch wenn der Komplex heute nicht unbedingt jedermanns Geschmack trifft, gilt er als Symbol postmoderner Architektur der Stadt und gewann 1993 den Architekturpreis Prémio Valmor.*

Supermärkte

Brio (1), *Rua Azedo Gneco 30, www.brio.pt, Mo–Fr 9–20, Sa 10–20 u. So 12–19 Uhr, einer der größten Bio-Supermärkte der Stadt.*

Minipreço (3), *Rua Saraiva Carvalho 254.*

Pingo Doce (4), *Rua Ferreira Borges 14 C.*

Märkte

Mercado de Campo de Ourique, *Rua Coelho Rocha, Mo–Fr 7–14, Sa bis ca. 17 Uhr. Große Markthalle mit allem, was dazu gehört, lange Tradition, Alternative zum Mercado da Ribeira.*

Essen und Trinken

Cafés

Die oft etwas breiteren Bürgersteige des Viertels erlauben es vielen Cafés und Restaurants, zumindest ein paar Tische vor die Tür zu stellen. Da sitzt man zwar manchmal nicht wirklich ruhig, aber mitten im Geschehen und oft netter als drinnen.

Melhor Bolo de Chocolate do Mundo (1), *Rua Coelho da Rocha 99, Mo–Sa 9–19.30 u. So 24–19 Uhr. Nicht weniger als den besten Schokoladenkuchen der Welt verspricht der Name des kleinen Cafés. Das lässt sich natürlich nur schwer belegen. Tatsächlich aber ist der Schokoladenkuchen sehr köstlich und wird inzwischen auch in anderen Cafés der Stadt verkauft.* ***Tipp:*** *Zum Probieren reicht auch ein Stück für zwei Personen.*

Panificação Mecânica (3), *Rua Silva Carvalho 209, Mo–Fr 7–20, Sa 7–17 Uhr. Dieses dreistöckige Haus von Anfang des 19. Jh. fällt durch seine Eisen-Glas-Fassade im Erdgeschoss auf. In der Bäckerei sind Azulejos aus der Werkstatt von Rafael Bordalo Pinheiro zu finden, die Decke ist mit wunderbarem Jugendstil-Stuck verziert. Ein Blick in das Geschäft bei einem Kaffee lohnt sich.*

Artisani (7), *Av. Álvares Cabral 65 B, ☏ 2 13 97 64 53, So–Do 12.30–21.30 u. Fr–Sa bis 23 Uhr. Eine von inzwischen vier Eisdielen der port. Kette Artisani. Diese verwendet nationale und saisonale Produkte und stellt das nicht ganz günstige, aber leckere Eis selbst her. Große Auswahl an verschiedenen Geschmacksrichtungen. Auch Diabetiker-Eis.*

A Tentadora (10), *Rua Ferreira Borges 1, tgl. ab 8 Uhr. Das traditionsreiche Café „Die Verführerin" mit seiner hübschen Jugendstil-Fassade wird seit 1912 betrieben. Gestaltet wurde es von dem Schweizer Architekten Ernst Korrodi (1870–1944), der die meiste Zeit seines Lebens in Portugal verbrachte. Drinnen ist die Einrichtung eher unauffällig, draußen auf der breiten Terrasse sitzt man aber sehr nett, viel Publikum aus der Umgebung. Generationen von älteren Damen und Herren scheinen hier schon regelmäßig ihre Nachmittage verbracht zu haben.*

Restaurants

€€–€€€€ **Tasca da Esquina (9)**, *Rua Domingos Sequeira 41C, www.tascadaesquina.com, ☏ 2 10 99 39 39, Di–Sa 12.30–24 Uhr. Hier zeichnet Vitor Sobral verantwortlich, eine feste Größe der modernen port. Küche. Die Tasca ist in schlichtem Weiß gehalten, wirkt aber nicht ungemütlich. Probiert werden können hier port. Kleinigkeiten (petiscos) in modernen Variationen und mit persönlichem Touch des Küchenchefs. Wer unschlüssig ist, kann diesem auch im Überraschungsmenü die Auswahl überlassen.*

€–€€€ **Cantina da Estrela (6)**, *Rua Saraiva de Carvalho 35, www.hoteldaestrela.com, ☏ 2 11 90 01 00, Di–Sa 12.30–15 u. 19.30–22.30 Uhr. Im Hotel da Estrela. Die Dekoration ist vom ehemaligen Verwendungszweck des Gebäudes inspiriert, früher war hier eine Schule untergebracht. Das Essen ist port. mit mediterranen Einflüssen. Das Besondere: Hier entscheidet der Kunde, wie viel er zahlen möchte. Jedes Gericht ist mit einem Minimal- bzw. Maximal-Preis angeschrieben. Ganz nebenbei kann so auch die Kundenzufriedenheit evaluiert werden. Im Sommer gibt es das Restaurante na Relva („Restaurant auf der Wiese") – Pichnick für 17,50 € p. P.*

€€ **Restaurante Outro Tempo Bar (8)**, *Rua João Anastácio Rosa 2 A–C, ☏ 2 13 97 82 19, Mo–Fr 12.30–15 u. Mo–Sa 18–2 Uhr. Nichts für Vegetarier: nur Fleischgerichte, hier gibt es Bifes bis spät in die Nacht. Kurios ist der Hotdog mit deutscher Wurst. Gemütliche Sitzbänke, helle moderne Einrichtung, wechselnde Gemälde an den Wänden.*

€–€€ **Stop do Bairro (2)**, *Rua Tenente Ferreira Durão, 55 A, ☏ 2 13 88 88 56, Di–So 12–15 u. 20–23 Uhr. Kacheln, Kitsch und jede Menge Fußballtrikots prägen die Optik dieses kleinen Restaurants seit 1974. Die gediegene port. Küche aus verschiedenen Regionen ist gut und sehr beliebt, nicht nur bei Anwohnern aus dem Viertel. Senhor João sorgt mit seiner freundlichen Art für eine nette Atmosphäre. Am besten fragt man den Chef direkt, was er empfiehlt. Neben dem ständigen Angebot auf der Karte gibt es wechselnde Tagesgerichte.*

€–€€ ***Restaurante Típico Ilha da Madeira (4)***, *Rua de Campo de Ourique 33–35, ☏ 2 13 86 64 53, tgl. ab 12 Uhr. Einfach eingerichtetes Restaurant mit nettem Service. Typisch madeirensische Gerichte: reichhaltige Fleischspieße, Bolo do Caco (Fladenbrot mit Knoblauchbutter), Milho Frito (frittierte Polenta) und Espada Frita com Banana (Gegrillter Degenfisch mit Banane).*

€–€€ **Retiro do Marisco (5)**, *Rua Silva Carvalho 167, ☏ 2 13 86 10 27, Mo–Sa 9.30–23.30 Uhr. Auf Meeresfrüchte spezialisiert, aber auch mit Fisch und Fleisch auf der Karte, sehr nette Terrasse auf dem kleinen Plätzchen. Tagesmenü ab 8 €.*

Ausgehen

A Paródia (11), *Rua do Patrocínio 26B, www.aparodia.com, ☏ 2 13 96 47 24, tgl. 22–2 Uhr. Jugendstil-Dekoration, Sofas, einige Statuen und alte Radios. Das ehemalige Antiquitätengeschäft sieht man dem Laden noch an. Der Name „A Paródia" ist eine Hommage an Rafael Bordalo Pinheiro und dessen letzte Satirezeitschrift. Mehrmals in der Woche gibt es Lesungen, Theaterinszenierungen und Live-Musik: Jazz-Session, Bossa Nova, meist mit Klavier.*

Belém

Redaktionstipps

- ➤ Kirche und Kreuzgang des Jerónimos-Klosters besuchen (S. 224).
- ➤ Den Torre de Belém besichtigen und Zeit für eine Pause am Flussufer nehmen (S. 231).
- ➤ *Pastéis de Nata* in der Pastelaria de Belém essen (S. 223).
- ➤ Eines der interessanten Museen besuchen.

Das Portugal der Seefahrer, Entdecker und Eroberer

Gut 7 km vom Zentrum der Hauptstadt entfernt befand sich hier – wo sich die Tejo-Mündung noch weiter zum Meer hin öffnet – einst der bedeutendste Hafen des Landes. Vom *Restelo* aus schickte das Portugal der Entdecker und Eroberer seine Schiffe um die Welt. Hier startete *Vasco da Gama,* um den Seeweg nach Indien zu erkunden, und *Pedro Álvares de Cabral,* um Brasilien als Kolonie für die portugiesische Krone in Besitz zu nehmen. Die Schiffe aus Übersee löschten hier ihre Ladung: Gewürze aus Asien, Gold aus Brasilien und Sklaven aus Afrika. Als Zeichen von Macht, Reichtum und Ruhm ließ König *Manuel I.* an dieser Stelle das **Jerónimos-Kloster** Anfang des 16. Jh. erbauen. Es ersetzte die Kapelle Santa Maria de Belém. Der heutige Name des Stadtteils geht auf diese Kapelle zurück. Belém ist die portugiesische Übersetzung für Bethlehem. Zur Sicherung des Hafens wurde ab 1520 der **Torre de Belém** („Turm von Belém") errichtet. Nach einer Stagnationsphase unter spanischer Herrschaft begann unter *João V.* die zweite große Bauphase in Belém: Königspalast und Reitschule wurden gebaut, das Ufer weitgehend befestigt und ein königlicher Schiffsanleger konstruiert. Vom großen Erdbeben 1755 weitgehend verschont, erfuhr das Viertel in den Folgejahren einen regelrechten Bevölkerungszustrom. Erste – jedoch nicht verwirklichte – Pläne kamen auf, das neue Lissabon im sicheren Belém zu errichten. Die *Fábrica da Cordoaria*, die königliche Seilfabrik, wurde eröffnet, die *Casa Pia* (Waisenhaus) im erst jetzt vollendeten Westflügel des Jerónimos-Klosters untergebracht und der Grundstein zum Neubau des Königspalasts im benachbarten Stadtteil Ajuda gelegt. Anfang des 19. Jh. wurde Belém Schauplatz eines unerwarteten Ereignisses: Nach dem Einmarsch der napoleonischen Truppen floh König *João VI.* von hier aus mit seinem gesamten Hofstaat, der Regierung, Hunderten von Personen und kostbarem Schmuck, Büchern und Archiven nach Brasilien. Die Truppen des britischen Bündnispartners, unter Führung von *Lord Wellington*, waren in den folgenden Jahren im Jerónimos-Kloster untergebracht.

i Information

So kommt man hin: Straßenbahn 15; Zug Belém. Anfahrt: je nach Verkehr 30 bis 50 Min. Ist die Straßenbahn sehr voll, kann man alternativ auch Bus 728 vom Praça do Comércio nehmen.

Dauer des Rundgangs: 4–5 Std. ohne Museen oder Veranstaltung im Kulturzentrum.

So geht's weiter: Abstecher zum Palácia da Ajuda (s. S. 274), für eilige Lissabon-Besucher Weiterfahrt nach Estoril und Cascais (s. S. 286).

Inbegriff der Manuelinik – Das Jerónimos-Kloster

Mit dem Beginn der Industrialisierung wurde das zuvor eigenständige Belém als Stadtteil Lissabons eingemeindet. Die **alten Hafenanlagen wurden abgerissen**, die Straße bis zum Flussufer erweitert und die Bahnlinie nach Cascais gebaut. Die Prachtbauten sind seitdem vom Flussufer abgeschnitten.
Heute ist Belém vor allem an Wochenenden ein **sehr beliebtes Ausflugsziel** portugiesischer Familien: Grünflächen, die unmittelbare Nähe zum Fluss, monumentale Bauwerke und natürlich die leckeren *Pastéis de Belém* locken die Besucher.

Spaziergang durch Belém

Museu Nacional dos Coches – Kutschenmuseum (1)

In der ehemaligen königlichen Reitschule wurde von Königin *Amélia* 1905 das nationale Kutschenmuseum gegründet. Diese weltweit einzigartige Sammlung von Prachtwagen und Sänften aus drei Jahrhunderten zählt zu den meistbesuchten Museen Portugals. Aufwendige Holzschnitzereien und reiche Bemalungen zeugen vom Reichtum und Prunk vergangener Zeiten. Da die alte Reitschule nicht annähernd ausreichenden Platz für die umfangreiche Sammlung bietet, wurde 2009 mit dem Bau eines neuen Museums begonnen. Das liegt direkt gegenüber und soll im Lauf des Jahres 2013 eröffnet werden. Der Entwurf zu dem riesigen Bau stammt vom brasilianischen Pritzker-Preisträger *Paulo Mendes da Rocha*. Für Fans der Kutschenkunst lohnt sich der Besuch.
Kutschenmuseum, *Praça Afonso de Albuquerque, ☏ 2 13 61 08 50, www.museudoscoches.pt, Di–So 10–18 Uhr.*

Sehenswürdigkeiten
1 Museu Nacional dos Coches
2 Palácio de Belém und Museu da Presidência
3 Jardim Afonso de Albuquerque
4 Museu da Electricidade
5 Konditorei Pastéis de Belém
6 Rua do Chão Salgado
7 Jardim Botânico Tropical
8 Mosteiro dos Jerónimos
9 Museu Nacional de Arqueologia
10 Museu de Marinha
11 Planetário C. Gulbenkian
12 Praça do Império
13 Centro Cultural de Belém
14 Museu Berardo
15 Padrão dos Descobrimentos
16 Museu de Arte Popular
17 Torre de Belém
18 Ermida de São Jerónimo
19 Museu Nacional de Etnologia

Weitere Ziele Ajuda
A1 Palácio da Ajuda
A2 Jardim Botânico da Ajuda
A3 Igreja de S. José da Memória

Einkaufen
1 Feira de Antiguidades, Velharias e Artesanato

Essen und Trinken
Cafés
2 Pastéis de Cerveja
6 Cafetaria Quadrante
7 À Margem

Restaurants
1 Enoteca de Belém
3 Floresta de Belém
4 Amo.te Tejo
5 A Feitoria

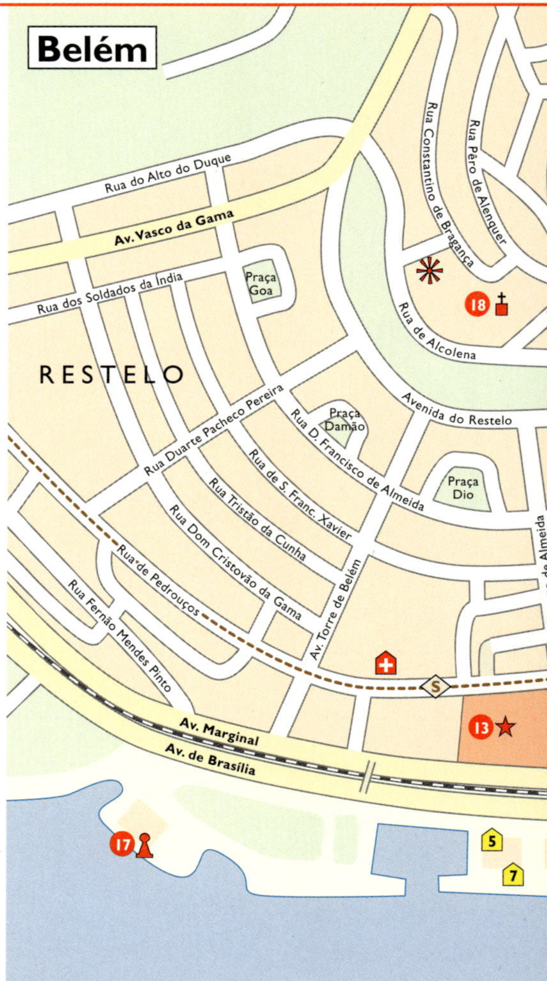

Palácio de Belém – Präsidentenpalast und Museum (2)

Der Präsidentenpalast blickt auf eine lange Tradition als Sitz der portugiesischen Staatsoberhäupter zurück. Bereits im 16. Jh. errichtet, wurde er von König *João V.* umgebaut, dabei mit brasilianischem Gold reich geschmückt und diente ihm als Liebesnest. Seit Ausrufung der Republik ist die königliche Anlage offizieller Amtssitz der Staatspräsidenten.

Bei gehisster Fahne ist der Präsident im Hause. Die beiden Wachen, die mit eiserner Miene und in Paradeuniform die Einfahrt bewachen, haben wohl vor allem repräsentativen Charakter. Jeden dritten Sonntag im Monat um 11 Uhr lässt sich ein zere-

monieller Wachwechsel beobachten. Garten und Gebäude können leider nur selten besichtigt werden.

Seit 2004 ist gleich nebenan das **Museu da Presidência** untergebracht. Multimedial aufbereitet, wird hier die politische Geschichte der Republik Portugal gezeigt. Gleichzeitig sind unzählige persönliche Gegenstände ehemaliger Präsidenten ausgestellt.

2008 wurde das Museum mit dem *Europa Nostra Award* ausgezeichnet. Dieser wird für herausragende Leistungen zum Schutz und zur Pflege des Kulturerbes von der Europäischen Kommission vergeben.

Nationales Kutschenmuseum

Präsidentenpalast und Museum, *Praça Afonso de Albuquerque, www.museu.presiden cia.pt, ☏ 2 13 61 46 60, Sa 11–16 u. So 14.30–16 Uhr (nur über Führungen zugänglich), Museum Di–So 10–18 Uhr*

Jardim Afonso de Albuquerque (3)

Vor dem Palácio de Belém öffnet sich dem Besucher diese kleine Parkanlage, die um 1900 aus dem ehemaligen königlichen Schiffsanleger entstand. Eine neo-manuelinische Säule ehrt den ersten Gouverneur Indiens, *Afonso de Albuquerque* (1453–1515). Er gilt als der Gründer des portugiesischen Reichs im Orient. Zur Sicherung der Handelsrouten im Indischen Ozean ließ er Befestigungsanlagen bauen, zur Stärkung der politischen Macht förderte er Ehen zwischen den portugiesischen Eroberern und der indischen Oberschicht. Diese Politik wurde von *Marquês de Pombal* im 18. Jh. wieder aufgenommen.

Museu da Electricidade – Elektrizitätsmuseum (4)

Ein paar Gehminuten den Tejo entlang befindet sich das Elektrizitätsmuseum. Der ziegelrote Bau ist eines der wenigen erhaltenen Industriedenkmäler Lissabons. Die Kohleschiffe, deren Fracht meist aus Deutschland und Frankreich importiert wurde, legten direkt vor dem Werk an. Der Brennstoff wurde anfangs noch von Arbeitern in Körben zur Häcksel geschleppt. Das Werk versorgte Lissabon von 1914–51 mit Strom, bis es vom Wasserkraftwerk *Castelo do Bode* abgelöst wurde. Im Inneren wird anhand der alten Anlage die Stromerzeugung zu damaligen Zeiten demonstriert. Im Untergeschoss ist eine Ausstellung über die Geschichte des Stroms sowie über heutige Alternative Energien zu finden. Im dazugehörigen Café kann man unter Palmen mit Blick auf den Tejo vom sonstigen Trubel in Belém gut Abstand nehmen.
Elektrizitätsmuseum, *Av. Brasília, Central Tejo, ☏ 2 10 02 81 90, Di–So 10–18 Uhr. Straßenbahn 15*

info

Pastéis de Belém (5)

Die Zahl von 15 000 verkauften *Pastéis* pro Tag spricht für sich. Die kleinen Blätterteigtörtchen sind mit Sahne gefüllt und Zimt bestreut. Ofenwarm schmecken sie am besten. Erfunden wurden sie hier, deshalb heißen sie hier auch *Pastéis de Belém*. Andernorts werden sie als *Pastéis de Nata* (Sahnetörtchen) verkauft. Die Konditorei wurde bereits 1837 gegründet. Bis zur liberalen Revolution waren vor allem die Klöster dem süßen Bäckerhandwerk verschrieben. Nach der Auflösung der Klöster 1834 wurden die „geistlichen Konditoren" arbeitslos. So kam es, dass *Domingos Alves* einen der Zuckerbäcker aus dem Jerónimos-Kloster anstellte, um aus einer alten Zuckermühle eine Konditorei zu machen. Das Rezept ist bis heute strengstens geheim – nur drei Leute kennen es. Das Café im hinteren Bereich ist in mehrere Säle untergliedert, die Wände sind mit hübschen blau-weißen Kacheln dekoriert. In einem der Zwischengänge kann man durch eine Glasscheibe die Herstellung beobachten. Trotz des großen Andrangs wird man recht flott bedient. Wer die Pastéis mitnehmen möchte, stellt sich am Tresen an.

Pastelaria „Pastéis de Belém"

Pastéis de Belém, *Rua de Belém 84–92, www.pasteisdebelem.pt, Juni–Sept. tgl. 8–24, sonst bis 23 Uhr*

Rua do Chão Salgado (6)

Ein paar Schritte neben den *Pastéis de Belém* geht zur rechten eine unscheinbare Sackgasse ab. Der Name Rua do Chão Salgado, „Straße des gesalzenen Bodens", und eine Steinsäule erinnern an ein Ereignis aus dem 18. Jh. Am 3. September 1758 entging König *José I.* im angrenzenden Stadtteil Ajuda nur knapp einem Attentat. Die vermeintlichen Schuldigen wurden bald gefunden. Dem angeblichen Drahtzieher *José de Masca-*

Mosteiro dos Jerónimos

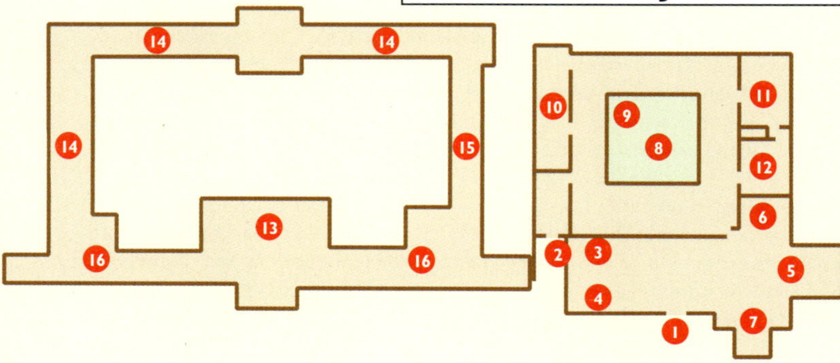

- 1 Südportal
- 2 Westportal/Haupteingang
- 3 Sarkophag von Vasco da Gama
- 4 Kenotaph von Luiz de Camões
- 5 Hauptchor
- 6 nördliches Querschiff
- 7 südliches Querschiff
- 8 Kreuzgang
- 9 Löwenbrunnen
- 10 Refektorium
- 11 Kapitelsaal
- 12 Sakristei
- 13 Saal der Könige
- 14 marinemuseum
- 15 Zentralbibliothek des Marinemuseums
- 16 Archäologiemuseum

renhas, Herzog von Aveiro, und vier weiteren Mitgliedern der Familien *Mascarenhas* und *Távoras* machte der Premierminister *Marquês de Pombal* den Prozess. Am 12. Januar 1759 wurden sie hingerichtet, die Leichen in den Fluss geworfen. Das Anwesen des Grafen wurde verwüstet und der Boden versalzen, auf dass hier nie wieder etwas wachse oder gebaut werde. Die fünf Ringe der Säule gedenken der fünf Opfer. Die Igreja da Memória im Stadtteil Ajuda erinnert an das Attentat auf den König (s. S. 275).

Jardim Botânico Tropical – Botanischer Garten (7)

1906 als *Jardim do Ultramar* („Übersee-Garten“) gegründet, beherbergt der Botanische Garten auf einer Fläche von 7 ha mehr als 500 verschiedene Pflanzenarten vor allem aus den tropischen und subtropischen Zonen. Ein See mit allerlei Wasservögeln, lauschige Plätzchen und verschlungene Wege machen aus diesem sehr sehenswerten Park einen Ruhepol im manchmal etwas turbulenten Belém. Picknicken ist nicht erlaubt.

Botanischer Garten, *Largo dos Jerônimos, www2.iict.pt/jbt/ (nur port.), tgl. 10–19 Uhr*

Mosteiro dos Jerónimos – Jerónimos-Kloster (8)

Das Jerónimos-Kloster (Hieronynimus- oder eigentlich Hieronymiten-Kloster) gilt als das **Kronjuwel der Manuelinik** und zählt seit 1984 zum Weltkulturerbe der UNESCO. Die mehr als 300 m lange, eigentlich schlichte Kalkstein-Fassade weist spätgotische Einflüsse sowie erste Anzeichen der aufkommenden Renaissance auf. Portale, Fenster und Simse sind jedoch in ihrer typisch portugiesischen, einzigartigen Variante, der Manuelinik mit ihrer christlichen und naturalistischen Symbolik, dekoriert.

Das Meisterwerk ersetzte eine kleine Kapelle des Christusritterordens, die der Jungfrau zu Bethlehem (*Maria de Belém*) geweiht war. Seefahrer und Fischer holten sich hier den letzten Segen, bevor sie in See stachen. Der Legende nach wollte König *Manuel I.* mit dem Gebäude Gott für die Entdeckung des Seewegs nach Indien durch *Vasco da Gama* danken. Fakt ist jedoch, dass der König bereits 1496 die Autorisation von Papst *Alexander VI.* zum Bau der Anlage eingeholt hatte, also schon ein Jahr bevor *Vasco da Gama* in See stach. Tatsächlich sollte hier der Dynastie *Avis-Beja*, dessen **Gründer *Manuel I.*** war, ein monumentales Grabmal für die Nachwelt errichtet werden. 1501 wurde der Grundstein für ein 100-jähriges Bauvorhaben gelegt. Der Westflügel (heute Sitz des Archäologischen Museums und eines Teils des Marinemuseums) sowie die Kuppel wurden erst im 19. Jh. fertiggestellt. Struktur und Dekoration sind hauptsächlich von vier Architekten geprägt: *Diogo de Boitaca, João de Castilho, Diogo de Torralva* und *Jerónimo de Ruão*.

Letzter Segen vor der Überfahrt

Finanziert wurde das kostspielige Bauvorhaben durch die *Vintena de Pimenta*, was 5 % der Einnahmen aus dem Pfefferhandel bzw. ca. 70 kg Gold jährlich entsprach. Die Klosteranlage wurde dem Orden der Hieronymiten übergeben. Sie waren, wie im benachbarten Spanien auch, die religiösen Ratgeber des Königs und sollten für sein Seelenheil beten sowie den Fischern und Seeleuten geistlichen Beistand leisten.

Finanzierung

Das **imposante Südportal** (1), entworfen von *João de Castilho*, zeigt Szenen aus dem Leben und Wirken des Heiligen Hieronymus. Darüber thront die Jungfrau Maria mit dem Christuskind. Die restlichen Figuren stellen Kirchenväter, Apostel, Propheten und Engel dar. Oft wird das Portal mit einer Monstranz verglichen, so filigran und reich geschmückt ist es.

Das **Westportal** (2), der heutige Eingang zur Kirche, wurde von *Nicolas de Chanterène* gestaltet und ist mit Engeln und Cherubinen bereits von der aufkommenden Renaissance beeinflusst. Im Tympanon über dem Eingang sind Szenen der Weihnachtsgeschichte dargestellt. Links und rechts des Eingangs sind Statuen von *Manuel I.* und seiner zweiten Gattin *Maria von Kastilien* zu sehen, begleitet jeweils von ihren Schutzheiligen Hieronymus und Johannes dem Täufer. Darunter sind die vier Evangelisten mit ihren Insignien abgebildet.

Renaissance-Einflüsse

Der Innenraum der Kirche überrascht durch eine ungewöhnliche Raumwirkung. Die drei Kirchenschiffe sind gleich hoch. Die organisch anmutenden Säulen, die an einen Palmengarten erinnern, laufen in einem gotischen Netzgewölbe zusammen. Zusätzliche Leichtigkeit wird durch die **filigrane Verzierung der Säulen** mit Blumen, Kreuzen und anderen Motiven erreicht. Im Eingangsbereich wird seit Ende des 19. Jh. zwei großen Persönlichkeiten des Entdeckungszeitalters Tribut gezollt: Links befindet sich der Sarkophag des berühmten Entdeckers ***Vasco da Gama*** (3), rechts der Kenotaph des Nationaldichters ***Luís de Camões*** (4), der die großen Entdeckungsfahrten in seinem Werk „Os Lusiadas" glorifizierte. Er wurde hier symbolisch begraben, da er verarmt an der Pest starb und in einem Massengrab bestattet wurde.

Nationalhelden

Auffällig ist der **Hauptchor** (5), welcher unter Leitung von *Jerónimo de Ruão* erst 1572 fertiggestellt wurde. Der bunte Marmor sowie die geometrische Anordnung der Gemälde sind ganz im Stil des Manierismus gehalten und heben sich deutlich von der restlichen Kirchendekoration ab. Hier ist das Mausoleum der Dynastie *Aviz* untergebracht: links die Sarkophage von König *Manuel I* und seiner Gattin *Maria*, rechts die des Thronfolgers *João III.* und seine Frau *Catarina* unter deren Leitung das

Kreuzgang im Jerónimos-Kloster

Mausoleum der Dynastie Aviz

Kloster fertiggebaut wurde. In den Seitenkapellen sind weitere Mitglieder der Dynastie *Aviz* begraben. Darunter befindet sich auch auf der rechten Seite das **symbolische Grab von *König Sebastião***, mit dessen Verschwinden bei der Schlacht von *Alcacer-Quibir* die königliche Linie ausstarb.
Von der Empore, die man über den Kreuzgang erreicht, hat man einen sehr schönen Blick in das Kircheninnere.

Inbegriff der Manuelinik

Der **Kreuzgang** (8) gehört mit Sicherheit zu den schönsten Europas und ist der Inbegriff der Manuelinik. Der quadratische Innenhof wird von einer zweistöckigen Galerie umgeben, die über und über mit Reliefs übersät ist: Blumen, Meerestiere, Fabelwesen, königliche Insignien und religiöse Symbole. In einer Ecke plätschert der **Löwenbrunnen** (9), der das Wappentier des heiligen Hieronymus zeigt. Grundriss und Erdgeschoss stammen noch von *Diogo de Boitaca* im rein manuelinischen Stil. Das Obergeschoss, ab 1517 von *João de Castilho* im spät-manuelinischen Stil fortgeführt, ist mit einer Galerie umgeben, in deren Nischen 20 lebensgroße Statuen, Heilige und die Kardinalstugenden in personifizierter Form, zu sehen sind. Sie sind Teil der Neuerungen, die unter dem Einfluss von *Castilho* entstanden sind. Ebenso ungewöhnlich ist, dass die Decke des Obergeschosses aus Stein ist. Durch den Verzicht auf die sonst übliche Holzdecke mutet der Gang luftig und leicht an. Allerdings musste man die darunterliegenden Stützpfeiler verstärken.
Im Untergeschoss ist auch das **ehemalige Refektorium** (10) mit seinem gotischen Netzgewölbe sehenswert. Die Wände sind mit Kacheln aus dem 18 Jh. dekoriert und zeigen u. a. die „Speisung der Fünftausend".
Der **ehemalige Kapitelsaal** (11) wurde als einer der wenigen Teile des Klosters durch das Erdbeben 1755 zerstört und erst 1884 wiederaufgebaut. Aus dieser Zeit stammt der Sarkophag des großen Dichters und Historikers *Alexandre Herculano*

(1810–77). Als Tribut an den größten portugiesischen Lyriker des 20. Jh. wurden 1985 die Gebeine *Fernando Pessoas* vom Prazeres-Friedhof nach Belém umgebettet. Seine Grabtafel befindet sich auf der nord-östlichen Seite.

Jerónimos-Kloster, *Praça do Império*, *www.mosteirojeronimos.pt, Kreuzgang: Di–So 10–17.30, im Sommer bis 18.30 Uhr, Eintritt: s. Tipp S. 233*

Tipp

Es ist ratsam, den Kreuzgang vormittags oder zur Mittagszeit zu besuchen, denn zu dieser Zeit hält sich der Andrang meist noch in Grenzen. Außerdem sollten Sie sich unbedingt Zeit nehmen, um die ganze Fülle der Dekoration erkunden zu können. Jede der Säulen ist anders gestaltet.

Manuelinik – Kunst als Gedächtnis

info

Die Liste kunsthistorischer Abrisse darüber, ob es sich bei Manuelinik um einen eigenen Baustil oder um bloßes Dekor handelt, ist lang und soll hier nicht weiter diskutiert werden. Fakt ist, dass diese **rein portugiesische Kunstform** einmalig auf der Welt ist und seit einem halben Jahrtausend die Menschen beeindruckt. Die Manuelinik (oder auch der Manuelismus) kombiniert **spätgotische Architektur mit Einflüssen aus Spanien, Flandern und Italien**. Sie entstand Anfang des 16. Jh. und markiert den Übergang zur Renaissance. Zu dieser Zeit befand sich die portugiesische Machtausdehnung auf ihrem Höhepunkt und umfasste Kolonien und Handelsstützpunkte fast überall auf der Welt. Die tatsächliche Schaffensperiode ist relativ kurz und erreicht ihren Höhepunkt während der zweiten Hälfte der Regierung von König *Manuel I.* (1495–1521). Unter seinem Sohn *João III.* wurde sie noch ansatzweise fortgeführt, jedoch von der Renaissance verdrängt.

Den Begriff „Manuelismo“, der 300 Jahre nach Manuels Tod ein gewaltiges Fundament für die nationale Identität schaffen sollte, prägte der Historiker *Francisco A. Varnhagen* (1816–78) erst 1842.

Typisch für den Baustil sind schlichte Fassaden und Innenräume, während Elemente wie Säulen, Fenster, Türen, Nischen und Decken reichhaltig verziert sind. Oft wurden auch bestehende Gebäude und Kirchen nachträglich dekoriert.

Die Armillarsphäre – Die Insignie von König Manuel I. ist noch heute auf der portugiesischen Nationalflagge verewigt

info

Inspiriert von Erzählungen der Seefahrer wurden Korallen, Muscheln, Schiffe und exotisch anmutende Pflanzen als Symbole der Entdeckungsreisen integriert. Die Idee, dass sich die Ornamentik nur der Seefahrt widmet, stammt von *Edgar Quinet* (1857) und wurde schnell zum **Allgemeinplatz**. Tatsächlich aber ist die Symbolik viel komplexer. Als Gründer der neuen Dynastie *Avis-Beja* wollte *Manuel I.* damit seine politische wie persönliche Macht demonstrieren, zu messen an seiner Haltbarkeit, seiner Dimension und dem betriebenen finanziellen Aufwand. Eine „Kunst für die Zukunft" und gleichzeitig eine „Kunst als Gedächtnis". Allgegenwärtig ist die **Armillarsphäre**, die er bereits als Graf von Beja in seinem Wappen trug. Die Armillarsphäre ist ein astronomisches Instrument und ähnelt einem Globus. Als *Spera Mundi* im altportugiesischen lässt sie die Deutung *Esperança Mundi* („Hoffnung der Welt") sowie *Esfera Mundi* („Weltkugel") zu. Sie drückt die **perfekte Symbiose von Himmel und Erde**, von staatlicher und persönlicher Macht aus, sie symbolisiert gleichzeitig Zukunftshoffnung und das portugiesische Weltreich. Ebenso gegenwärtig ist das Kreuz des Christusritterordens, unter dem die Schiffe segelten, um „die Heiden zu bekehren und die Welt zu erlösen". Der christliche Glaube wird auch in den verwendeten Symbolen sichtbar: Weinreben symbolisieren das Blut Christi, als Sinnbild für Erneuerung und Ewigkeit oder kunstvoll geschwungene Pflanzen, die das Paradies darstellen. Diese sind hauptsächlich an Kirchenportalen zu finden, das Tor von der realen Welt zum Paradies und zum ewigen Leben. Fantastische Tiere und Monster verkörpern das Böse, als Warnung vor der Hölle. Dargestellt werden diese in den unteren Bereichen, als die Unterwelt, beherrscht von den Heiligenfiguren weiter oben. Oder an den Dächern als Wasserspeier, als Bekämpfung des Bösen durch das Böse. Die wichtigsten Beispiele der Manuelinik in Lissabon sind der Torre de Belém und das Jerónimos-Kloster in Belém. Außerdem findet sich, neben dem Hauptportal der Kirche Conceição Velha, hier und da noch ein Portal das vom Erdbeben verschont wurde, wie beispielsweise das der Kapelle Nossa Senhora dos Remédios im Stadtteil Alfama. Als **Neo-Manuelinik** wurde der Baustil im 19. Jh. wieder aufgegriffen: zur Außendekoration des Rossio-Bahnhofs und des Portals der Magdalena-Kirche in der Baixa.

Museu Nacional de Arqueologia – Archäologisches Museum (9)

Im Westflügel des Klosters ist das Archäologische Museum untergebracht. Ursprünglich **diente** er **als Dormitorium**, nach 1834 beherbergte er die *Casa Pia*, ein staatliches Waisenhaus für ca. 800 Kinder. Nach umfassenden Restaurierungs- und Umbauarbeiten wurde 1893 das Museum eröffnet. Neben **Wechselausstellungen** finden sich zwei **permanente Ausstellungen**: in „Tesouros da Arqueologia Portuguesa" („Schätze der portugiesischen Archäologie") sind Schmuckstücke von der Eisenzeit bis ins Mittelalter ausgestellt und in den „Antiguidades Egípcias" („ägyptische Antiquitäten") sind mehr als 300 ägyptische Exponate zu sehen.

Archäologisches Museum, *Praça do Império, www.mnarqueologia-ipmuseus.pt, Di–So 10–18 Uhr*

Museu de Marinha – Marinemuseum (10)

Freunden der Schifffahrt sei das Marinemuseum ans Herz gelegt, das größtenteils im Westflügel des Klosters untergebracht ist. Mit ungefähr 10 000 Exponaten findet man hier alles rund um die portugiesische Schifffahrt, vom 16. Jh. bis heute: Schiffsmodelle, Karten, Uniformen und Gemälde veranschaulichen die Geschichte der Seefahrernation Portugal. In der modernen Halle nebenan sind „echte" Schiffe ausgestellt: einige königliche Galeeren, Binnenschiffe und Fischerboote.

Schiffe in Originalgröße

Auf der Terrasse der Cafeteria kann man sich eine Pause gönnen, mit Blick auf das Jerónimos-Kloster sowie das Planetarium.

Marinemuseum, *Praça do Império, museu.marinha.pt (nur port.), ☏ 2 13 62 00 19, Di–So 10–18 (Mai–Sept.), im Winter bis 17 Uhr*

Planetário C. Gulbenkian – Planetarium C. Gulbenkian (11)

Im Planetarium kann eine Reise ins All angetreten werden. Es werden faszinierende Bilder der Raumsonde Hubbel gezeigt, und der nächtliche Himmel über Portugal, mit über 9000 Sternen, kann betrachtet werden.

Planetarium C. Gulbenkian, *Praça do Império, planetario.marinha.pt (nur port.), ☏ 2 13 62 00 02, So 11.30 Uhr Kindervorstellung, Sa u. So 15 u. 16 Uhr allgem. Vorstellung auf Engl., Frz. u. Span.*

Praça do Império (12)

Richtung Tejo öffnet sich eine Parkanlage im griechisch-romanischen Stil und mit streng geschnittenen Hecken. In der Mitte befindet sich die *Fonte Luminosa* (beleuchteter Brunnen) deren Beckenrand mit den 32 Wappen der Provinzen Portugals und des ehemaligen Imperiums im Mosaikstil verziert ist. Die Anlage entstand, wie auch das Entdeckerdenkmal und der Klostervorplatz, im Rahmen der Weltausstellung am einstigen Strand von *Restelo*. Den 300. Jahrestag der Wiederherstellung der portugiesischen Unabhängigkeit von Spanien nahm man 1940 zum Anlass, dem vom Weltkrieg erschütterten Europa die „portugiesische Welt" zu zeigen. Zu Besuch waren die damals noch zu Portugal gehörenden afrikanischen Kolonien Mosambik und Angola, sowie die Ex-Kolonie Brasilien.

„Weltausstellung 1940"

Centro Cultural de Belém (CCB) – Kulturzentrum Belém (13)

Auf der Westseite der Gartenanlage erstreckt sich der postmoderne Bau des Kulturzentrums Belém. Krasser Gegensatz zur Silhouette des Jerónimos-Klosters oder angenehmer Kontrapunkt – diese Entscheidung sei jedem selbst überlassen. Gebaut wurde der Steinquader 1992, als Portugal erstmals die europäische Ratspräsidentschaft übernahmen. Polemik rief der von *Vittorio Gregotti* und *Manuel Salgado* entworfene Bau nicht nur wegen seiner eigenwilligen Optik hervor. Zum einen wurde das ohnehin schon gewaltige Budget von 32,5 Mio. Euro um das sechsfache überschritten. Zum anderen wurde der Bau erst so spät fertiggestellt, dass nur einige wenige Tagungen in provisorischen Räumen abgehalten werden konnten. Heute ist das CCB mit Sicherheit eine Bereicherung für Lissabons Kulturlandschaft: Regelmäßig finden Konzerte namhafter Künstler statt, von Klassik über Jazz bis Rock. Neben einigen Galerien und Geschäften ist vor allem der *Jardim das Oliveiras* („Olivengarten"), mit seinem Café auf der dem Fluss zugewandten Seite zu empfehlen (s. S. 233).

Mittlerweile ein Erfolg

Kulturzentrum Belém, *Praça do Império, www.ccb.pt, tgl. geöffnet*

Museu Berardo – Museum Berardo (14)

Nicht ohne öffentliche Diskussion lief die Eröffnung dieses Museums für moderne Kunst ab. Denn das Museum für Design sowie Räume für Wechselausstellunge muss-

Centro Cultural de Belém – Kulturzentrum Belém

ten weichen, weil der Kunstsammler *Berardo* drohte, seine Sammlung künftig nur noch im Ausland zu zeigen, sollte dieser nicht der entsprechende Raum in dem Kulturzentrum gegeben werden. Trotz dieser Querelen im Vorfeld war die Neueröffnung im Juni 2007 ein großer Erfolg, bis Ende des ersten Jahres konnte das Museum mehr als 250 000 Besucher verzeichnen und zählt somit zu den meistbesuchten Museen Portugals. Die Sammlung bietet einen guten Überblick über die Kunst des 20. und 21. Jh.: vom Surrealismus über Pop-Art bis zur zeitgenössischen Kunst. Über 70 der 862 Werke sind wechselnd ausgestellt, darunter Arbeiten von *Picasso, Andy Warhol, Max Ernst, Man Ray* und *Roy Liechtenstein*. Ebenso kann man Arbeiten von *Cesariny* als Vertreter des portugiesischen Surrealismus sowie von *Paula Rego* als zeitgenössischer Künstlerin sehen. Das obere Stockwerk ist für wechselnde Ausstellungen reserviert.
Museum Berardo, *im CCB, www.museuberardo.pt (nur port.), tgl. 10–19, Eintritt frei*

Padrão dos Descobrimentos – Denkmal der Entdeckungen (15)

1960 nahm man den 500. Geburtstag von *Heinrich dem Seefahrer* zum Anlass, das im Rahmen der Weltausstellung 1940 nur provisorisch gebaute Denkmal der Entdeckungen in witterungsbeständigem Beton zu bauen. Geschaffen wurde eine Ode an die große Entdeckernation Portugal ganz im Stil der Salazar-Zeit. Vom Wasser aus betrachtet, mutet das Gebäude wie der Bug einer Galeere an, mit *Heinrich dem Seefahrer* an der Spitze. Die hinter ihm aufgereihten Figuren stellen weitere große Namen des goldenen Zeitalters dar, so z. B. *Afonso V, Vasco da Gama und* den Dichter *Luís de Camões*. Gesehen von der Landseite erscheint das bullige Gebäude wie ein Schwert, dessen Spitze auf den Eingang zeigt. Im Inneren wird eine Multimedia-Show über die portugiesische Geschichte gezeigt. Von der Plattform im obersten Stockwerk kann man die herrliche Aussicht über Belém, die Brücke und die andere Flussseite genießen. Der

Vorplatz des Monuments ist mit Marmor gepflastert. Die stilisierte Windrose, in deren Inneren auf einer riesigen Weltkarte die portugiesischen Entdeckungsfahrten aufgezeigt werden, ist ein Geschenk der südafrikanischen Regierung.
Denkmal der Entdeckungen, *Av. de Brasília, Di–So 10–18, im Sommer bis 19 Uhr*

Museu de Arte Popular – Museum für Volkskunst (16)

Aus einem ehemaligen Pavillon der Weltausstellung 1940 in Belém im typisch propagandalastigen Stil der Salazar-Zeit entsteht hier seit 2010 das neue Museum für Volkskunst. Anfang 2013 war nur ein kleiner Saal eröffnet, aber der Museumsshop im Foyer ist sehenswert und bietet z. B. günstige schöne Keramiken.
Museum für Volkskunst, *Av. de Brasília, www.map.imc-ip.pt (nur port.), ☏ 2 13 01 12 82, Mi–So 10–18, So 13–14 Uhr geschl., Eintritt frei*

Torre de Belém – Turm von Belém (17)

Seit 1983 zählt der Turm von Belém zum **Weltkulturerbe der UNESCO** und gilt als das am häufigsten fotografierte Denkmal Lissabons. König *Manuel I.* ließ den Turm sowie einen Zwillingsbruder am gegenüberliegenden Ufer zum Schutz der Hafeneinfahrt bauen. Feindliche Schiffe konnten so ins Kreuzfeuer genommen werden. Das Erdbeben zerstörte den Turm auf der anderen Flussseite und änderte den Flusslauf, sodass der Turm von Belém anders als früher nun vom Land über eine kleine Hängebrücke zugänglich ist. Im manuelinischen Stil erbaut, ist der Turm trotz seiner eigentlich militärischen Funktion reich dekoriert: **Schiffstaue, Kreuze des Ritterordens,** eine **Skulptur von *São Vicente***, dem Lissabonner Schutzheiligen. Eine Kuriosität stellt das Nashorn unten an der nordwestlichen Ecke des Turms dar, das an ein

Torre de Belém

Geschenk erinnert, das einst König *Manuel I.* aus Indien erhielt. Angeblich sollte das Nashorn gegen einen Elefanten kämpfen, der aber von seinem Gegner so erschreckt war, dass er sofort floh. Das siegreiche Nashorn sollte als Geschenk an Papst *Leo X.* nach Italien verschifft werden. Es erlitt Schiffbruch und kam dort nie an. Es hat übrigens *Albrecht Dürer* zu seinem berühmten Holzschnitt „Rhinozeros" inspiriert.
Das Innere des **fast arabisch anmutenden Gebäudes** ist eher kahl. Im Keller lassen sich die Schicksale und Qualen politischer Gegner und Schurken erahnen, die hier einsaßen, als der Turm während der spanischen Fremdherrschaft (1580–1640) als Gefängnis genutzt wurde. Bei Flut standen die Gefangenen bis zur Hüfte im Wasser. Das Erdgeschoss diente als Vorrats- und Waffenkammer, die darüberliegenden Stockwerke als Gouverneurssaal, Königssaal und Kapelle. Von der Terrasse wie auch aus den Fenstern und Schießscharten hat man immer wieder einen herrlichen Blick.
Turm von Belém, *Praça da Torre de São Vicente, Di–So 10–17.30, im Sommer bis 18.30 Uhr, Eintritt s. Tipp S. 233. Der direkte Weg am Fluss ist durch die Einfahrt des Yachthafens blockiert, sodass man das letzte Stück an der Hauptstraße entlanggehen muss*

Ermida de São Jerónimo – Kapelle São Jerónimo (18)

Abseits der Touristenströme thront oben auf dem Berg über Belém die Wallfahrtskapelle des Heiligen Hieronymus. 1514 wurde sie nach Plänen von *Diogo de Boitaca* auf den einstigen Ländereien des Jerónimos-Klosters gebaut, ganz im manuelinischen Stil. Die letzten Umbauarbeiten fanden 1886 statt. Obwohl die Kapelle meist geschlossen ist, lohnt sich dennoch der etwas beschwerliche Aufstieg. Man wird mit einer herrlichen Aussicht auf die Tejo-Mündung und den Atlantik belohnt.
Kapelle São Jerónimo, *Rua Pêro da Covilhã. Die Kapelle ist meistens geschlossen. Zu Fuß oder mit den Bussen 714 (Haltestelle Rua Pêro de Alenquer) oder 728 (Haltestelle Fußballstadion Estadio de Restelo) zu erreichen*

Museu Nacional da Etnologia – Nationales Ethnologiemuseum (19)

Im Nationalen Ethnologiemuseum sind vor allem Exponate aus den ländlichen Regionen Portugals zu sehen sowie eine große Auswahl an Exponaten aus den ehemaligen portugiesischen Kolonien in Afrika. Zusätzlich wechselnde Ausstellungen.
Nationales Ethnologiemuseum, *Av. Ilha da Madeira, mnetnologia.wordpress.com, ☏ 2 13 04 11 60, Di 14–18, Mi–So 10–18 Uhr. Bus 728, 714, 732*

Reisepraktische Informationen

(Karte s. S. 220)

Touristeninformation

Die Touristeninformation befindet sich direkt vor dem Jerónimos-Kloster, Praça do Império, ☏ 2 13 65 84 35, tgl. 10–13 und 14–18 Uhr

Einkaufen

Belém ist kein Einkaufsviertel. In den Museumsshops und in einigen Souvenirläden lassen sich Mitbringsel erwerben. Jeden ersten und dritten Sonntag findet ein Kunsthandwerks- und Antiquitätenmarkt im Jardim Vasco da Gama statt, die ***Feira de Antiguidades, Velharias e Artesanato (1).***

Tipp

Carristur: „Hop-On-Hop-Off"-Bus, Haltestelle vor dem Kloster, Mai–Okt. alle 30 Min. von 10–13 u. 14–18.30 Uhr, im Winter wochentags nur stündl. Dauer der Rundfahrt 45 Min., die wichtigsten Sehenswürdigkeiten inkl. Palácio da Ajuda werden abgefahren, Tagesticket 5, Kinder (4–10 J.) 2,50 €.
Kombi- u. Onlinetickets: Einzelpreis für das Jerónimos-Kloster und den Turm sind 7 bzw. 5, das Kombiticket kostet 10 und inkl. Eintritt für den Nationalpalast in Ajuda 13 €. Unter https://bilhetes.igespar.pt lassen sich die Einzel- und Kombitickets auch vorab online erstehen. Das erspart vor allem die oft langen Warteschlangen.
LVT – Lisboa Vista do Tejo: Panoramafahrten auf dem Tejo, Di–So von April –Okt., Abfahrt Cais do Sodré 11.45 u. 15.15 Uhr, Abfahrt Cais da Princesa (Torre de Belém) 14 u. 16.30 Uhr, einfache Fahrt 12, Kinder (4–10 J.) 8 €.

Essen und Trinken

Die meisten Restaurants sind entlang der Rua Vieira Portuense zu finden. Qualität, Angebot und Service sind relativ ähnlich, alle mit Terrasse, mit Blick auf die davor befindliche Grünfläche und ein paar Orangenbäume.

Cafés

Cafetaria Quadrante (6), *im ersten Stock des Centro Cultural de Belém, tgl. 10–20, an Veranstaltungstagen bis 21 Uhr. Mittagsbüfett mit Salatbar, Kaffee und Kuchen. Drinnen hell eingerichtet. Auf der Terrasse hat man einen herrlichen Blick auf den Tejo und das Entdeckerdenkmal.*
Pastéis de Cerveja (2), *Rua de Belém 15–17, tgl. ab 12, Sa–So ab 10 Uhr. In diesem Café erwartet den Besucher eine weitere süße Spezialität aus Belém. Seit 1920 werden hier die Pastéis de Cerveja, Biertörtchen, hergestellt. Dies mag etwas seltsam klingen, sie schmecken aber sehr lecker. Mehr nach Mandeln als nach Bier.*
À Margem (7), *Doca do Bom Sucesso, tgl. 10–1, Fr–Sa bis 2 Uhr. Zwischen Entdeckerdenkmal und Torre de Belém befindet sich diese moderne Glaskonstruktion mit Blick auf den Tejo. Neben Kaffee und Kuchen gibt es hier auch leichte Speisen, Salate und Sandwiches. Die exponierte Lage spiegelt sich etwas in den Preisen wider.*

Restaurants

€€€€€€ **A Feitoria (5)**, *Doca do Bom Sucesso, www.restaurantefeitoria.com, ☏ 2 10 40 02 08, Di–Sa 12.30–15.30 u. 19.30–23 Uhr. Mittagsmenü inkl. Wein 65, abends 105 (ohne Wein 70 €), Hauptgerichte 28–40 €. Eine von drei Restaurationen im 2009 eröffneten 5-Sterne-Hotel der Altis-Gruppe. 2012 erkochte sich Chefkoch José Cordeiro den ersten Michelin-Stern. Seine Kreationen sind inspiriert von den Entdeckungsfahrten und mischen moderne port. Küche mit asiatischen Einflüssen.*
€€ **Amo.te Tejo (4)**, *Av. de Brasília, ☏ 2 13 64 06 27, Di, Mi, So 10–1, Do–Sa bis 2 Uhr. Tagesgerichte unter 10 €. Café, Restaurant, Bar der Kette Amo.te. Im Inneren des Elektrizitätsmuseums. Die Einrichtung ist in kräftigem Rot und Schwarz gehalten. Moderne port. Küche. Auf der Terrasse direkt um Flussufer kann man fernab des Trubels bei einem guten Cocktail entspannen.*

€€ **Enoteca de Belém (1)**, *Travessa Marta Pinto 10, ☏ 2 13 63 15 11, Di–Sa 13–23, So nur bis 20 Uhr. In modernem, gemütlichem Ambiente kann man mehr als 190 verschiedene Regional-Weine aus Portugal probieren. Dazu werden kleine Speise gereicht.*
€ **Floresta de Belém (3)**, *Praça Afonso Albuquerque 1A, www.florestadebelem.com, ☏ 2 13 63 63 07, Mo–Sa 11–23 und So 11–16 Uhr, im Sept. geschl. Direkt an der Stirnseite der Rua Portuense, schöne Terrasse mit Buchsbaum umzäunt. Gute bodenständige port. Gerichte vom Grill.*

Avenida da Liberdade

Damals und heute: Avenida da Liberdade – die Prachtallee des (bürgerlichen) Lissabons

Redaktionstipps

- Fahrt mit dem Elevador da Glória (S. 237).
- Spaziergang auf Lissabons ehemaliger Prachtmeile.
- Kaffeepause an einem der kleinen Kiosk-Cafés einlegen.
- Atemberaubender Ausblick vom Parque Eduardo VII über die komplette Innenstadt von Lissabon bis hin zum Tejo (S. 239).
- Für Freunde der Azulejo-Kunst: Sportpalast Carlos Lopes und Metrostation Parque (S. 239).
- Für Feinschmecker und frisch Verliebte: lukullisch-romantische Weinprobe im Chafariz do Vinho (S. 241).

Mitte des 19. Jh. wendete Lissabon dem Tejo den Rücken zu und wuchs in Richtung Norden weiter. Der erste Schritt des ambitionierten städtebaulichen Plans „zur Verbesserung der Stadt“ war die Avenida da Liberdade, die Hauptverkehrsader, die die Baixa mit den geplanten neuen Vierteln im Norden verbinden sollte.
Dazu musste der hier gelegene Passeio Público, der Stadtpark, abgerissen werden. Anfänglich konnten die Granden der Stadt am neuen Plan keinen Gefallen finden. Mangels Unterstützung musste der damalige Bürgermeister *José Araújo* Teile seines Privatvermögens in den Bau der Avenida stecken. Die Dekoration der ursprünglichen Parkanlage wurde größtenteils verkauft und für andere städtebauliche Projekte genutzt. So beleuchten die Lampen heute z. B. den Aussichtspunkt Miradouro São Pedro de Alcântara im Bairro Alto. Das Projekt hatte dennoch Erfolg. Die Avenida da Liberdade wurde mit einer Länge von 1,7 km und einer Breite von 90 m

i Information

So kommt man hin: Metro Restauradores, Avenida, Parque (blaue Linie), Marquês de Pombal (blaue u. gelbe Linie).
Dauer des Spaziergangs: 3 Std., ohne Schaufensterbummel und Pause im Straßencafé.
So geht's weiter: Avenidas Novas, Baixa oder Bairro Alto.

Praça dos Restauradores, das ehemalige Kino-Theater mit seiner Jugendstil-Fassade und der zartrosafarbene Palácio Foz

zur **Prachtallee Lissabons**, ganz nach dem **Vorbild der Weltstadt Paris**. Prachtvolle Bürgerhäuser im Stil der Jahrhundertwende und erste Theater wurden erbaut und schnell wandelte sich die Avenida zur beliebten und großstädtisch-mondänen Flaniermeile.

Flaniermeile

Heute finden sich auf der Avenida da Liberdade viele Hotels, Theater, Banken und die Modegeschäfte der wichtigsten internationalen Edelmarken. Die breiten Fußwege mit Parkbänken unter Schatten spendenden Bäumen, mit Cafés und schöner *Calçada Portuguesa*, den kunstvoll gepflasterten portugiesischen Gehwegen, sind angenehm – zum Flanieren und zum Verweilen. Vor allem um die Mittagszeit verbringen hier viele Angestellte der umliegenden Banken und Geschäfte ihre Pause.

Seit einigen Jahre versucht die Stadt den Glanz der Avenida, der aufgrund nachlässiger oder fehlender Instandhaltung etwas verloren ging, wieder aufleben zu lassen. So wurde z. B. die Tradition der Kiosk-Cafés wiederbelebt und es wurden Investoren gesucht, die alte Bürgerhäuser renovieren. Verlässt man die Avenida in östliche Richtung, ändert sich die Atmosphäre. Vor allem rund um die Rua São José sind die Häuser deutlich einfacher, die Straßen enger. Hier lebten und leben die unteren Bürgerschichten und Arbeiter. In bodenständigen Restaurants und Cafés trifft sich die Nachbarschaft.

Verbindet zwei zentrale Plätze

Die „Avenida der Freiheit" beginnt mit dem **Praça dos Restauradores**, dessen Obelisk an die Schlachten erinnert, die zur Unabhängigkeit Portugals und damit 1640 zum Ende der Personalunion mit Spanien führten. Das höher gelegene nördliche Ende bildet der **Praça Marquês de Pombal**. Hier thront seit 1934 in 36 m Höhe dieser streitbare Politiker und „Bauherr des modernen Lissabons". Gebieterisch ruht seine Hand auf einem Löwen, dem Wappentier *Pombals*, das Stärke und Willenskraft zum Ausdruck bringt. Die Gebäude rund um den Kreisverkehr Marquês de Pombal zeugen von den letzten bedeutenden Bauprojekten der 1950er-Jahre.

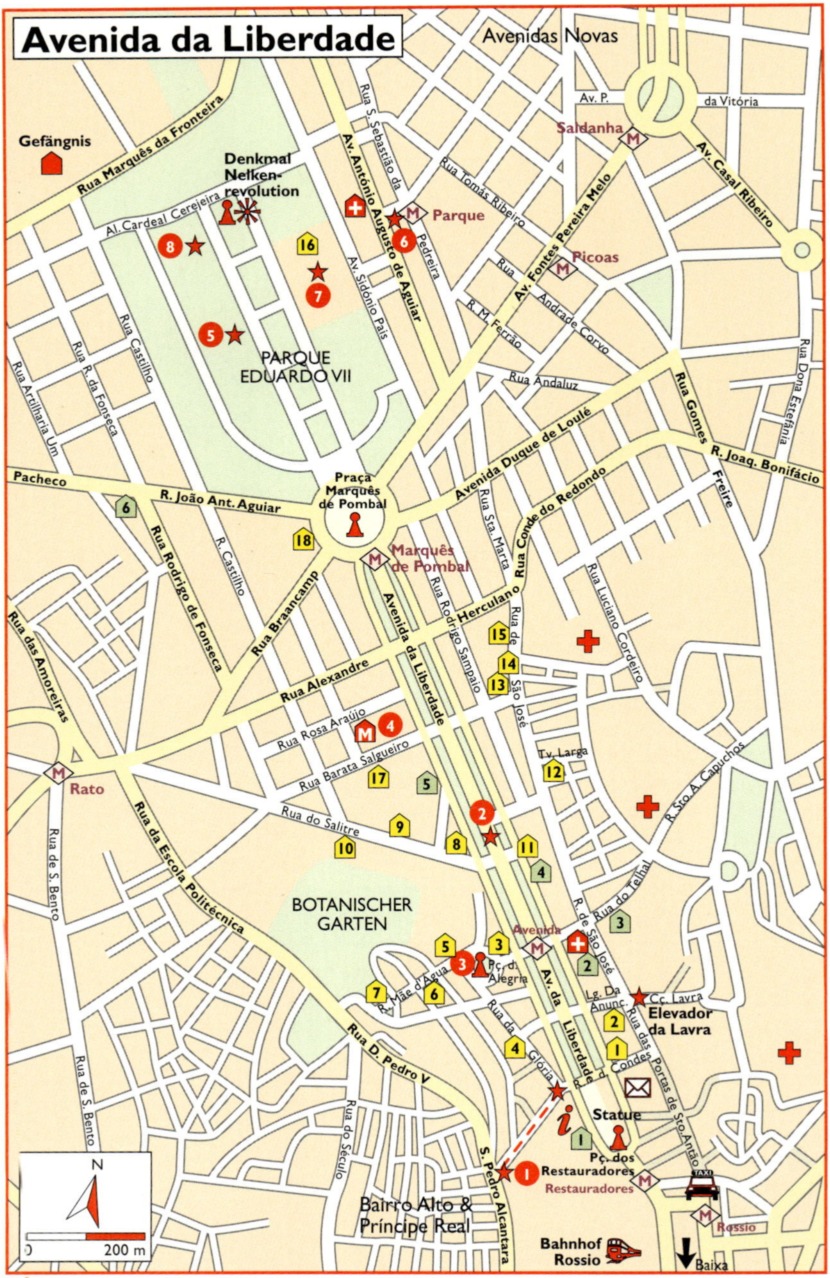
Avenida da Liberdade
Avenidas Novas
Gefängnis
Rua Marquês da Fronteira
Denkmal Nelken-revolution
Al. Cardeal Cerejeira
Av. António Augusto de Aguiar
Rua S. Sebastião da Pedreira
Parque
Saldanha
Av. P.
da Vitória
Av. Casal Ribeiro
Rua Tomás Ribeiro
Av. Fontes Pereira Melo
Picoas
Rua Andrade Corvo
R. M. Ferrão
Av. Sidónio Pais
PARQUE EDUARDO VII
Rua Castilho
Rua R. da Fonseca
Rua Artilharia Um
Rua Andaluz
Rua Dona Estefânia
Rua Gomes Freire
R. Joaq. Bonifácio
Avenida Duque de Loulé
Pacheco
R. João Ant. Aguiar
Praça Marquês de Pombal
Marquês de Pombal
Rua Sta. Marta
Rua Conde do Redondo
Herculano
Rua Rodrigo de Fonseca
R. Castilho
Rua Braancamp
Avenida da Liberdade
Rua Rodrigo Sampaio
Rua de São José
Rua Luciano Cordeiro
Rua das Amoreiras
Rua Alexandre
Rua Rosa Araújo
Rua Barata Salgueiro
Tv. Larga
R. Sto. A. Capuchos
Rato
Rua do Salitre
Rua da Escola Politécnica
Rua de S. Bento
BOTANISCHER GARTEN
Rua do Telhal
Avenida
R. de São José
Pç. d. Alegria
R. Mãe d'Água
Lg. Da Anunc.
Cç. Lavra
Elevador da Lavra
Av. da Liberdade
Rua da Glória
Rua das Portas de Sto. Antão
R. d. Condes
Rua D. Pedro V
Rua do Século
Statue
Pç. dos Restauradores
Restauradores
S. Pedro Alcantara
Bairro Alto & Príncipe Real
Rossio
Bahnhof Rossio
Baixa
N
200 m

Sehenswürdigkeiten
1 Elevador da Glória
2 Avenida da Liberdade
3 Praça da Alegria
4 Casa-Museu Fundação Medeiros e Almeida
5 Parque Eduardo VII
6 Metrostation Parque
7 Sportpalast Carlos Lopes
8 Estufa Fria

Einkaufen
1 Loja dos Museus
2 Mistura de Estilos
3 Cárbono
4 Supermarkt
5 Lanidor Flagship Store
6 Supermarkt

Essen und Trinken

Cafés
2 Pastelaria Anunciada
11 Confeitaria Marquês de Pombal
16 Botequim do Rei

Restaurants
3 Restaurante Taberna Ibérica
6 Jardim do Sentidos
7 Enoteca – Chafariz do Vinho
8 Cervejaria Ribadouro
9 A Floresta do Salitre
10 Os Tibetanos
13 Marisqueira Santa Marta
14 Riso8
15 O Mastro

Fado
12 Devagar, Devagarinho

Ausgehen
1 Hard Rock Café
4 Ritz Clube
5 Hot Clube de Portugal

Sonstiges
17 Cinemateca Portuguesa
18 BES Arte & Finança

Spaziergang über die Avenida da Liberdade bis zum Parque Eduardo VII

Elevador da Glória – Historischer Aufzug Glória (1)

Seit 1885 legt der Elevador da Glória die nur 265 m lange, aber extrem steile Strecke zwischen der Avenida da Liberdade und dem Aussichtspunkt São Pedro de Alcântara im Bairro Alto zurück. Für Bahnliebhaber: Jeder Wagen wiegt 18 t und befördert maximal 42 Personen. Die mittlere Geschwindigkeit ist mit 7 Stundenkilometern eher gemächlich.

Historischer Aufzug Glória, *Calçada da Glória bzw. Rua São Pedro de Alcântara, 7 bis ca. 24, Wochenende ab 8.30 bzw. 9 Uhr, Ticket 7 Colinas/Viva Viagem, Ticket beim Fahrer 3,60 € (zwei Fahrten). Metro Restauradores*

Hinweis

Sie können die Fahrt in dem historischen Vehikel nutzen, um von oben eine schöne Aussicht auf die Avenida da Liberdade zu erhaschen und dann gleich wieder herunterlaufen und den Spaziergang fortsetzten. Oder Sie legen die Auffahrt an das Ende Ihres Spaziergangs, als Ausgangspunkt für einen Streifzug durch das Bairro Alto (s. S. 183).

Avenida da Liberdade (2)

Für die einen ist die Avenida da Liberdade eine Flaniermeile oder schlicht eine Hauptverkehrsverbindung. Für andere ist sie ein Freiluftmuseum, befinden sich doch in den

begrünten Streifen zwischen den Fahrbahnen gleich mehrere Denkmäler: Gedacht wird den gefallen Soldaten des Ersten Weltkriegs, Bürgermeister *José Rosa Araujo* sowie *Simon Bolívar*, dem großen südamerikanischen Unabhängigkeitskämpfer. Mit *Alexandre Herculano* und *Almeida Garrett* wird zwei der bedeutendsten portugiesischen Schriftsteller (und Politiker) des 19. Jh. gedacht. Und nicht zuletzt zwei Brunnen, die den beiden wichtigsten Flüssen des Landes gewidmet sind, dem Tejo und dem Douro. Die Statuen sind übrigens Originale aus dem ehemaligen Passeio Público.
Avenida da Liberdade, *Metro Restauradores, Av. Marquês de Pombal*

Praça da Alegria (3)

In Höhe der Metrostation Avenida erreicht man über eine der Querstraßen den Praça da Alegria, den „Platz der Freude". Im Jahr 1882 wurde der Platz in eine romantische Parkanlage verwandelt, deren offizieller Name Jardim do Alfredo Keil ist. Seit 1930 ist der Namensgeber des Parks in Form einer Büste verewigt. ***Alfredo Keil*** (1850–1907), Sohn deutscher Einwanderer, widmete sein ganzen Leben der Kunst: als Maler, Poet, Fotograf, Kunstsammler und als Komponist. Vor allem aber ist er auf immer mit Portugal verbunden. Er komponierte die Musik der *A Portuguesa*, der portugiesischen Nationalhymne.
Praça da Alegria, *Metro Avenida*

info

A Portuguesa – Die Entstehung der portugiesischen Nationalhymne

Die portugiesische Nationalhymne ist ursprünglich **aus einem patriotischen Marsch hervorgegangen**. Dieser entstand 1890 als Reaktion auf das englische Ultimatum an Portugal, seine Truppen aus Afrika zurückzuziehen.
Der Text stammt von *Henrique Lopes de Mendonça* (1856–1931), einem portugiesischen Admiral. Die Melodie komponierte *Alfredo Keil* (1850–1907). Schnell wird der Marsch nicht nur zum Sinnbild für das Aufbegehren gegen den britischen Einfluss, sondern auch zum Symbol aufkommender republikanischer Strömungen. Nach Ausrufung der Republik 1910 wird die *Portuguesa* zur Nationalhymne erkoren. Der Vers „gegen die Briten" wird durch „gegen die Kanonen" ersetzt, der Refrain „an die Waffen" bleibt. Sowohl Text als auch Melodie wurden seitdem immer wieder verändert, bis 1957 vom Ministerrat die bis heute gültige Version festgelegt wurde.

Casa-Museu Fundação Medeiros e Almeida – Museum der Stiftung Medeiros e Almeida (4)

Zu sehen sind in dieser Privatsammlung Antiquitäten verschiedener Art und Herkunft: Gemälde, Statuen, Schmuck und Teppiche. Besonders schön ist die Tabakdosen-Sammlung. Eines der ungewöhnlichsten Stücke ist eine chinesische Tischuhr aus dem 9. Jh.
Museum der Stiftung Medeiros e Almeida, *Rua Rosa Araújo 41, www.casa-museumedeirosealmeida.pt, ☏ 2 13 45 78 92, Mo–Fr 13–17.30, Sa 10–17.30 Uhr, Sa 10–13 Uhr freier Eintritt, sonst 5 €. Metro Avenida*

Praça Marquês de Pombal – Gewinnt der Fußballclub Benfica ein wichtiges Spiel, treffen sich hier die Fans und hupende Autokolonnen umkreisen das Denkmal

Parque Eduardo VII – Stadtpark Eduardo VII (5)

Zu Ehren des Besuchs von *Edward VII.* wurde der Parque da Liberdade 1903 kurzerhand dem englischen König gewidmet. Der Park ist die natürliche Verlängerung der Avenida da Liberdade und neben dem Nationalpark Monsanto **die grüne Lunge Lissabons**. In den 1940er-Jahren wurde er vom Künstler *Francisco Keil do Amaral* (dem Enkel des Komponisten der Nationalhymne) umgebaut. Seitdem führen über die leichte Anhöhe zwei Alleen rechts und links der riesigen, mit Rosen bepflanzten, Grünfläche hinauf. Vom oberen Aussichtspunkt, auf dem seit 1997 ein Denkmal an die Nelkenrevolution erinnert, genießt man eine wunderbare Aussicht auf die gesamte Innenstadt Lissabons und auf den Tejo.

Stadtpark Eduardo VII, *Metro Marquês de Pombal, Parque*

Metrostation Parque (6)

Diese Metrostation zählt mit Sicherheit zu einer der schönsten Lissabons. Ende der 1990er-Jahre wurde das Innere von den Künstlerinnen *Françoise Schein* und *Federica Matta* zu einem wahren unterirdischen Azulejo-Paradies umgestaltet. Auf der Fahrt hinunter zu den Gleisen wird man von Zitaten aus der Weltliteratur begleitet. Die Wände zieren historische Karten der portugiesischen Entdeckungsfahrten, sogar das Nashorn von *Dürer* ist hier nachgebildet. An der kobaltblauen Decke ist die komplette Menschenrechtserklärung zu sehen.

Pavilhão Carlos Lopes – Sportpalast Carlos Lopes (7)

Als 1922 anlässlich des 100. Jahrestags der Unabhängigkeit Brasiliens in Rio de Janeiro die Weltausstellung stattfand, waren die Portugiesen dort mit diesem Sportpalast

vertreten. Zehn Jahre später wurde er hier anlässlich der Portugiesischen Industrieausstellung wieder aufgebaut. Aufgrund seiner Baufälligkeit ist der Palast seit Jahren geschlossen, dennoch lohnt sich ein Besuch. Schöne, blau-weiße Azulejos mit historischen Motiven sowie antikisierende Statuen zieren sein Äußeres.
Sportpalast Carlos Lopes, *im Park Eduardo VII, Metro Parque*

Estufa Fria – Kaltes Gewächshaus (8)

Ursprünglich wurde an der Stelle, an der heute eine der Attraktionen des Parks, die Estufa Fria, steht, Basalt abgebaut. Als man auf eine natürliche Quelle stieß, musste der Steinbruch um 1900 stillgelegt werden. Ein Gärtner pflanzte dort Pflanzen aus aller Herren Länder an, die später teilweise für die Begrünung der Avenida da Liberdade genutzt wurden. In den 1930er-Jahren wurde die Anlage in das heutige Gewächshaus umgewandelt. Das Gebäude wird nicht beheizt und ist lediglich mit Holz abgedeckt, um die Pflanzen vor zu großen Temperaturschwankungen zu schützen. 1975 wurde es um die **Estufa Quente** und die **Estufa Doce** erweitert, die tropische und äquatoriale Pflanzen beherbergen (Wiedereröffnung nach Umbauarbeiten voraussichtlich im März 2013).
Kaltes Gewächshaus, *im Park Eduardo VII, Estufa Fria tgl. 9–17, im Sommer bis 18 Uhr, Estufa Quente tgl. 9–16.30, im Sommer bis 17.30 Uhr, feiertags geschl. Metro Marquês de Pombal, Parque*

Reisepraktische Informationen

(Karte s. S. 236)

Touristeninformation

Die Zentralstelle der Touristeninformation ist direkt auf dem Praça dos Restauradores in einem auffälligen, zartrosafarbenen Palast aus dem 18. Jh. untergebracht, dem Palácio Foz, ☏ 2 13 46 33 14, tgl. 9–20 Uhr.

Einkaufen

Freunde internationaler Modemarken der gehobeneren Klasse können auf der Avenida da Liberdade einen gediegenen Schaufensterbummel oder auch einen ausgewachsenen Kaufrausch ausleben. Entlang der Prachtstraße findet sich von Gucci über Montblanc bis Yves Saint Laurent fast alles, was das Modeherz begehrt. Auch einige größere portugiesische Modelabels haben hier ihre Dependancen. Weitere Edelboutiquen befinden sich auf der Rua Castilho auf der Seite zum Praça Marquês de Pombal hin.

Supermärkte *finden Sie z. B. in der Rua Alexandre Herculano 43* **(6)** *und im Tivoli Forum* **(4)** *auf der Av. da Liberdade.*
Loja dos Museus (1), *Praça dos Restauradores, Palácio Foz, ☏ 2 13 47 83 33. Direkt im Palácio Foz, neben der Touristeninformation. Zusammenschluss der Lissabonner Nationalmuseen. Hier gibt es Repliken von Kacheln und Porzellan, Bücher, Schmuck und andere geschmackvolle Souvenirs. Nicht ganz billig, aber einen Besuch wert.*
Mistura de Estilos (2), *Rua São José 21, Mo–Fr 15–20, im Winter bis 19 Uhr. Kleiner, liebevoll eingerichteter Laden, in dem es Azulejos in allen Größen und Farben gibt. Die Bandbreite der Motive reicht von traditionell bis modern. Die kleineren Modelle sind ab 3 € zu haben.*

Cárbono (3), *Rua do Telhal 6, www.carbono.com.pt (nur port.), ☏ 2 13 42 37 57, Mo–Sa 11–19 Uhr. Sehr netter Plattenladen auf einer der Querstraßen der Avenida. Bietet Neues und Gebrauchtes in CD, DVD und Vinyl: Klassik, Jazz, Fado, brasilianische Musik, Pop und Rock. Zum Teil sehr günstige Angebote für gebrauchte LPs. Ein paar historische Abspielgeräte gehören ebenso zur Ausstattung. Gelegentlich legen DJs live auf. Infos auf der Internetseite.*

Lanidor Flagship Store (5), *Av. da Liberdade 177 A, www.lanidor.com, Mo–Sa 10–19.30 Uhr. Das 1966 gegründete port. Fashion Label bietet seine begehrte Mode hier in einem Einkaufstempel auf drei Stockwerken an. Inklusive Café (Mittagessen: 10–20 €) und Spa.*

Essen und Trinken

Auf der Avenida da Liberdade befinden sich seit Mitte 2011 sechs Kioske, die typischen Lissabonner Straßencafés. Trotz des relativ starken Verkehrs kann man hier schön im Grünen sitzen und neben verschiedensten Getränken Kleinigkeiten von Pizza über Hotdog bis zu Salaten zu sich nehmen. Am Wochenende legen schon mal DJs auf oder es finden andere kulturelle Veranstaltungen statt.

€€ **Enoteca – Chafariz do Vinho (7)**, *Rua da Mãe de Água à Praça da Alegria, www.chafarizdovinho.com, ☏ 2 13 42 20 79, Di–So 18–2 Uhr, reservieren sinnvoll. Menü 22–48, Weinprobe ab 10 , Kleinigkeiten ab 6 €. Der Chafariz da Mãe de Água – der „Brunnen der Mutter des Wassers" – ist ehemaliger Bestandteil des Aquädukts. Das Innere wurde komplett saniert und beherbergt seit 1998 ein Weinrestaurant. Die Tische sind auf drei Ebenen in dem hohen, quadratischen Gewölbe verteilt. Am schönsten sind die Plätze in den vier Fensternischen, von denen man die Aussicht auf die alte Zisterne genießen kann.*

Tipp

In Zusammenarbeit mit dem Wassermuseum veranstaltet das Lokal eine Führung, bei der die ehemaligen unterirdischen Gänge, die den Chafariz do Vinho mit dem des Reservatório da Patriacal (Praça Príncipe Real) verbinden, besichtigt werden können.
Reservierung: EPAL, Mo–Sa 10–18 Uhr, ☏ 2 18 10 02 15.

Cafés

€ **Pastelaria Anunciada (2)**, *Largo da Anunciada 1. Café und Restaurant mit einfacher Küche. Eckhaus mit schöner Azulejo-Fassade. Das Innere ist schlicht und einfach eingerichtet. An jedem Mittwoch und Sonntag gibt es Cozido à Portuguesa, den typischen port. Eintopf.*

Confeitaria Marquês de Pombal (11), *Av. da Liberdade 244 B, Mo–Fr 7–22 u. Sa 8–17 (im Winter bis 19 Uhr). Relativ großes Café mit Azulejo-Vertäfelung, riesige Auswahl an leckerem Gebäck, zur Mittagszeit sind viele Bänker anwesend. Etwas eigenwilliges Zahlungssystem: Beim Verlassen des Lokals gibt man ein Nummernkärtchen an der Kasse ab.*

€€ **Botequim do Rei (16)**, *Parque Eduardo VII, www.restaurantebotequimdorei.com, Di–So 10–22 Uhr. Ausflugscafé und Restaurant mit port. Küche im Park. Schön für einen Sonntagsausflug mit der Familie. Hier lässt es sich gemütlich am Ententeich entspannen.*

Restaurants

€€ **Riso8 (14)**, *Rua Santa Marta 35, ☎ 2 13 52 31 99, tgl. 12.30–15 u. 19.30–23 Uhr. Italienisches, modern eingerichtetes Lokal. Spezialität des Hauses ist Risotto in vielen verschiedenen Varianten.*

€€ **Restaurante Taberna Ibérica (3)**, *Praça da Alegria 66, ☎ 2 13 47 60 23, Mo–Sa 10–2 Uhr. In diesem modern-rustikal eingerichteten Restaurant regiert der Nachbar Spanien: Tapas (5–10 €), spanisches Bier und spanischer Fußball, sehr netter Service.*

€€ **Jardim do Sentidos (6)**, *Rua Mãe d'Água 3, www.jardimdosentidos.com (nur port.), ☎ 2 13 42 36 70, Mo–Sa 12–15 u. 19–22.30 Uhr, Sa nur abends. Mittagsbüfett ab 8,90 €. Der „Garten der Sinne" zählt zu den besten vegetarischen Restaurants der Stadt. Die Inneneinrichtung ist freundlich, einfach und entspannt. Der Hit ist die Terrasse und der sehr schöne Garten mit Palme. Vor oder nach dem Essen können sich die Gäste zusätzlich noch mit einer Massage verwöhnen lassen.*

€€–€€€ **Cervejaria Ribadouro (8)**, *Av. da Liberdade 155, www.cervejariaribadouro.pt, ☎ 2 13 54 94 11, tgl. 12–1.30 Uhr. Meeresfrüchte zum Kilopreis von 18 bis 160 €. Seit 1940 ist in dieser ehemaligen Kohlenhandlung eines der Traditionsrestaurants in Sachen Meeresfrüchte untergebracht. Gleich am Eingang des einfach eingerichteten Restaurants wird man von zwei Aquarien mit Langusten begrüßt.*

€€ **Marisqueira Santa Marta (13)**, *Tv. do Enviado de Inglaterra 1, ☎ 2 13 52 56 38, tgl. 10–24 Uhr. Typisch port. Brauhaus und Fischrestaurant. Im Innenraum einige Aquarien mit Langusten, Garnelen und sonstigen Leckereien, die das Meer zu bieten hat.*

€–€€ **Os Tibetanos (10)**, *Rua do Salitre 117, www.tibetanos.com (nur port.), ☎ 2 13 14 20 38, Mo–Sa 12.15–14.15 u. 19.30–22 Uhr. Menüs ca. 9–12 €. Unter der buddhistischen Schule Lissabons ist ein sehr gutes vegetarisches Restaurant untergebracht. Das Haus ist leicht zu finden, es wehen tibetanische Gebetsfahnen am Giebel. Einfache, fast minimalistische Dekoration, trotzdem aber sehr gemütlich.*

€–€€ **O Mastro (15)**, *Rua de Santa Marta 41 A/B, ☎ 2 13 54 31 67, Mo–Sa 12–15.30 u. 18.30–24 Uhr. Modern eingerichtetes Restaurant mit angenehmer Atmosphäre, traditionelle port. Küche. Das Spanferkel sowie das gegrillte Thunfisch-Steak waren lecker, leider etwas wenig Beilagen. Dennoch ein gutes Preis-Leistungs-Verhältnis.*

€-€€ **A Floresta do Salitre (9)**, *Rua Salitre 42, ☎ 2 13 54 76 05, Mo–Sa 12–15.30 u. 19.30–22.30 Uhr. Kleiner Familienbetrieb, einfache port. Küche, preisgünstiges leckeres Essen mit freundlichem Service.*

Fado

Fado-Restaurant Devargar, Devagarinho (12), *Travessa Larga 15, ☎ 2 10 13 79 82, Mo–Sa 10–23, Fado Fr ab 21.30 Uhr. Unter der Woche ein „normales" Restaurant mit einfacher port. Küche. Am Freitagabend verwandelt sich die erste Etage in ein Fado-Lokal (Fado Vadio). Nelson Lemos, der junge Besitzer, ist überzeugt: „Der echte Fado ist hier." Den Namen, der so viel bedeutet wie „langsam, langsamchen", gab er dem Lokal, weil es sein erstes ist und es „Schritt für Schritt" vorwärts gehen soll. Die sonst schon mal üblichen Aufpreise während der Fado-Darbietungen fallen hier sehr moderat aus.*

Ausgehen

Hard Rock Café (1), *Av. da Liberdade 2, www.hardrock.com, tgl. 11–2 Uhr. Natürlich hat auch Lissabon sein Hard Rock Café. Fans finden das Café in einem auffälligen, dunkelroten Haus der Jahrhundertwende gleich am Anfang der Prachtstraße am Praça dos Restauradores. Konzerttermine auf der Homepage.*

Ritz Clube (4), *Rua Glória 57, www.ritzclube.com (nur port.), ☏ 2 12 41 76 04, Club So–Mi 22–4 u. Do–Sa 22–6 Uhr, Lounge ab 21 Uhr. Seit 1908 traf sich in der ehemaligen Thunfischfabrik die Lissabonner Bourgeoisie, bis der Club im Jahr 2000 aus Sicherheitsgründen geschlossen wurde. Seit Mai 2012 ist diese legendäre Location mit einem Stilmix aus Modern und Retro wieder geöffnet. Neben Live-Konzerten gibt es auch andere kulturelle Veranstaltungen, der Raum bietet bis zu 400 Besuchern Platz, in der Lounge lässt es sich stilvoll chillen.*

Hot Clube de Portugal (5), *Praça da Alegria 39, www.hcp.pt (nur port.), Di–Sa 22–2 Uhr. Der älteste Jazz-Keller der Stadt feiert 2013 sein 65-jähriges Bestehen. Winzig kleiner Kellerraum, deshalb nicht zu spät kommen. Unter der Woche Jam-Session, ab Donnerstag Konzerte.*

Aktivitäten

Cinemateca Portuguesa (17), *Rua Barata Salgueiro 39, www.cinemateca.pt, ☏ 2 13 59 62 62, im Aug. geschl. Einziges Programmkino Lissabons. Angeschlossen ist ein kleines Museum, in dem sich natürlich alles rund ums Thema Kino dreht (Mo–Fr 13.30–22 Uhr). Mehr Informationen zu Kinos s. S. 95.*

BES Arte & Finança (18), *Praça Marquês de Pombal 3, ☏ 2 13 50 89 75, Mo–Fr 9–19 Uhr. In der Banco Espírito Santo (BES) können Foto-Liebhaber in wechselnden Ausstellungen Teile der umfangreichen Sammlung von über 450 Fotos nationaler und internationaler Künstler sehen. Neben einer kleinen Cafeteria mit Naturprodukten gibt es einige Internetterminals, einen Bankschalter und ein Reisebüro.*

Avenidas Novas

Villen im Jugendstil und nüchterne Wohnblocks

Das Viertel rund um die Avenidas Novas ist, wie der Name es erahnen lässt, relativ neu. Jugendstil-Villen wechseln sich mit nüchternen Büroblocks ab. Unter der Woche sind die Straßen von geschäftigem Treiben erfüllt, am Wochenende sind sie ruhig, fast menschenleer. Die Namen der benachbarten Stadtteile Alvalade (aus dem arabischen *al-balat* – „Feld") und Rego (*regato* – „Fluss") zeugen von der einst ländlichen Idylle. Bereits im römischen Lissabon diente die heutige Avenida da República schon als Einfallstraße ins Stadtzentrum. Hier wurden die Agrarprodukte aus den ländlichen Regionen zu den Märkten der Metropole gebracht.

Wie in so vielen anderen Vierteln Lissabons entstanden die ersten städtischen Bauten erst nach dem großen Erdbeben von 1755. Auch hier fand der Stadtadel unbebautes, erdbebensicheres Bauland. Vor allem in den Gebieten um die heutige Avenida da República und in Picoas entstanden die ersten Villen und Kirchen. Die größten baulichen Veränderungen sollten jedoch Ende des 19. Jh. stattfinden, als der Bebauungsplan der Avenidas Novas unter *Ressano Garcia* verwirklicht wurde. Breite Boulevards wurden nach dem **zeitgenössischen Vorbild französischer Stadtplanung** gebaut, die

Redaktionstipps

➤ Museum und Gartenanlage der Fundação Caluste Gulbenkian (S. 244).
➤ Für Freunde des portugiesischen Stierkampfs: die Stierkampfarena Praça de Touros (S. 248).
➤ Für Architekturinteressierte: mit dem *Prémio Valmor* ausgezeichnete Gebäude (S. 249).
➤ Pariser Kaffeehausschick in der *Pastelaria Versailles* genießen (S. 251).

Errichtung der Häuser fand unter städtischer Leitung statt und orientierte sich an der Nachfrage nach Büro- und Wohnraum. Rund 40 Jahre später kam es zu einer erneuten Umstrukturierung: Mehr Bürofläche für das wachsende Lissabon sollte geschaffen werden. Großzügig angelegte Wohnungen für die obere Mittelschicht wurden durch Büro- und Geschäftsfläche ersetzt, der traditionelle Einzelhandel wurde durch die großen europäischen Ketten verdrängt. Steigende Mietpreise führten zu einem Bevölkerungsrückgang. Ein Spaziergang lohnt sich insbesondere wegen der sehr sehenswerten Museen und viel interessanter Architektur, vom kleinen Palast bis zum Mietshaus, von Jugendstil, Historismus und Eklektizismus bis hin zum nationalistischen Stil unter *Salazar*. Im Nordwesten schließt sich im Viertel Campo Grande, die in den 1950er-Jahren erbaute *Cidade Universitária* an, das größte Universitätsgelände der Stadt.

Spaziergang durch das Viertel

Museu Calouste Gulbenkian (1) und Centro de Arte Moderna (2)

Das Museum Calouste Glubenkian gehört zu den **Highlights der Lissabonner Museen**. 1969 eigens für die 6000 Stücke umfassende Sammlung des armenischen Ölmagnaten *Gulbenkian* gebaut, spiegelt sie den persönlichen Geschmack des ehemaligen Eigentümers wider. Gemälde, Teppiche, Möbel und Skulpturen verschiedener Epochen und Kulturen geben darüber hinaus gute Einblicke in die Kunstgeschichte der letzten zwei Jahrtausende. Sehr sehenswert ist die Schmuck- und Glassammlung des Künstlers *René Lalique*, die weltweit die einzige ihrer Art ist. In der Gemäldesammlung sind viele große internationale Namen vertreten: *Van der Weyden, Rubens, Rembrandt, Manet* und *Monet*. Zusätzlich finden in einem gesonderten Raum wechselnde Ausstellungen statt.

Nach dem Museumsbesuch bietet sich ein Spaziergang durch die **8 ha umfassende Parkanlage** an: Auf einem großen See schwimmen gemächlich die Enten dahin und versteckt an den verwinkelten Wegen des Parks gibt es immer wieder moderne Skulpturen zu entdecken. In den Sommermonaten werden in dem kleinen Amphitheater Konzerte von Klassik bis Jazz gegeben. Zur leiblichen Stärkung empfiehlt sich die Cafeteria mit ihrer wunderbaren Terrasse und Blick auf den See.

i Information

So kommt man hin: Metro São Sebastião (blaue Linie), Picoas, Campo Pequeno, Entrecampos, Campo Grande (gelbe Linie), Saldanha (gelbe u. Rote Linie).
Dauer des Spaziergangs: 3 Std., ohne Museumsbesuche.
So geht's weiter: Vom Campo Grande am besten mit der Metro zurück in die Stadt oder zum Fußballstadion Alvalade (s. S. 276). Ohne Museumsbesuche passt im Anschluss gut der Spaziergang „Abseits touristischer Routen“ (s. S. 269).

Jugendstil-Fassade – Avenida da República

Auf dem gleichen Gelände befindet sich das **Centro de Arte Moderna**, das 1983 in einem Neubau eröffnet wurde. Neben wechselnden Ausstellungen zeigt es Werke portugiesischer Künstler des 20. Jh.: *Mário Cesariny*, der wohl berühmteste Vertreter des portugiesischen Surrealismus, *Manuel* und *Carlos Botelho* (Neo-Expressionisten) oder der zeitgenössische Installationskünstler *Pedro Cabrita Reis*. In der angeschlossenen Cafeteria gibt es ein günstiges und gutes Mittagsbüfett, allerdings keine Terrasse.

Museu Calouste Gulbenkian und Centro de Arte Moderna, *Av. da Berna 45, www.museu.gulbenkian.pt, ☏ 2 17 82 30 00, Di–So 10–17.45 Uhr. Metro São Sebastião, Praça de Espanha*

Calouste Sarkis Gulbenkian (1869–1955) – Der Mäzen Lissabons

info

Als Sohn wohlhabender armenischer Eltern wird *Calouste Sarkis Gulbenkian* 1869 in Üsküdar (bei Istanbul) geboren. Er studiert in Marseille und London und nimmt 1902 die britische Staatsbürgerschaft an. Früh verschreibt er sich der Erdölförderung im mittleren Orient. Rasch wird er zu einem **unumgänglichen Verhandlungspartner der Ölindustrie** und erwirkt für den Westen Konzessionen zur Ölförderung. Als die Aktien der *Turkish Oil Company* aufgeteilt werden, geht ein Teil u. a. an die *Royal Dutch Shell* und die Deutsche Bank. 5 % bleiben bei einem der Mitbegründer, bei *Calouste Gulbenkian*. Auch als die Aktien 1928 mithilfe von *Gulbenkian* erneut aufgeteilt werden, erhält er wiederum einen Anteil von 5 %, den er von nun an bei all seinen Geschäften durchsetzt. Dies brachte ihm den Spitznamen **Mr. Five Percent** ein. Sein enormes Vermögen

Avenidas Novas

Sehenswürdigkeiten

1 Museu Calouste Gulbenkian
2 Centro de Arte Moderna
3 Casa-Museu José Anastácio Gonçalves
4 Praça de Touros
5 Biblioteca Nacional
6 Museu da Cidade
7 Museu Bordalo Pinheiro

Architekturpreis Prémio Valmor – Beispiele Preisträger

P1 Central do Banco de Investimento
P2 Clube dos Empresários
P3 Gebäude Luís Rau
P4 Gebäude Félix Ribeiro Lopes
P5 Fundação Calouste Gulbenkian (Museum Nr. 1)
P6 Atrium Saldanha (Shopping Nr. 3)

Einkaufen

1 El Corte Inglés
2 Shopping Monumental
3 Centro Comercial Atrium Saldanha
4 Galerias Saldanha Residence
5 Livraria Municipal

Essen und Trinken

Cafés

5 Magnolia Caffé
6 Magnetic Conde Valbom
7 Café Versailles

Restaurants

1 La Gondola
2 O Polícia
3 Laurentina – O Rei do Bacalhau
4 Cervejaria Marisqueira Valbom
8 O Toni dos Bifes
9 Restaurante Barlotti
10 Espaço 10
11 A Parte
12 Restaurante Bar Masstige
13 Paladar Zen

Cafetaria und Garten im Museu Calouste Gulbenkian

ermöglicht es ihm, seiner Sammelleidenschaft nachzugehen und eine der größten privaten Kunstsammlungen Europas im 20. Jh. zu schaffen. Als die britische Regierung 1942 sein Vermögen als „feindliches Eigentum" beschlagnahmen will, flieht *Calouste Sarkis Gulbenkian* nach Lissabon, wo er bis zu seinem Tod 1955 im Hotel Ritz (heutiges Sheraton) lebt. Dankbar für die Asylgewährung Portugals verfügt er testamentarisch, dass ein Teil seines Vermögens sowie die gesamte Kunstsammlung an die nach ihm benannte Stiftung übergeht. Heute unterhält die Stiftung neben den beiden Museen auch ein renommiertes Orchester, einen Verlag und vergibt Stipendien für künstlerische und wissenschaftliche Zwecke. Wie millionenschwer der Ölmagnat tatsächlich war, ist ungewiss. Schätzungen reichen von 300 Mio. bis 2,4 Mrd. Euro. Sicher ist allerdings, dass er die Lissabonner Kunst- und Kulturlandschaft unglaublich und nachhaltig bereichert hat.

Casa–Museu José Anastácio Gonçalves – Museum José Anastácio Gonçalves (3)

Dieses einzeln stehende Haus mit seiner auffallenden Jugendstil-Fassade diente dem Künstler *José Malhoa* als Wohnung und Atelier, bis es 1932 vom Kunstsammler *José Anastácio Gonçalves* gekauft wurde. Aufgrund einer testamentarischen Verfügung ging es in den Besitz der Stadt über und wurde 1980 als **Museum José Anastácio Gonçalves** eröffnet. Zur Sammlung gehören mehr als 5000 Ausstellungsstücke: portugiesische Kunstwerke des 19. Jh. vor allem von den Künstlern *Silva Porto, Mário Augusto* und *Bordalo Pinheiro*, chinesisches Porzellan sowie Möbel des 18. und 19. Jh. aus Portugal, Frankreich und England.

Museum José Anastácio Gonçalves, *Av. 5 de Outubro 6, ☏ 2 13 54 08 23, Di 14–18, Mi–So 10–18 Uhr. Metro Saldanha, Picoas*

Praça de Touros – Stierkampfarena

Praça de Touros – Stierkampfarena (4)

Die Lissabonner Stierkampfarena erinnert mit ihrem **neo-arabischen Stil** und ihren Kuppeln an eine Moschee. Das Gebäude wurde 1892 eingeweiht, doch bereits seit dem 18. Jh. fanden an dieser Stelle die populären Stierkämpfe statt. Nach jahrelangen Renovierungsarbeiten wurde die Arena 2006 wiedereröffnet. Mit 5000 m² und einem Durchmesser von 80 m, bietet sie 10 000 Zuschauern Platz. Die größte bauliche Veränderung ist das ausfahrbare Dach, das die Anlage ganzjährig nutzbar macht. Außerhalb der Stierkampfsaison finden hier vor allem Konzerte statt. Direkt unter der Arena wurde ein Shoppingcenter mit Geschäften, Kinosälen, Restaurants und Tiefgarage eröffnet. Auf dem begrünten Vorplatz haben sich einige Cafés angesiedelt. Mehr zum Thema Stierkampf finden Sie auf S. 52.

Stierkampfarena, *Campo Pequeno, www.campopequeno.com (nur port.), ☏ 2 17 82 05 75. Metro Campo Pequeno. Stierkampf-Saison ist ungefähr von Ostern bis Oktober. Die Eintrittspreise (ca. 10–75 €) variieren je nach Veranstaltung und Lage, Schattenplätze sind deutlich teurer als Sonnenplätze*

info

Prémio Valmor – Der portugiesische Architektur-Preis

Der *Prémio Valmor* ist ein Architektur-Preis und wurde vom zweiten *Visconde de Valmor* ins Leben gerufen. Der Diplomat, Politiker und Kunstliebhaber wurde 1837 in Lamego als *Fausto de Queiroz Guedes* geboren und war der zweite und letzte *Visconde de Valmor*. Als er 1898 in Paris stirbt, hinterlässt er der Akademie der schönen Künste in Lissabon das stattliche Erbe von 100 000 Réis. Die Hälfte davon geht in eine Stiftung über. Mit den Zinsen soll eine Prämie für Architekten und Bauherren des schönsten Hauses in Lissabon finanziert werden. Jedoch stellt der Stifter die Bedingungen klar: „das neue oder restaurierte Haus solle in den Architekturstilen klassisch, griechisch, romanisch, gotisch oder Renaissance oder einem portugiesischen Baustil angehören, jedenfalls einem Stile, der sich einer zivilisierten Stadt würdig erweisen würde." Vier Jahre später setzt die Stadt Lissabon das Reglement zur Preisvergabe um.

Die Valmor-Auszeichnung wurde im Jahr 1982 mit dem *Prémio Municipal de Arquitectura*, dem Städtischen Architektur-Preis, zusammengelegt und heißt seitdem *Prémio Valmor e Municipal de Arquitectura*. Einige dieser ausgezeichneten Häuser sind auf den Avenidas Novas zu finden.

Beispiele für Preisträger:

Central do Banco de Investimento (**P1**), Av. da República 23 – Ecke Av. João Crisóstomo 19, Architekt: **Miguel Nogueira**, Prémio Valmor 1913

Clube dos Empresários (**P2**), Av. da República 38, Architekt: **Miguel Ventura Terra**, Prémio Valmor 1906

Gebäude Luís Rau (**P3**), Av. da República 49, Architekt: **Porfírio Pardal Monteiro,** Prémio Valmor 1923

Gebäude Félix Ribeiro Lopes (**P4**), Av. 5 de Outubro 207–215, Architekt: **Porfírio Pardal Monteiro**, Prémio Valmor 1929

Fundação Calouste Gulbenkian (**P5**), Avenida da Berna 45, Architekten: **Ruy Jervis Athouguia, Alberto Pessoa, Pedro Cid**, Prémio Valmor 1975

Atrium Saldanha (**P6**), Praça Duque de Saldanha 1–1c, Architekten: **João Paciência, R. Bofille**, Prémio Valmor 2001

Biblioteca Nacional – Nationalbibliothek (5)

Die Nationalbibliothek ist das **bibliografische Gedächtnis Portugals**. Seit 1805 werden hier je zwei Kopien aller in Portugal veröffentlichten Bücher eingestellt und damit jedem frei zugänglich gemacht. Zur Ansicht der Bücher genügt der Personalausweis. Zudem werden verschiedene Ausstellungen organisiert, die sich gerne aus dem eigenen Buchbestand zusammensetzen. Genaue Informationen sind auf der Homepage zu finden.

Nationalbibliothek, *Campo Grande 83, www.bnportugal.pt, Mo–Fr 9.30–19.30, Sa bis 17.30 Uhr, im Sommer kürzer. Metro Entrecampos, Campo Grande*

Museu da Cidade – Lissabonner Stadtmuseum (6)

Ein wunderschöner Palast, der Palácio Pimenta, der Mitte des 18. Jh. von König *João V.* erbaut wurde, beherbergt das Lissabonner Stadtmuseum. Die Ausstellung zeigt die Geschichte der Stadt vom prähistorischen Zeitalter, über Römer, Westgoten und

So sieht der Künstler Bordalo Pinheiro den Portugiesen

Mauren bis hin zum 19. Jh. anhand von Azulejos, Zeichnungen, Gemälden, Modellen und Dokumenten. Sehenswert ist vor allem das riesige Modell Lissabons vor dem Erdbeben, das in den 1950er-Jahren geschaffen wurde. Ein anderer Saal ist ganz dem Aquädukt Águas Livres gewidmet, ein weiterer der Revolution von 1910. Faszinierend ist auch die ehemalige Küche des Palasts mit ihren blau-weißen Fliesen aus dem 18. Jh. sowie der wunderschöne Garten, der von stolzen Pfauen durchschritten wird.

Lissabonner Stadtmuseum, *Campo Grande 245, www.museudacidade.pt (nur port.), ☏ 2 17 51 32 00, Di–So 10–13 u. 14–18 Uhr. Metro Campo Grande*

Museu Bordalo Pinheiro – Museum Bordalo Pinheiro (7)

Dieses Museum ist ganz dem Leben und Werk des Künstlers *Rafael Bordalo Pinheiro* (1846–1905) gewidmet. Er zählte zu den **wichtigsten Persönlichkeiten** der kulturellen, künstlerischen und politischen **Elite Portugals**. Seine Werke decken verschiedene Gebiete ab: seine charakteristischen Keramiken mit Fröschen und Garnelen sowie die Personifizierung des einfachen Portugiesen, des *Zé Povinho*. Die Grafiken mit politisch-zynischem Inhalt haben etwas von Comics oder Karikaturen, die an Wilhelm Busch erinnern. Im Museumsshop gibt es Ausstellungskataloge und sehr schöne Keramik-Repliken.

Museum Bordalo Pinheiro, *Campo Grande 382, www.museubordalopinheiro.pt, ☏ 2 18 17 06 67, Di–So 10–18 Uhr. Metro Campo Grande*

Reisepraktische Informationen

(Karte s. S. 246)

Einkaufen

Im Stadtteil Avenidas Novas reiht sich ein Shoppingcenter an das andere. Die Auswahl an Bekleidungsgeschäften ist riesig. Ein Stockwerk ist jeweils meist für die Gastronomie reserviert, eins für Kinos. Das Viertel ist aber auch ein Büro- und Wohnviertel. So fehlt es auch nicht an ganz „normalen" Geschäften und Supermärkten. Vor der Stierkampfarena am Campo Pequeno findet jeden Samstag von 9–14 Uhr ein **Kunsthandwerks- und Biomarkt** *statt (Feira do Artesanato Português e Mercado Biológico).*

Auswahl an Shoppingcentern, die Geschäfte haben meist tgl. 10–22 Uhr geöffnet:

El Corte Ingles (1), *Av. António Augusto de Águiar 31, www.elcorteingles.pt. Direkter Eingang über Metrostation São Sebastião.*

Centro Comercial Atrium Saldanha (3), *Praça do Duque de Saldanha 1. Moder-*

nes Shoppingcenter mittlerer Größe. In unmittelbarer Nähe gleich zwei weitere, kleinere:
Shopping Monumental (2), *Praça Duque de Saldanha. Auch Kinos.*
Galerias Saldanha Residence (4), *Av. Fontes P Melo 42. Auch Kinos.*
Galeria Comercial do Campo Pequeno, *Praça de Touros, www.campopequeno.com. Direkt unter der Stierkampfarena (4), mit direktem Zugang über die Metrostation Campo Pequeno. Über 60 Geschäfte, unzählige Restaurants, Supermarkt sowie acht Kinosäle.*
Livraria Municipal (5), *Av. da República 21 A, ☏ 2 13 53 05 22, Mo–Fr 9.30–17 Uhr. Städtische Buchhandlung mit allem rund ums Thema Lissabon, zum Teil auch Bücher in Englisch. Drinnen mit Calçada Portuguesa, Sesseln und einigen Bildern.*

Essen und Trinken

Rund um die Avenidas Novas gibt es unzählige Cafés und Pastelarias, die mittags die Angestellten der umliegenden Büros mit günstigen Tagesgerichten versorgen. Auf der Avenida Conde de Valbom befinden sich gleich mehrere Restaurants und Pastelarias, hier kann man auch schön draußen sitzen. Die Straße ist verkehrsberuhigt und mit unzähligen Bäumen begrünt. Auch auf der Av. Duque d'Ávila haben mittlerweile einige Cafés eröffnet. Hier sitzt man, etwas abseits der Straße, sehr schön vor den frisch renovierten, prunkvollen Bürgerhäusern.

Cafés

€–€€ **Café Versailles (7)**, *Av. da República 15A, www.pastelariaversailles.com, ☏ 2 13 54 63 40, tgl. 7.30–22 Uhr. Tagesgerichte 8–15 €, port. Küche. Die erste Adresse in Sachen Cafés. Tolle Stuckdecke, Spiegel, Leuchter, ellenlanger Tresen mit Vitrinen in dem sehr viele Köstlichkeiten aus eigener Produktion ausgestellt sind. Die verschiedenen Plätzchen gibt es zum Kilopreis und in einer hübschen Schachtel verpackt. Die aufwendig verzierten Torten werden auch außer Haus verkauft. Das Publikum ist eine Mischung aus Jung und Alt.*

Café Versailles

€–€€ **Magnetic Conde Valbom (6)**, *Av. Conde Valbom 18, ☏ 2 13 57 15 19, tgl. 9–2 Uhr. Tagesmenüs kosten zwischen 6,50 und 10 €. Großes, modernes Café-Restaurant, auf der Speisekarte stehen auch kleine Snacks von Baguette bis Toast aber auch Nudelgerichte, Salate und Pizza. Gut besucht, netter Service.*

€€ **Magnolia Caffé (5)**, *Av. Miguel Bombarda 48, Mo–Fr ab 8, Sa u. So ab 10 Uhr, Do–Sa auch abends. Eines der beliebten Café-Restaurants der Kette Magnolia. Draußen gibt's drei Tische. Der Innenraum ist relativ groß, mit weißen Holztischen und orangefarbenen Retro-Lampen. Junges, schickes Publikum. Weitere Adressen: Av. de Roma 7, Largo do Campo Pequeno 2.*

Restaurants

€€€€–€€€€€ **La Gondola (1)**, *Av. de Berna 64, restaurantegondola.com, ☏ 2 17 97 04 26. Innen herrscht schlichtes, aber gemütliches Ambiente, draußen sitzt man in einem schönen Garten. Gutes Essen von italienisch bis portugiesisch, viele Salate, hausgemachte Pasta und sehr netter Service. Gute Weinkarte.*

€€–€€€ **A Parte (11)**, *Av. Defensores de Chaves 14 C, www.a-parte.com, ☏ 2 13 54 30 68, Mo–Sa 12–15 u. 19.30–24 Uhr. Sehr gemütliches Restaurant mit leckerer port. und internationaler Küche. Einer Wohnung gleich sind die jeweiligen Zimmer verschieden dekoriert. So sind z. B. die Regale der Küche immer noch mit Vorräten und Küchenutensilien ausgestattet. Ebenso gibt es zwei kleine Terrassen.*

€€–€€€ **O Polícia (2)**, *Rua Marquês Sá da Bandeira 112 A, ☏ 2 17 96 35 05, Mo–Fr 12–15 u. 19–22.30 Uhr, Sa nur mittags. Traditionelle port. Küche, eher nüchternes Ambiente. Spezialität des Hauses und sehr zu empfehlen sind Muscheln à Bulhão Pato oder Leber. Inhaber ist der Enkel des Polizisten (o polícia), der das Restaurant eröffnet hat. Ideal nach Besuch des Museums Gulbenkian – gleich nebenan.*

€€ **Laurentina – O Rei do Bacalhau (3)**, *Av. Conde Valbom 71 A, www.restaurantelaurentina.com, ☏ 2 17 96 02 60, Mo–Sa 12–16 u. 19–23 Uhr. Parken kostenlos in den Parkhäusern Valbom und Berna. Traditionshaus seit 1976. Hier ist der Bacalhau König: es gibt zehn Bacalhau-Spezialitäten. Sehr zu empfehlen ist die nach Art des Hauses „à Laurentina“: gegrillter Bacalhau mit broa (Maisbrot) und batata a murro (Ofenkartoffeln mit Salzkruste).*

€€ **Cervejaria Marisqueira Valbom (4)**, *Av. Conde Valbom 110, ☏ 2 17 97 04 10, So–Fr 12–24 Uhr, gute port. Küche, bodenständige Einrichtung.*

€€ **Restaurante Bar Masstige (12)**, *Av. Barbosa du Bocage 107 A, www.masstige.pt, ☏ 2 17 94 11 48. Mo–Fr 12–15 u. 19–1 Uhr, Sa 19–1 Uhr. Dunkles Holz und orangefarbene Wände schaffen ein richtig gemütliches Ambiente. „Treat Your Soul“ steht über der Theke und ist Motto des Hauses. Moderne Fusion-Küche, auch einige vegetarische Gerichte.*

€€ **Bar-Restaurante Espaço 10 (10)**, *Av. Casal Ribeiro 63 A, www.espaco10.pt, Bar Mo–Fr 12–2, Sa 18–2 Uhr, Restaurant Mo–Fr 12–15 u. 20–24 Uhr, Sa nur abends. Die Bar im Erdgeschoss ist sehr loungeartig eingerichtet, der Fußball-Fernseher fehlt trotzdem nicht. Schließlich ist der ehemalige Spieler der port. Fußballnationalmannschaft Rui Costa der Eigentümer, der auch hin und wieder persönlich anwesend ist. Das Restaurant im Obergeschoss bietet moderne Fusion-Küche.*

€–€€ **Restaurante Barlotti (9)**, *Rua Martens Ferrão 32, ☏ 2 13 16 03 20, Mo–Fr 10–1, Sa 18–1 Uhr. Port. und italienische Küche, einige Tische draußen. Alle Gerichte sind sehr lecker und liebevoll angerichtet. Ende 2012 eröffnet.*

€ **Restaurante Paladar Zen (13)**, *Av. Barbosa du Bocage 107 C, www.paladarzen.com, ☏ 2 17 95 00 09, Mo–Sa 12–15 u. 19.30–22.30 Uhr. „Buffet à Descrição” bedeutet, man kann so viel essen, wie man möchte. Das kann man mittags für 7,50, abends für 9,95 und samstags mittags für 8,50 €, Kinder zwischen 3–9 Jahren zahlen 5,20 €. Langer Raum mit grünem Steinboden, modern und schlicht eingerichtet. Das Büfett geht über die gesamte Raumlänge und bietet vegetarische Spezialitäten: 4–5 Hauptgerichte, verschiedene Suppen und große Auswahl an Salaten sowie frischen Säften.*

€–€€ **O Toni dos Bifes (8)**, *Av. Praia da Vitória 50 F, ☏ 2 13 53 60 80, Mo–Fr 6.30–22.30 u. Sa 6.30–15.30 Uhr. Hier ist es erstaunlich ruhig dafür, dass es nur wenige Meter von der Praça da Saldanha entfernt ist. Bodenständiges port. Restaurant, große Portionen. Draußen stehen ebenfalls ein paar Tische.*

Parque das Nações

Das Lissabon des 21. Jahrhunderts und avantgardistische Architektur direkt am Flussufer

Während die Viertel der Lissabonner Innenstadt den Charme zu Stein gewordener Geschichte ausstrahlen, erprobt die Stadt mit dem Park der Nationen **städtebauliche und architektonische Zukunft**. Das heutige Viertel Parque das Nações entstand aus dem ehemaligen Gelände der Weltausstellung 1998. Die Expo'98, die unter dem Motto „Ozeane – Erbe für die Zukunft" stand und damit das 500-jährige Jubiläum der Entdeckungsfahrten von *Vasco da Gama* feierte, erstreckte sich auf rund 5 km im Osten der Stadt entlang dem Tejo. Errichtet wurde sie auf Industriebrachen, alten Ölraffinerien und Hafenanlagen, deren verseuchte Böden zunächst saniert werden mussten. Rund 11 Mio. Besucher zählte die Expo'98. Das waren weniger als erwartet, ein Unterschlagungsskandal trübte die Vorfreude der Portugiesen auf das Event und dem portugiesischen Steuerzahler blieb ein Defizit von gut einer halben Milliarde Euro als Erbe (bei der Expo in Hannover im Jahr 2000 war das Defizit übrigens gut doppelt so hoch). Trotzdem kann das Projekt als Erfolg gewertet werden, denn die von Anfang an geplante, spätere Verwendung des Geländes ist ein Erfolg. Und das Viertel wächst weiter. Auf einer Fläche von 340 ha wurden und werden Wohnungen für über 20 000 Menschen errichtet, weit über 10 000 Arbeitsplätze (sollen) entstehen.

Redaktionstipps

- Architektonisches Zauberstück „Bahnhof Oriente" und die Azulejo-Kunst in der Metrostation bei der Ankunft nicht verpassen (S. 254).
- Spaziergang über das Gelände und Besuch der Unterwasserwelten im Ozeanarium (S. 257).
- Für Kinder und Technikinteressierte: Pavilhão de Conhecimento (S. 257).
- Mittagessen auf einer der Terrassen mit Ausblick auf den Fluss.

Entsprechend dem Motto der Expo greifen viele der Gebäude das **Thema Wasser, Meer und Seefahrt** auf. So z. B. die beiden emblematischen, riesigen Zwillingstürme São Rafael und São Gabriel. Beides Namen von portugiesischen Schiffen, mit denen *Vasco da Gama* Ende des 15. Jh. den Seeweg nach Indien erkundete. Und tatsächlich erinnert die geschwungene Front der Türme an den lang gezogenen Bug eines Schiffs. Mit 110 m sind sie die höchsten Wohngebäude der Stadt. Untergebracht sind Luxuswohnungen. Zwischen den futuristischen Gebäuden sorgen mehrere Parkanlagen für etwas Grün. Bei den Lisboetas ist der Parque das Nações samt Shoppingcenter sehr beliebt, vor allem am Wochenende. In nördlicher Richtung schließt sich der Parque do Tejo an, eine großflächige Parkanlage.

i Information

So kommt man hin: Metro Oriente (rote Linie); Zug Gare do Oriente.
Dauer des Spaziergangs: ca. 3 Std., ohne Ozeanarium/Museum.

Torre São Rafael und São Gabriel, im Vordergrund der Pavilhão de Portugal

Spaziergang durch den Parque das Nações

Estação Oriente/Gare do Oriente (1)

Der **spanische Stararchitekt *Santiago Calatrava*** hat den viel gelobten neuen Verkehrsknotenpunkt am Expo-Gelände entworfen. Er umfasst auf mehreren Ebenen Metrostation, Busbahnhof, einen großen Bahnhof und Einkaufspassagen. In der Metrostation ankommend, lohnt es sich, nicht gleich dem Hauptstrom der Passagiere Richtung Ausgang zu folgen, sondern zunächst die Kachelgemälde zu bewundern. Künstler aus fünf Kontinenten haben die Azulejo-Bilder geschaffen, darunter z. B. *Friedensreich Hundertwasser*. Die Gänge der Metro erinnern in ihrer zum Teil elliptischen Form an ein Raumschiff. Darüber liegen auf zwei Ebenen Busbahnhof und Einkaufspassage. Die Baumwurzeln ähnelnden Betonpfeiler tragen den darüber liegenden eigentlichen Bahnhof. Dessen Stahlträger und das Glasdach wirken wie ein symmetrisch angeordneter Palmenhain. Von außen betrachtet wirkt die ganze Konstruktion sehr hell, leicht und fast schwebend.

Centro Comercial Vasco da Gama – Shoppingcenter Vasco da Gama (2)

Die Halle des ehemaligen Haupteingangs der Expo wurde in eines der größten Shoppingcenter der Stadt verwandelt. Es bildet den Übergang von der Estação Oriente zum Parque das Nações. Im April 1999 eröffnet, beherbergt es auf drei Etagen knapp 170 Geschäfte, Restaurants und Kinos. Auch hier findet sich das Thema Ozeane wieder. Über die Glasdachkonstruktion fließt kühlendes Wasser, im Boden teilen Längen- und Breitengrade die Welt ein, Brunnen und Wasserspiele zieren das Innere. Viele Geschäfte haben täglich bis 24 Uhr geöffnet.

Parque das Nações
Sehenswürdigkeiten
1 Estação Oriente/ Gare do Oriente
2 Centro Comercial Vasco da Gama
3 Pavilhão Atlântico
4 Pavilhão de Portugal
5 Casino Lisboa
6 Pavilhão do Conhecimento
7 Oceanário
8 Teatro Camões
9 Teleférico
10 Torre Vasco da Gama
11 Ponte Vasco da Gama
Sonstiges/Aktivitäten
12 Mini-Comboio Turístico (Startpunkt Touristen-bähnchen)
13 Tejo-Bike (Hauptstation Fahrradverleih)
Essen und Trinken
1 Azul Profundo
2 Restaurante República da Cerveja
3 Peter Café Sport
Parque do Tejo
Passeio do Tejo
Rua de Moscavide
Av. D. João II
Alameda dos Oceanos
Pç. do Venturoso
Av. da Boa Esperança
Av. do Atlântico
R. do Mar da China
R. do Pólo Norte
Passeio do Cantábrico
Rua do Bojador
Passeio das Tágides
Klanggarten
Messegelände FIL
R. do Bojador
Rua Recíproca
Av. do Indico
Av. de Berlim
Av. de Pacífico
Passeio do Báltico
R. do Pólo Sul
Cais Português
Av. de Pádua
Dom Carlos I
Av. de Ulisses
Passeio de Ulisses
Av. Infante Dom Henrique
Jardim do Cabeço dos Rolos
Rua Pedro e Inês
Passeio de Neptuno
Torre Galp
Av. Fernando Pessoa
Av. dos Oceanos
Rua dos Mercadores
Rua das Musas
Av. M. Gomes da Costa
N
0
300 m

Blick von der Restaurant-Terrasse des Shoppingcenters

Pavilhão Atlântico – Pavillon Atlantik (3)

Während der Expo hieß er „Pavillon der Utopien" und wurde für Multimedia-Shows genutzt. Geschaffen wurde er von *Regino Cruz* und dem amerikanischen Architekturbüro *Skidmore, Owings and Merril*. Heute bietet der Pavillon als erste große Mehrzweckhalle der Stadt bis zu 16 500 Zuschauern Platz. Das Äußere des ovalen Gebäudes ist, so die Architekten, dem Panzer einer Hufeisenkrabbe nachempfunden. Das Innere, mit seinen unzähligen Holzbögen, ähnelt dem umgedrehten Rumpfinneren einer Karavelle, dem typischen portugiesischen Segelschiff der Entdeckerzeit. Im Juli 2012 wurde der Pavillon, dessen Bau 50 Mio. Euro gekostet hatte, für 21,2 Mio. Euro an das Konsortium *Luís Montez* verkauft. Für Diskussionen sorgte nicht nur der sehr niedrige Verkaufspreis des gewinnbringenden Unternehmens, sondern auch die Tatsache, dass es sich bei *Luís Montez* um den Schwiegersohn des amtierenden Staatspräsidenten *Cavaco Silva* handelt.

In Richtung Fluss blickend, schließen sich links die Nordhallen an. Während der Weltausstellung waren hier die meisten Länderpavillons der Expo untergebracht, heute werden sie von der Messe Lissabon, der *Feira Internacional de Lisboa* (FIL), genutzt. Rechts der Mehrzweckhalle teilt ein langer „Wassergraben" das Gelände in Nord- und Südteil. Hier hängen die Fahnen der Länder, die an der Expo teilnahmen.

Pavilhão de Portugal – Portugiesischer Pavillon (4)

Der ehemalige Portugiesische Pavillon wurde von den beiden bekannten portugiesischen Architekten *Álvaro Siza Vieira* und *Eduardo Souto de Moura* realisiert. Auffallend ist die freischwebende Betondecke. Mit Stahlseilen verstärkt, überspannt die 60 m lange und 50 m breite Betonkonstruktion den Platz. Probieren Sie es aus, es ist ein seltsames Gefühl unter diesem „Betonsegel“ zu stehen.

Casino Lisboa (5)

Der Lissabonner Ableger des Casinos in Estoril wurde nach jahrelangen Diskussionen auf dem Expo-Gelände im ehemaligen **Pavilhão do Futuro** („Pavillon der Zukunft“) angesiedelt. Im wesentlich bodenständigeren Lissabonner Casino beherrschen vor allem Hunderte von lärmenden Slot-Maschinen das Ambiente. 2006 eröffnet, ist es für bis zu 10 000 Spieler ausgelegt. Restaurants und Veranstaltungssäle ergänzen das Programm – gelegentlich werden auch Gratis-Konzerte angeboten. Ursprünglich sollte das Casino in Belém angesiedelt werden, nun fließt immerhin ein Teil der Einnahmen in ein Projekt, das den Stadtteil Belém künftig für Besucher attraktiver machen soll.

Ursprünglich in Belém geplant

Casino Lisboa, *Alameda dos Oceanos, Lote 1.03.01, www.casinolisboa.pt, ☏ 2 18 92 90 00, So–Do 15–3, Fr–Sa 16–4 Uhr*

Pavilhão do Conhecimento – Wissenschafts- und Technikmuseum (6)

Richtung Süden, ein Stückchen weiter am ehemaligen Hafenbecken entlang, steht der Pavilhão do Conhecimento. Das Wissenschafts- und Technikmuseum gehört zum Museumsverband *Ciência Viva* („lebendige Wissenschaft“) und das bietet es auch. Nicht nur Kindern macht es riesigen Spaß, im Eigenversuch technische, physikalische und andere Experimente durchzuführen. Die Beschreibungen der einzelnen Stationen sind auf Portugiesisch und Englisch. Im Notfall geht es aber auch ohne die Tafeln lesen zu können. Im Museumsshop lassen sich einige der Experimente erwerben.

Wissenschafts- und Technikmuseum, *Alameda dos Oceanos, Lote 2.10.01, www.pavconhecimento.pt, ☏ 2 18 91 71 00, Di–Fr 10–18, Sa–So 11–19 Uhr, letzter Einlass für Gruppen um 16.30 Uhr, Preis 7, Kinder ab 7 u. Senioren 4 €*

Oceanário – Ozeanarium (7)

Im alten Hafenbecken der Olivais-Docks liegt der **größte Anziehungsmagnet des Nationenparks**, das Ozeanarium. Es zählt zu den größten der Welt und verzeichnet jährlich rund 1 Mio. Besucher.

Für den Bau konnte der wohl weltweit bekannteste Designer von Großaquarien, der amerikanische Architekt *Peter Chermayeff*, gewonnen werden. Wie ein Schiff, das vor Anker liegt oder wie eine Insel im Meer, „schwimmt“ der Hauptteil des Gebäudes im alten Hafenbecken. Darin sind in der Mitte und an den vier Ecken Aquarien und Landschaften angeordnet, die fünf verschiedene Klimazonen und deren Spezies zeigen. Haie, Rochen, Sardinen, Thunfische und hunderte anderer Fischarten bevölkern die 7000 m^3 Meerwasser ebenso wie Pinguine und eine besonders beliebte Otterfamilie. In zahlreichen anderen Aquarien lassen sich kleinere Meeresbewohner beobachten. Am Eingangsgebäude wird der Azulejo-Tradition Portugals Respekt gezollt.

Von Peter Chermayeff entworfen

Ozeanarium, *Esplanada D. Carlos I. – Doca dos Olivais, www.oceanario.pt, ☏ 2 18 91 70 02, im Sommer tgl. 10–20, im Winter bis 19 Uhr, letzter Einlass jeweils 1 Std. vorher, Preis: 16, Kinder (4–12 Jahre) 11, Senioren 11, Familien 42 €*

Teatro Camões – Camões-Theater (8)

Seit 2003 werden hier nationale und internationale Ballett- und andere Tanzaufführungen angeboten. *Manuel Salgado* hat das Camões-Theater entworfen. Es besteht

Das Ozeanarium

aus einem rechteckigen Kubus aus hellem Stein und Glas, an das sich ein Anbau mit blauer Glas-Metall-Fassade anschließt.

Zum nördlichen Teil des Nationenparks gelangt man von hier aus mit der Seilbahn über dem Fluss schwebend oder zu Fuß entlang der Uferpromenade.

Camões-Theater, *Passeio do Neptuno, www.cnb.pt, ☏ 2 18 92 34 77, Eintritt je nach Veranstaltung ab 10 €*

Teleférico Telecabine Lisboa – Seilbahn Telecabine Lisboa (9)

Wie viele der Attraktionen im Park ist die Fahrt mit der Seilbahn ein für portugiesische Verhältnisse relativ teures Vergnügen. Dennoch hat die über 1 km lange Gondelfahrt, entlang dem Flussufer und in rund 20 m Höhe, natürlich ihren Reiz. Die Seilbahn verbindet dabei den südlichen Teil des Parks (am Yachthafen in der Nähe des Ozeanariums) mit dem Torre Vasco da Gama im Norden.

Seilbahn Telecabine Lisboa, *Passeio de Neptuno bzw. Passeio das Tágides, ☏ 2 18 96 58 23, Mo–Fr 11–19, Sa–So 10–19 Uhr, einfache Fahrt für Erwachsene 3,90, Hin- u. Rückfahrt 6, Kinder ca. 2 €*

Torre Vasco da Gama – Turm Vasco da Gama (10)

Am nördlichen Ende des ehemaligen Expo-Geländes thront der Torre Vasco da Gama. Von *Regino Cruz* zur Expo erbaut, steht der Turm auf einem schiffbugähnlichen Sockelgebäude, das in den Fluss hineinragt. Mit 145 m gilt er als das höchste Gebäude des Landes. Während der Expo war auf der Plattform ein Luxus-Restaurant mit „Luxus-Panorama-Blick" untergebracht. 2012 wurde ein direkt an den Turm gebautes Fünf-Sterne-Hotel der Sana-Gruppe eröffnet. Der Turm soll künftig für ein zum Hotel gehörendes Restaurants genutzt werden. Die Panoramaplattform soll dann auch wieder für Besucher zugänglich gemacht werden.

Ponte Vasco da Gama – Brücke Vasco da Gama (11)

In einer lang gestreckten Rechtskurve überquert die Brücke seit 1998 das riesige Mündungsbecken des Tejo zwischen dem Expo-Gelände und dem Südufer des Flusses bei Montijo. Mit 17,2 km Länge (davon ca. 12 km über dem Fluss) hält sie momentan noch den Status der „längsten Brücke Europas". Das gigantische Projekt hat knapp 900 Mio. Euro gekostet, wovon die EU rund ein Drittel beisteuerte und für ein weiteres Drittel Kredite gab. Allein die beiden Hauptteile der Brücke werden von über 160 Pfeilerpaaren getragen. Insgesamt wurden 730 000 m^3 Beton und 100 000 t Stahl verbaut.

Auch wenn die Lisboetas sehr stolz auf ihre neue Brücke sind, gab es auch zahlreiche kritische Stimmen: Zum einen, weil für die Brücke eine der breitesten Stellen des Mündungsbeckens gewählt wurde und so die Baukosten erheblich in die Höhe getrieben wurden. Zum anderen führen auf der südlichen Flussseite die Brückenpfeiler direkt durch ein Natur- und Vogelschutzgebiet.

Verkehrstechnisch ist diese zweite Tejo-Brücke der Versuch, dem ständig wachsenden Autoverkehr Herr zu werden. Bei der kilometerlangen Fahrt über den Fluss hat man den Eindruck über das Wasser zu gleiten (Maut ab 2,50 €).

Reisepraktische Informationen

(Karte s. S. 255)

Essen und Trinken

Mehrere Dutzend Restaurants sind auf dem ehemaligen Expo-Gelände zu finden, von argentinisch bis vegetarisch, von indisch bis portugiesisch, vom kleinen Snack bis zum kompletten Menü. Die kulinarischen Angebote konzentrieren sich auf drei Bereiche des Geländes: auf die Uferpromenade an den Jardins Garcia de Orta, auf die oberste Etage des Shoppingcenters und den Bereich zwischen Casino und Ozeanarium. Im Shoppingcenter finden sich alle gängigen Restaurant-Ketten. Schön ist die große Terrasse, von der aus man einen wunderbaren Blick bis hin zum Fluss hat.

Die Promenade an den Jardins Garcia de Orta ist die Restaurantmeile des ehemaligen Expo-Geländes. Hier reihte sich ein Lokal an das andere. Mit der Wirtschaftskrise waren Anfang 2013 aber über die Hälfte der Restaurants komplett geschlossen. Die Cafés und Restaurants am Passeio das Tágides liegen direkt am Flussufer, die in der Rua da Pimenta sind etwas günstiger und haben ebenfalls alle Außengastronomie, jedoch mit Blick auf die Jardins Garcia de Orta. Zwischen Casino und Ozeanarium haben sich in den letzten Jahren eine Reihe von Restaurants mit vor allem internationaler Küche angesiedelt.

€€–€€€ **Restaurante República da Cerveja (2)**, *Passeio das Tágides SS-04, www.grupodocadesanto.com.pt, tgl. ab 12.30 Uhr. Eine große Auswahl verschiedener Biersorten, Steaks und port. Köstlichkeiten. Draußen sitzt man direkt am Flussufer, drinnen herrscht gemütliches Ambiente trotz der Größe des Raums. Der Service ist freundlich, wenn es voll ist manchmal jedoch etwas langsam. Für das Preisniveau der Umgebung ein guter Deal.*

€–€€ **Peter Café Sport (3)**, *Rua da Pimenta 39–41, wwwpetercafesport.com, tgl. 12–1, Fr. u. Sa bis 2 Uhr. Beliebte und gemütliche Bar im Seemannsstil mit unzähligen Flaggen und Fahnen an den Wänden. Hier gibt es neben portugiesischen Hauptgerichten auch kleine Snacks wie Hamburger und Omelettes ab etwa 5 € und ein täglich wechselndes Tagesgericht. Ebenso kann man aber auch einfach nur ein Bier trinken. Spezialität des Hauses ist Gin Tonic (für 2,50 €). Der machte schon das Mutterhaus auf den Azoren berühmt.*

€ **Azul Profundo (1)**, *Rossio do Olivais 4, tgl. ab 10 Uhr. Café und Snackbar direkt am Hafenbecken mit Blick auf das Ozeanarium und den Tejo. Relativ günstige Kleinigkeiten, z. B. Burger ab 2,50 €.*

Sonstiges/Aktivitäten

Mini-Comboio Turístico (12), *Touristenbähnchen, Abfahrt am Pavilhão Atlântico, nur an Wochenenden und feiertags, im Sommer stdl. 10–18, im Winter stdl. 10–17 Uhr, Dauer ca. 45 Min., Ticket 4 €, Kinder bis 4 Jahre kostenlos, Ticket gilt für unbegrenzt viele Fahrten innerhalb von 24 Std. Das Bähnchen dreht eine Runde entlang der wichtigsten Stationen im Park: Pavilhão Atlântico, Oceanário, Pavilhão de Portugal, Jardins Garcia de Orta, Teleférico und zurück zum Pavilhão Atlântico.*

Tejo-Bike (13), *Fahrrad- und Kartverleih, www.tejobike.pt (nur port.), ☏ 2 18 91 93 33, im Sommer 10–20, im Winter 12–18 Uhr, Verleihstationen in auffallend blauen oder roten Containern am Pavilhão Atlântico und z. B. am Oceanário. Ein Erwachsenen-Fahrrad kostet die erste Stunde 5, jede weitere Stunde 4 €, Kinderfahrräder etwas günstiger, Karts ab 5 € die Std.*

Weitere Ziele und Extra-Touren

Tipps für Azulejo-Fans

Wer sich in die typisch portugiesischen Kacheln vernarrt hat, findet hier die besten Adressen auf einen Blick. Mehr zur Geschichte der Azulejos können Sie auf S. 48 im Kulturteil lesen.

Museu Nacional do Azulejo – Nationales Azulejo–Museum

Für Freunde der Azulejo-Kunst ist der Besuch des Museums ein Muss. Die ständige Ausstellung ist chronologisch aufgebaut und deckt die **komplette Geschichte des Azulejo** ab, von den maurischen Anfängen bis heute. Ebenso werden die verschiedenen Herstellungsmethoden anschaulich erklärt. *Stadtansicht* Bekanntestes Exponat dürfte die etwa um 1700 entstandene 23 m lange Stadtansicht Lissabons vor der Zerstörung durch das Erdbeben 1755 sein. In Wechselausstellungen werden die Werke zeitgenössischer Kachel- und Keramikkünstler vorgestellt. Übrigens ist auch das Gebäude des Museums sehr sehenswert. Das ehemalige Kloster Madre de Deus mit seinem mit Azulejos verzierten Kreuzgang bietet das richtige Ambiente für die Ausstellun-

Cafeteria des Nationalen Azulejo-Museums

gen. Die über und über mit *Talha Dourada* dekorierte Kirche aus dem 18. Jh. ist ein sehenswertes Juwel der Barockzeit. Die angeschlossene Cafeteria ist im ehemaligen, ebenfalls reich mit Azulejos geschmückten Refektorium untergebracht und verfügt über einen schön bewachsenen Innenhof. Angeschlossen ist ein Museumsshop.

Nationales Azulejo-Museum, *Rua da Madre de Deus 4, mnazulejo.imc-ip.pt, ☏ 2 18 10 03 40, Di–So 10–18 Uhr, Bus 718, 742 u. 794 halten direkt vor dem Museum, Bus 728 ca. 5 Gehminuten entfernt, beim Supermarkt Lidl aussteigen, s. Reisekarte F2*

Palácio Marqueses da Fronteira – Stadtpalast Marqueses da Fronteira

Der Palast Marqueses da Fronteira ist einer der schönsten öffentlich zu besichtigenden Paläste Lissabons und hinsichtlich seiner Azulejo-Dekoration einzigartig. In der Sala das Batalhas werden auf blau-weißen Azulejo-Bildern die Schlachten des 17. Jh. dargestellt, die Portugals Unabhängigkeit von Spanien sichern sollten. Einerseits stellen diese wertvolle und einzigartige Quellen der Zeit dar, andererseits erzählen sie die Geschichte der Adelsfamilie. Aufgrund seiner Verdienste im Krieg wurde *João de Mascarenhas* der Adelstitel *Marquês da Fronteira* verliehen und zu diesem Anlass wurde um 1670 der Palast als Sommerresidenz gebaut. Die Terrasse ist **mit ungewöhnlichen Azulejos dekoriert** – sie zeigen Tiere in vermenschlichten Gesten. Auf satirische Weise wird dabei die Adelsgesellschaft auf die Schippe genommen, wahrscheinlich die spanische. In der schönen Gartenanlage mit unzähligen Statuen sind Jahreszeiten, Monate sowie Szenen der griechischen Mythologie auf Azulejos gebannt. Als nach dem Erdbeben von 1755 der Palast zum festen Wohnsitz der Familie wurde, ließ man die **berühmte Königsgalerie** bauen. Büsten vieler

Sommerresidenz

portugiesischer Könige reihen sich aneinander, die Wand ist mit dunkelblauen Azulejos verziert. Abgerundet wird das ganze durch die Spiegelung im Brunnenbecken davor. Das kräftige Blau wurde übrigens gewählt um Fliegen abzuhalten.

Stadtpalast Marqueses da Fronteira, *Largo do São Dominogs de Benfica 1, www.fronteira-alorna.pt, ☏ 2 17 78 45 99, der Besuch des Palastes ist nur in Verbindung mit einer Führung möglich (engl. u. franz. auf Anfrage), Beginn Mo–Sa Juni–Sept. 10.30, 11, 11.30 u. 12, Okt.– Mai 11 u. 12 Uhr, Eintritt 7,50 €, nur Garten 3 €, Metro Jardim Zoológico, dann zu Fuß oder mit Bus Nr. 770*

Jardim da Quinta dos Azulejos – Garten in der Quinta dos Azulejos

Echten Überzeugungstätern in Sachen Azulejo-Liebhaberei sei dieser Ausflug in das ansonsten eher wenig attraktive Viertel Lumiar empfohlen. Die Quinta dos Azulejos wurde Mitte des 18. Jh. in der damals noch vor den Toren der Stadt gelegenen kleinen Ortschaft erbaut und einige Jahre von Königin *Maria I.* als Landsitz genutzt. Der Garten ist **einer der schönsten Azulejo-Barock-Gärten der Stadt** und hat mittlerweile den Status eines Nationalmonumentes. Die wunderschönen, zum Teil aber stark beschädigten, Azulejos stammen aus der Königlichen Azulejo-Fabrik *Real Fábrica de Faianças do Rato.* Seit 1935 wird die Quinta vom *Colégio Manuel Bernardes* als Schule genutzt, die wohl von sich behaupten kann, den schönsten Schulgarten der Stadt zu haben.

National-monument

Garten in der Quinta dos Azulejos, *Colégio Manuel Bernardes, Rua Esquerda/Paço Lumiar, ☏ 2 17 57 05 01, Mo–Fr 9–11 u. 14–16 Uhr, in den Schulferien geschl., Metro Lumiar, dann zu Fuß oder mit Bus 703 Richtung Bairro Sta. Cruz bis Haltestelle Largo do Paço*

info

Schütze dieses Haus

Vor allem in der Alfama und im Bairro Alto kann man über einigen Hauseingängen Azulejo-Tafeln mit Heiligenfiguren entdecken, sogenannte *registros.* Oft ist die *Nossa Senhora da Conceição*, die Schutzheilige Portugals, zu sehen. Der heilige *Marçal* mit Bischofsinsignien soll das Haus vor Brand schützen. Manchmal sieht man auch den Heiligen *Francisco de Borja*, der als der Schutzpatron vor Erdbeben gilt. Das Entstehungsdatum liegt nahe: zumeist nach dem großen Erdbeben von 1755.

Sehenswerte Kirchen und Gebäude

16. bis 18. Jh.

Igreja de São Roque, Bairro Alto, links neben dem Eingang befinden sich einige der ersten in Portugal im 16. Jh. hergestellten Azulejos (s. S. 184).

Mosteiro São Vicente de Fora, Alfama, historische Schlachten, religiöse Themen und Fabelszenen aus dem Werk von *La Fontaine* (s. S. 144).

19. Jh.

In der zweiten Hälfte des 19. Jh. wurden einige Gebäude im *Trompe-l'oeil*-Stil verziert, was soviel bedeutet wie „Täusche das Auge". Die Azulejos wurden so bemalt, dass

„A Camponeza" in der Baixa

Wände eine räumlich wirkende Dimension erhalten. Herausragender Künstler war *Luís Ferreira*, der damalige künstlerische Leiter der traditionsreichen Kachelfabrik *Fábrica Viúva Lamego* (s. S. 273).
Zu seinen auffallendsten Werken in Lissabon zählen die Fassaden in der Rua da Trinidade 28–34 und die Azulejos der *Cervejaria Trindade* (beide im Viertel Chiado, s. S. 176 und 182) sowie am Campo de Santa Clara 125 (s. S. 145).

20. Jh.
Als Architekturform hat sich der Jugendstil in Portugal kaum durchgesetzt. Hauptsächlich beeinflusste er die Azulejo-Kunst, die als dekoratives Element für Fenstereinrahmungen oder gar ganze Fassaden diente. Geschäfte und Cafés wurden verstärkt im Jugend- bzw. Art-decó-Stil mit Azulejos geschmückt. Dies zog die Aufmerksamkeit der Kunden auf sich und diente gleichzeitig als Werbefläche. Einige sehenswerte Beispiele sind die Cafés *A Camponeza* und *A Merendinha* in der Baixa (s. S. 171 und 173) sowie die *Cateral do Pão* am Príncipe Real (s. S. 194). Schöne Jugendstil-Fassaden sieht man am Campo de Ourique (s. S. 208) und auf der Avenida Almirante Reis (s. S. 272).

Sehr sehenswert ist zudem der **Sportpalast Carlos Lopes** (s. S. 239) mit seinen antikisierenden blau-weißen Azulejos in der Nähe der Avenida da Liberdade, sowie die Innendekoration der **Casa do Alentejo** in der Baixa (s. S. 172), mit ihren maurischen Azulejos (Kopien von Originalen aus dem 16. Jh.) und einigen blau-weißen Kacheln aus dem 18. Jh.

Die schönsten U-Bahnhöfe

Parque (s. S. 239), **Rato** (s. S. 215), **Oriente** (s. S. 254), **Cais do Sodré** (s. S. 179).

Außerdem etwas außerhalb des Zentrums:
Metrostation Laranjeras, passend zum Namen der Station „Orangenbäume“ von *Rolando Sá Nogueira* dekoriert.
Metrostation Alto dos Moinhos, *Camões*, *Bocage*, *Pessoa* und *Almada* – hier gibt es die großen portugiesischen Literaten in klassischem blau-weiß von *Júlio Pomar* zu sehen.
Mehr zum Thema finden Sie auf www.metrolisboa.pt, unter „Art in Metro“ (Englisch).

Fabrikbesichtigung

1741 gegründet, zählt die **Fábrica Sant'Anna** zu den ältesten Azulejo-Manufakturen Europas. Die Azulejos werden nach traditionellen Methoden hergestellt und mit der Hand bemalt. Bei der ca. zweistündigen, auf englisch oder französisch geführten Tour, lernt man alle Stationen der zeitaufwendigen Produktion kennen. Im anschließenden Workshop kann man seine eigene Azulejo selbst gestalten. Die Führung kostet 30 €. Angeschlossen ist ein Laden. Ein weiterer ist in der Innenstadt, im Viertel Chiado (s. S. 181) zu finden.
Fábrica Sant'Anna, *Calçada da Boa Hora 96, www.santanna.com.pt, ☏ 2 13 63 82 92, Straßenbahn 15, Haltestelle Egaz Moniz*

Rund ums Thema Wasser

Trinkwasser – Lange ein knappes Gut in der Stadt am Tejo

Bereits zu Urzeiten wurden Ansiedlungen in der Nähe von Flussläufen gegründet, stellt doch Süßwasser das kostbarste Gut zum Überleben des Menschen dar. Obwohl Lissabon direkt am riesigen Mündungsbecken des Tejo liegt, ist aufgrund des nahen Atlantik das Wasser für den Verzehr zu salzig. So bauten schon die Römer einen Aquädukt, um Süßwasser aus Belas, in den Bergen bei Sintra, nach Lissabon in die Nähe des Burgberges zu leiten. Als ab dem 5. Jh. Sueben, Alanen und Vandalen in die Stadt einfielen, wurden diese Wasserleitsysteme teilweise zerstört. Erst unter der Herrschaft und Blüte der Mauren ab dem 8. Jh. wurden die damals 15 000 Einwohner Lissabons wieder mit Wasser versorgt. Es stammte aus den natürlichen Süßwasserquellen der Alfama, die zu dieser Zeit besiedelt wurde. Nach der *Reconquista* fanden so die neuen christlichen Herrscher eine funktionierende Wasserversorgung vor, inklusive Brunnen und warmer Thermen.

Süßwasserquellen

Gab es in den Wintermonaten kaum Wasserknappheit, sah das Bild im Sommer anders aus. Zusätzlich mussten ab dem 16. Jh. die Handelsschiffe für ihre Atlantiküberquerung mit ausreichend Trinkwasser versorgt werden. Die ersten Entwürfe, den römischen Aquädukt wieder in Betrieb zu nehmen, stammten bereits von König

Der Tejo: Unmengen Wasser, jedoch leider salzig

Sebastião (1574–78). Zur Finanzierung des Wiederaufbaus wurde der *Real de água* („Wasserpfennig") erhoben, eine Steuer auf Wein und Fleisch. Unter spanischer Herrschaft ging jedoch das so angesparte Geld in den Umbau des Königspalastes. Erst am 12. Mai 1731 gab König *João V.* schließlich die Genehmigung zum Bau des neuen Aquädukts.

Auf einer Länge von insgesamt 58 km wurde das Wasser von Belas über ein angelegtes Gefälle mit Hilfe der Schwerkraft nach Lissabon transportiert. Das Tal von Alcântara zu überqueren war eine technische Meisterleistung: der Aquädukt **Aqueduto das Águas Livres** misst in der Länge 941 m, wofür 14 Spitz- und 21 Rundbögen gebaut werden mussten. Einer der 35 Bögen ist mit 65 m Höhe und 28 m Breite der höchste steinerne Spitzbogen der Welt. Wie durch ein Wunder hielt das Bauwerk dem großen Erdbeben stand und kann heute besichtigt werden, nachdem es 1967 außer Betrieb genommen wurde. *Aquädukt*

Im Wasserreservoir der „Mutter des Wassers" (**Reservatório da Mãe d'Água**) wurde das in Lissabon ankommende Wasser aufgefangen, gespeichert und über ein Brunnen-System verteilt. Noch heute sind in ganz Lissabon ca. 50 aus dem 18. Jh. stammende öffentliche Brunnen *(chafariz)* zu finden, einige sehr sehenswert. Das Wasser sprudelte aus Fischmäulern, Faunen und anderen Phantasiegestalten. 1860 wurde ein weiteres Wasserreservoir, das **Reservatório da Patriacal** erbaut. Dennoch litten die Bewohner in den höher gelegenen Stadtteilen öfter an Wassermangel. Eine merkliche Verbesserung der Situation gab es erst Ende des 19. Jh. mit dem Bau der **Estação dos Barbardinhos**, einem dampfbetriebenem Hebewerk. Heute ist es eine Abteilung des **Wassermuseums**.

Wasserträger versorgten die Stadt

So wurde das Lissabonner Stadtbild des 18. und 19. Jh. von den *aguadeiros* (Wasserträgern), überwiegend galizische Einwanderer, geprägt. Mit 25-Liter-Fässern auf ihren Schultern, zogen sie von Haus zu Haus und verkauften das kostbare Gut. Auch heute noch gelten sie als Sinnbild der Lissabonner Wasserversorgung.

Museu da Água – Wassermuseum

Das Wassermuseum hat seinen Sitz im Lissabonner Wasserhebewerk und betreut alle vier heute zu besichtigenden Standorte der Lissabonner Wassergeschichte. 1990 erhielt es den europäischen Museumspreis. Es gibt eine zentrale Seite im Internet: *museudaagua.blogspot.pt (nur port.), ☏ 2 18 10 02 15.*

Aqueduto das Águas Livres – Aquädukt Águas Livres

Spaziergang auf dem Aquädukt

Auf einem netten Spaziergang kann man den **Aquädukt** überqueren; in der Mitte sind noch die beiden alten Rohre zu sehen, in denen das Wasser bis Lissabon gebracht wurde. Leider ist die eigentlich schöne Aussicht durch die darunter liegende Stadtautobahn etwas beeinträchtigt. Wie zu fast allen Bauwerken gibt es auch zu diesem eine Geschichte zu erzählen: Im 19 Jh. trieb hier der legendäre Räuber *Diogo Alves* sein Unwesen. Er raubte seine Opfer bei der Überquerung des Aquädukts aus und warf sie anschließend einfach ins Tal. 1841 wurde er dafür zum Tode verurteilt.

Aquädukt Águas Livres, *Calçada da Quintinha 6, Mo–Sa 10–18 Uhr, nur März–Okt., 2 €, Bus 702 ab Marquês de Pombal, s. Reisekarte A2 u. B2*

Estação Elevatória a Vapor dos Barbadinhos – Wasserhebewerk Barbadinhos

Hauptsitz des Wassermuseums

Im ehemaligen Konvent der *Barbardinhos* untergebracht, stellt die seit 1880 dampfbetriebene Pumpstation eines der wenigen Monumente aus der Zeit der Industrialisierung dar. Das Wasser kam und kommt auch heute noch aus dem 100 km entfernten Rio Aviela. Heute wird es allerdings durch Elektromotoren des benachbarten Neubaus gefördert. Ausgestellt sind allerlei Gegenständen wie Wasserzähler und Armaturen. Die größte Attraktion dürfte die alte Wasserpumpe sein, die sich mit Rattern in Betrieb setzen lässt. Souvenirs und weiterführende Literatur rund ums Thema Wasser sind im Museumsshop zu finden.

Wasserhebewerk Barbadinhos, *Rua do Alviela 12, Mo–Sa 10–18 Uhr, 2 €, Bus 706, 759, 794, Haltestelle Calçada da Santa Apolónia, s. Reisekarte E3*

Reservatório da Patriacal (s. S. 189)
Reservatório da Mãe d'Água (s. S. 214)
Tipp: Weinlokal **Chafariz do Vinho** (s. S. 241)

Auf römischen Spuren in Olisippio und Felicitas Julia

(Karte s. S. 164)

Galerias Romanas

Archäologisch gesehen lässt sich – wenn man so will – Lissabons großer Katastrophe, dem verheerenden Erdbeben von 1755, auch eine positive Seite abgewinnen. Denn das Desaster für Stadt und Bewohner förderte einige **Zeugnisse römischer Besiedlung** zutage.

Und wer vermutet schon, dass ein Großteil der Baixa von weitläufigen römischen Galerien untertunnelt ist? Verschiedene Thesen rankten sich um die eigentliche Funktion dieser Gewölbeanlage, die zwischen dem 1. Jh. vor und 1. Jh. nach Christus entstanden ist. Lange Zeit wurde vermutet, dass es sich um Thermen handle. Fand man doch eine Gedenktafel für Aes*culapius*, den Gott der Heilung und der Medizin. Heute ist man sich jedoch einig: es ist ein *cryptoporticus*. Eine **unterirdische Gewölbekonstruktion**, die die römischen Baumeister anwandten, um den Untergrund zu stabilisieren und so ein Fundament für große Gebäudeanlagen wie Foren oder Tempel zu schaffen. Beim Wiederaufbau nach dem Erdbeben nutzten die Ingenieure das noch stabile römische Fundament für die Grundmauern der modernen Baixa des 18. Jh. Seit dem 19. Jh. als zusätzlicher Wasserspeicher genutzt, stehen die **Galerias Romanas** auch heute noch komplett unter Wasser. Nur einmal im Jahr wird das unterirdische Labyrinth leer gepumpt und kann besichtigt werden. Das restliche Jahr über kann man sich bei einem Spaziergang durch die Baixa der romantischen Vorstellung hingeben, über römische Galerien zu wandeln. Insbesondere wenn man die Rua da Conçeição überquert, denn hier befindet sich, versteckt zwischen den Bahngleisen der Linie 28, die abenteuerliche **Einstiegsluke der Galerias Romanas (R2)**.

Galerias Romanas

Wasserspeicher

Galerias Romanas, *Einstiegsluke an der Rua da Conçeição, Besichtigungen werden vom Lissabonner Stadtmuseum organisiert (s. S. 249). Die Römischen Gewölbe können nur einmal im Jahr, zumeist an drei Tagen im September besichtigt werden. Sollten Sie zufällig in Lissabon sein, stellen Sie sich am besten schon frühmorgens an. Wartezeiten von drei oder* *mehr Stunden sind keine Seltenheit. Der Besuch der Gewölbe findet in kleinen, geführten Gruppen statt, der Eintritt ist kostenlos. Aufgrund der Feuchtigkeit sind Gummistiefel oder anderes festes Schuhwerk zu empfehlen.*

Römische Fischeinsalzungsanlagen

In unmittelbarer Nähe können in der **BCP Bank (R1)** Überreste einer römischen Fischeinsalzungsanlage besichtigt werden. Diese, wie viele weitere, brachten der Stadt Reichtum. Der Handel mit Salz, Wein, Olivenöl und Pferden vom Hafen Lissabons nach Rom und dessen Provinzen blühte. Doch der eigentliche Exportschlager war **garum**, eine würzige Soße, die in der römischen Küche nicht fehlen durfte. Die Herstellung ist einfach, jedoch sehr geruchsintensiv: ganze, eingesalzene Fische mussten über mehrere Wochen in der prallen Sonne gären. Das verflüssigte Resultat wurde anschließend durch ein Sieb gegossen und war dann fast unbegrenzt haltbar. Für den heutigen Geschmack mag sich das wenig appetitlich anhören, im damaligen Rom jedoch wurde *garum* als Salzersatz verwandt und zuweilen mit Wein, Olivenöl oder Kräutern verfeinert. Heute könnte man es mit *Maggi* oder *Sojasoße* vergleichen. Der Bedarf war so groß, dass es in fast industriellem Ausmaß in allen südlichen Provinzen des römischen Reichs produziert wurde.

Würzsoße

Weitere Überreste solcher gewinnbringenden Fischeinsalzungsanlagen wurden übrigens auch bei Restaurationsarbeiten an der **Casa dos Bicos (R7)** gefunden.

Núcleo Arqueológico do Banco BCP, *Rua dos Correreiros 9, Mo–Mi u. Fr–Sa 10–13 u. 14–17, Do 15–17 Uhr, freier Eintritt. Neben den Resten einer Fischeinsalzungsanlage, sind auch ein christlicher Friedhof aus dem 5. Jh. sowie maurische Keramik zu sehen. Das Museum gibt Einsicht in die 2500-jährige Geschichte der Baixa.*

Antike Tempel und Theater

Folgt man den Bahngleisen der Linie 28 den Hügel hinauf Richtung Kastell, wandelt man auf der römischen Hauptstraße der Stadt, der *Via Ferrea*. Zu beiden Seiten befanden sich reiche Tempelanlagen. So geht man davon aus, dass die Kirchen São Miguel und Santo António sowie die Kathedrale auf römischen Tempelresten stehen. Gewiss ist, dass die **Igreja da Madalena (R3)** auf den Grundmauern eines Tempels der *Cibele* steht. Den Beweis findet man etwas versteckt und unscheinbar auf der gegenüberliegenden Seite an einer Fassade in der Travessa da Almada. Die etwa in Höhe des ersten Stockwerks eingemauerten **Gedenktafeln (R4)** zeugen von der Existenz des Tempels und wurden beim Bau des Gebäudes 1749 entdeckt. Da man nicht wusste, wohin mit dem Fund, wurden sie kurzer Hand als Dekoration eingemauert. In der **Travessa das Pedras Negras (R5)** wurden weitere Reste einer Tempelanlage ebenfalls bei Renovierungsarbeiten gefunden. Die Ruinen sind durch verschmutzte Glasscheiben zu erspähen und wurden bislang nicht weiter touristisch aufbereitet.

Tempel der Cibele

Römisches Theater (R6)

In der Nähe der Kathedrale ist die **Ausgrabungsstätte** des römischen Theaters zu besichtigen mit einem Museum und einer Dokumentation über das römische Lissabon.

Ruinas e Museu do Teatro Romano, *Pátio do Aljube 5 und Rua de São Mamede 3, www.museuteatroromano.pt (nur port.), Tel. 2 18 82 03 20, Di–So 10–13 u. 14–18 Uhr, freier Eintritt, weitere Informationen s. S. 130.*

Estefânia, Anjos und Arroios

Spaziergang abseits touristischer Routen

Dieser halbtägige Spaziergang bietet sich für diejenigen an, die etwas mehr Zeit in Lissabon verbringen oder Abstand vom touristischen Trubel suchen. Mit dem **Aufzug Elevador da Lavra** in einer Parallelstraße der Avenida da Liberdade, geht es den steilen Berg hinauf bis zum **Jardim de Torel** mit seiner wunderschönen Aussicht auf die Unterstadt. Auf dem **Campo das Mártires** gibt die geschmückte Statue des Wunderarztes **Sousa Martins** Einblicke in den portugiesischen Volksglauben. Weiter geht es zum **Largo da Estefânia**, dem Zentrum des gleichnamigen Viertels. Hier finden sich unzählige Restaurants, die überwiegend von den Büroangestellten der Nachbarschaft besucht werden. Genau das Richtige für ein günstiges, bodenständiges Mittagessen in untouristischer Atmosphäre. Über die belebte **Allee Pascoal de Melo** zur **Avenida Almirante Reis**, die die beiden Stadtteile Anjos und Arroios durchzieht, geht es zurück ins Stadtzentrum.

Elevador da Lavra

Elevador da Lavra – Historischer Aufzug Lavra (1)

Der im Jahre 1894 in Betrieb genommene Elevador da Lavra war der erste maschinenbetriebene Aufzug. Beide Wagen waren mit einem Seil verbunden, der Gewichtsausgleich funktionierte über das Zu- und Abpumpen von Wasser. Aufgrund von Wassermangel wurde der regelmäßige Verkehr jedoch zu häufig unterbrochen. Ein kurzzeitiger Betrieb über Dampfmaschinen wurde schließlich 1921 durch Elektrizität ersetzt. Und so quietscht auch heute noch der Wagen eine lang gedehnte Kurve den Berg hinauf. Die Straße ist so eng, dass man die Hauswände fast berühren kann.
Historischer Aufzug Lavra, *Rua Câmara Pestana–Largo da Anunciada, Mo–Sa 7–21, So 9–21 Uhr, Ticket 7 Colinas/Viva Viagem, Ticket beim Fahrer 3,60 € (zwei Fahrten), Metro Restauradores, Avenida*

Jardim de Torel – Torel-Park (2)

Nicht weit von der Endstation des Elevador da Lavra betritt man durch ein Eisentor einen der weniger bekannten und gleichzeitig schönsten Aussichtspunkte Lissabons. Springbrunnen, Parkbänke und Schatten spendende Bäume bietet diese grüne Oase. Gemütlich kann man den Blick bis hinab zum Praça do Comércio und zum Tejo schweifen lassen. Einst diente die Anlage dem Gerichtsrat *Cunha Torel* als pompöses

Aussichtspunkt

Sehenswürdigkeiten
1 Elevador da Lavra
2 Jardim de Torel
3 Campo dos Mártires da Pátria
4 Dr. Sousa Martins
5 Deutsche Botschaft
6 Goethe-Institut
7 Largo da Estefânia
8 Azulejo-Fassade
9 Largo do Intendente

Einkaufen
1 Keramikfabrik Viúva Lamego

Essen und Trinken
1 Esplanada do Torel
2 Cervejaria Ramiro
3 O das Joanas
4 Portugália
5 O Vitral

Anwesen. Seit 1923 ist sie als öffentlicher Park zugänglich. Aus den Zeiten, in denen sich hier die Polizeistation befand, hat sich der Ausdruck „Zum Torel gerufen werden" erhalten, was nichts Gutes verheißt. Seit 2010 versüßt – direkt nebenan – ein nettes, kleines Café mit Terrasse die Aussicht.

Torel-Park, *Rua Júlio de Andrade, tgl. 7–19 Uhr*

Campo dos Mártires da Pátria (3)

Vorbei an Villen mit kleinen Vorgärten kommt man zum Campo dos Mártires da Pátria, mit seiner Parkanlage Gomes Freire de Andrade. Ursprünglich hieß der Platz Praça Sant'Ana, bis er 1880 in Gedenken an die zwölf Märtyrer seinen heutigen Namen erhielt. Die *Mártires da Pátria*, die „Märtyrer des Vaterlands", versuchten sich gegen die englische Besatzung aufzulehnen und eine Verschwörung gegen *Marschall Beresford*, der Portugal mit eiserner Hand regierte, anzuzetteln. Am 25. Mai 1817 wurden sie verraten und – eben hier – in einem Schauprozess verurteilt und hingerichtet. *Gomes Freire de Andrade*, der Namensgeber der Parkanlage, galt als einer der Rädelsführer.

„Märtyrer des Vaterlands"

Campo dos Mártires da Pátria, *Aufzug Elevador da Lavra; Bus 723, 730, 760*

Dr. Sousa Martins – Gedenken an Lissabons bekanntesten Arzt (4)

Direkt gegenüber, vor der medizinischen Fakultät, wird *Dr. Sousa Martins* (1843–97) gedacht, dem bis heute heilende Kräfte zugesprochen werden. Brennende Kerzen, frische Blumen, Körperteile aus Wachs und unzählige steinerne Gedenktafeln, danken dem Doktor für vollbrachte Heilungen. Als Apotheker und Arzt widmete er sein ganzes Leben vor allem der Heilung Tuberkulose-Kranker, bis er schließlich selbst dieser Krankheit erlag.

Lissabons „Wunderdoktor"

Deutsche Botschaft (5) und Goethe-Institut (6)

Schräg gegenüber befinden sich die Deutsche Botschaft (s. S. 63) und das Goethe-Institut. In der Bibliothek des Goethe-Instituts, liegen deutsche Zeitungen, Bücher und Filme aus. Die Benutzung ist kostenlos. Möchte man Bücher ausleihen, muss man sich eine Lesekarte für 2 € ausstellen lassen, zusätzlich kommt noch eine einmalige Pauschale von ca. 6 € hinzu.

Deutsche Bibliothek

Goethe-Institut, *Campo dos Mártires da Pátria 37, www.goethe.de/ins/pt/lis/deindex.htm, ☏ 2 18 82 45 10, Mo, Di, Do 14–20, Fr 14–19, Sa 11–15 Uhr*

Stefanie von Hohenzollern-Sigmaringen – Portugiesische Königin aus deutschem Hause

info

Der Stadtteilname Estefânia geht auf *Stefanie von Hohenzollern-Sigmaringen* (1835–1859) zurück, die 1858 König *Pedro V.* heiratete. Die Flitterwochen verbringen die beiden in Sintra, Arm in Arm wandern sie durch die Berge. Auch zurück in Lissabon zeigt sich das Paar so auf den Straßen. Das Volk ist von der Liebesheirat hingerissen. Das junge Königspaar gründet viele Wohltätigkeitsorganisationen, wie auch das Krankenhaus *Dona Estefânia*. Das Glück währt jedoch nur kurz: Ein Jahr nach der Hochzeit stirbt die Königin an Diphtherie, nur zwei Jahre später folgt ihr Mann. Ganz Lissabon ist in tiefer Trauer und ehrt die Königin aus deutschem Hause noch heute mit dem nach ihr benannten Stadtteil.

Largo da Estefânia (7)

Die Rua Gomes Freire führt Richtung Norden zum Largo da Estefânia, dem Herzen des Viertels. Der schöne Brunnen, in dessen Mitte eine Neptunstatue von unzähligen Fontänen umgeben ist, ist zweimal „umgezogen", bevor er seit 1951 diesen Platz ziert: Ende des 18 Jh. stand er am Chiado, etwa da, wo sich der heutige U-Bahn-Eingang befindet. Danach war er für kurze Zeit am Praça Chile aufgestellt.

Avenida Almirante Reis und Largo do Intendente

Flair vergangener Zeiten

Folgt man der Rua Pascal de Melo mit ihrem alten Baumbestand, trifft man auf die Avenida Almirante Reis. Zur gleichen Zeit entstanden wie die Avenidas Novas, erinnert die ehemalige Prachtallee an den Pariser Flair vergangener Zeiten. Die Avenida verbindet die Viertel der Mittel- bis Oberschicht im Norden mit denen der Unterschicht im Süden. Sie ist zum einen Hauptverkehrsstraße, zum anderen aber auch Treff- und Schmelzpunkt verschiedener sozialer Schichten und Nationalitäten. Azulejo-verzierte Bürgerhäuser erinnern an bessere Zeiten.

Direkt auf der Ecke der Rua Pascal de Melo zur Av. Almirante Reis befindet sich die *Portugália*, eines der ältesten Brauhäuser Lissabons. Der Avenida Richtung Süden folgend sollten Sie sich das **Haus Nr. 74D (8)** ansehen, das als **eines der ersten Häuser mit Jugendstil-Fassade** in Lissabon gilt. Diese sowie viele andere Azulejos

Jugendstil-Fassade von Joaquim Craveiro Lopes und Alfredo Pinto, Avenida Almirante Reis 74D

der Gegend wurden in der Fabrik *Viuva Lamego* hergestellt, die 1849 in der Nähe gegründet wurde. Mittlerweile sind die Fabrikanlagen stadtauswärts. Letzter Zeuge ist die mit sehenswerten Azulejos verzierte Verkaufsstelle auf dem **Largo do Intendente (9)**.

Der ehemals prächtige Platz ist lange vernachlässigt worden und war Treffpunkt der Drogenszene und des Rotlichtmilieus. Seit einigen Jahren versucht die Stadt das zu ändern: Einige der Häuser werden restauriert, der Platz umgestaltet. So wurde im Oktober 2012 der *Kit Garden* eingeweiht, eine Garteninstallation der angesehenen portugiesischen Künstlerin *Joana Vasconcelos*. Ein deutliches Zeichen setzte die Stadt damit, dass das Büro des Bürgermeisters hierher umgezogen ist. Ein nettes Café gibt es schon auf dem Platz, weitere sollen folgen. Das Künstlerprojekt *Largo Residências* bietet gleichzeitig ein nettes einfaches Hotel und Hostel für Touristen und für Künstler, die sich hier während ihrer Projekte einmieten können. Ein Café, ein Ausstellungsraum sowie ein Fahrradverleih waren Ende 2012 in Planung.

Künstlerprojekt

Zurück ins Zentrum kommen Sie mit der Metro oder zu Fuß, der Avenida Almirante Reis Richtung Süden folgend. Tagsüber ist das Viertel voller Leben. Nachts sollten Sie die dunklen Seitenstraßen meiden.

Reisepraktische Informationen

(Karte s. S. 270)

Essen und Trinken

€€–€€€ **Cervejaria Ramiro (2)**, *Av. Almirante Reis 1, www.cervejariaramiro.pt, ☎ 2 18 85 10 24, Di–So 12–24.30 Uhr. Seit Jahren die Adresse in Sachen Meeresfrüchte, Brauhausatmosphäre, meist sehr gut besucht. Muschelgerichte gibt es ab 10 €, andere Meeresfrüchte nach Kilopreis, ab 20 €.*

€€ **Portugália (4)**, *Av. Almirante Reis 117, www.portugalia.pt, tgl. 12–24, Fr u. Sa bis 1 Uhr, kleine Gerichte mit frisch gezapftem Bier am Tresen ab 3,75 €. Ursprünglich wurde hier das Bier „Germania" gebraut. Als mit Ausbruch des Ersten Weltkriegs anti-deutsche Stimmung aufkam, wurde der Name aus marketing-strategischen Gründen in Portugália geändert. Trotzdem hat der deutsche Braumeister Richard Eisen dem Bier zu bis dahin ungekannter Qualität verholfen. Seit 1997 gibt es Portugália als Restaurantkette in einigen Vierteln und Shoppingcentern der Stadt. Das Stammhaus ist aber am gemütlichsten.*

€–€€ **O Vitral (5)**, *Rua Passos Manuel 126 E, www.ovitral.com, ☎ 2 13 54 50 61, Mo–Sa 12–15 u. 19–23 Uhr. Zurückhaltender Schick. Gute portugiesische Küche, netter Service.*

Esplanada do Torel (1), *Jardim do Torel, www.esplanada-do-torel.com, ☎ 2 18 86 52 62, tgl. ab 11, im Winter ab 12 Uhr. Nettes Café direkt am Torel-Park, schöne Aussicht über die Stadt. Typisch portugiesische Snacks. Im Sommer legen am Wochenende abends DJs auf oder es gibt Live-Musik. Abends Zugang über die Calçada Moinho de Vento.*

O das Joanas (3), *Largo do Intendente 28, ☎ 2 18 87 94 01, Mo u. Mi–Fr ab 9 u. Sa–So ab 10 Uhr. Das erste Café, das sich an dem neu gestalteten Platz versucht zu behaupten, mit Terrasse. Leckere kleine Snacks und Gerichte, freundliche Bedienung.*

Einkaufen

***Viúva Lamego (1)**, Largo do Intendente 25, ☎ 2 18 85 24 08, Mo–Fr 10–13 u. 14–19 Uhr. Traditionsreiche Verkaufsstelle einer der ältesten Azulejo-Fabriken der Stadt, in der sich schöne Souvenirs erstehen lassen.*

Ajuda – Königspalast, Botanischer Garten und Gedächtniskirche

(Karte s. S. 220/21)
Nördlich von Belém liegt auf einem Hügel der Stadtteil Ajuda. Hier residierte im 18. Jh. König *José I*. Ein Besuch des Viertels passt gut vor oder nach einem Spaziergang in Belém.

Königspalast in Ajuda

Spaziergang durch das Viertel

Palácio da Ajuda – Königspalast von Ajuda (A1)

Nachdem das Erdbeben den königliche Palast in der Baixa komplett zerstört hatte, sah sich der Monarch gezwungen in einem provisorischen Holzgebäude in Ajuda zu residieren. 1795 fiel die *Barraca Real,* die königliche „Baracke", wie man den Holzpalast nannte, einem Brand zum Opfer. An gleicher Stelle begann man mit dem Bau eines neuen Palastes. Trotz einer fast 100-jährigen Bauperiode wurde der Palast nie fertig gestellt. Er wirkt, als hätte man ihn in der Mitte durchgeschnitten. Seit 1968 ist ein Teil als Museum zugänglich, in den restlichen Räumen sind das Denkmalamt und das Kulturministerium untergebracht. Einige Räume stehen für Wechselausstellungen zur Verfügung.

Als Museum zugänglich

In 32 Räumen sind Möbel, Kunstwerke und königliche Gebrauchsgegenstände vom 15. bis zum 20. Jh. zu sehen. Geschichte und Einzelstücke werden anhand von Karten

auf Portugiesisch und Englisch beschrieben. Zu den spektakulärsten Räumen zählt u. a. der Bankett-Saal im ersten Stock. Riesige Kristalllüster hängen von der Decke, mit Seide gepolsterte Stühle stehen um eine riesige, mit Porzellan und Silberbesteck gedeckte Tafel. Porzellan-Liebhabern schlägt das Herz im Sachsen-Saal (*Sala Saxe*) höher, die komplette Inneneinrichtung ist mit Meissner Porzellan ausgestattet.
Königspalast von Ajuda, *www.pnajuda.imc-ip.pt, ☏ 2 13 63 70 95, Do–Di 10–17.30 Uhr, Eintritt 5 €, Kombiticket mit Kloster und Turm in Belém 13 €. Straßenbahn 18; Bus 760; „Hop-On-Hop-Off"-Bus Belém. Führungen auf Englisch o. Französisch auf Anfrage*

Jardim Botânico da Ajuda – Botanischer Garten von Ajuda (A2)

In unmittelbarer Nähe zum Palast, auf dem Gelände des ehemaligen königlichen Nutzgartens, wurde 1768 auf Befehl von *Marquês de Pombal* der Jardim Botânico da Ajuda angelegt. Er ist damit der älteste Botanische Garten Portugals. Der Garten selbst wurde in strengem Renaissance-Stil angelegt, die Treppen und Brunnen im romantischen spät-barocken Stil gehalten. Im Laufe der Jahrhunderte wurden mehr als 5000 verschiedene Bäume und Pflanzenarten aus der ganzen Welt hier heimisch. Interessant ist der *Jardim dos Aromas* (Garten der Aromen). Die Kräuter sind so gesetzt, dass man sie mit den Händen berühren und den würzigen Geruch hautnah erleben kann.
Botanischer Garten von Ajuda, *Calçada da Ajuda, ☏ 2 13 62 25 03, tgl. 9–20, im Winter bis 18 Uhr, Eintritt 2 €, Straßenbahn 18*

Tipp

Ein Mittagessen im Grünen bietet das Restaurant **Estufa Real**, das direkt im botanischen Garten in einem der Gewächshäuser untergebracht ist. Helle Korbstühle und stilvoll gedeckte Tische sorgen für ein gemütliches Ambiente im lichtdurchfluteten Saal. Im Sommer kann man auch auf der Terrasse sitzen. Portugiesisch-internationale Küche und kleine Snacks.
€€€ **Restaurant Estufa Real**, *Calçada do Galvão, www.estufareal.com, ☏ 2 13 61 94 00, Mo–Fr 12.30–15, Terrasse im Sommer Do–Di 9–17, So u. feiertags Brunch-Büfett 12.30–16 Uhr für 37 €, wochentags „Gärtner-Büfett" für 22 €*

Igreja de S. José da Memória – Kirche S. José da Memória (A3)

Ein paar Meter den Hügel hinunter befindet sich die Igreja de S. José da Memória (Gedächtniskirche) mit ihrer weithin sichtbaren Kuppel. Die neoklassische Kirche wurde 1760 an dem Ort erbaut, an dem König *José I.* am 3. September 1758 nur knapp einem Attentat entging. Den vermeintlichen Drahtziehern wurde der Prozess gemacht (s. Rua do Chão Salgado, S. 223). *Marquês de Pombal* nutzte die Gunst der Stunde, die ihm verhassten Jesuiten des Landes zu verweisen. Eine Beteiligung am Attentat konnte ihnen jedoch nie nachgewiesen werden. Ironie des Schicksals oder Absicht – seit 1923 werden hier die sterblichen Überreste des rachsüchtigen *Marquês de Pombal* aufbewahrt.

Grabstätte des Marquês de Pombal

Kirche S. José da Memória, *Largo da Memória, Calçada do Galvão, Mo–Sa 14–19 u. So 8–13 Uhr, Straßenbahn 15, 18, Bus 727*
Buchtipp zum Thema: *„Die Jesuitin von Lissabon" von Titus Müller*

Fußballstadien: Benfica, Sporting und Belenenses

Zur Fußball-Europameisterschaft 2004 in Portugal haben sich die beiden großen Vereine der Stadt neue Stadien gegönnt. Bei den Baukosten von 95 Mio. € beim neuen Estádio da Luz von *Benfica* und den knapp 80 Mio. € für das Estádio Alvalade des Konkurrenten *Sporting* hat die öffentliche Hand jeweils rund 20 % zugeschossen.
Die Eintrittspreise für die Spiele variieren je nach Stadion, Prominenz der Partie und Platzkategorie. Mit etwa 25 bis 60 € sind sie für portugiesische Verhältnisse recht teuer. Gekauft werden können die Tickets direkt an den Stadien. Etwas teurer sind sie beim Ticketdienst ABEP in der Innenstadt (s. S. 95).
Fußballverliebte können auch unabhängig von einem Spiel die beiden Stadien inkl. Fanshop bzw. Museum besichtigen.

Sport Lisboa e Benfica (SLB)

Die Farbe Rot und der Adler als Wappentier stehen für **Benfica**. Der 1904 gegründete *Club Sport Lisboa e Benfica* (SLB) vereint unter seinem Dach eine ganze Reihe von Sportarten, wie auch die beiden anderen Lissabonner Profivereine. Unbestrittenes Flagschiff ist aber der Fußball. Von der Popularität *Benficas* zeugt ein Eintrag im Guinness-Buch der Weltrekorde. Mit mehr als 236 000 zahlenden Anhängern sind sie weltweit der Verein mit den meisten Mitgliedern. Für den Rekordmeister der Liga markierten vor allem die 1960er-Jahre die goldene Epoche. Neben nationalen Erfolgen wurde zweimal der Europapokal der Landesmeister, die heutige Champions-League gewonnen und Fußball-Ikone *Eusébio* führte regelmäßig die Torschützenliste an. Ab Mitte der 1990er-Jahre geriet *Benfica* in eine finanzielle und sportliche Krise und erst in der Saison 2004/2005 konnte wieder eine Meisterschaft gewonnen werden.

Estádio da Luz

Das „Stadion des Lichts" bietet 65 000 Sitzplätze und ist das größte des Landes. Damit fasst es zwar nur noch gut halb so viele Zuschauer wie früher, wurde von der UEFA aber mit fünf Sternen ausgezeichnet.

Sport Lisboa e Benfica (SLB), *Estádio da Luz, Av. Norton de Matos/Av. Lusiada, Stadtteil Benfica, www.slbenfica.pt, ☏ 7 07 20 01 00 u. 2 17 21 95 00, Besichtigung 12,50 €, Kinder 3–14 J. 7,50 €, jeweils etwa stdl. April–Sept. tgl. 10–17.30 Uhr, im Winter sowie an und nach Spieltagen eingeschränkt, Metro Colégio Militar/Luz*

Sporting Clube de Portugal

Estádio Alvalade

Das neue Estádio Alvalade bietet 52 000 Zuschauern Platz. Architekt des nicht unumstrittenen Baus ist *Tomás Taveira*, der auch das Amoreiras-Shoppingcenter entwarf. Mit ca. 90 000 Mitgliedern und auch was die fußballerische Erfolgsbilanz angeht kann ***Sporting*** nicht ganz mit dem großen Nachbarn *Benfica* mithalten, dafür ist der Verein für seine Nachwuchsförderung bekannt. So stammen beispielsweise *Luís Figo* und *Cristiano Ronaldo* aus der Kaderschmiede. Die „Löwen", deren Vereinsfarbe Grün ist, feierten 2006 ihr hundertjähriges Bestehen. Seitdem können Fans im Museum *Mundo-Sporting* die Vereinsgeschichte detailliert nachverfolgen. Ein Fan-Shop ist ebenfalls angeschlossen.

Sporting Clube de Portugal, *Estádio Alvalade, R. Francisco Stromp, Stadteil Campo Grande, www.sporting.pt, ☏ 7 07 20 44 44 u. 2 17 51 64 44 (für geführte Touren), Führung tgl. 11.30, 14.30, 16.00 Uhr, Gruppenführung ab 20 Personen nur nach Voranmel-*

Estádio da Luz – das Stadion von Rekordmeister Benfica

dung, Besichtigung Stadion 7 €, Kinder 6–11 Jahre 5 €, Stadion und Museum 10 €, Kinder 3–11 J. 6 €, Metro Campo Grande

Clube de Futebol Os Belenenses

Wesentlich gemächlicher geht es beim kleinsten der drei Lissabonner Profivereine zu. **Belenenses** schaut ebenfalls auf eine lange Tradition zurück, seit 1919 wird hier gekickt. Obwohl sie schon zu den Großen der Liga zählten, fällt die Erfolgsbilanz mit nur einer gewonnenen Meisterschaft 1945/46 eher mager aus. Seit 2010/11 spielen sie sogar nur noch in der Zweiten Liga. Das Estádio do Restelo wurde 1956 gebaut, bietet 25 000 Sitzplätze und liegt fast direkt hinter dem Jerónimos-Kloster in Belém. Von den Lissabonnern wird es schon mal als „das größte Stadion der Welt" verspottet, weil es angeblich noch nie ausverkauft war. *Estádio do Restelo*

Wer keinen Wert auf den Rummel der beiden großen Stadien legt, kann hier mit wunderbarer Aussicht auf den Fluss und die dahin schippernden Schiffe einen entspannten Fußballabend verbringen. Die beste Aussicht hat man von der Nordtribüne.

Clube de Futebol Os Belenenses, *Estádio do Restelo, Av. do Restelo, Stadtteil Belém, www.osbelenenses.com (nur port.), ☏ 2 13 01 04 61, Straßenbahn 15, Zug Station Belém; Bus 728, 714*

Allgemeine Infos zum Thema Fußball und Fußballkultur finden Sie auf S. 53.

Cacilhas, Almada und Christus-Statue

Fahrt über den Tejo

Redaktionstipps

- Spaziergang am Cais do Ginjal zum Panorama-Aufzug, Abstecher in die Altstadt von Almada und zur Casa da Cerca (S. 278).
- Wieder runter zum Flussufer und Abendessen im Sonnenuntergang mit Sicht auf die Brücke 25 de Abril und Lissabon (S. 280).
- Für diejenigen, die mehr Zeit haben: vorher Abstecher zur monumentalen Christus-Statue (S. 279).

Cacilhas und Almada

Die Städte des südlichen Flussufers bestehen auf den ersten Blick vor allem aus Bettenburgen, bezahlbarem Wohnraum für die Mittel- und Unterschicht, die täglich nach Lissabon zur Arbeit pendelt. Dennoch lohnt sich ein kurzer Abstecher in die Orte **Cacilhas** und **Almada**, blicken sie doch auf eine lange Besiedlungstradition zurück. Berühmte Persönlichkeiten lebten hier: der Abenteurer und Schriftsteller *Fernão Mendes Pinto* und *Prior von Crato*, Gegenkönig im 16. Jh. Mit der **Christus-Statue** steht seit 1959 hier eines der Wahrzeichen Lissabons. Wenn es auch genau genommen nicht zur Stadt Lissabon gehört.

Weithin sichtbares Zeichen der Schiffsbauvergangenheit ist das riesige rote Kranportal mit dem Schriftzug *Lisnave* in Cacilhas. Seit den 1860er-Jahren wurden hier vornehmlich Transportschiffe gebaut. In den 1960er-Jahren entstand gar das damals größte Trockendock der Welt. Von der Ölkrisen der 1970er-Jahre und dem damit verbundenen Nachfragetief hat sich die Werft allerdings nicht mehr erholt. Seit 2000 liegt die Anlage still. In absehbarer Zukunft soll das Gelände am Flussufer in eine Luxus-Wohnanlage umgewandelt werden. Auch ein Yachthafen soll hier entstehen.

Von Cacilhas nach Almada Velha und zurück – Spaziergang entlang der alten Kaimauer in die Altstadt

(Karte s. S. 280/81)

Direkt oberhalb des **Fähranlegers in Cacilhas (1)** ist ein kleiner Teil der Altstadt erhalten, interessanter aber ist ein Spaziergang entlang der alten Kaianlagen (*Cais do Ginjal*). Mit dem **Panoramaaufzug Boca do Vento (2)** geht's vom Flussufer die Klippen hoch in die Altstadt von Almada und zum **Casa da Cerca (3)**. Im 18. Jh. diente der Palast während der napoleonischen Besetzung dem französischen Militär

Information

So kommt man hin: Fähre vom Cais do Sodré alle 20–40 Min. nach Cacilhas (ca. 5.30–2 Uhr, Tickets Viva und 7 Colinas, Option Zapping). Hier fahren Busse zu den beschriebenen Sehenswürdigkeiten ab, die Tickets der Lissabonner Verkehrsbetriebe gelten nicht.

Dauer des Spaziergangs: Für die Kurzversion reicht ein Abend (vor Sonnenuntergang), mit Besichtigung der Christus-Statue entsprechend länger.

So geht's weiter: Costa da Caparica (s. S. 313).

Almada Velha – Altstadt von Almada

als Stützpunkt. Heute ist er ein Zentrum für Moderne Kunst mit wechselnden Ausstellungen. Von der Parkanlage hat man abermals eine wunderbare Aussicht über den Fluss bis Lissabon. Auf dem Rückweg bieten zwei nette Restaurants am Flussufer das Vergnügen, bei einem leckeren Abendessen den Blick auf die Ponte 25 de Abril zu genießen – samt Sonnenuntergang und Erwachen des nächtlichen Lissabons mit seinen tausenden von Lichtern.

Tipp

Wer nicht zweimal am Flussufer spazieren will, kann mit Bus 101 ab Cacilhas bis zum Praça Luís de Camões fahren und dann zu Fuß durch die Altstadt bis zu Palast und Aufzug gehen.

Panoramaaufzug Boca do Vento, *Miradouro Luís de Queiróz bzw. Jardim do Rio Cais do Ginjal, tgl. 8–24 Uhr, 1 € (für zwei Fahrten)*
Casa da Cerca, *Rua da Cerca 2, ☏ 2 12 72 49 50, Di–Fr 10–18, Sa–So 13–18 Uhr, Eintritt frei*

Santuário Nacional Cristo Rei – Christus-Statue (4)

Im Jahr 1942 legten die katholischen Bischöfe Portugals im Wallfahrtsort Fátima ein Gelübde ab: Sollte Portugal vom Zweiten Weltkrieg verschont bleiben, wollten sie zum Dank eine große Christus-Statue ganz nach dem Vorbild in Rio de Janeiro errichten und ein religiöses Zentrum dazu. Im Mai 1959 wurde das „Friedensmonument" eingeweiht, das religiöse Zentrum ist bislang nicht entstanden. 110 m über dem Tejo steht nun die 40 000 t schwere Konstruktion. Der Sockel misst 82 m, die Christus-Figur weitere 28 m, ungefähr 20 000 m³ Beton wurden an der Statue verbaut. Über die architektonische Schönheit der Statue kann man streiten, die Aussicht jedoch ist zweifelsfrei großartig.

Christus-Statue, *Alto do Pragal, www.cristorei.pt, ☎ 2 12 75 10 00, tgl. 9.30–18 Uhr, im Sommer je nach Andrang länger, Eintritt zum Gelände frei, Aufzug zur Statue 5, Kinder 8–12 Jahre 2,50 € (Juli–Okt.), ansonsten 4 € bzw. 2 €, Bus 101 ab Fähranleger Cacilhas etwa alle 20 Min. 8–20 Uhr*

© graphic

Reisepraktische Informationen

Essen und Trinken

Für die im folgenden genannten Restaurants gilt: Der Fußweg zurück über den alten Kai ist etwas düster, deshalb nicht unbedingt als letzter Gast aufbrechen oder sich einfach einer größeren Gruppe anschließen. Außerdem ist es hier unten am Fluss oft kühler und windiger als in der Stadt, deshalb empfiehlt es sich, auch im Sommer eine Jacke mitzunehmen.

€€ **Restaurante Atira-te ao Rio (1)**, *Cais do Ginjal 69/70, www.atirateaorio.pt, ☎ 2 12 75 13 80, Reservierung sinnvoll, Di–So 13–24 Uhr. Brasilianisch-internationale Küche, netter Service, sensationelle Aussicht. Der Name bedeutet übrigens direkt übersetzt „Schmeiß Dich in den Fluss".*

€€ **Restaurante Ponto Final (2)**, *Cais do Ginjal 72, ☏ 2 12 76 07 43, Reservierung sinnvoll, Mi–Mo 12.30–ca. 23.30 Uhr, 20. Dez.–20. Jan. geschl. Gute bodenständige und regionale Küche, noch etwas bessere Aussicht und freundlicher Service. Am schönsten (aber auch am windigsten) sind die Tische am Ende des Kais.*

Ponte 25 de Abril (5)

Die Ponte 25 de Abril war die erste Brücke, die Lissabon mit der Südseite des Tejo und der Stadt Almada verband. Die Ähnlichkeit mit der *Golden Gate Bridge* in San Francisco rührt nicht von ungefähr, wurden doch beide von der New Yorker Firma *United States Steel International* gebaut. Während der vierjährigen Bauzeit waren bis zu 3000 Arbeiter in luftiger Höhe beschäftigt, liegt die Fahrbahn doch 70 m über dem

Ponte 25 de Abril

Fluss. Heute ist die Brücke sechsspurig ausgebaut und um eine Trasse für den Zugverkehr unter der Fahrbahn erweitert. Obwohl die Ponte Vasco da Gama seit 1998 als zweite Tejo-Brücke den Verkehr etwas entlastet, ist die Ponte 25 de Abril weiterhin eines der Verkehrsnadelöhre der Stadt. Regelmäßig staut sich hier der Autoverkehr.

Früher hieß die Brücke übrigens Ponte Salazar. Mit dem Ende der Diktatur wurde sie in Ponte 25 de Abril umbenannt und gedenkt nun der Nelkenrevolution.

Ponte 25 de Abril, *www.lusoponte.pt, Mautstelle am Südufer, 1,55 € für PKW, Spuren mit der Aufschrift „Via Verde" sind für Abonnenten reserviert*

Monsanto-Park – Die grüne Lunge Lissabons

Vielfältige Fauna

Mit gut 900 ha und 600 000 Bäumen ist der Parque Monsanto die grüne Lunge Lissabons und Zufluchtsort vieler verschiedener Vogel- und Tierarten. Insgesamt stehen rund **300 km Rad- und Wanderwege** sowie ein Trimmpfad zur Verfügung. Spielplätze und ein **Vergnügungspark** sorgen für Abwechslung bei Kindern, die **BMX-Strecke** sowie der **Skate-Park** sind vor allem bei Jungendlichen beliebt. Die unzähligen Picknickplätze mit fest installierten **Grillplätzen** werden zur Mittagszeit

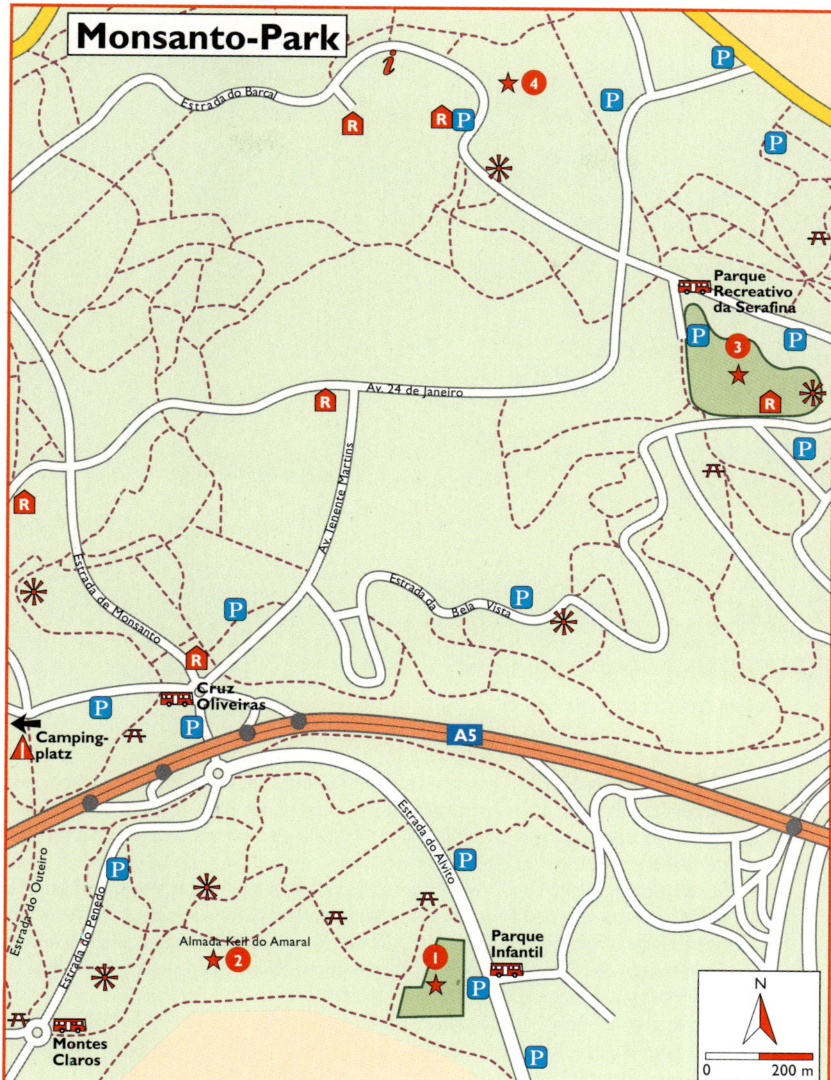

Sehenswürdigkeiten

1 Parque Recreativo do Alvito
2 Amphitheater Keil do Amaral
3 Parque Recreativo do Alto da Serafina
4 Espaço Monsanto

Sonstiges

Picknick-Plätze
Restaurants
Parkplätze
Fuß und Radwege

Der Monsanto-Park lädt zum Picknick ein

intensiv von Großfamilien genutzt. Und für Kulturinteressierte gibt's im Sommer im **Amphitheater Keil do Amaral** Gratis-Konzerte mit Blick auf Tejo und Brücke. Auf einem Spaziergang durch den Wald kann man sich nur schwerlich vorstellen, dass der Park erst wenige Jahrzehnte alt ist. Lange bestand die Gegend vornehmlich aus Steinbrüchen, Feldern und Wiesen. Erst 1934 begann man mit einer groß angelegten Aufforstungsaktion den Park auf dem nahezu kahlen Gelände anzulegen. Heute sind

Windmühlen

noch einige Windmühlen letzte Zeugen der Vergangenheit. Immer wieder wurden die Grenzen des Parks durch die ständig wachsende Großstadt beschnitten: militärische Anlagen, Sendestationen, sozialer Wohnungsbau. Der Park verkam zusehends. Den letzten großen Gebietsverlust von 56 ha verzeichnete der Park 1988 mit dem Bau eines Ablegers der Technischen Universität Lissabon. Anfang der 1990er-Jahre jedoch begann die Stadt vermehrt in Aufforstung und Pflege des Geländes zu investieren.

Sportanlagen

2004 wurde mit dem Bau zusätzlicher Sportanlagen das Angebot vergrößert. Mittlerweile sind viele der Straßen für den Autoverkehr gesperrt. Und so ist der Park heute bei Lissabonner ein fester Bestandteil der Wochenendgestaltung zum Erholen, Joggen, Radfahren und Grillen. Am westlichen Ende des Parks liegt übrigens Lissabons einziger Campingplatz.

Monsanto-Park, *Estrada do Barcal, Monte das Perdizes, www.cm-lisboa.pt, ☏ 2 18 17 02 00*

Reisepraktische Informationen

(Karte s. S. 284)

Anfahrt: *Bus 711 (ab Praça do Comércio), 723 (ab Marquês de Pombal), Haltestelle* ***Cruz Oliveiras (5),*** *Rest zu Fuß. Auto A5 Richtung Cascais, direkte Ausfahrt zum Park.*

Parque Recreativo do Alvito (1), *Kinder- und Abenteuerspielplatz; April-Sept. tgl. 9–20, restliches Jahr bis 18 Uhr. In unmittelbarer Nähe Picknickplatz mit Grillstation. Bus 724 (ab Alcântara-Pontinha bis Parque Infantil).*
Amphitheater Keil do Amaral (2), *Konzerte, Rad- und Skatewege, Trimmpfad, BMX- und Skateparcours in unmittelbarer Nähe. Bus 723 und 729 (bis Montes Claros).*
Parque Recreativo do Alto da Serafina (3), *wunderschöner Ausblick, Spielplätze, Indianerdorf, Springbrunnen, Picknickplatz, April–Sept. tgl. 9–20, restliches Jahr 9–18 Uhr. Bus 770 (ab Metrostation Sete Rios bis Parque Recreativo da Serafina).*
Espaço Monsanto (4), *Informationszentrum rund ums Thema Natur und Tiere, Karte mit Wanderwegen, spezielle Workshops für Kinder (nur port.), März–Okt. Di–Fr 9.30–17, Sa 9.30–18, So 14–18, restliches Jahr am Wochenende nur bis 17 Uhr, Bus 770 (ab Metrostation Sete Rios bis Parque Recreativo da Serafina).*

Jardim Zoológico – Zoo

Die Idee einen zoologischen Garten anzulegen stammt von 1882. Nur zwei Jahre später wurde der erste Tiergarten der iberischen Halbinsel gegründet. Seit 1905 befindet er sich auf dem heutigen, 18 ha großen, Gelände. Viele der exotischen Tiere wurden aus den damaligen afrikanischen Kolonien und aus Brasilien eingeführt. Heute können mehr als 2000 Tiere 360 verschiedener Arten besichtigt werden, die mittlerweile, nach Umbauarbeiten der 1990er-Jahre, in artgerechteren Gehegen untergebracht sind. Neben unzähligen Affenarten, Pinguinen, Giraffen und Elefanten gehören zu den Hauptattraktionen die Fütterung der Seelöwen, eine Delfinshow sowie das Flugspektakel der Greifvögel. In der *Quinta* können Kinder im Streichelzoo das Landleben kennenlernen und im Reptilienhaus die Nachfahren der ersten Wirbeltiere auf Erden. Auf einer 20-minütigen Gondelfahrt (im Eintritt inbegriffen) kann man das Gelände aus der Vogelperspektive betrachten. In der vorgelagerten Gartenanlage können, auch ohne Eintrittskarte, einige Restaurants, Cafés sowie ein kleiner Vergnügungspark besucht werden. *Delfinshow*

Zoo, *Estrada de Benfica 158–160, www.zoo.pt, ☏ 2 17 23 29 10, tgl. Sommer 10–20, Winter bis 18 Uhr, Eintritt 17,50, Kinder 3–12 Jahre 12,50, Senioren 14 €, Metro Jardim Zoológico (blaue Linie), Zug Sete-Rios*

Ausflüge in die Umgebung

Redaktionstipps

➤ Mit dem Vorortzug bis São João de Estoril (S. 287) fahren und dann entlang der Strandpromenade (*paredão*) bis nach Cascais (S. 289) spazieren. Die Casa das Histórias Paula Rego (S. 292) besuchen und anschließend weiter an der Küste bis zum Boca do Inferno (S. 294).
➤ Ausflug zum westlichsten Punkt Europas, dem Cabo da Roca (S. 295).
➤ In den Bergen von Sintra romantische Parks und Paläste entdecken (S. 298). Für Naschkatzen: Eine der süßen Spezialitäten der Region probieren (S. 307).

Die Umgebung Lissabons bietet in einem Umkreis von 10 bis 40 km reizvolle Ziele, die man gut an einem Tag mit öffentlichen Verkehrsmitteln erreichen kann. Faszinierend ist, dass sich auf relativ kleinem Raum sehr unterschiedliche landschaftliche und klimatische Regionen entdecken lassen: Da sind die alten Seebäder **Estoril** und **Cascais** an der zum Teil felsigen Küste nordwestlich Lissabons, mit ihrem vom Atlantik geprägten, deutlich milderen Klima oder der kilometerlange Sandstrand südlich des Tejo an der **Costa da Caparica** (s. S. 313).
Die Königsschlösser, Paläste und romantischen Parks in **Sintra** bieten dagegen das Erlebnis einer verwunschenen Bergwelt mit ganz eigenen klimatischen Bedingungen (s. S. 298 ff).
Für Liebhaber prunkvoller Paläste bieten sich Ausflüge zum barocken Königspalast in **Queluz** mit seinen zauberhaften Gärten (s. S. 311 ff) oder zum größten Klosterpalast des Landes nach **Mafra** an (s. S. 309 ff).

Estoril, Cascais und Cabo da Roca

Seebäder mit Tradition und der westlichste Punkt des europäischen Festlands

Die Badeorte Estoril und Cascais liegen an der Costa do Sol, die gerne als die *Côte d'Azur* Portugals bezeichnet wird. Entlang dieser Küstenlinie zeugen noch heute unzählige Forts von der strategisch wichtigen Lage. Sie dienten seit dem Mittelalter zur Verteidigung der Hafeneinfahrt Lissabons. Im 19. Jh. wurden die Fischerorte vom portugiesischen und europäischen Adel entdeckt, unzählige Sommerresidenzen ent-

i Information

Lage: rund 20 km westlich von Lissabon an der Costa do Sol.
So kommt man hin: Vorortzug ab Cais do Sodré mit *Linha de Cascais*, tagsüber alle 10–20 Min., letzte Fahrt 1.30 Uhr ab Cascais, Fahrzeit ca. 40 Min., Expressvariante: gut 10 Min. schneller, hält nicht an allen Stationen. Einfache Fahrt: 2,05 €, mit dem Lissabonner Verkehrsverbundticket 7Colinas/Viva Viagem Option Zapping 1,80 €.
Auto: Über die A5 (Maut) oder die Avenida Marginal vom Cais do Sodré über Belém.
Dauer des Ausflugs: ein halber bis ganzer Tag.

Casino Estoril

standen. In der ersten Hälfte des 20. Jh. entwickelte sich Estoril zum mondänen Seebad. Während auch heute noch die Lissabonner Oberschicht wie auch wohlhabende Einwanderer gerne hier leben, wurde die komplette restliche Küste bis zur Stadtgrenze Lissabons erschlossen und zum Teil schlicht mit Bettenburgen und Hotelanlagen zugebaut. Die Strandorte und Strände sind bei Portugiesen und ausländischen Besuchern gleichermaßen beliebt, ist das Klima doch noch deutlich milder als im nahen Lissabon. Sehenswürdigkeiten im klassischen Sinn gibt es nicht viele, dafür Meer, Wellen, Strand, Klippenküsten und den westlichsten Punkt des europäischen Festlands.

Mildes Klima

Estoril

Der Aufstieg Estorils zum Seebad ist kein Zufall, er ist vielmehr das Ergebnis gezielter Planung. Der erfolgreiche und viel gereiste Geschäftsmann *Fausto de Figueiredo* entwarf den ehrgeizigen Plan, aus Estoril ein Zentrum des gehobenen internationalen Tourismus zu machen – mit einigem Erfolg. Estoril wurde die „heimliche europäische Hauptstadt für Könige ohne Thron". Das Oberhaupt des spanischen Königshauses *Juan de Borbón* lebte während des Franco-Regimes hier, außerdem Mitglieder der Königshäuser Bulgariens, Italiens, Rumäniens und Ungarns. Im Zweiten Weltkrieg wurde das neutrale Portugal für viele Flüchtlinge aus ganz Europa zur zweiten Heimat oder zur Zwischenstation auf ihrer Weiterreise in die USA. Vor allem in Estoril tummelten sich Spione und Geheimdienste verschiedenster Länder und Allianzen.

Die vielen Menschen, die in Estoril im Exil lebten haben ihre Spuren hinterlassen. Ihrer wird in einer kleinen Erinnerungsstätte, im **Espaço Memória dos Exílios** gedacht *(Mo–Fr 10–18 Uhr, im Postgebäude, Av. Marginal 7152)*. Auch heute noch trifft sich in Estoril der europäische Jetset, aber wie damals auch – ganz im Verborgenen.

Casino Estoril

Mit dem Bau des Casinos 1916 wurde der Startschuss für den Aufstieg Estorils gegeben. Mehrere Luxus-Hotels entstanden. Nach der Fertigstellung 1931 kamen Glücksritter aus aller Welt in das damals größte Casino Europas. Die Lizenz für das erste Casino des Landes erhielt *Fausto de Figueiredo*. In den 1980er-Jahren wurde *Stanley Ho*, Unternehmer aus Macau, Mehrheitseigner der *Estoril Sol*. Im Jahre 2001 sicherte er sich nicht nur eine Lizenzverlängerung um 15 Jahre, sondern auch die Lizenz für das zweite Casino der Region, das 2007 auf dem ehemaligen Expo-Gelände eröffnet wurde. Neben dem gediegenem Casinobetrieb – angemessene Kleidung wird verlangt und Jeans wie Turnschuhe sind tabu – bietet das Casino Estoril auch Konzerte und Ausstellungen.

Konzerte und Ausstellungen

Casino Estoril, *Praça José Teodoro dos Santos (gegenüber dem Bahnhof Estoril), www.casino-estoril.pt, ☏ 2 14 66 77 00, tgl. 15–3 Uhr (außer 24. Dez.), Vorortzug Estoril*

Igreja de Santo António – Santo-António-Kirche

In unmittelbarer Nähe zum Casino liegt die Igreja de Santo António, die zur traditionsreichen Salesianer-Schule nebenan gehört. Auf barocken blau-weißen Kacheln werden Szenen aus dem Leben des Heiligen dargestellt. Im Inneren glänzt ein über und über mit Gold beladener Altar.

Santo-António-Kirche, *Av. Marginal (Nähe Casino), Öffnungszeiten unregelmäßig*

Reisepraktische Informationen

Touristeninformation

Die Touristeninformation befindet sich an der Ecke Marginal/Av. Aida, ☏ 2 14 68 76 30, Mo–Fr 10–13 u. 14–19, Sa, So 10–13 u. 14–18 Uhr. Hier gibt es auch Stadtpläne für Estoril und Cascais. Infos im Netz: www.estoril-portugal.com.

Tipp: *Es gibt gleich vier Bahnhöfe in Estoril: São João do Estoril, São Pedro do Estoril, Estoril und Monte Estoril. Ungefähr in Höhe des ersten Bahnhofs beginnt die durchgehende Strandpromenade nach Cascais.*

Einkaufen

Feira de Artesanato Estoril – Fiartil, *Av. Amaral Estoril, Juni/Juli–Sept., Mo–Fr 18–24, Sa, So 17–24 Uhr, Eintritt: l, am Wochenende 2,50 €. Seit Anfang der 1960er-Jahre zeigen auf der ältesten Kunsthandwerksmesse des Landes jedes Jahr im Sommer über 100 Aussteller unter freiem Himmel altes und neues Kunsthandwerk. Das Ganze ähnelt einem Rummelplatz mit Restaurants, Terrassencafés und Livemusik.*

Essen und Trinken

Entlang der Küste sind mehrere gute Restaurants zu finden. In Estoril selbst haben sich in und um die Arkaden am Casino-Garten mehrere Cafés angesiedelt. Erwähnt seien hier zusätzlich diese beiden beliebten Cafés.

Gelados Santini, *Rua Nova da Estação 5, tgl. 11–20 Uhr. Ableger der sehr beliebten Eisdiele aus Cascais. Nähe Bahnhof S. João de Estoril.*
Garrett do Estoril, *Av. da Nice 54, Estoril, Mi–Mo ab 8 Uhr. Traditionelle Pastelaria, mit Terrasse.*

Übernachten

Zahlreiche Hotels und Pensionen gibt es entlang der ganzen Küste. Hier nur zwei Beispiele:
€€€€€–€€€€€€ **Hotel Palácio**, *Av. de Nice/Rua do Parque, www.palacioestorilhotel.com, ☏ 2 14 64 80 00. Direkt in der Nähe des Casinos. Für Hochzeiten in Estoril die feinste Adresse am Platze. 1930 verkehrten in diesem Haus Adel, Hollywoodstars und Spione. Das Hotel hat den Charme vergangener Zeiten bewahrt.*
€–€€ **Pensão Costa**, *Rua de Olivença 2, ☏ 2 14 68 16 99. Einfache Pension, 13 Zimmer, zum Teil nur mit Dusche und Waschbecken. Die Zimmer 117 u. 118 sowie 202 u. 203 haben Meerblick, die Zimmer zur Straße hin sind laut. Auch Mehrbettzimmer verfügbar. Die Pension befindet sich in der Nähe des Bahnhofs Estoril.*

Cascais

Wenn Sie der Strandpromenade weiter folgen, kommen Sie unweigerlich nach Cascais. Nach der Biegung hinter der Praia da Rainha werden Sie sehen: Es gibt sie noch,

Cascais – ehemaliges Fischerdorf und Edelstrandbad

die Fischerboote im Hafen von Cascais. Symbol des heutigen Wohlstands der Gegend aber sind die Yachten, die ein Stückchen weiter im **gut gefüllten Yachthafen** vor Anker liegen. Ebenso zeugen die vielen über die Stadt verteilten **Paläste und Villen** vom Reichtum früherer und heutiger Anwohner. Die Altstadt am Hügel, westlich des Fischerhafens, ist in weiten Teilen restauriert und ruhiger als die Promenade und die Einkaufsstraßen. Die meisten Sehenswürdigkeiten liegen ebenfalls westlich der City. So auch das **Centro Cultural de Cascais (1)**, das Kulturzentrum von Cascais, das seit 2000 in dem auffällig rosaroten Bau mit Spitzdächern untergebracht ist.

Forte Nossa Senhora da Luz (2)

Das 1488 erbaute Fort gehört zu den vielen Militäranlagen, die zwischen dem 15. u. 17. Jh. entlang der Küste entstanden. Im Jahr 1870 erwählte König Luís I. Teile dieses Forts zu seiner Sommerresidenz und gab damit den Startschuss für Cascais als Edel-Badeort. Lange war die Anlage in Besitz des Militärs und für die Öffentlichkeit unzugänglich. Nach einer langen Umbauphase kann sie seit Ende 2011 wieder besucht werden. Der ehemalige Königspalast, seit dem Ende der Monarchie Präsidentenpalast, ist zu besichtigen und wird für Wechselausstellungen genutzt. Außerdem in der alten Wehranlage untergebracht: ein Luxus-Hotel mit Restaurant und Café sowie einige nette Geschäfte. Für kulturelle Veranstaltungen wird vor allem die ehemalige Zisterne genutzt.

Präsidentenpalast

Forte Nossa Senhora da Luz, *Av. D. Carlos I., tgl. frei zugänglich, Palast: Mi–Fr 11–17, Sa, So 10–18 Uhr, der Palast ist in der Regel nur über Führungen (port. o. engl.) zugänglich, diese beginnen jeweils zur vollen Stunde, bei Wechselausstellungen auch ohne Führungen, Eintritt Palast und Ausstellung 5, nur Ausstellung 2,50 €*

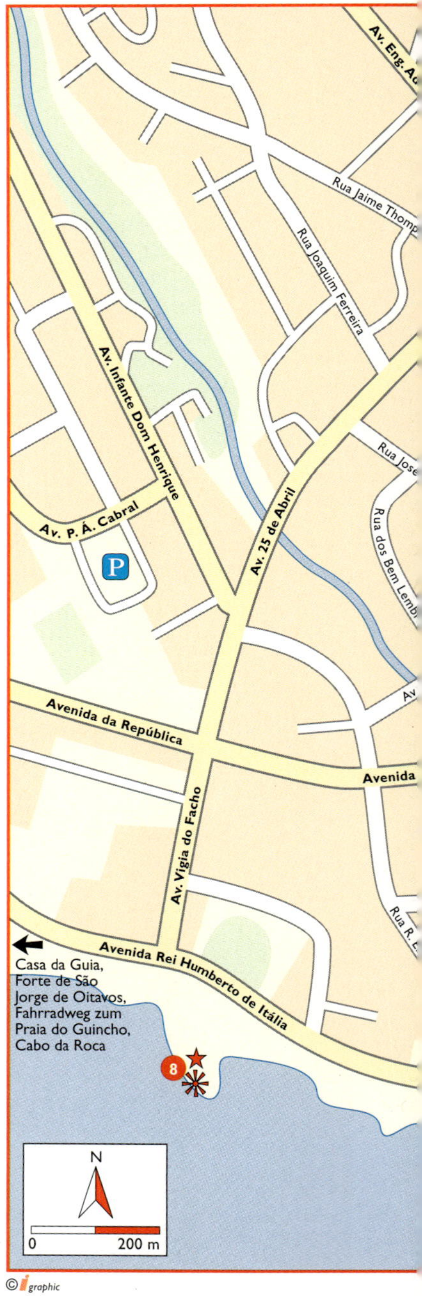

Cascais – Zentrum
Estoril, Praia das Moitas, Praia Monte Estoril
Av. 25 de Abril
Av. de Pedro I
Av. de Sintra
Av. Marechal Carmona
Supermarkt
Shoppingcenter
Avenida Marginal
Piscina Oceânica
Praia da Conceição
Al. Duq. de Palmela
Bicas
Rua Palmeira
Av. Valbom
Rua Frederico Arouca
Tv. Conceição
Jardim Visconde da Luz
Av. Comb. da Grande Guerra
Rua Visconde da Luz
Rua Dom F. Avilez
Av. do Ultramar
Dias Pinheiro
Rua M. J. Avelar
Rua N. Alfarrobeira
Rua A. Herculano
R. das Flores
R. da Saudade
Praia da Rainha
Rua Misericórdia
Fischauktionshalle
Av. Visconde da Luz
Rua do Poço Novo
Rua Afonso Sanches
Av. Vasco da Gama
Rua Freitas
Moura
Reis
Rathausplatz
Gomes Freire
Pc. 5 de Outubro
Fischerhafen
Praia da Ribeira
Av. Emídio Navarro
R. Latino Coelho
R. da Vitória
Tv. da Vitória
Rua M. L. Pancada
Av. D. Carlos I
R. T. Valadim
Rua Guilherme Ferr.
R. J. P. d. Melo
Largo d. Assunção
Rua L. X. Palmeirim
Bicas
Palácio do Conde de Castro Guimarães
Avenida Rei Humberto de Itália
Rua Pedra da Nau
Rua Frei N. Oliveira
Rua d. Farol
Sehenswürdigkeiten
1 Centro Cultural de Cascais
2 Fort Nossa Senhora da Luz
3 Museu do Mar Rei D. Carlos
4 Casa das Histórias Paula Rego
5 Parque Municipal da Gandarinha
6 Farol e Museu de Santa Marta
7 Casa de Santa Maria
8 Boca do Inferno
Essen und Trinken
Cafés
1 Gelados Santini
2 Pastelaria Galeão
Restaurants
3 Restaurant und Bar im Hotel Albatroz
4 Galeria House of Wonders
5 Cascais Jazz Club
6 A Antiguinha
7 O Crepe
8 Confraria
9 5 Sentidos Casa do Largo
10 Baía do Peixe
11 Esplanada Santa Marta
Unterkünfte
1 Hotel Albatroz
2 Casa da Pérgola
3 Residencial Solar Dom Carlos
4 Pousada de Cascais
5 Farol Design Hotel

Information

So kommt man rum: Bus 427, Preis 0,85 €, BusCas, Fr, Sa 7.30–ca. 24, So–Do im Sommer 7.30–22, im Winter 7.30–21 Uhr. Rundkurs zu den wichtigsten Punkten: Bahnhof, Av. Valbom, Câmara Municipal, Fort, Yachthafen, Boca do Inferno, Markt, Bahnhof. **Bus 403** fährt von Cascais (z. B. ab Bahnhof) über das Cabo da Roca bis nach Sintra. **Bus 417** verbindet Cascais direkt mit Sintra.

Museu do Mar Rei D. Carlos – Meeresmuseum König Dom Carlos (3)

Im ehemaligen *Sporting Club de Cascais*, der 1879 von König *Carlos I.* gegründet wurde, ist seit 1992 das interessante Meeresmuseum untergebracht. Seit seiner Renovierung 1997 beherbergt es vor allem Exponate zu folgenden Themen: Bedeutung der Fischerei in Cascais, submarine Archäologie und Geschichte der Seeunglücke in der Region.

Meeresmuseum Rei Dom Carlos, *Rua Júlio Pereira de Melo, www.cm-cascais.pt/museumar, ☏ 2 14 81 59 06, Di–So 10–17 Uhr, freier Eintritt, Bus 427 BusCas*

Casa das Histórias Paula Rego – Haus der Geschichten Paula Rego (4)

Wichtigster Neuzugang in der Kulturlandschaft Cascais ist das Haus der Geschichten der berühmten portugiesischen Künstlerin *Paula Rego*. Pritzker Preisträger *Eduardo Souto de Moura* schuf diesen sehenswerten Kulturbau: ganz in warmem Rot gehalten, fallen vor allem die beiden Pyramiden des ansonsten sehr schlichten Gebäudes auf. Neben Werken von *Paula Rego* selbst, sind auch einige Exponate ihres verstorbenen Ehemanns *Victor Willing* zu sehen. Außerdem wechselnde Ausstellungen und Kulturveranstaltungen. Shop und Cafeteria mit schöner Terrasse.

Haus der Geschichten Paula Rego, *Av. da República 300, www.casadashistoriaspaularego.com, ☏ 2 14 82 69 70, tgl. 10–19, im Winter bis 18 Uhr, freier Eintritt, Bus 427 BusCas*

Parque Municipal da Gandarinha – Städtischer Park Gandarinha (5)

In Cascais ist der Park immer noch als *Parque Marechal Carmona* bekannt, benannt nach dem ersten Präsidenten des *Estado Novo*. Am Rande des Parks, Richtung Leuchtturm, steht der **Palácio do**

Pyramiden der Casa das Histórias Paula Rego

Conde de Castro Guimarães. Anfang des 20. Jh. von dem Tabakindustriellen *Jorge O'Neill* in Auftrag gegeben, ging der Besitz schon 1910 an den Grafen *Conde de Castro Guimarães* über. Testamentarisch überließ er den Palast der Stadt Cascais. Die betreibt hier seit 1931 ein kleines Museum (samt Bibliothek), das Einblicke in den Lebensstil und die Sammlerleidenschaft der früheren Besitzer gibt.

Städtischer Park Gandarinha, *Av. da República, ☏ 2 14 82 54 10, tgl. 8.30–19.45, im Winter bis 17.45 Uhr, Sa ab 9 Uhr Bio-Markt*

Farol e Museu de Santa Marta – Leuchtturm und Museum Santa Marta (6)

Neben dem Leuchtturm Santa Marta mit seinen markanten blauen und weißen Kacheln im Streifenmuster wurde 2007 ein **Museum zur Geschichte der Leuchttürme Portugals** eröffnet. Außen mit sehr klaren, schlichten Formen und weißen Kacheln gestaltet, beherbergt es im Inneren eine schöne kleine Ausstellung. Alte und neue Leuchtturmtechnik wird ebenso gezeigt wie alte Dokumente und Karten.

Boca do Inferno – „Höllenschlund“

Leuchtturm und Museum Santa Marta, *Rua do Farol, ☏ 2 14 81 53 28, Di–Fr 10–17, Sa, So 10–13 u. 14–17 Uhr, Bus 427 BusCas*

Casa de Santa Maria (7)

Ebenfalls von *Jorge O'Neill* in Auftrag gegeben und Anfang des 20. Jh. vom Architekten *Raul Lino* entworfen, gehört die Casa de Santa Maria zu *Linos* auffälligsten Bauten. In den 1920er-Jahren erwarb die Familie *Espírito Santo* den Stadtpalast samt Anwesen. Illustre Persönlichkeiten, wie die Großherzogin von Luxemburg und der König von Italien, gehörten zu den Gästen der Familie. Seit 2004 im Besitz der Stadt Cascais, sind vor allem die wunderschönen Azulejos im Palast einen Besuch wert.
Casa de Santa Maria, *Rua do Farol, ☏ 2 14 81 53 82, Di–Fr 10–17, Sa, So 10–13 u. 14–17 Uhr, direkt neben dem Leuchtturm*

Boca do Inferno (8)

„Höllenschlund“

Weiter auf dem Weg entlang der Küste gelangt man zum **„Höllenschlund“**. Die tosende Brandung des Atlantiks hat hier vor ewigen Zeiten eine Grotte in die Felsküste gefressen, später brach die Decke dieser Grotte ein. Bei rauer See spritzt die Gischt des Meeres durch die Öffnung des „Höllenschlunds“ hindurch. Rund um diese Natursehenswürdigkeit haben sich ein paar Souvenirhändler und Cafés angesiedelt.
Boca do Inferno, *Av. Nossa Senhora do Cabo 101, Bus 427 BusCas*

Casa da Guia (9)

Keine Sehenswürdigkeit im eigentlichen Sinne, aber einen kleinen Abstecher auf dem Spaziergang entlang der Küste wert. Die Casa da Guia, ehemalige Residenz der Familie *Oliveira e Souza*, entstand Ende des 19. Jh. Heute ist sie bei Portugiesen ein sehr beliebtes Ausflugsziel. Auf dem Gelände haben sich rund 20 Geschäfte (darunter ein Fahrrad-, Kart- und Segwayverleih) und Boutiquen angesiedelt sowie mehrere Restaurants und Cafés mit Terrassen und herrlichen Ausblicken über die Küste. Zudem wechselnde Ausstellungen, sowie samstags ein Bio-Markt (10–17 Uhr).

Casa da Guia, *Av. Nossa Senhora do Cabo 101/Estrada Nacional 247, www.casadaguia.com, ☏ 2 14 84 32 15, tgl. 10–23 Uhr, Bus 427 BusCas*

Der westlichste Punkt Europas

Forte de São Jorge de Oitavos – Fort São Jorge de Oitavos (10)

Eines der wenigen Forts an der Küste, das besichtigt werden kann. Erbaut in den Jahren 1642–1648 sollte das mit einer normalen Besatzung von 22 Soldaten eher kleine Fort, den Küstenstreifen zwischen Guia und Guincho gegen Piraten und Invasoren sichern.

Fort São Jorge de Oitavos, *Estrada do Guincho, ☏ 2 14 82 54 52, Di–Fr 10–17, Sa, So 10–13 u. 14–17 Uhr, Bus 405 u. 415 Richtung Praia do Guincho*

Praia do Guincho (11)

Der Mauersegler-Strand ist ungewöhnlich lang und breit für die felsige Küstengegend nordwestlich von Cascais. Er ist bei Badenden wie Wassersportlern beliebt. Dabei ist die See oft so unruhig, dass das Wasser den Surfer- und Kitern vorbehalten bleibt.

Praia do Guincho, *Estrada do Guincho, Bus 405 u. 415, per Fahrrad auf Radweg entlang der Küstenstraße, per Auto über die EN 247, Parken am Anfang des Strands oder (kostenpflichtig) am Ende, direkt bei der sehr beliebten* **Bar do Guincho (12)**, *die auch abends oft gut besucht ist*

Cabo da Roca – Der westlichste Punkt des europäischen Festlands (12)

Das Felskap liegt 140 m über dem Meeresspiegel und gilt mit seinen Koordinaten 38 Grad 47 Nord und 9 Grad 30 West als westlichster Punkt des europäischen Festlands. Von hier hat man einen wunderbaren Blick über die Küste und das Meer. Eine Tafel zitiert den Nationaldichter *Camões*: „hier…, wo das Land endet und das Meer beginnt“. In der Touristeninformation kann man sich seinen Aufenthalt mit einem Zertifikat bescheinigen lassen.

Cabo da Roca, *Estrada do Cabo da Roca, Bus 403 ab Cascais (oder ab Sintra), Fahrzeit ab Cascais ca. 30 Min., Touristeninfo: tgl. 9–20, Nebensaison bis 19 Uhr*

Reisepraktische Informationen

Touristeninformation

Rua Visconde da Luz 14, ☏ 2 14 82 23 27, Mo–Fr 10–13 u. 14–19, Sa, So 10–13 u. 14–18 Uhr, Infos im Netz: www.cm-cascais.pt/visitantes (nur port.).

Strände

Allgemein gilt: je weiter die Strände von der Tejomündung und Lissabon entfernt liegen, desto sauberer sind sie. Kleine Ausnahme: Die Strände direkt im Zentrum von Cascais, die Praia da Rainha und die Praia da Ribeira, haben wegen ihrer Buchtlage und Nähe zum Hafen eine schlechtere Wasserqualität als die vor der Stadt.

Fahrradverleih

Bicas – Fahrradverleih Cascais, *kostenlose Leihfahrräder der Stadtverwaltung Cascais, tgl. 8–19 Uhr. Mobile Stationen z. B. Nähe Bahnhof, an der Casa das Histórias Paula Rego und an der Casa da Guia. Die einfachen Fahrräder sind heiß begehrt. Seit einigen Jahren ausgebauter Radweg entlang der Nationalstraße 247 vom Hafen in Cascais bis zur Praia do Guincho, kein Schatten. Alternativ zu den* ***Bicas*** *gibt es auch kommerzielle Fahrradverleiher, z. B. an der Casa da Guia.*

Fischauktionen in den Doca-Pesca-Halle

Largo Mestre Henrique Anjos, Mo–Sa ca. 17–18.30 Uhr. In einer schmucklosen Halle sitzen Restaurant- und Ladenbesitzer auf einer Tribüne und begutachten das Fließband mit den in Plastikwannen nach Fischarten sortierten Fangerfolgen. Gesteigert wird per Knopfdruck. Überhaupt nicht spektakulär, aber ein netter Einblick in den Weg, den die Köstlichkeiten nehmen bevor sie auf dem Teller im Restaurant landen. Besucher können von einer Empore aus – unter den zugegebenermaßen eher skeptischen Blicken der Profis – das Geschehen verfolgen.

Tipp

Es gibt gleich mehrere **Golfplätze** rund um Estoril und Cascais, von denen einige zu den besten des Landes zählen und auch internationales Renommee besitzen. Allgemeine Infos (auch auf Deutsch) finden Sie unter www.portugalgolf.pt und auf S. 93.

Einkaufen

In den Einkaufsstraßen, vor allem zwischen der Avenida Valbom und dem Praça 5 de Outubro, finden sich von Souvenirgeschäften bis zu namhaften nationalen und internationalen Modelabels zahlreiche Geschäfte. In der Nähe des Bahnhofs liegt das Cascais Shoppingcenter sowie eine riesige Filiale der Supermarktkette Jumbo. Infos zum sehr beliebten Einkaufsziel Casa da Guia s. S. 295.

Essen und Trinken (Karte s. S. 290/91)

Zahllose Restaurants haben sich in und um Cascais angesiedelt. Von einfacher Küche bis edel gibt es für jeden Geschmack etwas. Wegen der Lage am Meer ist die Dichte an Restaurants mit Fisch- und Meerestiergerichten besonders hoch.

Cafés

€€ **Gelados Santini (1)**, *Av. Valbom 28, Cascais, www.santini.pt, Mo–Sa 11–24, So bis 22 Uhr. Angeblich gibt's hier das beste Eis der Welt. Das ist vielleicht etwas übertrieben, aber lecker ist es und die oft langen Schlangen belegen dies. Mittlerweile Filialen u. a. in Lissabon.*

€ **Pastelaria Galeão (2)**, *Rua Visconde da Luz 3. Sehr einfache und günstige Pastelaria mit Terrasse, gegenüber dem Hinterausgang der Touristeninformation.*

Restaurants

€€€€–€€€€€ **Restaurant und Bar im Hotel Albatroz (3)**, *Rua Frederico Arouca 100, www.albatrozhotels.com, ☏ 2 14 84 73 80. Spezialität des Hauses sind Fisch und Krustentiere. Sehr schöner Blick über Küste und Meer. Die Bar, ebenfalls mit Panorama-Blick ist eine gute Adresse für einen gepflegten Cocktail in gediegener Atmosphäre.*

€€–€€€ **O Crepe (7)**, *Rua Marquês Leal Pancado 18/Ecke Beco dos Navegantes, ☏ 2 14 86 15 05, tgl. 12.30–15.30 u. 19.30–24 Uhr. Französische Küche, sehr schön eingerichtet, Balkon mit Aussicht (Glasfront) und ein paar Tische draußen.*

€€–€€€ **Baía do Peixe (10)**, *Av. D. Carlos I 6, ☏ 2 14 86 51 57, Di–So 12–15.30 u. 19–23 Uhr. Restaurant mit schöner Terrasse. Beim Fisch- oder Meeresfrüchte-Rodízio (ca. 14 bzw. 20 €) kann man verschiedene Leckereien aus dem Meer probieren und auch nachbestellen.*

€€–€€€ **5 Sentidos – Casa do Largo (9)**, *Largo da Assunção 6, ☏ 9 61 57 11 94, Mo–Fr 12.30–15 u. 19.30–2, Sa, So 12.30–14 Uhr. Draußen kleine Terrasse unter „Weinlaube", drinnen weiße Holzdecke und Galerie. Sehr netter Service und leckeres Essen. Musik: Jazz, Bossa Nova, Blues. Tagesgerichte z. T. unter 10 €.*

€€ **Confraria (8)**, *Rua Luis Xabier Palmerim 14, www.confrariasushi.com, ☏ 2 14 83 46 14, tgl. 12–24 Uhr, am Wochenende länger. Liebevoll eingerichtet, mit bunten Sesseln, Sofas und Kerzen, schöne Terrasse, nachmittags Teesalon, abends Sushi und Salate, am späten Abend Bar.*

€–€€ **Esplanada Santa Marta (11)**, *Av. Rei Humberto II de Itália, ☏ 2 14 83 77 79, Di–So 10–24 Uhr. Sehr angenehmes Café-Restaurant auf einer Terrasse mit perfektem Blick auf den Leuchtturm Santa Marta und die Casa Santa Maria.*

€ **A Antiguinha (6)**, *Rua Alexandre Herculano/Ecke Rua Nova Alfarrobeira. Minihäuschen mit zwei sehr netten Terrassen davor und weißem Mäuerchen drumherum. Typische einfache portugiesische Küche vom Grill.*

Sonstiges

Cafe Galeria House of Wonders (4), *Largo de Misericordia, www.house-of-wonders.eu, ☏ 9 11 70 24 28. Die portugiesische Dependance des „Haus der Wunder" ist Café, Bar und Kunsthandwerksgeschäft in einem. Jede Etage ist anders gestaltet, vom Erdgeschoss bis zur sehr schönen Dachterrasse.*

Cascais Jazz Club (5), *Largo Cidade Vitória 36, ☏ 9 33 34 51 67, Do–Sa ab 22 Uhr. Sehr netter Jazz-Club mit Live-Musik und Kunst zum Thema an den Wänden. Träger ist ein Verein, deshalb müssen Besucher Mitglied werden – für eine Nacht.*

Außerhalb von Cascais (Karte s. S. 293)

Moinho D. Quixote (13), *Rua dos Moinhos Lote 5, Azoia, Colares, ☏ 2 19 29 25 23, tgl. 12–2 Uhr, in den Wintermonaten Mo geschl. Direkt an dem Abzweig der N 247 zum Cabo da Roca (hinter Malveira da Serra), Bus 403. Rund um eine alte Mühle ist dieses*

Bar-Restaurant entstanden. Von den Terrassen in einer schönen Gartenanlage hat man herrliche Blicke über die Küste.

Übernachten (s. Karte S. 290/91)
€€€€€€ **Hotel Albatroz (1)**, *Rua Frederico Arouca 100, www.albatrozhotels.com, ☏ 2 14 84 73 80, DZ je nach Ausstattung und Saison 100 bis knapp 500 €. Fünf-Sterne-Hotel, zu dem gleich mehrere Gebäude im Zentrum Cascais gehören. Zum Teil mit sehr schönem Meerblick.*
€€€€€€ **Farol Design Hotel (5)**, *Av. Rei Humberto II De Itália 7, www.farol.com.pt, ☏ 2 14 82 34 90, DZ ca. 120–550 €. Designhotel in einer Villa aus dem 19. Jh. mit modernem Anbau. Die Inneneinrichtung haben namhafte portugiesische Modedesigner wie Ana Salazar und Fátima Lopez gestaltet.*
€€€€€–€€€€€€ **Pousada de Cascais (4)**, *Av. D. Carlos I, www.pousadas.pt, ☏ 2 10 40 17 12, DZ 120–260 €. 2012 eröffnetes Luxushotel mit 108 Zimmern, 18 Suiten und Spa-Bereich, direkt im alten Fort. Zimmer teilweise mit Meerblick.*
€€€€€ **Casa da Pérgola (2)**, *Av. Valbom 13, www.wonderfulland.com/pergola, ☏ 2 14 84 00 40. Wunderschönes Haus mit Azulejo-Fassade, jedes Zimmer ist individuell dekoriert.*
€€–€€€ **Residencial Solar Dom Carlos (3)**, *Rua Latino Coelho 8, www.solardomcarlos.com, ☏ 2 14 82 81 15. 18. Große Zimmer, gutes Preis-Leistungs-Verhältnis. Das Frühstück wird im „antiken Speisesaal" gereicht. Ruhige Lage, schöner Garten.*

Die Berge von Sintra – Königsschlösser und romantische Parkanlagen

Königsschlösser, romantische Parkanlagen und mittelalterliches Stadtzentrum

Andere Klimazone

„Alle Wege führen nach Sintra" so *José Saramago*. Und der portugiesische Literaturnobelpreisträger hat recht: Die exponierte Lage in den grünen Bergen, die pittoreske Altstadt, die verwunschenen Parks und die Königsschlösser machen die Stadt sehenswert. In nur 25 km Entfernung von Lissabon lässt sich eine völlig andere Klima- und Vegetationszone erleben. Bereits im 14. Jh. entstand unter König *João I.* der königliche **Palácio Nacional de Sintra**. Während der spanischen Interimsherrschaft (1580–1640) verlor der Ort an Bedeutung. Neuer Aufschwung sollte erst Anfang des 19. Jh. kommen. Eine weitere Sommerresidenz, der **Palácio Nacional da Pena**, wurde unter König *Fernando II.* gebaut. Auch der Stadtadel zog das

Tipp

– Auch wenn es in Lissabon sehr heiß ist, ist es in Sintra immer deutlich kühler. Nehmen Sie auf jeden Fall eine Jacke mit.
– Vor allem in den Sommermonaten sollten Sie Sintra nach Möglichkeit unter der Woche besuchen. Am Wochenende ist es sehr voll!

Wald in Sintra

kühlere Klima der Berge Sintras den heißen Sommern Lissabons vor – viele weitere prunkvolle Paläste und Parkanlagen entstanden. Kurze Zeit später wurde Sintra von den Romantikern entdeckt, so beispielsweise von *Lord Byron*, der es „das Paradies auf Erden" nannte. Auch heute noch hat sich Sintra seinen ganz eigenen romantischen Charakter bewahrt, vor allem wenn die Berggipfel von Nebel verhüllt sind. Seit 1995 ist Sintra UNESCO-Welterbe. Bis auf die Quinta da Regaleira, werden die meisten Paläste und Parkanlagen von der Firma Paques de Sintra – Monte da Lua verwaltet.

Information

So kommt man hin: **Zug** ab Bahnhof Rossio (*Linha de Sintra*), weitere Zusteigemöglichkeiten in Campo Grande und Sete Rios. Tagsüber alle 10–15 Min., abends alle 30 Min., letzter Zug gegen 1 Uhr, Fahrtzeit ca. 40 Min., Preis einfache Fahrt 1,80 €, **Auto** Autobahnschildern Richtung Cascais (A5) folgen, bis zum Abzweig auf die IC 19 Richtung Sintra. Parkplätze im historischen Zentrum sind äußerst rar, insbesondere im Sommer und an Wochenenden, einfacher ist es rund um den Bahnhof und im Stadtviertel Estefânia.

So kommt man rum: Sintra ist sehr weitläufig, das historische Zentrum einen guten Kilometer vom Bahnhof entfernt und die Sehenswürdigkeiten liegen zum Teil einige Kilometer außerhalb.

Bus 435 *Villa Express* fährt vom Bahnhof zum historischen Zentrum, 0,85 €, tagsüber alle 10 Min.

Bus 434 *Circuito da Pena* fährt vom Bahnhof durch die Altstadt zum Castelo dos Mouros und bis zum Palácio da Pena, 5 €, tgl. 9–19 Uhr, gültig für eine Runde im „Hop-On-Hop-Off"-System.

Sintra entdecken

Am Bahnhof angekommen, hält man sich links und folgt der *Volta do Duche*, der „Kurve der Dusche“, benannt nach der öffentlichen Badeanstalt, die sich hier im 19. Jh. befand. Erstes auffallendes Bauwerk ist das Rathaus, der **Paços do Concelho (1)**. Ein pittoreskes Gebäude, das mit seinen neo-manuelinischen Fenstern und dem mit einem Erker verzierten Turm fast einer Kirche gleicht.

Nach der nächsten Biegung lugen bereits die charakteristischen Kegeltürme des Königspalastes zwischen den Baumspitzen hervor. Zur linken befindet sich der **Parque da Liberdade (2)**. Der „Park der Freiheit“ ist bei Touristen und Einheimischen gleichermaßen beliebt. Lässt sich doch in dieser grünen Oase mit ihren vielen Springbrunnen hervorragend spazieren gehen *(tgl. April–Sept. 10–19, sonst bis 18 Uhr, Eintritt frei)*.

Grüne Oase

Rund um den **Praça da República** ist das Zentrum der Altstadt. Hier befinden sich der Palácio Nacional de Sintra, das Spielzeugmuseum, einige Cafés, Restaurants und Souvenirgeschäfte.

Ein Spaziergang durch die **Altstadt** lohnt sich: mittelalterliche enge Gassen, die sich den Berg hinaufschlängeln, romantische Springbrunnen, eine abwechslungsreiche Mischung stattlicher Bürgerresidenzen und einfacher Wohnhäuser. In der **Casa dos Templários** an der Praça da República waren nach der *Reconquista* die Ritter des Templerordens untergebracht. Sie wurden 1152 von König *Afonso Henriques* zu den Herren und Wächtern der Stadt erklärt. Die **Beco da Judiaria** erinnert an die Zeiten, als Juden sich abends in die ihnen zugeschriebenen Vierteln (*judiarias*) zurückziehen mussten. Der **Torre do Relógio**, der Glockenturm des ehemaligen Gefängnisses, zeigt nicht nur die Zeit an, sondern warnte in der Vergangenheit auch die Bevölkerung vor entflohenen Straftätern. Wer sich einen Überblick über das historische Zentrum aus der Vogelperspektive verschaffen möchte, der steigt am besten bis zum **Miradouro da Ferraria** hinauf. Bei guter Sicht kann man hinter den grünen Hügeln das Meer am Horizont erblicken.

Palácio Nacional de Sintra

Sehenswürdigkeiten
1 Paços do Concelho
2 Parque da Liberdade
3 Palácio Nacional de Sintra
4 Museu do Brinquedo
5 Castelo dos Mouros
6 Parque e Palácio da Pena
7 Jardim e Chalet da Condessa D'Edla
8 Quinta da Regaleira
9 Parque e Palácio de Monserrate
10 Convento dos Capuchos

Essen und Trinken
1 A Raposa
2 Saudade
3 Pastelaria Sapa
4 Páteo do Garrett

Übernachten
1 Lawrence's Hotel
2 Nice Way Sintra Palace
3 Hotel Casa Miradouro
4 Hotel Nova Sintra

Palácio Nacional de Sintra – Königspalast von Sintra (3)

Bereits im 14. Jh. unter König *João I.* auf maurischen Grundmauern erbaut, wurde der Palast unter König *Manuel I.* im 16. Jh. erweitert. Die überdimensionalen, konischen Zwillingskamine sind seit langem das Wahrzeichen Sintras. Über einen breiten Treppenaufgang gelangt man durch die gotischen Bögen in den Palast. Die **Innenräume**

Wahrzeichen Sintras

bestechen durch ihre **einzigartige Dekoration**: reich verzierte und bemalte Decken, aufwendige Wandteppiche und mit bunten Azulejos dekorierte Wände. Hervorzuheben ist beispielsweise das **Schwanen-Zimmer** (*Sala dos Cisnes*), dessen Kassettendecke mit den weißen Tieren bemalt ist. Ebenso das **Arabische Zimmer**, in dessen Mitte ein Marmor–Brunnen plätschert und dessen arabisch anmutende Kacheln bereits aus dem 15. Jh. stammen. Jeder der Räume ist anders gestaltet und hat eine andere Geschichte zu erzählen. So hat hier z. B. der Dichter *Camões* sein National-Epos „Os Lusíadas" zum ersten Mal vorgetragen. Während des Palastrundgangs kommt man immer wieder in kleine Innenhöfe mit Brunnen und Statuen. Letzte Station ist die große Küche mit ihren über 30 m hohen Kaminen.

Palastküche mit riesigen Kaminen

Königspalast von Sintra, *Largo D. Amélia, tgl. 9.30–19, letzter Einlass 18.30 Uhr, Einzelticket 9 €*

Museu do Brinquedo – Spielzeugmusem (4)

Seit 1997 befindet sich hier die größte Spielzeugausstellung des Landes. In mehr als 40 Jahren hat *Arbués Morreira* über 40 000 Exponate gesammelt: ägyptische Murmeln, automatisches Blechspielzeug aus den 1910er–Jahren, unglaubliche Mengen an Zinnsoldaten und Spielzeugautos. Angeschlossen sind ein Café und ein Museumsshop.

Spielzeugmuseum, *Rua Visconde Monserrate, www.museu-do-brinquedo.pt, ☏ 2 19 24 21 71, Di–So 10–18 Uhr, Eintritt 4 €, Kinder 2 €*

Südlich des historischen Stadtzentrums

Castelo dos Mouros – Maurenkastell (5)

Wann dieses alte Gemäuer genau entstand, ist nicht bekannt. Einige Historiker gehen von westgotischen Bauherren aus, gängiger ist aber die Theorie, dass das Kastell unter der maurischen Herrschaft ab dem 8. Jh. erbaut wurde. Mit der *Reconquista* fiel diese an strategisch wichtiger Stelle gelegene Burg nach mehreren Besetzungsversuchen 1147 in die Hände des christlichen Heers unter König *Afonso Henriques*. Im Laufe der Zeit wurde das Kastell weiter befestigt und ausgebaut, verlor jedoch mit zunehmender Befriedung des Landes im 13. Jh. an Wichtigkeit, geriet sogar in Vergessenheit und verfiel. 1839 pachtete König *Fernando II.*, Erbauer des Palácio da Pena, das Castelo und plante eine erste Restaurierung. Ihr heutiges Gesicht erhielt die Burg während einer Renovierungsphase in den 1940er-Jahren. Heute kann man durch den verwunschenen Park spazieren und über die ehemalige Befestigungsmauer laufen. Auch wird man mit einer herrlichen Sicht auf den Pena-Palast und die Berge von Sintra belohnt.

Ruinen

Maurenkastell, *Eingang zum Park an der Estrada da Pena, tgl. Mai–Mitte Sept. 9.30–20, Mitte Sept.–April 10–18 Uhr, letzter Einlass je 1 Std. vorher, Eintritt 7, Familie 25 €, Bus 434 Bahnhof/Zentrum, mit dem Auto ca. 3,5 km vom Zentrum stets bergauf entlang der Einbahnstraße, zu Fuß über den kürzeren, aber steilen ausgewiesenen Wanderweg vom historischen Zentrum aus, Zugang auch über den Nebenausgang des Parque da Liberdade, Eintrittskarten nur am Eingang zur Straße*

Parque e Palácio da Pena – Park und Palast da Pena (6)

Hoch oben auf einem Berg steht dieser romantische Königspalast. Bereits im 13. Jh. befand sich an gleicher Stelle eine kleine Kapelle zu Ehren der *Nossa Senhora da Pena*. Der Name ist geblieben, die Kapelle ist nicht erhalten. Zwischenzeitlich stand hier ein Hieronymiten-Kloster. Nach der Säkularisierung kauften Königin *Maria II.* und ihr

Mann, der deutsche *Fernando II.* (aus dem Hause Sachsen-Coburg-Gotha), das Anwesen. Sie ließen das Kloster restaurieren und erweiterten den Bau um den *Palácio Novo*, den „Neuen Palast". In einem beachtlichen Stilmix und ganz im Sinne der Romantik hat sich das Königspaar hier ein Denkmal setzen lassen. Der deutsche Baumeister *Wilhelm Baron von Eschwege* verstand es, maurische, romanische, gotische, manuelinische, barocke, ja sogar indische Stilelemente in einem einzigen Gebäude unterzubringen. Bis zum Ende der Monarchie 1910 wurde der Palast von den portugiesischen Königen als Sommerresidenz genutzt und danach in ein Museum umgewandelt. Palastanlage und Park bieten wunderbare Ausblicke. Im Inneren lassen sich einige Gemächer samt Einrichtung besichtigen. Von König *Carlos I.* (1889–1908) sind z. B. das Atelier und einige seiner Gemälde zu sehen. In der Palastküche steht auf einer Tafel das letzte Menü angeschrieben, das hier für die Könige gekocht wurde. *Stilmix*

Park und Palast da Pena, *Eingang an der Estrada da Pena, ca. 4 km vom Zentrum, vom Castelo dos Mouros aus ein Stückchen weiter entlang der Einbahnstraße, tgl., Mai–Mitte Sept. Park 9.30–20, Palast 9.45–19, Mitte Sept.–April Park 10–18, Palast 10–17 Uhr, letzter Einlass je 30–60 Min. vorher, Einzelticket 13,50 € bzw. 10 € nur für den Park, Touristenbähnchen vom Parkeingang den Berg zum Palast hoch 2 € extra., Bus 434 Bahnhof/Zentrum*

Jardim e Chalet da Condessa D'Edla – Park und Chalet der Gräfin von Edla (7)

Das Chalet da Condessa D'Edla befindet sich ebenfalls im Parque da Pena. Nach einem Brand im Jahr 1999 und sich anschließenden aufwendigen Restaurierungen ist es erst

Chalet da Condessa D'Edla

seit 2012 wieder zu besichtigen. Erbaut wurde es – wie der Palácio da Pena – von *Ferdinando II.*, allerdings mit seiner zweiten Frau, der ehemaligen Opernsängerin *Elise Friederike Hensler*. Trotz ihrer Erhebung in den Stand einer Gräfin wurde diese unstandesgemäße Beziehung beim Rest der Königsfamilie nicht gern gesehen. Das dem Baustil von Häusern aus der Alpenregion nachempfundene, aber mit dem typischen Kork der Sintra-Region verzierte Chalet, soll der Rückzugspunkt des Paars gewesen sein. Besonders skurril: Die Fassade sieht aus wie Holz, ist aber bemalter Putz. Auch hier hat *Fernando II.* seiner Sammelleidenschaft für exotische Pflanzen gefrönt, weshalb ein Spaziergang durch Garten und Park besonders schön ist.
Park und Chalet der Gräfin von Edla, *Eingang am Abzweig von der Estrada da Pena, tgl. im Sommer 9.30–19, im Winter 10–18 Uhr, letzter Einlass 1 Std. vorher, Einzelticket 9 €, Bus 434 Bahnhof/Zentrum, Haltestelle „Lagos“ und dann zu Fuß, oder im Sommer Di, Do o. Fr per Kutschfahrt von den Seen im Pena-Park zum Chalet, Erwachsene 3, Kinder 1,50 €*

Westlich des historischen Stadtzentrums

Quinta da Regaleira (8)

Der neo-manuelinische Palast und die **romantische Gartenanlage** mit ihren unzähligen Statuen, Brunnen, Grotten und unterirdischen Gängen machen die Quinta da Regaleira zu einem Erlebnis der ganz besonderen Art. Entstanden ist die heu-

Quinta da Regaleira

Palácio de Monserrate

tige Anlage um 1900 nach Plänen des italienischen Architekten und Bühnenbildners *Luigi Manini*. Diesem gelang es, die exzentrischen Vorstellungen des millionenschweren Eigentümers *António Augusto de Carvalho Monteiro* umzusetzen.
Nationale Motive spielen auf den Ruhm und Glanz der ehemaligen Entdeckernation Portugal an. Stilemente der Gotik, Manuelinik und Renaissance verschmelzen mit Kreuzritter- und Freimaurer-Symbolik. Einen faszinierenden Einblick in diese mystische Weltvorstellung gibt der *Poço Iniciático*. Ein trockener Brunnen, dessen Wendeltreppe die Ober- mit der Unterwelt verbindet und der eventuell für freimaurerische Initiationsriten genutzt wurde. Der Palast wird seit 1998 als Museum genutzt.
Tipp: Taschenlampe mitnehmen. Die unterirdischen Gänge sind nur zum Teil beleuchtet.
Quinta da Regaleira, *Rua Barbosa do Bocage, www.regaleira.pt, ☏ 2 19 10 66 50, tgl. im Sommer 10–20, im Herbst u. Frühjahr bis 18.30, im Winter bis 17.30 Uhr, letzter Einlass je. 30 Min. vorher, Eintritt 6 €, Kinder ab 9 Jahre 3 €, Familien 18 €, mit Führung (tgl. 6–8 Mal) 10, 15 bzw. 25 €, thematische Führungen ab 8 Pers. mit Voranmeldung, zu Fuß knapp 1 km vom historischen Zentrum über die Rua Consiglieri Pedroso oder Bus 435 Zentrum/Bahnhof*

Parque e Palácio de Monserrate – Monserrate-Park und Palast (9)

Gotische, indische und maurische Elemente machen aus dem Palast den **Inbegriff der Romantik**. Die riesige Gartenanlage mit ihren exotischen Pflanzen unterstreicht diesen Charakter. Der britische Literat und Baumeister *William Beckford* mietete sich für einige Jahre hier ein und gestaltete die Anlage nach seinen

Vorstellungen. Auch der Dichter *Lord Byron* fühlte sich angezogen und bezeichnete diesen Ort als „den schönsten des gesamten Reichs". Sein heutiges Antlitz erhielt der Palast ab 1855, nachdem er vom reichen englischen Kaufmann *Francis Cook* gekauft wurde. 2000–10 wurde der Palast aufwendig restauriert und ist wegen seines ganz eigenen Charmes und seines wunderschönen Parks einen Besuch wert.

Park und Palast von Monserrate, *Estrada Nova da Rainha, tgl. April–Okt. 9.30–20, Palast bis 19, Nov.–März 9.30–19 Uhr, letzter Einlass je 1 Std. vorher, Einzelticket 7 €, Familien 25 €, ca. 5,5 km vom Zentrum entfernt, Bus 435 Zentrum/Bahnhof*

Außerhalb

Convento dos Capuchos – Kapuzinerkloster (10)

In einem weiteren der verwunschenen Parks, versteckt in den Bergen Sintras, liegt das Kapuzinerkloster. Als Bettelorden der Franziskaner suchten die Mönche ein Leben in vollkommener Abgeschiedenheit und Einfachheit. Das Kloster wurde bereits in den 1560er–Jahren erbaut und bis zur Säkularisierung immer von genau acht Mönchen bewohnt. Bekannt ist das Kloster vor allem wegen seiner ungewöhnlichen Isolierung. So sind die winzigen Zellen und Räume des Klosters mit Kork ausgekleidet, was eine stark kälte- bzw. wärmeisolierende Wirkung hat. Korkeichen gibt es in der Gegend reichlich. Teilweise wurde der Kork sogar in kunstvollen mosaikähnlichen Details angebracht. Ein paar Gehminuten bergauf befindet sich die winzige *Höhle des Bruder Honorius*. Als Einsiedler lebte dieser hier drei Jahrzehnte lang in völliger Abgeschiedenheit, nachdem er sich vorher weltlichen Leidenschaften zu sehr hingegeben hatte – so die Legende.

Garten des Convento dos Capuchos

Kapuzinerkloster, *Estrada dos Capuchos, tgl. Mai–Mitte Sept 9.30–20, Mitte Sept.–April 10–18 Uhr, Einzelticket 6 €, Familien 21 €, mit dem Auto über die EN 247-3, ca. 9 km vom historischen Zentrum in Sintra entfernt, kein Transport mit öffentlichen Verkehrsmitteln (Stand: Anfang 2013)*

Reisepraktische Informationen

(Karte s. S. 301)

Touristeninformation

Direkt im Bahnhofsgebäude (☏ 2 19 24 16 23, tgl. 10–12.30 u. 14.30–18 Uhr) sowie in der Altstadt (Praça da República 23, ☏ 2 19 23 11 57, tgl. 9.30–18, im Aug. bis 19 Uhr). Infos der Stadtverwaltung unter www.cm-sintra.pt.

Kombitickets Paläste und Parks: *Für die von der Firma Parques de Sintra – Monte da Lua verwalteten Sehenswürdigkeiten (Palácio Nacional de Sintra, Palácio da Pena, Chalet da Condessa D'Edla, Castelo dos Mouros, Palácio Monserrate u. Convento dos Capuchos) gibt es verschiedene Kombitickets, z. B. Palácio da Pena und Castelo dos Mouros zusammen für 17 € bzw. 54 € für Familien, Einzelticket 7 €–13,50 €. Alle Sehenswürdigkeiten tgl. geöffnet, außer am 1. Jan. u. 25. Dez. Weitere Infos unter www.parquesdesintra.pt.*

Essen und Trinken

Cafés

Saudade (2), *Av. Dr. Miguel Bombarda 6, So–Mi 8.30–20, Do–Sa bis 24 Uhr. Café mit Terrasse in ehemaliger Käserei. In einigen der Räume des verwinkelten Gebäudes wird Kunsthandwerk angeboten. Gemütliche Atmosphäre, leckere Kuchen, große Tee-Auswahl.*

Pastelaria Sapa – Fábrica das Verdadeiras Queijadas (3), *Volta do Duche 12, Di–So 9–19, im Winter bis 18 Uhr. Hier gibt es die berühmten Queijadas de Sintra, kleine Törtchen gefüllt mit Frischkäse. Das Rezept geht bis aufs frühe 13. Jh. zurück. Hier in der „Fabrik der wahren Queijadas" gibt's die echten.*

Piriquita 1, *Rua das Padarias 1, Do–Di 9–22 Uhr. Café seit 1862, mit großer Auswahl und hervorragender Qualität, daher oft sehr voll. Spezialität des Hauses: Travesseiros de Sintra („Kopfkissen aus Sintra"), ein mit schmackhafter Mandelmasse gefülltes Blätterteiggebäck.*

Piriquita 2, *Rua das Padarias 18, Ableger der Piriquita 1, Mi–Mo 8.30–20 Uhr mit einer sehr netten Terrasse und eher jüngerem Publikum.*

Restaurants

€€€–€€€€ **A Raposa (1)**, *Rua Conde Ferreira 29, ☏ 9 34 80 28 96, Di–So 13–24 Uhr. Einst soll hier König Dom Carlos nach der Fuchsjagd bei einem Freund im Prachtsaal des Palacete aus dem Jahr 1888 gesessen haben. Heute ein sehr geschmackvoll eingerichtetes Restaurant, mit schöner Aussicht. Die Küche ist portugiesisch mit Fusion-Einflüssen, Spezialität sind die Risotto-Variationen und die über 40 Tee-Sorten.*

€€–€€€ **Restaurant Lawrence's**, *Rua Consiglièri Pedroso 38–40, www.lawrenceshotel.com, ☏ 2 19 10 55 00, tgl. 12.30–15 u. 19.30–22 Uhr. Das Restaurant im Hotel Lawrence ist ein Klassiker. Hier aßen schon Lord Byron, Eça de Queiroz und William Beckford. Nach einigen Jahren des Verfalls bietet das Haus jetzt in restaurierten Räumen wieder schönes Ambiente und gute Qualität. Sehr gute Weinkarte, oft gelobte moderne portugiesisch-internationale Küche. Außerdem z. B. Baguettes ab 4,50 €. Mit Terrasse.*

€€–€€€€ **Alcobaça**, *Rua das Padarias 7–11, ☏ 2 19 23 16 51, tgl. 12–24 Uhr. Gewölbeähnliche Steindecke, einfache portugiesische Küche.*

€–€€€ **Tacho Real**, *Rua da Ferraria 4, ☏ 2 19 23 52 77, Do–Di 12–15 u. 19.30–22 Uhr. Reservierung empfohlen. Gute regionale portugiesische Küche mit internationalen Einflüssen. Dieses Restaurant mit schöner kleiner Terrasse liegt etwas abseits des Trubels.*

€€ **Páteo do Garrett (4)**, *Rua M. E. Reis Ferreira Navarro 7, www.pateodogarrett.com,*

☏ 2 19 24 33 80, Do–Di, im Sommer durchgehend, im Winter abends nur auf Anfrage. Wunderschöne Terrasse mit Blick auf die Altstadt und den Königspalast, traditionelle portugiesische Küche. Sehr schön auch für einen Kaffee oder Snack am Nachmittag.

€–€€€ **Tulhas**, *Rua Gil Vicente 6, ☏ 2 19 23 23 78, tgl. 11–24 Uhr. Bodenständige portugiesische Küche sowie Crêpes, Pasta und Pizza; mit ein paar Tischen auf einem Balkon, drinnen mit typischen gelb-blauen Fliesen.*

€ **Café da Villa**, *Calçada do Pelourinho 2–8, ☏ 9 67 09 13 96. Direkt unterhalb des Königspalastes, einfaches Restaurant in Orange und dunklem Rot gehalten, internationale Küche, einfaches Menü ab 8 €.*

Übernachten

Privatzimmer, Apartments und weitere Hotels können bei der Tourismusinformation erfragt oder auf www.sintrainn.net eingesehen werden.

€€€€–€€€€€ **Lawrence's Hotel (1)**, *Rua Consigliéri Pedroso 38–40, www.lawrenceshotel.com, ☏ 2 19 10 55 00. Dieses Hotel nimmt für sich in Anspruch, das älteste noch bestehende der iberischen Halbinsel zu sein, es wurde bereits 1764 eröffnet. Die 7 Zimmer des 5-Sterne-Hotels sind sehr liebevoll eingerichtet und der Service ist freundlich. Spezialangebote im Internet. Angeschlossen ist das gleichnamige Restaurant.*

€€€–€€€€€ **Hotel Casa Miradouro (3)**, *Rua Sotto Mayor 55, www.casa-miradouro.com, ☏ 9 14 29 22 03. Sehr nettes Hotel mit acht Zimmern, schönem Garten und Sicht auf's Meer. Das Haus ist leicht zu finden, es ist auffällig quergestreift.*

€€€–€€€€ **Hotel Nova Sintra (4)**, *Largo Alfonso Albuquerque 25, www.novasintra.com, ☏ 2 19 23 02 20. Hotel der Mittelklasse in einem renovierten Haus aus dem Jahre 1875 mit 15 Zimmern in zentraler Lage zwischen Bahnhof und dem Stadtteil Estefânia. Zweckmäßig eingerichtete Zimmer, alle mit Bad, TV, WLAN und Heizung. Frühstücksbüfett. Sehr schöne große Terrasse mit Blick auf das Castelo dos Mouros.*

€€–€€€€ **Nice Way Sintra Palace (2)**, *Rua Sotto Mayor 22, www.sintrapalace.com, ☏ 2 19 24 98 00, Dorms 16–18, DZ 45–60 €. Eines des wenigen Hostels in Sintra, nördlich des historischen Zentrums mit sehr schönem Garten. Sehr familiäre Atmosphäre, nettes Personal.*

Aktivitäten

Touristenbähnchen, *Gesellschaft TPP (Transportes Parque da Pena), ☏ 2 14 66 26 08, 5 €, Abfahrt vom Platz vor dem Palácio Nacional, der Rundkurs (ca. 25 Min.) führt durch das historische Zentrum und die Stadtteile São Pedro und Estefânia.*

Elektrische Fahrräder, *Verleihstation am Torre de Relógio, Nähe Palast, ☏ 2 19 24 16 77, 30 € pro Tag bzw. 19 € (14–18 Uhr). Gilt gleichzeitig als Ticket für die Parks von Pena, Monserrate, Castelo dos Mouros und Convento dos Capuchos.*

Bus 403, *Gesellschaft Scotturb, verbindet Sintra (ab Bahnhof) und die Strände an der Küste (inkl. dem Cabo da Roca) mit Cascais (Karte s. S. 294). Fahrt durch Naturpark Sintra-Cascais.*

Abstecher zum Meer, *von Sintra sind es nur ca. 15 km bis zu schönen Stränden an der Küste. Eine historische Straßenbahn fährt vom Stadtteil Estefânia die Berge runter zu den Stränden Praia Grande und Praia das Maçãs. Fr–So 12–18 Uhr (stdl.), von Nov.–Ende März kürzer, Di–Do nur gelegentlich (Auskunft gibt die Touristeninformation, ☏ 2 19 23 69 20). Einfache Fahrt 2 €. Alternativ zur Straßenbahn mit dem Bus 441, 3,20 € einfache Fahrt, ab der Bahnstation Portela de Sintra (eine Station vor Sintra) und ab Av. Dr. Desidério Cambournac.*

Klosterpalast in Mafra

Palácio e Convento de Mafra – der Klosterpalast in Mafra

Für Fans monumentaler Barock-Paläste lohnt sich ein Ausflug in den Klosterpalast von Mafra, der als der bedeutendste barocke Gebäudekomplex des Landes gilt. Wie der *Escorial* bei Madrid vereint er Kloster, Palast und eine bedeutende Bibliothek.

i Information

Lage: Mafra liegt rund 40 km nordwestlich von Lissabon.
So kommt man hin: **Bus**: Gesellschaft *Mafraense* (Richtung Ericeira – Zambuzal), Busbahnhof an der Metrostation Campo Grande, werktags alle 30–60 Min., Sa, So und an Feiertagen ca. alle 1–2 Std., Fahrtzeit ca. 50 Min., ca. 5 €, Haltestelle direkt vor dem Palast. **Zug**: Die Anfahrt mit dem Zug ist nicht zu empfehlen, da sich der Bahnhof 9 km außerhalb der Stadt befindet. **Auto**: Von Lissabon über die A8 Ausfahrt Mafra, der Palast ist ausgeschildert. Parkplätze sind vorhanden.
So geht's weiter: Mit dem Bus kann man zur 10 km entfernten Küste fahren, außerdem befindet sich in der Nähe ein Naturpark. Infos hat die Touristeninformation.

Auch die portugiesischen Könige wählten eine ansonsten eher unbedeutende Ortschaft für ihren Prachtbau. Allerdings, und das wird in Portugal auch heute gerne noch betont, misst der portugiesische Bau 40 000 m^2 und ist damit um 7000 m^2 größer als der des ewigen Konkurrenten Spanien.

1712 versprach König *João V.*, ein Kloster für ein gutes Dutzend Franziskanermönche zu bauen, sollte ihm seine Gattin, die Erzherzogin *Anna Maria von Österreich*, einen Thronfolger gebären. Dieser Wunsch ging 1714 in Erfüllung. Drei Jahre später fand die Grundsteinlegung statt unter Leitung des Regensburger Baumeisters *Johann Friedrich Ludwig* (port. *João Frederico Ludovice*). Befördert durch die sprudelnden Goldeinnahmen aus Brasilien, wuchsen während der Planungs- und Bauphase die Wünsche des Königs immer rasanter. Frei nach dem Motto „das Beste ist gerade gut genug" wurden aus aller Herren Länder nur die edelsten Materialien importiert und namhafte Künstler verpflichtet. Durch den Monumentalbau, das Kloster sollte nun 300 Mönchen Platz bieten, entstand in Mafra eine bedeutende Bildhauerschule, die der italienische Meister *Alexandre Giusti* leitete. Hier perfektionierte der damals noch junge portugiesische Großmeister barocker Statuen *Joaquim Machado de Castro* sein Handwerk.

Monumentalbau

1729 arbeiteten über 42 000 Menschen an dem Projekt, unter zum Teil menschenunwürdigen Bedingungen, die viele Arbeiter das Leben kostete. Die beiden insgesamt über 200 t schweren Glocken der Kirchtürme stammen aus Antwerpen, der farbige Marmor teilweise aus Carrara, die Edelhölzer aus Brasilien. Es wurden rund 4500 Türen und Fenster verbaut und allein die Hauptfront misst weit über 200 m. Den Bau des Konventpalastes hat der portugiesische Literaturnobelpreisträger *José Saramago* in seinem Roman „Das Memorial" eindrucksvoll verarbeitet.

Bibliothek

Besichtigt werden können heute neben Basilika und Kreuzgang einige der königlichen Gemächer und klösterlichen Räume. Ein besonderes Schmuckstück ist die Bibliothek. Auf einer Länge von 80 m erstrecken sich über zwei Etagen Regalreihen mit fast 40 000 Büchern. Darunter sind so wertvolle Stücke wie eine Erstausgabe des Nationalepos „Os Lusiadas". Die weißen – und nicht wie ursprünglich geplant vergoldeten – Decken sind u. a. Zeugen dafür, dass dem König schlicht die Mittel ausgingen. Tatsächlich genutzt hat das Königspaar all die aufwendige Pracht nur wenige Tage im Jahr. Das war auch in späteren Jahren so. Nach der Säkularisierung 1834 übernahm das Militär den Klosterbereich und nutzt auch aktuell noch Teile davon. Ein Grund, warum Besuchern nur ein kleiner Teil der riesigen Anlage offen steht. Künftig sollen allerdings weitere Teile des Klosters zugänglich gemacht werden.

Klosterpalast in Mafra, *Terreiro Dom João V, Mafra, ☏ 2 61 81 75 50., Palast: Mi–Mo. 10–17.30 (letzter Einlass 16.30) Uhr, Eintritt 6 €, Basilika: tgl. 10–13 u. 14–17 Uhr, Eintritt frei*

Reisepraktische Informationen

Touristeninformation

Im Nordturm des Klosterpalasts, ☏ 2 61 81 71 70, Mi–Mo 10–17 Uhr, am Wochenende 13–14 Uhr geschl.

Essen und Trinken

Direkt gegenüber dem Palast, rund um den Praça da República, sind gleich mehrere Cafés, Pastelarias und Restaurants zu finden. Direkt auf dem Platz, mit Blick (über die parkenden Autos hinweg) auf den Palast lässt sich z. B. von der Esplanada Real aus bei einem Kaffee der Monumentalbau noch mal von außen bewundern.

Palácio Nacional de Queluz – Nationalpalast von Queluz

Der Königspalast in Queluz wird oft als **das Versailles Portugals** bezeichnet. Seine heutige Umgebung ist allerdings eher unköniglich: zwischen zwei Autobahnausfahrten an einer Durchgangsstraße gelegen, mit Hochhäusern im Hintergrund und massig Parkplätzen vor der Tür. Von dieser etwas unromantischen Optik sollte man sich nicht abschrecken lassen. Hat man die Pforte zur Eingangshalle hinter sich gelassen, taucht man in den prunkvollen barocken Traum der Innenausstattung und der Palastgärten ein. Die Anlage wurde **1747 vom späteren König *Pedro III.* in Auftrag gegeben**. Zunächst sollte von dem Architekten *Mateus Vicente de Oliveira*, der bei dem Erbauer des Mafra-Palastes sein Handwerk gelernt hatte, der bestehende Jagdpavillon umgebaut und eine Sommerresidenz entworfen werden. Ab 1758 arbeitete auch der französische Architekt *Jean Baptiste Robillion* an dem Projekt. 1782 wurde die erste Audienz im Thronsaal in Queluz abgehalten. Als 1794 der nach dem Erdbeben angelegte vorläufige Palast in Lissabon einem Brand zum Opfer fiel, diente Queluz bis 1807 (Flucht des Königshauses nach Brasilien) immer wieder als königliche Residenz.

Barocker Traum

Die Innenausstattung des Palastes ist mit ihrem Stuck, den vielen Spiegeln, Marmor und Kristalllüstern deutlich von französischen Einflüssen geprägt und im Barock- und Rokoko-Stil gehalten. Elemente wie Azulejos und brasilianische Edelhölzer bezeugen aber auch einen typisch portugiesischen Charakter. Als einer der schönsten Säle wird der Krönungssaal mit seinen vergoldeten Statuen angesehen. Bemerkenswert sind außerdem der Don-Quixote-Saal, mit Gemälden über das Leben dieser berühmten spanischen Literaturfigur, und die königliche Porzellansammlung aus China, die hier zum Teil ausgestellt ist. Der Name „Queluz“ bedeutet übrigens wörtlich „welch Licht“ – passend, wenn man sieht, wie lichtdurchflutet manche Säle sind und sich vorstellt, wie die Lüster die Säle und Spiegel abends zum Leuchten bringen.

i Information

Lage: Der Palast liegt gut 15 km nordwestlich von Lissabon.

So kommt man hin: **Zug**: Bahnhof Rossio, Linie Lissabon-Sintra bis Haltestelle Queluz/Belas, ca. 15 Min Fahrzeit, Züge alle 20 Min, Preis: 1,80 €. Von dort ca. 10 Min. zu Fuß. **Bus**: Busse der Gesellschaft *Lisboa Transportes-Vimeca*. Nr. 101, alle 20 Min. Vom Busbahnhof an der Metrostation Colégio Militar bis Haltestelle Queluz Palácio, ca. alle 40 Min., oder Nr. 163 bis Haltestelle Quatro Caminhos, von dort schnell zu Fuß zu erreichen, Preis: 3,20 €; **Auto**: IC19 Richtung Sintra, Ausfahrt Palácio Nacional de Queluz, vor dem Palast gibt es ausreichend Parkplätze.

Faixada das Cerimónias – Eine der Prunkfassaden des Palácio de Queluz

Der zentrale Teil der **wunderschönen Gärten** hinter der königlichen Residenz ist ebenfalls von französischen Einflüssen geprägt. Zwischen den akkuraten Buchsbaumhecken im Versailles-Stil, den Brunnen und den zahlreichen Statuen müssen sehr illustre Feste stattgefunden haben. In einem ehemaligen Gewächshaus gibt es einen Teesalon mit schöner Terrasse. Heute wird ein Teil des Hauptgebäudes als Museum genutzt, ein anderer dient den Portugiesischen Präsidenten zu Repräsentationszwecken. Im Gebäude der ehemaligen Palastküche ist ein schönes Restaurant untergebracht und die ehemaligen Räumlichkeiten der Palastgarde beherbergen ein ansprechend restauriertes Hotel gehobener Preisklasse. Als Übernachtungsgelegenheit liegt es für Lissabon-Besucher allerdings etwas weit außerhalb. Seit September 2012 wird der Palast von der Gesellschaft Parques de Sintra verwaltet.

Museum

Nationalpalast von Queluz, *Largo do Palácio de Queluz, Queluz, www.parquesdesintra.pt, ☏ 2 19 23 73 00, tgl. Mai–Sept. 10–18.30, Okt.–April 9–17.30 Uhr, Eintritt 9 €, Happy Hour 7 € (15.30–18 Uhr), nur Gärten 4 €, Familien 31 €, 25 € bzw. 14 €, Führungen (Preis 5 €) tgl. 10.30 u. 14.30 Uhr (auch auf Engl.)*

Costa da Caparica – Der Strand vor der Haustür Lissabons

Die Costa da Caparica ist ein einziger, kilometerlanger Sandstrand, der sich ohne Unterbrechung bis zur Süd-Spitze der Halbinsel von Setúbal hinzieht. Sie ist so etwas wie das Estoril oder Cascais „der kleinen Leute", werden die Strände doch intensiv von den Anwohnern der benachbarten Viertel und Städte genutzt, viele Arbeiter und Angestellte. Vom ehemaligen Städtchen Caparica sind nur noch einige ältere Häuser und Sommerresidenzen erhalten, ansonsten dominieren hässliche Hochhäuser das Panorama. Seit Jahren wird der Strand ausgebessert: tonnenweise neuer Sand aufgekippt, Wellenbrecher sollen zukünftig den alljährlichen Sand- und Strandschwund minimieren. Seit Sommer 2009 zieren 27 äußerlich identische Strandbuden mit Restaurants und Cafés die Promenade.

Vor allem im Sommer gilt: Je weiter die Strände vom Stadtkern entfernt sind, desto leerer werden sie auch. Jeder Strandabschnitt hat seine eigene Besuchergruppe und seinen eigenen Charakter: z. B. der Wellenreiterstrand, der Schwulenstrand und einer der wenigen FKK-Strände des Landes. Für alle Strände gilt: Wellen und vor allem Meeresströmungen sind äußerst stark und tückisch. Jedes Jahr ertrinken Schwimmer und Surfer. Deshalb ist das Schwimmen nur an ruhigen Tagen zu empfehlen, für Kinder sind die Strände kaum geeignet. Seit über 60 Jahren zuckelt ein kleines Touristenbähnchen in den Sommermonaten die südlichen Strände ab. Allerdings soll der Betrieb aus wirtschaftlichen Gründen 2013 trotz zahlreicher Proteste der Anwohner eventuell eingestellt werden.

Gefährliche Strömungen

i Information

Lage: Die Costa da Caparica liegt südlich Lissabons auf der Setúbal-Halbinsel.
Touristeninformation: Direkt am Strand, in einem modernen, zweistöckigen Gebäude, Tel. 2 12 90 00 71, Mo–Fr 9.30–13 u. 14–17.30, Sa 9.30–13 Uhr.
So kommt man hin: Fähre & Bus: vom Cais do Sodré alle 20–40 Min. nach Cacilhas (ca. 5.30–1 Uhr, Tickets: Viva Viagem/7 Colinas, Option Zapping). Von da mit dem Bus 135 (Costa da Caparica/via Rápida), 3,20 € einfache Fahrt. Die Tickets der Lissabonner Verkehrsbetriebe gelten für diesen Bus nicht. **Nur Bus:** 153 ab Metro Praça da Espanha, 161 ab Metrostation Areeiro, direkt zum Busbahnhof in Costa da Caparica. Die Hauptverkehrszeit meiden, auf der Brücke kommt es oft zu Staus. Fahrzeit ca. 1 Std. Schöner und schneller ist die Überfahrt mit der Fähre. **Auto:** Von Alcântara über die Brücke 25 de Abril oder mit der Autofähre vom Cais do Sodré übersetzen (Pkw einfache Fahrt 2,70 €, etwas weniger regelmäßig als die Passagierfähren).
So geht's weiter: Christus-Statue, Cacilhas, Almada (s. S. 279).

4. ANHANG

Etwas Portugiesisch für Unterwegs

Niemand erwartet von einem Lissabon-Urlauber, dass er Portugiesisch spricht. Umso größer ist das Erstaunen und die Freude der *lisboetas*, versucht man sich – wenn auch holprig – mit einigen Worten in der Landessprache. Wir haben ein paar Ausdrücke und Phrasen zusammengestellt, die man relativ leicht erlernen kann und auf die auch keine komplizierten Antworten zu erwarten sind. Diejenigen, die des Spanischen oder einer anderen romanischen Sprache mächtig sind, werden feststellen, dass Portugiesisch gut lesbar, jedoch unglaublich schwer zu verstehen ist. Einzelne Wörter eines Satzes verschmelzen, einige Vokale fallen weg, andere werden stark nasalisiert.

Ein paar Grundregeln zur Betonung und Aussprache

Die Betonung liegt prinzipiell auf der vorletzten Silbe. Sie liegt auf der letzten Silbe, wenn das Wort mit einem Konsonanten (**s** und **m** ausgenommen) endet oder die letzte Silbe ein **i** oder **u** enthält.

Akzente: Die Silbe mit Akzent wird betont.

Vokale: Alle Vokale kommen auch in nasalierter Version vor, die in jedem Fall geschlossen ausgesprochen werden. Vokale werden nasaliert, wenn diese vor **n** oder **m** stehen (**m** und **n** werden dann nicht mit ausgesprochen) oder eine Tilde **~** haben. Akut ´und Gravis `zeigen an, dass der Vokal offen auszusprechen ist. Vokale mit Zirkumflex **^** werden geschlossen ausgesprochen. Unbetonte Vokale werden immer geschlossen ausgesprochen.

Die Konsonanten **b**, **d**, **f**, **l**, **m**, **n**, **p** und **t** werden ähnlich wie im Deutschen ausgesprochen.

Diphthonge **ai**, **ei**, **eu** und **ui** werden getrennt ausgesprochen, z. B. E-u-ro-pa, statt Eu-ro-pa.

c	vor **a**, **o** oder **u** – wie **k**
c	vor **e** oder **i** – stimmloses **s** wie in La**s**t
ç	stimmloses **s** wie in Fa**ss**
ch	immer stimmloses **sch** wie in **Sch**ule
g	vor **a**, **o** und **u** – wie deutsches **g**
g	vor **e** und **i** – stimmhaftes **sch** wie in **J**ournal
gu	vor **a** und **o** – wie deutsches **gu**
gu	vor **e** und **i** – wie deutsches **g**
h	am Wortanfang – wird nicht ausgesprochen
lh	wie **lj** bzw. wie italienisches **gl**
nh	wie **nj** bzw. wie italienisches **gn**
qu	vor **a** und **o** – wie **qu** in **Qu**elle
qu	vor **e** und **i** – wie deutsches **k**
v	wie **w** in **w**o
x	am Wort- und Silbenanfang meist wie stimmloses **sch** wie in **Sch**ule, im Wortinneren meist wie **ss** in Fa**ss**

Begrüßung

Hallo	Olá
Guten Tag	Bom dia (bis 12 Uhr)
Guten Nachmittag	Boa tarde (ab 12 Uhr)
Gute Nacht	Boa noite (Begrüßung nach Sonnenuntergang)
Auf Wiedersehen	Adeus
Bis morgen	Até amanhã
Bis bald	Até logo
Bis gleich	Até já
Wie geht's Ihnen?	Como está?
Mir geht's gut!	Estou bem!
Wie heißen Sie?	Como se chama?
Ich heiße...	Chamo-me...

Wichtige Begriffe

Bitte	por favor/se faz favor (höflicher: wenn Sie mir den Gefallen tun)
Danke	obrigado (Männer)/obrigada (Frauen)
Bitte, gern geschehen	de nada
ja	sim
nein	não
vielleicht	talvez
mit	com
ohne	sem
nichts	nada
Entschuldigung	com licença (um Erlaubnis bittend)
Entschuldigung	desculpe (um Verzeihung bittend)
nach rechts	à direita
nach links	à esquerda
geradeaus	em frente
offen	aberto
geschlossen	encerrado/fechado

Zeiten

morgens	de manhã
mittags	ao meio dia
nachmittags	à tarde
abends/nachts	à noite
heute	hoje
morgen	amanhã
übermorgen	depois de amanhã
gestern	ontem
vorgestern	anteontem

Jahr	ano
Monat	mês
Woche	semana
Tag	dia
Wochenende	fim de semana

Wochentage

Montag	segunda-feira/2.ª
Dienstag	terça-feira/3.ª
Mittwoch	quarta-feira/4.ª
Donnerstag	quinta-feira/5.ª
Freitag	sexta-feira/6.ª
Samstag	sábado/sáb.
Sonntag	domingo/dom.

Monate

Januar	Janeiro
Februar	Fevereiro
März	Março
April	Abril
Mai	Maio
Juni	Junho
Juli	Julho
August	Agosto
September	Setembro
Oktober	Outubro
November	Novembro
Dezember	Dezembro

Straßen und Plätze

Avenida	avenida
Straße	rua
Platz	praça
kleiner Platz	largo
Querstraße	travessa
Gasse/oft Sackgasse	beco
Gasse/oft mit Treppen	calçada
Treppengasse	escadinhas

Touristisch relevante Begriffe

Terrasse, Außengastronomie	esplanada
Öffnungszeiten	horário de funcionamento

Ruhetag	dia de descanso
Ferien	férias
Toiletten	casa de banho
Doppelzimmer	quarto duplo
Einzelzimmer	quarto individual
Zimmer mit Bad	quarto com casa de banho
Zimmer mit Dusche	quarto com duche
Zimmer ohne Bad	quarto sem casa de banho
Mit (ohne) Frühstück	com (sem) pequeno almoço
Flughafen	aeroporto
Hafen	porto
Bahnhof	estação de comboios
Bushaltestelle	paragem de autocarro
Straßenbahnhaltestelle	paragem de eléctrico
Metrostation	estação de metro
Fahrkarte	bilhete
Hin- und Rückfahrt	ida e volta

Zahlen

1	um (männlich)/uma (weiblich)
2	dois (m.)/duas (w.)
3	três
4	quatro
5	cinco
6	seis
7	sete
8	oito
9	nove
10	dez
11	onze
12	doze
13	treze
14	catorze
15	quinze
16	dezasseis
17	dezassete
18	dezoito
19	dezanove
20	vinte
21	vinte e um/vinte e uma
22	vinte e dois/vinte e duas, etc.: alle weiteren Zehnerzahlen werden gebildet, indem die Einerstelle einfach mit **e** (und) hinzugefügt wird.
30	trinta
40	quarenta
50	cinquenta
60	sessenta
70	setenta
80	oitenta
90	noventa
100	cem
101	cento e um/uma, etc.: hinzufügen der weiteren Zahlen durch **e** (und).
1000	mil

Oft in diesem Reiseführer verwendete Ausdrücke

azulejo	typisch portugiesische Fliese oder Kachel
Nossa Senhora	Heilige Maria, Mutter Gottes
Reconquista	Rückeroberung der maurisch beherrschten iberischen Halbinsel durch christliche Kreuzritter

rei/rainha	König/Königin
santo/a	Heiliger, Heilige; vor männlichen Namen São, wenn Name mit Konsonant beginnt, z. B. São Vicente
talha dourada	barocke, vergoldete Holzschnitzereien

Kleiner Knigge für Unterwegs

Andere Länder, andere Sitten – Was Sie für einen gelungenen Aufenthalt in Lissabon vermeiden sollten:

Sich mit einem spanischen „gracias" bedanken. Entweder auf Deutsch oder Englisch oder am besten auf Portugiesisch, mit *obrigada/-o*. Das Wort wird adjektivisch behandelt, d. h. die Endung ist abhängig vom Sprecher. Männer bedanken sich mit **obrigado**, Frauen mit **obrigada**.
Sich einfach durchdrängeln. Sei es in engen Gassen, im überfüllten Bus oder wo auch immer. Das Zauberwort heißt **com licença**, was so viel wie „mit Ihrer Erlaubnis" bedeutet. Dabei handelt es sich lediglich um eine rhetorische Frage, eine Antwort wartet man nicht ab.
Sich vordrängeln. An Bushaltestellen bilden sich oft lange Schlangen. Wer diese nicht respektiert, kann – auch als Tourist – sehr schnell den Unwillen der Umstehenden zu hören bekommen. Das Prinzip „Hinten-Anstellen" gilt auch für alle anderen Warteschlangen.
In Bussen und Bahnen hinten einsteigen. Hier gilt: einsteigen vorne, aussteigen hinten. Ausnahme sind die modernen Niederflurwagen der Straßenbahnlinie 15.
Fahrscheine in Bussen oder Bahnen mit großen Scheinen zahlen. Billiger und praktischer sind die Mehrfahrtentickets *Viva Viagem/7 Colinas*. Hat man diese noch nicht erworben, kann man beim Fahrer direkt zahlen. Man sollte aber Kleingeld bereithalten, um den Verkehr nicht unnötig aufzuhalten.
In Restaurants einfach Platz nehmen. Nach Betreten des Restaurants wartet man, bis man einen Tisch vom Kellner zugewiesen bekommt. Gibt es genug freie Tische, kann man aus den Gezeigten auswählen. In Cafés und *tascas* gilt diese Regel nicht.
Sich im Restaurant einfach an einem Tisch dazusetzen. Auch wenn ein Tisch längst nicht voll besetzt ist, setzt man sich nicht einfach dazu. Das gilt als sehr unhöflich. Ausnahme: der Kellner fragt die anderen Gäste zuvor.
Getrennt bezahlen. Ist man in einer Gruppe oder auch nur zu zweit unterwegs, wird trotzdem eine gemeinsame Rechnung bestellt.
Offen zeigen, dass man ungeduldig wird. In Portugal ticken die Uhren manchmal langsamer. So hilft es weder am Tresen mit den Fingern zu schnipsen noch, wird z. B. die Hotelreservierung nicht gleich gefunden, die Augen zu verdrehen. Jegliches Zeichen von Ungeduld wird mit einem stoischen **com paciência** (mit Geduld) beantwortet und führt mit Sicherheit nicht zu einer Beschleunigung der Arbeitsgeschwindigkeit.

In kurzen Hosen und Turnschuhen in die Disco gehen. Im Normalfall kann man davon ausgehen, dass man vom Türsteher bereits am Eingang abgewiesen wird. **Sich während des Fado unterhalten**. Wenn der Fadista seine Kunst zum Besten gibt, werden Unterhaltungen als fehlender Respekt gegenüber dem Sänger empfunden. **Kirchenbesichtigung trotz Gottesdienst**? Lässt ihr Zeitplan keinen anderen Termin zu, können Sie natürlich die Kirche betreten. Angebracht ist es dann aber, hinten stehen zu bleiben oder sich in eine der hinteren Bänke zu setzen. Auch außerhalb der Gottesdienste sind Kirchen in Portugal oft von Gläubigen besucht. Lautes Reden, sehr knappe Sommerbekleidung und Sonnenhut auf dem Kopf sind prinzipiell nicht angebracht. Fotografieren ist entweder ganz verboten oder nur ohne Blitz gestattet.

Bedeutende Portugiesen (chronologisch geordnet)

Heinrich der Seefahrer (1394–1460): Fünfter Sohn von König *João I.*, Herzog von Viseu und bedeutender Auftraggeber von Entdeckungsreisen im 15. Jh.: zu den Inselgruppen Madeira und Azoren, zu den Kapverden und entlang der Küste Westafrikas bis zum Kap Blanc. Die angeblich von ihm gegründete, berühmte Seefahrtsakademie (*escola náutica*) in Sagres, in der geheimes Wissen gelehrt wurde, ist nach heutigem Stand der Wissenschaft allerdings eine romantische Erfindung des 19. Jh. In Lissabon ist er als Gallionsfigur des Entdeckerdenkmals in Belém verewigt. Der große Seefahrer ist selbst übrigens nie weiter als bis nach Nordafrika gesegelt.

Manuel I. (1469–1521): Sein offizieller Titel war „König von Portugal und der Algarve, Herr der Eroberungen, der Seefahrt und des Handels mit Indien, Äthiopien, Arabien und Persien", genannt auch Manuel der Glückliche. Unter seiner Herrschaft erreichte Portugal die größte Machtausdehnung, die Entdeckung des Seewegs nach Indien, die offizielle Entdeckung Brasiliens, die Kontrolle über die Gewürzroute bis zu den Molukken. Innenpolitisch festigte er den Absolutismus, baute das Bildungs- und Finanzwesen aus, Zwangskonvertierung der Juden und Mauren, Einführung der Inquisition. Das Land erlebte eine bis dahin nicht gekannte finanzielle und kulturelle Blüte, das sogenannte „Goldene Zeitalter". Prachtbauten im später nach dem König benannten manuelinischen Stil entstanden in ganz Portugal, in Lissabon z. B. das Jerónimos-Kloster und der Torre de Belém. Beigesetzt ist König Manuel in der Kirche des Jerónimos-Klosters.

Vasco da Gama (1469–1524): Entdeckte im Auftrag König *Manuel I.* den Seeweg nach Indien. Mit vier Schiffen kam er am 14. April 1498 in Kalkutta an. Als Gouverneur und Vice-König Indiens (1504–1524) sicherte er die Stellung der portugiesischen Händler. Seit 1880 ist er im Jerónimos-Kloster beigesetzt. Auch auf dem ehemaligen Expo-Gelände wird des erfolgreichen Entdeckers gedacht: Die Brücke und das Einkaufszentrum tragen seinen Namen und die beiden Zwillingstürme *São Rafael* und *São Gabriel* die Namen zweier seiner Schiffe.

Luís Vaz de Camões (ca. 1524–1580): Nationaldichter Portugals und Verfasser des Epos „Os Lusíadas". Biografische Daten sind kaum bekannt, Originaldokumente nicht vorhanden. Wahrscheinlich wurde er in Lissabon in einer Familie des niedrigen Adels geboren und studierte in Coimbra. Später lebte er am Hof von *João III.* in Lissabon. In Nordafrika diente er zwei Jahre als Soldat, wo er bei einem Kampf ein Auge verlor. In den 1550er–Jahren schiffte er sich nach Indien ein, wo er 15 Jahre als Soldat diente und große Teile seines Nationalepos schuf. Zurück in Lissabon gelang ihm 1572 die Veröffentlichung seines Werkes, acht Jahre später starb er verarmt an der Pest. Sein symbolisches Grabmal ist im Jerónimos-Kloster in Belém zu sehen, im ehemaligen Literatenviertel Chiado steht seine Statue auf gleichnamigem Platz. Seit 1989 wird als höchste Auszeichnung für portugiesische Literatur der *Prémio Camões* verliehen.

Marquês de Pombal (1699–1782): *Sebastião José de Carvalho e Melo*, Graf von Oeiras und Markgraf von Pombal. Unter dem schwachen König *José I.* konzentrierte er die Macht des Staates als Premierminister auf sich. Als Anhänger des aufgeklärten Absolutismus versuchte er mit einem umfangreichen Reformprogramm das rückständige und unter Misswirtschaft leidende Portugal zu modernisieren. Mit teilweise drastischen Maßnahmen schwächte er die Vormachtstellung des Adels und Klerus: z. B. durch die Auslöschung der Familie *Távoras* und die Ausweisung der Jesuiten. Er verbot die Sklaverei in Portugal, unterstellte die Inquisition der Krone und reformierte Universitäten und Verwaltung. Außerdem betrieb er die systematische Kolonisierung Brasiliens und eine merkantilistische Wirtschaftspolitik. In Lissabon ist er als der Erbauer der Baixa nach dem großen Erdbeben 1755 allgegenwärtig. Nach dem Tod *José I.* wurde er von Königin *Maria I.* abgesetzt und ein Teil seiner Reformen wurden rückgängig gemacht.

Fernando Pessoa (1888–1935): *Pessoa* verbrachte einen Teil seiner Kindheit in Südafrika und lebte nach seiner Rückkehr 1905 in Lissabon. Seinen Lebensunterhalt verdiente er als Fremdsprachenkorrespondent, nachdem er ein Angebot der Universität von Coimbra abgelehnt hatte, dort englische Sprache und Literatur zu unterrichten. Eigentümliche Besonderheit seines Werks: *Pessoa* schrieb unter mehr als 70 Heteronymen. Dahinter verbergen sich, anders als bei Pseudonymen, eigene Persönlichkeiten, mit eigener Biographie, Schreibstil und Themen. *Pessoa* starb im Alter von 47 Jahren an Leberzirrhose. Zu Lebzeiten verkannt, gilt er heute als einer der wichtigsten Literaten des 20. Jh. Sein Nachlass, über 24 000 Fragmente, ist bis heute nicht komplett ausgewertet. Als seine Familie Ende 2008 Teile seines Nachlasses versteigerte, wurde dies kritisch diskutiert. Besteht doch die Gefahr, dass so dieser Nachlass für die Öffentlichkeit und Forschung unzugänglich in Privatsammlungen verschwinden könnte. Sein letzter Wohnort wurde 1993 in das Museum Fernando Pessoa umgewandelt, sein Grab befindet sich im Jerónimos-Kloster in Belém. Werke von und über *Pessoa* finden Sie in den Literaturtipps auf S. 324.

António de Oliveira Salazar (1889–1970): 1932–1968 Ministerpräsident und Diktator. Er stammte aus einfachen Familienverhältnissen, trat ins Priesterseminar ein, später Studium der Finanzwissenschaften in Coimbra. 1928–32 Finanzminister mit vollständiger Handlungsfreiheit über die Staatsfinanzen: Über ein rigides Sparprogramm gelang es ihm, den Staatshaushalt und sämtliche Auslandsschulden auszugleichen. 1933 Verabschiedung der neuen Verfassung, die den *Estado Novo* begründete, einen autoritären Ständestaat mit faschistischen Zügen. Aufgrund eines Schlagan-

falls übergab *Salazar* 1968 seine Amtsgeschäfte an *Marcello Caetano*. 1970 erlag er seiner Krankheit.
Noch immer ist *Salazar* – trotz seiner diktatorischen Herrschaft – bei vielen Portugiesen sehr beliebt. 2007 wurde er in der Fernsehsendung „*Os grandes Portugueses*" (entspricht in etwa „Unsere Besten" in Deutschland) zum bedeutendsten Portugiesen aller Zeiten gewählt. Am 35. Jahrestag der Nelkenrevolution, die der Diktatur am 25. April 1974 ein Ende setzte, wurde der Hauptplatz seiner Geburtsstadt Santa Comba Dão nach ihm benannt. Die Proteste der linken Partei *Bloco da Esquerda* konnten das nicht verhindern.

Amália Rodrigues (1920–1999): Sie machte den Fado international bekannt und wird auch als „Königin des Fado" bezeichnet. Im Laufe ihres Lebens nahm sie mehr als 170 Platten auf und wirkte in unzähligen Filmen mit. Wegen ihrer unkritischen Haltung gegenüber dem Salazar-Regime wurde sie oft kritisiert. Anlässlich ihres Todes wurden drei Tage Staatstrauer angeordnet. Ihr Grab befindet sich heute im Nationalpantheon in Lissabon. Die einzige Frau übrigens, der diese Ehre bislang zuteil wurde. In ihrem Wohnhaus in Lissabon wurde 2001 ein Museum eingerichtet.

José Saramago (1922–2010, Azinhaga): Schriftsteller, Literaturnobelpreis 1998, Prémio Camões 1995. Seinen internationalen Durchbruch erzielte er 1982 mit seinem Roman „Das Memorial". Er war bekennender Atheist und Kommunist, 1986 sprach er sich gegen den Beitritt Portugals zur EU aus. Sein 1991 erschienenes Werk „Das Evangelium nach Jesus Christus" wurde vom Vatikan als blasphemisch eingestuft. Als das Werk von der Liste der Kandidaten für den Europäischen Literaturpreis vom damaligen Kulturstaatssekretär *Pedro Santana Lopes* gestrichen wurde, verlegte *Saramago* aus Protest seinen Wohnsitz auf die kanarische Insel Lanzarote. Für seine Kulturstiftung erwarb er 2009 die Casa dos Bicos in Lissabon. 2011, ein Jahr nach seinem Tod, wurde vor dem Gebäude ein großer Olivenbaum aus seinem Heimatort Azinhaga do Ribatejo gepflanzt sowie ein Teil seiner Asche verstreut. An der Gedenkstätte Saramagos legen Fans oft Blumen nieder, eine Steinbank soll zum Verweilen und Lesen einladen. Wegen seiner oft radikalen Ansichten war der Literaturnobelpreisträger jedoch bei den Portugiesen nicht uneingeschränkt beliebt.

Álvaro Siza Vieira (1933): Portugals berühmtester und international anerkannter Architekt. Neben unzähligen anderen Auszeichnungen gewann er z. B. 1992 den Pritzker Preis für den Wiederaufbau des 1988 durch einen Großbrand zerstörten Viertels Chiado. Auch die gleichnamige Metrostation entwarf er. Ein weiteres seiner Meisterwerke ist auf dem ehemaligen Expo-Gelände zu sehen: der Pavilhão de Portugal mit seiner schwebenden Betondecke. In Portugal gilt er als der Vertreter der Moderne. Beeinflusst wurde er vor allem von *Adolf Loos, Frank Lloyd Wright* und *Mies van der Rohe*. Mehr Informationen unter www.alvarosizavieira.com.

Eusébio da Silva Ferreira (1942): Der in Maputo (Mosambik) geborene *Eusébio* prägte den portugiesischen Fußball der 1960er–Jahre nachhaltig: 1965 wurde er Europäischer Fußballer des Jahres, 1966 Torschützenkönig der Fußballweltmeisterschaften in England. Er gewann mit Benfica zehnmal die Meisterschaft, fünfmal den Pokal und 1962 den Pokal der Landesmeister. Außerdem wurde er mehrmals Torschützenkönig und 1970 und 1973 Fußballer des Jahres von Portugal. „Der schwarze Panther", wie er auch genannt wird, ist seit 1992 als Funktionär und Berater für Benfica und als Repräsentant für den Fußball in Portugal tätig. Verewigt ist der Fußballstar bereits in Form einer überlebensgroßen Statue vor dem Benfica-Stadion.

Maria João Pires (1944): Die in Lissabon geborene Pianistin studierte am Konservatorium in Lissabon sowie an der Musikakademie in München und Hannover. Zu ihrem Repertoire gehören neben Bach, Beethoven und Mozart auch die Romantiker wie Schubert und Schumann. Sie gilt u. a. als eine der besten Chopin-Interpretinnen und trat mit namhaften Orchestern auf, wie beispielsweise den Berliner und Wiener Philharmonikern und dem London Philharmonic Orchestra. Seit 2006 lebt Portugals berühmteste Pianistin in Brasilien.

José Manuel Rodrigues Berardo (1944): Leidenschaftlicher Kunstsammler und Großaktionär. Als *Joe Berardo* bekannt, auch gerne betitelt als „Goldjunge Portugals" oder „Gulbenkian des 21. Jh.". Er wuchs in einfachen Verhältnissen auf Madeira auf, brach als 13-Jähriger die Schule ab und verdiente sein Geld mit dem Aufkleben von Etiketten in einer Weinfabrik. Nach seinem 18. Geburtstag wanderte er nach Südafrika aus. Dort verdiente er zunächst sein Geld mit dem Verkauf von Gemüse, 1977 kaufte er seine erste Goldmine. Aufgrund der steigenden Goldpreise wurde er in den 1980er–Jahren reich. Nach Gold folgten Diamanten, Öl, Papier, Banken und Marmor. Mit dem EU-Eintritt Portugals 1986 kehrte er in seine Heimat Madeira zurück. Er kaufte große Aktienpakete diverser Banken und Unternehmen. 2007 scheiterte sein Versuch 85 % der Aktien des Sport- und Fußballvereins Benfica zu übernehmen. Der Schlossgarten seines Hotels Monte Palace auf Madeira wird jährlich von mehr als 200 000 Touristen besucht. Er gilt als einer der zehn reichsten Männer des Landes, allein seine Kunstsammlung wird vom Auktionshaus Christies auf 360 Mio. € geschätzt. Teile seiner Sammlung können im Museu Barardo in Belém (s. S. 229) besichtigt werden.

José Manuel Durão Barroso (1956): Seit November ist *Barroso* 2004 Präsident der Europäischen Kommission. Er studierte u. a. Jura und Politikwissenschaften in Lissabon, Florenz und New York, Abschluss in Wirtschafts- und Sozialwissenschaften der Universität Genf. 1980 wurde er Direktor der Abteilung für internationale Beziehungen der Universität Porto. Er trat im gleichen Jahr der bürgerlichen PSD (*Partido Social Democrata*) bei, 1992–95 Außenminister, 2002–04 Ministerpräsident.

Cristiano Ronaldo (1985): Auf Madeira geboren, Fußballer und Weltfußballer des Jahres 2008, Spieler der Nationalmannschaft. Er spielte von 2003 bis 2009 für Manchester United und wechselte 2009 für die Rekordsumme von 94 Mio. € zu Real Madrid.

Vanessa de Sousa Fernandes (1985): Portugals erfolgreichste Triathletin, gewann 2008 bei den Olympischen Spielen in Peking die Silbermedaille und wurde u. a. fünfmal in Folge Europameisterin (2004–08). Sie trainiert beim Verein *Sporting Lisboa e Benfica.*

Literaturtipps

Auswahl an internationalen Autoren und Werken mit Lissabon-Bezug

Leopoldo Brizuela: *Nacht über Lissabon*. Lissabon in einer Novembernacht 1942. Die Stadt ist der letzte Hafen Richtung Freiheit und hier liegt das Schiff, die *Boa Esperança*. Die Gespräche verschiedener fiktiver und realer Personen kreisen um Fragen der Weltpolitik sowie um Fado und Tango.

Pascal Mercier: *Nachtzug nach Lissabon*. Lateinlehrer *Raimund Gregorius* lässt sein wohlgeordnetes Leben hinter sich und begibt sich auf die Spur des Portugiesen *Amadeu de Prado* in Lissabon.

Curt Meyer-Clason: *Portugiesische Tagebücher*. *Curt Meyer-Clason* leitete von 1969 bis 1975 das Goethe-Institut in Lissabon. Mit seinen Tagebuchaufzeichnungen liefert er ein eindrucksvolles Dokument der Zeit und Stimmung in Lissabon vor, während und nach der Nelkenrevolution.

Titus Müller: *Die Jesuitin von Lissabon*. Historischer Roman über die Zeit des großen Erdbebens 1755. Erzählt wird vom Machtkampf der Jesuiten. Ihr erbitterter Gegner ist *Antero Moreira de Mendonca*, junger Wissenschaftler und ehemaliger Jesuiten-Schüler. Dieser hofft auf die Hilfe der deutschen Kaufmannstochter *Leonor*.

Antonio Muñoz Molina: *Der Winter in Lissabon*. Eine wilde Mischung aus Krimi, Liebesgeschichte und sentimentalen Schwärmereien von alkoholdurchtränkten Nächten in Jazzkellern. Der Pianist *Biralbo* hat in Lissabon einen Mann erschossen, den Ex-Mann seiner Geliebten, und begibt sich auf die Flucht.

Erich M. Remarque: *Die Nacht von Lissabon*. Portugal 1942, der Lissabonner Hafen bietet Flüchtlingen den letzten Ausweg aus dem Europa des zweiten Weltkriegs. Der Roman schildert das Gespräch zweier Flüchtlinge vor dem Naziregime in einer Bar.

Antonio Tabucchi: *Erklärt Pereira*. Schauplatz der Handlung ist Lissabon 1938, während der Diktatur *Salazars*. *Pereira* ist Redakteur einer Zeitung und interessiert sich nicht sonderlich für aktuelle politische Geschehnisse, bis er den jungen *Monteiro Rossi* kennenlernt.

Antonio Tabucchi: *Lissabonner Requiem*. Der Erzähler schlendert durch die Stadt und trifft fiktive und reale Persönlichkeiten, findet das Lissabon von heute und gestern.

Robert Wilson: *Tod in Lissabon*. Eigentlich muss Kommissar *Ze Coelho* den Mord eines Teenagers aufklären, seine Ermittlungen führen ihn jedoch ins Portugal der 1940er–Jahre. Interessant sind vor allem die Einblicke in die Nazi- und Geheimdiensttätigkeiten in Portugal, wenn auch kein Anspruch auf Authentizität erhoben wird.

Oscar Winkler: *Verliebt in Lissabon*. Streifzüge durch die Stadt am Tejo. In Erinnerung an einen Besuch vor 40 Jahren streift der Protagonist durch Lissabon und seine Vergangenheit.

Gaby Wurster: *Lissabon – Eine literarische Einladung.* Anthologie. Autoren wie Fernando *Pessoa, José Saramago, Anónio Lobo Antunes* und viele andere bringen dem Leser die Stadt am Tejo näher.

Richard Zimler: *Der Kabbalist von Lissabon.* Historischer Hintergrund ist das Judenpogrom in Lissabon 1506. Auf der Suche nach dem Mörder seines Onkels gerät *Berekia* immer tiefer in die geheimnisvollen Kreise der Kabbala.

Auswahl ins Deutsche übersetzter Werke portugiesischer Autoren

António Lobo Antunes: *Gestern in Babylon hab ich dich nicht gesehen.* Die Nacht, die Träume, Ängste und Wünsche der Menschen sind das Thema in diesem Roman des neben *José Saramago* bekanntesten zeitgenössischen portugiesischen Autors. Die Frankfurter Rundschau lobt z. B.: „Einer der unerreichten, wenn nicht überhaupt unerreichbaren Giganten der Gegenwartsliteratur."

António Lobo Antunes: *Der Judaskuss.* Eine Nacht in einer Lissabonner Bar, ein Soldat erzählt seine Erinnerungen und Erfahrungen aus dem Angolakrieg.

António Lobo Antunes: *Die Leidenschaft der Seele, Die natürliche Ordnung der Dinge* und *Der Tod des Carlos Cardell.* Trilogie zum Stadtteil Benfica, in dem der Autor seine Kindheit verbracht hat. Eine Aufarbeitung des Wandels vom ländlichen Viertel hin zu Bettenburgen und Einkaufszentren.

Luís de Camões: *Die Lusiaden – Os Lusíadas.* Das portugiesische Nationalepos aus dem 16. Jh. Die großen Eroberungs- und Entdeckungsfahrten in zehn Gesängen.

Von Fernando Pessoa

Alberto Caeiro: *Poesia – Poesie. Pessoa* nennt sein Heteronym *Alberto Caeiro* (1889–1915) seinen Meister. Sein kurzes Leben verbringt dieser in völliger Abgeschiedenheit auf dem Lande im Ribatejo, wohin er sich wegen einer Tuberkuloseerkrankung zurückgezogen hat.

Fernando Pessoa: *Mein Lissabon. Was der Tourist sehen sollte.* Ein Reiseführer über Lissabon – aus der Sicht des großen portugiesischen Literaten der Moderne. *Pessoa* verfasste seinen Reiseführer auf Englisch, vermutlich 1925. Veröffentlicht wurde das Buch 1992 aus seinem Nachlass. Der zweite Teil des Buches besteht aus Zitaten und Fotos aus dem Werk und Leben *Pessoas* und „seinem Lissabon".

Bernardo Soares: *Das Buch der Unruhe des Hilfsbuchhalters Bernardo Soares.* Eine lose Sammlung von Fragmenten aus *Fernando Pessoas* literarischem Nachlass. Eine Neufassung des „Buches der Unruhe" und um weitere identifizierte Texte erweitert. *Pessoas* Sicht auf Lissabon, das Leben und die Weltanschauungen des Hilfsbuchhalters *Bernardo Soares.*

Über Fernando Pessoa

Angel Crespo: *Fernando Pessoa. Das vervielfältigte Leben.* Eine Biografie. *Crespo* rekonstruiert die fiktionale Welt der Heteronyme *Pessoas* mit Präzision und großer Sachkenntnis, mit zahlreichen Fotos illustriert.

Antonio Tabucchi: *Die letzten drei Tage des Fernando Pessoa: Ein Delirium*. Eine fiktive Biografie über Leben und Tod *Fernando Pessoas*. Während seines Krankenhausaufenthalts kurz vor seinem Tod 1935 statten ihm seine Heteronyme einen letzten Besuch ab.

Antonio Tabucchi: *Wer war Fernando Pessoa? Antonio Tabucchi* beschäftigt sich seit vielen Jahren mit dem bedeutendsten portugiesischen Lyriker des 20. Jh. Der Schriftsteller versucht dem Rätsel dieses Dichters auf die Spur zu kommen.

Weitere Autoren

José Cardoso Pires: *Lissabonner Logbuch. Stimmen, Blicke, Erinnerungen*. Lissabon, die „Weiße Stadt" mit kunstvollem Pflaster und Azulejos, die Stadt der Trinker und falschen Könige, mit den Augen dieses großen portugiesischen Literaten betrachtet.

Eça de Queirós: *Das Verbrechen des Paters Amaro*. 1876 war das Buch ein Skandalroman. Der junge Priester *Amaro Vieira* wird in ein Provinznest versetzt, ein Pfuhl aus Liebeleien, Eifersucht, Neid und Habgier. *Queirós* zeigt die bigotte Haltung der Frauen sowie die zerstörerischen Auswirkungen des Zölibats.

Eça de Queirós: *Vetter Basilio*. „Vetter Basilio" zählt zu den großen Liebes-, Verführungs- und Ehebruchromanen des 19. Jh. Das Werk wird oft verglichen mit *Tolstois* „Anna Karenina", *Flauberts* „Madame Bovary" und *Fontanes* „Effi Briest". Eine mit kühler Ironie vorgetragene Kritik an der Dekadenz der portugiesischen Gesellschaft.

Von José Saramago

Vom 2010 verstorbenen, bislang einzigen, portugiesischen Literaturnobelpreisträger sind fast alle Romane und Novellen ins Deutsche übersetzt. Hier eine kleine Auswahl:

Geschichte der Belagerung von Lissabon. Die Hauptfigur *Raimundo Silva* schreibt den Text, den er korrigieren soll, um: 1147 gewinnen die Mauren den Kampf um die Stadt Lissabon. Eine fiktive Geschichte Lissabons.

Das Memorial. Berichtet wird vom Bau des Klosters und Palastes in Mafra. Erzählt wird auch die Liebesgeschichte zwischen dem einarmigen Soldaten *Baltasar* und der Seherin *Blimunda*. Zusammen mit einem ketzerischen Pater bauen sie einen fantastischen Flugapparat, um ihrem Elend zu entkommen.

Die Stadt der Blinden. Eine rätselhafte Krankheit sucht eine ganze Stadt heim. Nur eine Frau ist nicht von ihr betroffen. Ein Roman über Verzweiflung, Mut, Solidarität und die menschlichen Abgründe.

Die Stadt der Sehenden. Knapp zehn Jahre nach seinem Welterfolg schafft *Saramago* 2004 ein Pendant zur „Stadt der Blinden". Die Ausgangslage in dieser Geschichte: Es ist Wahl und kaum einer geht hin. Die Wenigen, die kommen, geben leere, weiße Stimmzettel ab.

Eine Zeit ohne Tod. Was wäre, wenn der Tod in Streik tritt und einfach niemand mehr stirbt? So geschieht es in diesem Roman an einem 1. Januar in einem nicht genauer identifizierten Land und so ist es auch am darauffolgenden Tag.

Kleine Erinnerungen. Von Saramago als „kleine Autobiografie" bezeichnet. Der Autor erzählt aus seinen Kinder- und Jugendtagen.

Die portugiesische Reise. Literarische und kulturelle Reise des Autors durch Portugal. „Der Reisende ist kein Tourist. Das ist ein großer Unterschied. Reisen heißt entdecken, alles andere ist nur vorfinden." So charakterisiert *José Saramago* selbst das Reisen.

Sachbücher

Walther L. Bernecker und Horst Pietschmann: *Geschichte Portugals: Vom Spätmittelalter bis zur Gegenwart.* Kurz und knapp erfährt man hier alles Wissenswerte zur portugiesischen Geschichte. Ein gutes Einstiegswerk.

Horst Günther: *Das Erdbeben von Lissabon und die Erschütterung des aufgeklärten Europa.* Ein Überblick über die geistige Landschaft Europas am Vorabend des großen Erdbebens in Lissabon 1755 sowie dessen Auswirkungen.

Wolfgang Hubert und David Schwarzwälder: *Portugal und seine Weine. Ein Weinland im Aufbruch.* Ein Buch für Weinkenner und diejenigen, die es werden möchten. Weingeschichte, traditionelle wie neue Rebsorten und Weingüter, übersichtlich nach Regionen gegliedert. Dem Portwein wird ein gesondertes Kapitel gewidmet. Mit vielen schönen Fotos.

Antonio Louçã: *Nazigold für Portugal. Hitler und Salazar.* Die wirtschaftlichen Beziehungen Portugals und Deutschlands in der ersten Hälfte des 20. Jh. wurden bislang wenig untersucht. Das Buch erklärt zudem konkret die verworrenen Geschäfte zwischen Hitlers Deutschland und Salazars Portugal.

A. H. de Oliveira Marques: *Geschichte Portugals und des portugiesischen Weltreiches.* Das Überblickswerk in deutscher Sprache zur portugiesischen Geschichte. Mit sehr ausführlichem Register, deshalb gut zum Nachschlagen geeignet, jedoch aufgrund seines Umfangs von über 700 Seiten nichts für die Reisebibliothek.

Maria de Fátima Mesquita-Sternal und Michael Sternal: *Portugiesische Gedichte/Poemas Portugueses. Vom Mittelalter bis zur Gegenwart.* Ein Überblick über die poetische Landschaft Portugals in 86 Gedichten vom Mittelalter bis heute.

Diego Hurtado de Mendoza: *Fliesendekor aus Portugal.* Rund 200-seitiger, quadratischer Bildband mit Beispielen portugiesischer Azulejo-Kunst, mehrsprachig und mit den abgebildeten Mustern auf einer beiliegenden CD.

Rioletta Sabo, Jorge N. Falcato und Nicolas Lemonnier: *Azulejos in Portugal. Fliesendekor in Palästen, Gärten und Kirchen.* Azulejos aller Epochen in Lissabon und Umgebung, mit wunderschönen Fotos illustriert.

Henry Thorau (Hrsg.): *Portugiesische Literatur.* In 22 Aufsätzen werden die bedeutendsten portugiesischen Schriftsteller und Schriftstellerinnen des 20. Jh. vorgestellt. Alle Artikel verfügen über eine Bibliografie, eingeteilt in Primärwerke und Sekundärliteratur.

Câmara de Lisboa (Hrsg.): *Parks, Gardens and Geomonuments of Lisbon*. Schöner Führer über die Gärten und Parks in Lissabon. Mit Karten und praktischen Tipps. Erhältlich auf Portugiesisch oder Englisch in der städtischen Buchhandlung – Livraria Municipal (s. S. 251).

Für Kinder

Maria João Manso und Dieter Mettelsiefen: *Lissabon für Kinder*. Illustrierter und mit vielen Spielen, Rätseln sowie Gedichten versehener Reiseführer für Kinder im Vor- und Grundschulalter. Am einfachsten vor der Abreise über das Internet zu bestellen.

Danksagung

Für ihre tatkräftige Unterstützung bedanken wir uns bei Susanne Ruckgaber, Claudia Spöth, Tobias Schoofs, Uwe Schmitz, Ana Mafalda Nunes, Zé Antunes, Cristiano Pereira, Leonel Neves und Sr. Manuel.

Bildnachweis

Soweit nicht anders angegeben stammen alle Bilder aus dem Privatbesitz der Autorinnen Barbara Claesges und Claudia Rutschmann, bis auf:
S. 19, 26, 177 Arquivo Municipal de Lisboa/Arquivo Fotográfico
S. 161, 267 Museu da Cidade
S. 250 Museu Bordalo Pinheiro

Karten und Grafiken

Stichwortverzeichnis

A

B

IWANOWSKI'S REISEBUCHVERLAG

FÜR INDIVIDUELLE ENTDECKER

REISEHANDBÜCHER

Europa
Barcelona und Umgebung ▤
Berlin*
Dänemark*
Finnland* ▤
Irland* ▤
Island*
Liparische Inseln *
Lissabon
Madeira*
Moskau & Goldener Ring
Nordspanien & Jakobsweg*
Norwegen* ▤
Paris und Umgebung*
Piemont & Aostatal*
Polens Ostseeküste & Masuren*
Provence mit Camargue*
Rom*
Schweden* ▤
Tal der Loire mit Chartres*

Asien
Hong Kong
Oman*
Peking
Rajasthan mit Delhi & Agra*
Shanghai
Singapur ▤
Sri Lanka/Malediven*
Thailand*
Tokio mit Kyoto
V.A.E. mit Dubai & Abu Dhabi *
Vietnam*

Afrika
Äthiopien*
Botswana* ▤
Kapstadt & Garden Route*
Kenia/Nordtanzania*
Mauritius mit Rodrigues* ▤
Namibia* ▤
Südafrikas Norden & Ostküste*
Südafrika* ▤
Uganda/Ruanda*

Australien / Neuseeland
Australien mit Outback*
Neuseeland*

Amerika
Chile mit Osterinsel*
Florida* ▤
Guadeloupe und seine Inseln
Hawaii*
Kalifornien*
Kanada/Osten*
Kanada/Westen*
Karibik/Kleine Antillen*
New York
USA/Große Seen*
USA/Nordosten*
USA/Nordwesten*
USA/Ostküste*
USA/Süden*
USA/Südwesten*
USA/Texas & Mittlerer Westen*
USA/Westen* ▤

101... - Serie: Geheimtipps und Top-Ziele
101 Berlin ▤
101 China
101 Florida
101 Hamburg ▤
101 Indien
101 Inseln
101 Kanada-Westen
101 London ▤
101 Mallorca ▤
101 Namibia – Die schönsten Reiseziele, Lodges & Gästefarmen
101 Reisen für die Seele – Relaxen & Genießen in aller Welt
101 Reisen mit der Eisenbahn – Die schönsten Strecken weltweit
101 Safaris – Traumziele in Afrika
101 Skandinavien
101 Südafrika – Die schönsten Reiseziele und Lodges ▤
101 USA

REISEGAST IN...

Ägypten
China
England
Indien
Japan
Korea
Polen
Russland
Südafrika
Thailand

*** mit herausnehmbarer Reisekarte**
▤ auch als ebook-Reiseführer (epub)

Iwanowski's Reisebuchverlag GmbH • Salm-Reifferscheidt-Allee 37 • D- 41540 Dormagen
TEL: 02133/260311 • FAX: 02133/260333 • E-MAIL: INFO@IWANOWSKI.DE
www.iwanowski.de • www.facebook.com/Iwanowski.Reisebuchverlag
www.twitter.com/Iwanowskireisen